21世纪经济管理规划教材

# 商务礼仪

## （第二版）

汤秀莲　宋京津 ◎ 编著

清华大学出版社
北　京

# 内 容 简 介

本书是遵循商务礼仪规范而编写的,力求做到理论简约、实务详尽、图文并茂。强调开放性,内容上求新并突出案例教学。

本书分为七章。第一章商务礼仪概述;第二章商务场合商务人员的形象礼仪;第三章商务场合的社交礼仪;第四章商务场合的公务礼仪;第五章商务场合的办公礼仪;第六章商务场合的餐饮礼仪;第七章商务场合的涉外礼仪。

本书适合普通高等院校学生作为教材选用,也可供对商务礼仪感兴趣的读者参阅。

**图书在版编目(CIP)数据**

商务礼仪/汤秀莲,宋京津编著. —2 版. —北京: 清华大学出版社,2018(2024.1重印)
(21 世纪经济管理规划教材)
ISBN 978-7-302-49504-8

Ⅰ. ①商… Ⅱ. ①汤… ②宋… Ⅲ. ①商务—礼仪—高等学校—教材 Ⅳ. ①F718

中国版本图书馆 CIP 数据核字(2018)第 020794 号

责任编辑: 刘志彬
封面设计: 汉风唐韵
责任校对: 王凤芝
责任印制: 杨 艳

出版发行: 清华大学出版社
网    址: https://www.tup.com.cn, https://www.wqxuetang.com
地    址: 北京清华大学学研大厦 A 座        邮    编: 100084
社 总 机: 010-83470000                  邮    购: 010-62786544
投稿与读者服务: 010-62776969, c-service@tup.tsinghua.edu.cn
质量反馈: 010-62772015, zhiliang@tup.tsinghua.edu.cn
印 装 者: 三河市君旺印务有限公司
经    销: 全国新华书店
开    本: 185mm×260mm      印    张: 15.75        字    数: 357 千字
版    次: 2012 年 4 月第 1 版  2018 年 9 月第 2 版    印    次: 2024 年 1 月第 11 次印刷
定    价: 40.00 元

产品编号: 076859-01

# FOREWORD 再版前言

商务礼仪是企业文化、企业精神的重要内容,是企业形象的主要附着点,是职业素质和修养的重要组成部分,是教育教学中不可忽视的重要内容。孔子说过,"不学礼,无以立"。荀子也说过,"人无礼则无以立,事无礼则不成,国无礼则不宁"。商务礼仪是一门人文应用科学。商务礼仪作为社会科学的一个重要的部分,主要是以商务交往的基本规范和一般规律作为研究对象。礼仪从交际的角度来看,可以说是人际交往中使用的一种艺术,从传播学的角度来看,可以说是一种在人际交往中相互沟通的技巧,具有规范性、差异性、传承性等特点。随时注意自己的言行,做到"日三省吾身",拥有良好的礼仪规范能够拉近双方的商务关系,有助于商务活动进一步的顺利进行。

商务礼仪可以说是一个人的内在修养和素质的外在表现,也是在人际交往中进行相互沟通的技巧。礼仪是协助企业和企业中的个体对市场产生影响力的最有效的资源。每位企业个体都是企业形象的代表,员工的职业形象直接影响到企业的形象。公司员工是否懂得和运用现代商务活动中的基本礼仪,不仅反映出员工自身的素质,而且还折射出该员工所在公司的企业文化水平和经营管理境界。因此这就要求每一个人都要努力学习商务礼仪,规范自己的行为,在商务交往中做到尊重自己,尊重他人,不卑不亢。学习商务礼仪,不仅是一种时代潮流,更是提升个人和企业竞争力的现实所需。随着经济的发展越来越需要人员素质的培养,越来越需要遵循商务礼仪的具体规范。

商务礼仪是一门实用性甚强的学科,具有明显的规范性和可操作性的特点,本书遵循商务礼仪规范细节而编写,力求做到理论简约、实务详尽、图文并茂。本书适用于高等院校师生教学和政府机构、经济、外贸及工商管理、市场营销等人员实践参考。

本书以商务礼仪为主线,介绍了商务礼仪概述、商务场合商务人员的形象礼仪、商务场合的社交礼仪、商务场合的公务礼仪、商务场合的办公礼仪、商务场合的餐饮礼仪、商务场合的涉外礼仪等内容。本书分为七章。第一章是商务礼仪概述,包括四节:礼仪的内涵及起源、商务礼仪的特点、商务礼仪的基本原则、中西礼仪比较。第二章是商务场合商务人员的形象礼仪,包括四节:塑造商务人员良好形象的基本标准、商务人员仪容礼仪、商务人员着装礼仪、商务人员仪态礼仪。第三章是商务场合的社交礼仪,包括六节:见面行礼礼仪、介绍与称呼礼仪、名片的使用、邀请与拜访、聚会礼仪、馈赠礼品。第四章是商务场合的公务礼仪,包括八节:迎送礼仪、接待礼仪、会见与会谈礼仪、会议礼仪、商

务谈判礼仪、签约礼仪、剪彩礼仪、国旗礼仪。第五章是商务场合的办公礼仪，包括三节：办公室礼仪、电话礼仪、商务文书礼仪。第六章是商务场合的餐饮礼仪，包括三节：宴请与赴宴礼仪、中餐宴会礼仪、西餐宴会礼仪。第七章是商务场合的涉外礼仪，包括两节：商务涉外礼仪概述、各国商务礼俗及禁忌。

本书于2011年秋季首次出版。本次修订突出调整了相关部分结构，使结构更加合理，易于操作；理顺了逻辑关系，增强了实用性；纠正了第一版中的一些错误和疏忽。在本书出版六年后的今天，我们更加确信，随着各种商务活动日趋繁多，礼仪在其中也发挥着越来越大的作用。我们希望本书的原有读者，能利用第二版来强化商务礼仪知识，提升自己的个人魅力，让自己成为一名有品位、值得信赖的商务人士。我们更希望许多新读者能在这里发现一个充满机会的全新世界。

本书此次修订，主要由宋京津负责，王威做了很多工作，得到了清华大学出版社鼎立支持和许多专家教授的指导，谨此深表感谢！另外，本书为了增强阅读效果，使用了一些公开发表的图片，在此对图片的作者表示感谢。

2018年3月18日于南开

# CONTENTS 目 录

# 第一章
# 商务礼仪概述

**学习目标**

本章主要学习有关商务礼仪的基础部分。了解礼仪的基本概念、起源与发展,商务礼仪的特点以及商务礼仪的基本原则,通过本章的学习来掌握商务礼仪的基本知识。

讲"礼"重"仪"是中华民族世代沿袭的传统。拥有五千年文明史的中华民族素以"礼仪之邦"著称于世,源远流长的礼仪文化是先人留给后人的一笔宝贵财富。礼仪经过几千年人类社会生活的继承发展,到现代社会已经更新,注入了许多新的形式与内容,其社会价值与应用价值越来越受重视,成为了现代社会人际交往中的重要桥梁。礼仪是事业成功的保证,它使我们的生活更有秩序,使人际关系更为和谐。随着我国改革开放和经济的不断发展,当代社会越来越多的人都认识到掌握并运用好商务活动中的礼仪规范,对企业和个人的发展至关重要,也日益成为企业竞争取胜的一个重要法宝。

## 第一节　礼仪的内涵及起源

### 一、礼仪的内涵

（一）礼仪

礼仪作为人类交际的表现形式之一,是人类不断摆脱愚昧、野蛮,逐渐走向文明、开化的标志和见证。

在中国古代,"礼仪"从本质上更偏重于政治体制上的道德教化。在古代典籍中,最早"礼"和"仪"是分开使用的。"礼"和"仪"都有三层含义。"礼"的三层含义:一是指政治制度;二是指礼貌、礼节;三是指礼物。"仪"的三层含义:一是指容貌和外表;二是指仪式和礼节;三是指准则和法度。将"礼"和"仪"连用,始于《诗经·小雅·楚茨》:"为宾为客,献酬交错,礼仪卒度。"

追溯西方历史,"礼仪"一词最早始于法语 Etiquette,它的原意是"法庭上的通行证"。

古代法国的法庭为维持法庭秩序,把各种规则写在了进入法庭的通行证上,让人们去遵守。后来,"礼仪"一词进入英语,演变成"人际交往的通行证",它同样有三种含义:一是指谦恭有礼的言谈举止;二是指教养和规矩,也就是礼节;三是指仪式、典礼、习俗等。

纵观古今中外对"礼仪"含义的理解,我们可以归纳出几层基本含义:第一,礼仪是一种行为规范或行为模式;第二,礼仪是大家共同遵守的,当然,不可能全世界每个人都遵从同一礼节,但相对于偶然性的行为,礼仪却是普遍的;第三,礼仪有它存在的合理性,如约束人类欲望,维持社会秩序,实现人际关系的和谐等。概括起来礼仪可以表述为:礼仪是人们在社会交往活动中形成并共同遵守的行为规范和准则,是以一定的约定俗成的程序、方式来表现的律己、敬人的过程,它具体表现为礼貌、礼节、仪式。宽泛地讲,一切表示尊重对方的过程和手段都可以看作是属于"礼仪"这一道德范畴。礼仪作为一种文化现象,属于上层建筑领域。它随着社会经济的发展而变化,随着人类文明的进步而不断发展和完善。礼仪从属于伦理道德,必须符合伦理道德的准则规范。语言(包括书面的和口头的)、行为表情、服饰器物是礼仪最基本的三大要素。一般来说,任何重大典礼活动都需要同时具备这三大要素才能够完成。礼仪影响社会风气,社会的文明程度主要是通过礼仪规范来体现的。因此,国民是否按礼仪的规范立身处世,直接反映了国家文明程度的高低。礼仪是对礼貌、礼节、仪式的统称。其中"礼"即是指礼貌、礼节,"仪"即是指仪表、仪态、仪式等。仪表、仪态,是指人的外表,包括仪容、举止、表情、谈吐、服饰、风度和个人卫生等,是礼仪的重要组成部分。

（二）礼貌、礼节、仪式

**1. 礼貌**

礼貌泛指人们在社会交往中相互表示友好、谦恭、尊重的言行举止,在人际交往中,通过言语、动作向交往对象表示谦虚和恭敬。它体现了时代的风尚与道德水准,同时还体现了人们的文化层次和文明程度。礼貌侧重于表现人的品质和素养,它的外在表现分两个方面,即礼貌语言和礼貌行为。

礼貌语言是指要求人们在待人接物时要使用文明语言,不讲脏话、粗话,说话和气谦虚,言谈得体,称呼要得体,如"小姐""先生""老师""令尊""令堂"等雅语。多使用"您好""欢迎光临""请问……"等谦语。礼貌语言是一种有声的行动。

礼貌行为则是一种无声的语言,它要求人们在行为上要大方端庄、文雅有礼,合乎社会规范和遵守一般的礼节,如微笑、点头、欠身、鞠躬、握手、拥抱、接吻、鼓掌等。礼貌行为需要通过人们的仪容、仪表、仪态来体现。人们在交往时讲究礼貌,就能使大家相处和谐、愉快。反之,容易使人产生反感,甚至会引起不必要的冲突。

礼貌是人际交往中有礼的最基本表现,是中华民族的优良传统,礼貌问题看起来是生活小事,但从这种"小事"上,往往可以反映出一个人道德水准的高低,可以窥见一个人内心世界的美丑。例如,一个人对父母、亲人恶声恶语,对师长朋友毫不尊敬,对别人粗暴蛮横,可以断定,这种人的内心世界不会美好,也绝不会是个道德高尚的人。

**2. 礼节**

礼节是人们在交往过程、交际场合中表示尊重、友好的礼貌行为的惯用形式,如握手、鞠躬、问候、拥抱、献花等。它实质上是礼貌的具体表现,是礼貌在仪表、仪容、仪态及语言、行为等方面的具体要求。例如,宾馆服务员在门前鞠躬行礼,前台的客房预订员接待客人时主动微笑问候。

礼节的要求是要熟知各国、各民族的礼节,了解各民族的风俗习惯。在国际上,由于各国风俗习惯和文化传统的不同,具体礼节的表达有很大的差异。例如,我国行握手礼、点头礼;日本、朝鲜行鞠躬礼;欧美国家行拥抱、接吻礼;南亚国家行合十礼;少数国家的吻手礼、吻脚礼、拍肚皮、碰鼻子礼等,都是礼节的各种表现形式。

**3. 仪式**

仪式是礼仪的较为正式的秩序形式,即为表示敬意或隆重,在一定场合举行的、具有专门礼节程序的规范化活动。是一种重大的礼节。在举行仪式时,要遵循严格的规范化、程式化。例如,各种各样的庆典、聚会;各民族的婚礼、丧礼;各种场合的颁奖仪式、签字仪式等。再如,古代的帝王上朝、官员出行、祭祀鬼神等仪式;现代的升旗仪式、奠基仪式、举行开业典礼等都是比较隆重的仪式。人们通过仪式可以表达一定的思想、情感或愿望。仪式的内容和形式由于目的不同而分为迎送仪式、签字仪式、开幕式、闭幕式、颁奖仪式等。

(三)礼仪与礼貌、礼节、仪式的关系

礼仪与礼貌、礼节、仪式的关系是相辅相成、密不可分的。礼仪是对礼貌、礼节、仪式的统称。礼仪则通过礼貌、礼节、仪式得以体现。礼仪、礼貌、礼节都有一个"礼"字,是指人们在交往中相互表示敬重和友好,其本质都是尊重人、体贴人。礼节与礼貌的联系是:礼节是礼貌的具体表现,礼貌是礼节的规范。没有礼节,就无所谓礼貌,有了礼貌,就必然伴有具体的礼节。礼貌是内涵,礼节是表现。仪式是礼仪的较为正式的秩序形式,即为表示敬意或隆重,也是一种重大的礼节。

其区别在于,礼貌是表示尊重的言行规范;礼节是表示尊重的惯用形式和具体要求;仪式是礼仪的较为正式的秩序形式。礼仪既可以指在较为隆重的场合为表示礼貌和尊重而举行的礼宾仪式,也可以泛指人们相互交往的礼节、礼貌。宽泛地讲,一切表示尊重对方的过程和行为都可以看作是属于"礼仪"这一道德范畴。礼仪规范着每个人的行为,是否懂礼节、讲礼貌直接反映出一个人的综合素养。

## 二、礼仪的起源与发展

礼仪作为中华民族文化的基础,有着悠久的历史。中华民族是人类文明的发祥地之一,中国人尊礼守礼,源远流长。礼仪的形成与发展经历了一个从无到有、从低级到高级、从零散到完整的渐进过程。揭示礼仪的起源及其历史演变,有利于我们深刻地掌握礼仪的本质,全方位地了解礼仪文化,并通过对传统礼仪文化的扬弃从而更好地指导我们现代礼仪的实践。古往今来有许多人都在努力探寻礼仪的起源,提出了各自的见解,并形成了关于礼仪起源的许多传说。

(一)礼仪的起源

关于礼仪的起源问题,古往今来一直是人们颇感兴趣的,因"仁者见仁,智者见智"而至今并无定论,主要有以下几种比较流行的观点。

起源为祭祖说的观点认为,礼仪源于祭祖,它是原始人祭祀祖先的一种仪式规则,后来才逐渐发展为调整相互关系的风俗习惯。原始社会生产力低下，原始人类仅仅凭借简单的石器来从事生产劳动，变幻莫测的自然对他们构成了莫大的威胁，于是他们幻想有超自然力量——神灵的存在，来帮助他们认识自然、征服自然，由此便产生了神话、原始巫术和原始宗教。人们为了向神灵祈求保佑，就开始祭祀，它是早期人类普遍使用而且一直沿袭至今的一种行为方式。历代史书的礼仪志也不厌其烦地记述着国家祭奠的仪式规范，这就说明历代帝王都把相当一部分精力花在祭祀上。即使在民间礼俗中，凡遇到生产、生活中的重要时刻，或是人生历程中的重要关口、节日等，都离不开祭祀。祭祀与先民的关系如此密切，这就足以说明礼仪起源于祭祀。

起源为风俗说的观点认为，礼是由原始社会的风俗习惯演变而来的，进入文明社会后，由所谓的"圣人"加以改造，变成了系统的礼。

起源为父权制说的观点认为，礼仪是为了划分尊卑贵贱的需要，类似于家长制的说法。

起源为需求说的观点认为，礼仪是在人类交往中逐渐形成和发展的，是源于人际交往的需要。

总的来看，并不能以某种行为或需要来作为礼仪的最初起源，若从缘由上分析，它是人性的要求；若从时间上分析，它肯定源于原始社会。

历史研究证明，约在公元前21世纪夏朝产生之前，我国的原始民族在游牧生活中就已经形成了一些对后世颇具影响的礼仪规范。原始的政治礼仪、宗教礼仪、婚姻礼仪等在这一时期均有雏形。礼仪这种文化现象最早产生于人与人之间的交往过程中。礼仪的最初萌芽，应源于原始社会，生产力低下，人们抗御自然的能力弱，同一氏族的成员在共同的采集、狩猎、饮食生活中的需要，慢慢形成的习惯性语言、动作仪态等。例如，原始人类为了交际的需要，一方面，开始注意和重视自己的仪容仪态，比如，围上遮羞布，穿上草裙，在服饰上加上装饰品，甚至有的还戴上了果饰、骨饰、文身、文面等。据考证，距今约50万年的北京山顶洞人就有了"礼"的观念和实践。山顶洞人缝制衣服以遮羞御寒，把贝壳穿起来挂在脖子上来满足美的要求。族人死了，要举行宗教仪式并在死人身上撒赤铁矿粉。这是迄今为止在我国发现的最早的丧葬仪式。又如，他们在遇到森林大火或猛兽而奔逃时，会通过相互呼唤来相互关照。另一方面，他们也开始注意并重视自己的礼貌、礼节。例如，在集体狩猎时，不同氏族、部落的成员之间，为求得彼此的信任、谅解与协作而使用的一些被普遍承认的语言、表情、姿势，可以说是礼仪的最初形态。又如，在原始社会，先人们之间格斗不息、部落战争不断，世界对他们来说也充满着各种危机，为了避免流血的格斗和战争，人们之间形成了举手礼、握手礼、脱帽礼、鞠躬礼等动态礼仪。举手礼——向对方高举一只手，表明手里没有武器，以此证明自己并无恶意；握手礼——当不同部落的人相遇时，如果双方都怀有善意，便伸出一只手，手心朝前，以向对方表示手中没有武器或走近后两人相互摸摸右手，以示友好；脱帽礼——为了表示对对方的友好和尊重，愿意在对方面前"丢盔卸甲"；鞠躬礼——表示对对方的畏惧、惶恐以及自己的虚弱，于是以低头俯身的姿态面向对方。显然，这些动态礼仪也是人类最早的礼仪，并且一直沿袭至今，已成为今天人们表示友好的常用礼节了。原始社会的人类礼仪虽然简单、原始，却很自然，没有约束。当然，由于原始社会的生产力十分落后，文化知识水平也很低下，人们生活在愚昧之中，对大自然的许多现象不能做出科学的解释，严酷的大自然使他们产生了无边的恐惧、神秘的信仰和无数的禁忌,由此便创造出了无数的祭祀活动,并通过严格的礼仪程式来表达他们的敬畏之情。到了新石器时代晚期,人际交往礼仪已初具规模。人们在交往中已经开始注重尊卑有序、男女有别了。在房子里,家庭成员落座一般按照长幼席地而坐,老人坐上边,小辈坐下边;男人坐左边,女人坐右边。

原始社会后期,传统礼仪已渐至严密,且逐渐被纳入礼制的范畴。这时是我国私有制社会和国家逐渐形成的时期,因而反映在礼仪上,也是由氏族社会的交际礼仪向阶级社会的交际礼仪逐步过渡的时期。

尧舜时代,国家已具雏形,同时民间交际礼仪也得到了进一步的发展。延续了几千年的重要礼节,如拜、跪、拱手等,已广泛运用于社交活动之中。据文献记载,尧舜时代的礼仪已经具有了系统性。由此可见,早在原始社会,礼仪文化就已在中华大地上深深地扎下了根。礼仪已不仅是个人之间交往的"私人礼节",而已经成为国家统治的一种手段、一种工具了。

### (二)礼仪的形成与发展

**1. 礼仪的形成**

从历史发展来看,礼仪的形成,可以追溯到商代,商代的"礼"主要是用来祭祀祖先和天神的。西周时期继承了夏、商代之"礼",又赋予了"礼"新的内容,使"礼"的内容逐渐演化、充实,以此来调整人们之间的关系。

其间有许多关于礼仪的"书"问世,礼仪典籍甚多。其中比较著名的有《仪礼》《周礼》《礼记》,就是后世称道的"三礼"著作。《仪礼》中的内容分为冠、婚、丧、祭、射、乡、朝、聘,八礼,多为礼俗。《周礼》是我国历史上第一部记载"礼"的书籍,为后世儒家的经书。这些典章制度不仅从文字上确立了礼制的历史,而且还从概念上承认了包括交际礼仪在内的礼俗历史。《周礼》中的内容为天官、地官、春官、夏官、秋官之职掌,实则经纬万端,包罗万事万物,是一部治国安邦的汇典。《礼记》的主要内容是阐述礼仪的作用和意义。这三部"礼"书,对后代施政教化、治国安邦、培育人格、规范行为都起到不可估量的示范作用。后来,随着社会的发展,关于政教法制、朝章国典的内容,已不再属于礼仪范畴了。从这些大思想家及这些礼仪专著中不难看出,礼仪是适应调节人际关系的需要而产生的。

**2. 礼仪的发展**

夏、商、西周三代时期,中国已进入奴隶社会,生产力比原始社会前进了一大步。奴隶主为了维护本阶级的利益,巩固统治地位,修订了比较完备的国家礼仪制度,提出了许多礼仪概念,确定了崇古重礼的文化传统。

周代后期,礼仪开始分流,礼仪制度成为国礼,交际礼仪所在的礼俗逐渐成为家礼。春秋时期,夏、商、西周三代之礼在许多场合废而不行,一些新兴利益集团开始创造符合自己利益和社会地位的新礼,学术界百家争鸣。以孔子、孟子、荀子等为代表的思想家,系统地阐述了礼的起源、本质和功能,第一次在理论上全面而深刻地论述了社会等级秩序及划分的意义,以及与之相适应的礼仪规范、道德伦理等,整理了一整套珍贵的礼仪典籍和论说资料。孔子是我国历史上第一位礼仪学专家,他把"礼"作为治国安邦的基础。他主张"为国以礼""克己复礼",并积极倡导人们"约之以礼",做"文质彬彬"的君子。孟子也重"礼",并把仁、义、礼、智作为基本道德规范,他还认为"辞让之心"和"恭敬之心"是礼的发端和核心。荀子则比孟子更重视"礼",他著有《礼论》,论证了礼的起源和社会作用。他说:"礼者二人道之极也",他把礼看作做人的根本目的和最高理想,把识礼、循礼与否作为衡量人的贤愚和高低贵贱的尺度,因而他强调:"人无礼则不生,事无礼则不成,国无礼则不宁。"一直延续到秦、汉至清末时期,都是以儒学为基础的封建礼仪,突出君臣、父子、兄弟、亲疏、尊卑、贵贱关系而形成的等级制度。其重要特征是:尊君抑臣、尊夫抑妇、尊父抑子、尊神抑人。在漫长的历史演变过程中,封建统治阶级运用这一封建礼仪,一方面,它起着调节、整合、润滑人际关系的作用,作为一种无形的力量制约着人们的行为,使劳动人民循规蹈矩地俯首称臣,达到国泰民安的目的;另一方面,它逐渐成为妨碍人类个性自由发展,阻碍人民平等交往,禁锢思想自由的精神枷锁。到了清朝末期,尤其是辛亥革命以后,资产阶级登上历史舞台,西方文化大量涌入我国,封建文化、传统礼仪制度规范迅速被摈弃,取而代之的是新兴的科学、民主、自由、平等的观念。礼仪又发展到了一个重要的历史时期。

从1840年鸦片战争到1911年的辛亥革命,我国经历了半封建半殖民地社会,"礼仪"演变成了封建礼仪加上西方资本主义道德观念的"大杂烩"式的半封建半殖民地礼仪。直到新中国成立,新型人际关系和社会关系确立,我国的礼仪学进入了一个崭新的历史时期。劳动人民成为了国家的主人,人民内部的合作关系代替了对抗关系,互助、互利、平等、自由、亲密代替了封建的尔虞我诈,以科学精神、民主思想和现代生活为基础,摆脱了封建落后的不良成分,表现出新的社会关系和时代风貌,并由此建立起新的礼仪风范。

礼仪作为我们中华民族光辉灿烂历史文化的一个重要组成部分,发展到21世纪新的历史时期,以它崭新的面貌屹立于世界民族之林,必将做出自己的卓越贡献。目前,我国对国家活动、重要事件的仪式、程序,官方人士与知名人士的位置安排都做了具体规定。20世纪80年代以后,我国恢复了礼炮、国宾护卫队等礼仪形式,1990年6月通过了《国旗法》,对悬挂国旗、升国旗等细节要求做出了规定。国家的重大活动仪式、日常行政、经济、文化、军事节日等活动中执行的各种公务礼仪不断完善,社交礼仪和各种节庆活动推陈出新,各种新颖、规范的礼仪形式生动地体现了现代礼仪文化的生命力。2001年10月,中共中央向全国人民印发的《公民道德建设实施纲要》(以下简称《纲要》)提出了"爱国守法、明礼诚信、团结友善、勤俭自强、敬业奉献"5项20字的全体人民都应遵守的基本道德规范,它在调整公民与社会、国家与他人的关系中有着重要的、各自不同的功能,并指出:"开展必要的礼貌、礼节、礼仪活动,对规范人们的言行举止,有着重要的作用。"《纲要》还指出:"社会主义道德建设以为人民服务为核心,以集体主义为原则,以爱祖国、爱人民、爱劳动、爱科学、爱社会主义为基本要求。"

从西方礼仪的发展来看,礼仪的演变与中国虽有相似之处,但也有很大的特殊性,这不仅表现在礼仪的具体形式上,还表现在礼仪的哲学论述上。

爱琴海地区和希腊是亚欧大陆西方古典文明的发源地。约自公元前6000年起,爱琴海地区诸岛居民便开始从事农业生产。相继产生了克里特文化和迈锡尼文化。公元前11世纪,古希腊进入因《荷马史诗》而得名的"荷马时代"。《荷马史诗》包括《伊利亚特》和《奥德赛》两部。这部著名的叙事诗主要描写特洛伊战役和希腊英雄奥德赛的故事,但其中有许多关于礼仪的论述,例如,讲礼貌、守信用的人才受人尊重等。

古希腊哲学家对礼仪有许多精彩的论述。例如,毕达哥拉斯(公元前 580—前 500 年)率先提出了"美德即是一种和谐与秩序"的观点;苏格拉底(公元前 469—前 399 年)认为,哲学的任务不在于谈天说地,而在于认识人的内心世界,培植人的道德观念。他不仅教导人们要待人以礼,而且在生活中也身体力行,为人师表;柏拉图(公元前 427—前 347 年)强调了教育的重要性,指出理想的四大道德目标:智慧、勇敢、节制、公正。

公元 1 世纪末至公元 5 世纪,是罗马帝国统治西欧时期。此间,教育理论家昆体良撰写了《雄辩术原理》一书。书中论及罗马帝国的教育情况,认为一个人的道德、礼仪教育应从幼儿期开始。而诗人奥维德则通过诗作《爱的艺术》,告诫青年朋友不要贪杯,用餐不可狼吞虎咽,但追求情侣的男子,却可以用手指蘸酒写情书。

公元 476 年,西罗马帝国灭亡,欧洲开始封建化过程,12~17 世纪,是欧洲封建社会的鼎盛时期。中世纪欧洲形成的封建等级制,以土地关系为纽带,将封建主与附庸联系在一起。此间制定了严格而繁琐的贵族礼仪、宫廷礼仪等。例如,于 12 世纪写成的冰岛诗集《伊达》,就详尽地叙述了当时的用餐规矩,嘉宾贵客居上座,举杯祝酒有讲究。

14~16 世纪,欧洲进入文艺复兴时代。该时期出版的涉及礼仪的名著有:意大利作家加斯梯良编著的《朝臣》,论述了从政的成功之道和礼仪规范及其重要性;尼德兰人文主义者伊拉斯谟(1466—1536 年)撰写的《礼貌》,着重论述了个人礼仪和进餐礼仪等,提醒人们讲究道德、清洁卫生。

17、18 世纪是欧洲资产阶级革命浪潮兴起的时代,资本主义社会的礼仪逐渐取代了封建社会的礼仪。资本主义时代编撰了大量礼仪著作。英国资产阶级教育思想家约翰·洛克于 1693 年写作了《教育漫话》。《教育漫话》系统、深入地论述了礼仪的地位、作用以及礼仪教育的意义和方法。英国政治家切斯特菲尔德勋爵(1694—1773 年)在其名著《教子书》中指出:"世界最低微、最贫穷的人都期待从一个绅士身上看到良好的教养,他们有此权利,因为他们在本性上和你是平等的,并不因为教育和财富的缘故而比你低劣。同他们说话时,要非常谦逊、温和,否则,他们会以为你骄傲而憎恨你。"

总之,礼仪的历史演变到今天,各个国家和民族都形成了自己独具特色的礼仪文化和礼仪规范。英国人的绅士风度、法国人的浪漫情调、美国人的洒脱自由、日本人的男女有别等,已为世界所共知。但同时,当今世界也形成了一些被普遍认可和接受的礼仪惯例。个性与共性并存,特色与惯例同在,共同构成了当今世界礼仪的亮丽风景。

## 第二节　商务礼仪的特点

礼仪的本质特点是它的文化性,隶属于上层建筑范畴,由经济基础制约并反作用于经济基础。礼仪作为一种特定的社会现象有其独特的属性。具体表现为以下几点内容。

### 一、礼仪的规范性

礼仪言行的实施要符合一定的社会、民族、时代的规范和程式。礼仪是在人类共同生活的基础上形成的,是用来调节同一社会全体成员相互关系的一种行为规范,并逐步发展成为每个社会成员都必须共同遵守的准则。礼仪的规范性,不仅约束着人们在一切交际场合的言谈举止,使之合乎礼仪,而且也是人们在一切交际场合中必须采用的一种"通用语言",是衡量他人、判断自己是否自律、敬人的一种尺度,任何人要想在交际场合表现得合乎礼仪、彬彬有礼,就必须无条件地遵守礼仪。例如,问候语通常惯用的说法;握手的次序和力度如何掌握;参加宴会时要选择适当的服装等。虽然这些规范和程式并没有写进国家的法律、法规要硬性执行,也没有人逼你去做,但只有按照这些在人类社会千百年来的社会生活实践中,长期形成、积累、流传、发展、约定俗成的规范和程式,才能使礼仪的实施达到应有的效果。礼仪的规范实际上形成了人们在社会生活中应遵循的模式和在一定时期应走的固定轨道。遵循它,就会得到社会的认可,生活也会和谐、融洽、顺畅、美好;违背或偏离它,往往会遭到社会习俗的惩罚,甚至会付出惨痛的代价。

## 二、礼仪具有继承性

任何国家的礼仪都是社会历史发展的产物,作为一种民族文化的积累和精神财富的礼仪,本身就具有世代相传的继承性。任何国家的礼仪都具有自己鲜明的民族特色,任何国家的当代礼仪都是在本国古代礼仪的基础上继承、发展起来的,一旦离开了对本国、本民族既往礼仪成果的传承、扬弃,就不可能形成当代礼仪。我国有五千多年的文明史,素有"礼仪之邦"的美称,中华民族向来以"知书达理"作为自己的传统美德,礼仪在中国传统文化中占有重要的地位。随着社会的不断进步与发展,礼仪也在不断地发展更新,传统礼仪中,许多精华被保存下来,融入了现代礼仪之中,成为今天人们处世行事的规矩和习惯,而其糟粕则被抛弃,不再沿用。当然,礼仪除了有很强的继承性外,还要有发展性,并能够充分体现时代特色。礼仪也不是一成不变的,随着社会的发展和进步,礼仪文化的内涵与外延都在不断地变化与发展。在当前的改革开放中,东西方各国的政治、经济、思想、文化等各种因素相互渗透,使各国的礼仪在历史传统的基础上,又被赋予新的内容,体现时代变化的特征。当前世界各国都很重视礼仪改革,总的趋势是使礼仪活动更加文明、简洁、实用。

## 三、礼仪的相互性

《礼记·曲礼》上说:"礼尚往来,往而不来,非礼也;来而不往,亦非礼也。"这段话的意思是,重视施礼方与受礼方相互之间的来往。人际交往是相互影响、相互作用的,是人际交往中双向交流、相互尊重的过程。俗话"你敬我一尺,我敬你一丈"就充分说明了礼仪的互动效果。

一般来说,在人际交往中,一方充分地礼待另一方,另一方很少不受感动,而会同样礼待对方,从而构建起和谐、融洽的人际关系。自古至今,流传着许多脍炙人口的礼仪双方互动故事,如著名的"三顾茅庐"。汉朝末年群雄纷争,已负盛名的刘备并不嫌当时诸葛亮的身份低微,多次礼访,终感动了诸葛亮出山,为其成就了"三国鼎立"的霸业,并为蜀国"鞠躬尽瘁"。又如"蔺相如礼让廉颇",蔺相如为国家大局着想放下个人恩怨,不但不与廉颇对着干,而是处处不惜受辱做出礼让,终于感动了廉颇,并向他"负荆请罪",成就了一段流传千古的"将相和"美谈。再如"张英让墙",清代中期宰相张英以一首幽默的打油诗"千里家书只为墙,让他三尺又何妨。万里长城今犹在,不见当年秦始皇"。化解了与叶侍郎家争地砌墙院的矛盾,从此两家相安无事,并以礼相待,两家墙院之间还多出了一条被后人称颂的"六尺巷"。历史虽然过去了千百年,礼仪相互性的特征却是恒久不变的,人们在交往时为建立和谐的人际关系而讲究礼让,并不断追求对礼貌礼仪的修养,使自身的礼仪水平日臻完善。可见,礼仪的互动性在协调人际关系方面起着重要的作用。

### 四、礼仪具有限定性

礼仪主要适用于交际场合,适用于普通情况下一般的人际交往与应酬。在此范围内,礼仪肯定是行之有效的,但离开了这个特定的范围,礼仪就未必适用。因此,不能把礼仪当作是放之四海而皆准的标准,更不要在非交际场合拿礼仪去以不变应万变,必须明确不同场合、不同身份,适用不同的礼仪。这就体现了礼仪的限定性特点。例如,大学同学聚会,同学们经历不同,有的同学当了省长,有的同学是处长,有的同学是科长,有的同学是教师……难道还要论职排位?礼仪还应在限定的场合来应用。

### 五、礼仪的差异性

礼仪规范会因时间、空间或对象的不同而有所不同,存在着明显的差异性。俗话说:"到什么山唱什么歌。"这句话说明礼仪的应用要看时代、地点、场合、对象等。礼仪的应用,因处于不同的时代、地点、场合、对象等会产生不同的要求和差别限制。古代的某些礼仪规范在今天就不再适用,一个国家和民族的礼仪也不一定适合另一个国家和民族。例如,在我国封建社会时期行"三拜九叩"之礼节,在当时若以鞠躬代替跪拜礼是会被视为异端的。但在今天若还应用"三拜九叩",就十分荒唐。因此,尽管礼仪对传统文化有很深厚的继承性,但随着社会的发展,礼仪的时代差别还是很明显的。另外,尽管礼仪在不同国家、不同民族间有相互兼容、相互渗透的现象与趋势,但礼仪的民族地域性特征决定了不同国家、不同民族间的礼仪有着一定的差别,差别有些还会很大。例如,非洲地区许多国家的礼仪和我们亚洲的礼仪就截然不同。因此,在对外交往中,要了解和熟悉各个国家、民族和地区的礼仪习俗,以及在各种场合,面对各类对象的不同礼仪要求,规范自己在对外交往中的行为,以免造成不必要的误会与误解。

### 六、礼仪的民族地域性

俗话说:"十里不同风,百里不同俗。"不同的国家、民族,同一国家的不同民族,都有自己本民族的生息地域、生活方式、思维方式、社会文化、风俗习惯,并从长期的社会生活实践中形成了体现本民族特点的礼仪习俗和礼节规范,这些礼俗和规范往往有着鲜明的地域性和民族特征,人们在行使礼仪时总会潜移默化地受到传统民族文化的影响。例如,中国人崇拜龙,就是从原始社会的图腾崇拜开始的,进入君主时代,龙又成了"真龙天子"的象征。到今天,龙又成了吉祥喜庆的代名词。然而,在英国以至整个西方世界,龙是凶残阴险的标志,人人惧怕,人人厌恶,而且在很多关于龙(蛇)的故事中,龙总是落个被宰杀的下场。所以,给英国人送带有龙图案的礼物,则是大大的失礼了。又如:西方民

族亲朋好友见面时一般都要拥抱和亲吻脸颊，是热情友好的表现，而中国人就不习惯；在我国过去一般是行拱手礼，现在一般是行握手礼，也不失热情友好。可见不同的民族，有着截然不同的礼仪习俗和规范。

礼仪的民族地域特性，使得人们在对外交往时要特别注意"入乡随俗""入境问禁"，充分尊重外民族的礼仪习俗，以防在对外交往时对外民族造成不必要的冒犯和误会，从而影响对外交往的顺畅和友谊。同时，各国、各民族之间相互了解、学习别人的礼仪，有利于促进各国、各民族之间的交流交往，促进国际经济一体化进程。

因此，礼仪一方面具有强烈的国家、地方、民族特色；另一方面，随着国际交流的深入，信息沟通的飞速增长，国家之间的距离不断拉近，我们都将人类共同生活的这个世界亲切地称为"地球村"，各国的礼仪出现了相互兼容、相互渗透的现象，并形成大家都能接受的礼仪规范。现今有句话叫作"越是民族的，便越是世界的"，这句话用在礼仪上十分合适。礼仪除有很强的民族特色外，还有很重要的民族间、国际间的交流意义。

# 第三节　商务礼仪的基本原则

礼仪的原则，是指行礼致仪时，应遵循的一些基本要求。具体的礼仪规范内容庞杂，又因民族、地域的不同而存在很大的差异。但无论何人、何时、何地，在行礼致仪时，都有一些需要共同遵循的基本原则。在商务活动中，掌握一定的礼仪原则，尊重为本，善于表达的形式规范，有助于商务活动的成功举办。因此，礼仪的原则是礼仪研究中的一项重要课题。

## 一、尊重的原则

尊重是礼仪的核心，是人性的需要，是人际交往的基本原则，是企业管理的法宝。古人云："仁者爱人，有礼者敬人。爱人者人恒爱之，敬人者人恒敬之。"英国作家高尔思华绥说："尊敬别人，就是尊敬自己。"俄国作家陀思妥耶夫斯基说："对别人不尊敬，就是对自己不尊敬。"这些中外名言告诉我们：礼仪归根到底都是为了表示对他人的尊重。人与人之间只有相互尊重，才能保持和谐的人际关系。在商务交往活动中只有尊重对方的人格尊严，才能保持和谐愉快的商务关系。不论什么国家、民族、地区，不论什么时间、场合，各种各样的礼仪形式，都应体现"尊重"的精神。

尊重包括自尊和尊重他人。自尊和尊重他人是礼仪的感情基础。

（一）自尊

对自己而言，每个人都必须维护自尊。一是必须尊重自我；二是必须尊重自己的职业；三是必须尊重自己的单位。要尊重自己，要对所从事的工作全力以赴。我们只有尊重自己的价值，才能干好事情。

作为商务人员，没有自尊就没有自爱，没有自尊别人就不会拿你当一回事，没有自尊、自爱就没有尊严，没有地位和形象，自尊、自爱是通过言谈、举止、穿衣、打扮、待人接物表现出来的。要维护自尊，就要注意形象，例如，商务场合的女性饰物，如何才能展现出自己良好的层次标准？表现出良好的教养？基本有两个方面：第一，以少为佳。商务交往中职业女性的首饰不能佩戴得太多，应爱岗敬业，如果你比客户打扮得还漂亮，谁为谁服务？第二，符合身份。女士要戴两种或两种以上的首饰时应同质同色，即质地色彩要相同。

（二）尊重他人

尊重他人是商务交往中更高层次的礼仪，对他人而言，每一个人都应尊重他人：尊重上司是一种天职；尊重同事是一种本分；尊重下级是一种美德；尊重客户是一种常识；尊重对手是一种风度；尊重所有人是一种教养。

尊重他人是一种素质、一种修养、一种智慧、一种胸怀，它体现出理解、信任、团结和平等。尊重他人，是沟通心灵的一把钥匙，是维系良好商务关系的纽带。要做好尊重他人，在交往中要了解交往对象的情况。例如，有这样一个故事，一个纽约商人在大街上行走，这时，对面走来一个卖笔人，只见他头发蓬乱、衣衫褴褛、眼神黯淡、步履沉重，看上去仿佛乞丐一般。商人顿生怜悯之心，他掏出一些钱塞到卖笔人手中就离开了。走了不远商人忽然意识到了什么，他迅速转身，追上卖笔人，从笔筒中拿了几支笔，恳切地说："真对不起，刚才我忘了拿笔。你和我一样，也是商人，靠自己的劳动挣钱，你会获得成功的，祝你好运。"几年后，该商人出席一个朋友的宴会，会上一个衣冠楚楚、容光焕发的年轻人举着酒杯走到他身边说："您好，先生，也许你已忘了我，我就是几年前那个落魄困顿的卖笔人。是你唤起了我对生活的信心和勇气，使我意识到了做人的尊严和价值。我的生意已有很大的起色，为此，我对你深表感谢。"然后，年轻人向商人深深地鞠了个躬。[①]

又如：上海国泰电影院曾发生过这样一件事：年末，电影院经理把员工包括离退休人员及其家属都请到电影院来参加一个茶话会。会前，该影院经理专门制作了这些离退休人员和在职职工的生活录像片，在会上放给大家看。每个人，尤其是离退休职工都非常感动。原因很简单，这些人一辈子干的工作就是给别人放电影，从来未感受过自己上银幕是什么滋味。今天他们有机会在给别人放了一辈子电影的电影院里，看自己走上了银幕，觉得国泰影院领导没有忘记自己一辈子的辛苦，他们能不感动吗？因而很自然地加深了对自己单位的感情，同时也使在职职工感到振奋，团体的凝聚力大增。

从这些小故事中我们可以知道，尊重别人不仅是我们每个人的心理需要，而且还能促进事业成功。人人都需要尊重。在商务活动中，需要与交往对象互谦互让、互尊互敬、友好相待。对待他人最主要的一条是——敬人之心长存，处处不可失敬于人，不可伤害他人的尊严，更不能侮辱对方人格。掌握了这一点，就等于掌握了礼仪的灵魂。

二、平等原则

平等原则是现代礼仪的基础，是现代礼仪有别于以往礼仪的最主要原则。平等原则，是指以礼待人，有来有往，既不能盛气凌人，也不能卑躬屈膝。传统社会是等级森严的社会，有形或无形的等级制度将人们划分为不同的等级。近代资本主义的兴起瓦解了旧的等级社会存在的基础，平等成了社会发展的内在要求。资产阶级启蒙思想家洞察了

---

① 吴新红.商务礼仪(第一版).北京：化学工业出版社，2006，p5.

11

历史的需要,提出了"自由、平等、博爱"的口号,主张人生来平等,这就为现代礼仪的产生打下了思想基础。

平等原则的适用范围非常广泛,从家庭到组织,从亲朋到公众,从国内到国际,都存在着平等问题。不允许因为和交往对象彼此之间在年龄、性别、种族、文化、身份、财富以及关系的亲疏、远近等方面有所不同而厚此薄彼,给予不同待遇。但可以根据不同的交往对象而采取不同的具体方法,要针对具体情况,认真得体,掌握分寸,不能做得过了头,也不能做得不到位。有一次,英国著名戏剧家萧伯纳(诺贝尔文学奖获得者)访问苏联,在莫斯科街头散步时,遇到了一位可爱的小姑娘,便与她攀谈、玩耍。分手时,萧伯纳对小姑娘说:"回去告诉你妈妈,今天同你一起玩的是世界有名的萧伯纳。"小姑娘望了望萧伯纳,学着大人的口气说:"回去告诉你妈妈,今天同你一起玩的是苏联小姑娘安妮娜。"这使萧伯纳大吃一惊,立刻意识到自己太傲慢了。他对此事感慨万分地说:"一个人不论有多大的成就,对任何人都应该平等相待,要永远谦虚。这就是苏联小姑娘给我的教训,我一辈子也忘不了她!"[1]

在实践中贯彻平等原则,不仅需要具有平等观念,而且还要讲究艺术。一位教授回忆起在延安见毛泽东时的情景说:"我去见主席,主席拿出纸烟来招待我,可不巧的是纸烟只剩下一支了。我想,主席怎么办? 他自己吸而不请客人吸,当然不好;请客人吸而自己不吸,客人肯定不同意。而主席将这支烟分成两半,给我半支,他自己半支。从这件事可以看出主席的随和、诚恳、平等和亲切,这使我很感动,终生难忘。"毛泽东就是这样把别人看似非常尴尬的事情,艺术地处理好,既礼貌、不摆架子,又给人以亲切、诚恳的感觉。

### 三、宽容的原则

宽容是一种较高的境界。"海纳百川,有容乃大""待人要丰,自奉要约,责己要厚,责人要薄""处事让一步为高,待人宽一分是福。"法国有句谚语,"了解一切,就会宽容一切"。这些格言告诉我们,与人交往时,既要严于律己,更要宽以待人,要有宽广豁达的胸怀。人性中必定有恶的成分,但人又追求善,通悟了这一点,还有什么不好解释的呢? 对他人的一些不同于己、不同于众的个性行为要宽容忍让,对非原则性问题不斤斤计较,做到推己及人,以德报怨,宽容豁达。这样才能受人欢迎与敬重,扩大自己的交际空间,有助于消除人际间的紧张与矛盾,营造出一种互敬互让的人际氛围。能设身处地为别人着想,能原谅别人的过失,是一种美德,是作为现代人的一种礼仪素养。

茅谈(芝加哥人)在林肯竞选期间提出了尖刻的批评,而林肯当选总统后,却为茅谈在大饭店举行了一个欢迎会。虽然茅谈大声辱骂过林肯,但林肯仍很有风度地对茅谈说道:"你不该站在那儿,你应该过来和我站在一块儿。"当天的欢迎会十分热闹,宽容的林肯给了不够宽容的茅谈极多的荣耀,之后,茅谈便成了林肯的"死党"、好朋友。这就说明人们在交际活动中运用礼仪时,要严于律己,更要宽待他人,站在对方的立场去考虑一切,是你争取朋友的最好方法。要多容忍他人,多体谅他人,多理解他人,千万不要求全责备,斤斤计较,过分苛求,咄咄逼人。

---

① 马飞.商务礼仪规范手册(第一版).北京:金城出版社,2005,p.13.

### 四、遵守约束的原则

俗话说，"礼多人不怪"。在交际应酬中，每一位参与者都必须自觉、自愿地遵守礼仪，以礼仪来规范自己在交际活动中的一言一行、一举一动。

对于礼仪，不仅要学习、了解，更重要的是学以致用，要将其付诸个人社交实践。懂礼节，遵守礼节，会使别人尊敬你、认同你、亲近你，无形之中拉近了同他人的心理距离，也为日后合作共事创造一个宽松的环境。相反，若不注重这些细节问题，犯了"规矩"，就可能使人反感，甚至会使关系恶化，导致事情朝着坏的方向发展。任何人不论身份高低、职位大小、财富多少，都有自觉遵守、应用礼仪的义务，否则就会受到公众的指责，从而阻碍交往活动的正常进行。所以，在把握原则性问题的前提下，还应注重礼节并尽可能地遵守这些礼节。只有这样才能确保事情的正常发展。

### 五、自律原则

礼仪宛如一面镜子。对照着它，你可以发现一个国家、一个人的品质是真诚、高尚还是丑陋、粗俗。

从总体上看，礼仪规范是由对自身的要求与对他人的做法两大部分构成。对自身的要求是礼仪的基础和出发点。学习、应用礼仪，最重要的就是要自我要求、自我约束、自我控制、自我对照、自我反省、自我检点，这就是所谓的自律原则。古人云："己所不欲，勿施于人。"若没有对自己严格要求，只求律人，遵守礼仪就无从谈起。我们开展礼仪的教育和训练，能逐渐使人们树立起一种内心的道德信念和礼貌修养准则，这样就会使人们自觉按礼仪规范去做，如果大家都自觉依据这些规矩来待人处事，就能相处和谐、愉快。只要我们把礼仪的原则铭记在心间，贯穿于言行，那么，礼仪就能在社会生活中发挥它应有的功能。例如，日本是个高度注重文明的国家。当 1997 年亚运会在日本广岛结束的时候，6 万人的会场上竟没有一张废纸。全世界的报纸都刊登文章惊叹："可敬可怕的日本民族！"就因为没有一张废纸，令全世界惊讶。又如：1998 年世界杯足球赛在法国举行。据报道，因为赛会方面的球票丑闻，日本数千名交了钱的球迷抵达图鲁兹赛场后却无票进场，但他们不骂不闹，服从东道主安排，在体育馆内通过大屏幕观赛。更令人感动的是，转播结束后，工作人员清理现场时，同样没有发现一点垃圾，所有的废弃物都被日本人装进自备的塑料袋带走了。日本队在第二场比赛中以 0∶1 输给克罗地亚队后，在场的日本球迷边流着伤心的眼泪，边向法国工作人员鞠躬致谢，没有一个人泄愤闹事。①

### 六、诚信原则

诚信原则是指遵时守信，"言必信，行必果"。要求在人际交往中运用礼仪时，待人以诚，诚心诚意，诚实无欺，言行一致，一诺千金，表里如一以及"用人不疑，疑人不用"。只有如此，自己在运用礼仪表达时，才能表达出对交往对象尊敬与友好，才会更好地被对方理解和接受。倘若对交往对象口是心非、言行不一、弄虚作假、投机取巧，注定是行不通

---

① 马飞.商务礼仪.北京：金城出版社，2005.

的。在人际交往中,你必须博得他人的信赖,才更有利于你的成功。

### 七、从俗的原则

《礼记·曲礼》上说"入境而问禁,入国而问俗,入门而问讳"。由于国情、民族、文化背景的不同,不同的人之间存在着差异。俗话说:"十里不同风,百里不同俗。"对这一客观现实要有正确的认识,不要自高自大、唯我独尊、以我画线,简单否定其他人不同于己的做法。这种差异是不以人的意志为转移的,也是任何人都难以统一的。注意尊重对方所特有的习俗,易于增进双方的相互理解和沟通,有助于更好地表达亲善友好之意。在商务交往活动中,对客观现实要有正确的认识,要想真正做到尊重对方,就必须了解和尊重对方所特有的风俗习惯,既不能少见多怪、妄加非议,也不能目中无人、以我为尊、我行我素、自高自大、自以为是。必要时必须坚持入乡随俗的原则,与当地的绝大多数人的习惯做法保持一致,切勿目中无人、自以为是、指手画脚,随意批评、否定其他人的风俗习惯。例如,赠送礼品,人之常情,送礼要考虑对象,要知道他喜欢什么不容易做到,但基本上要了解他不喜欢的东西不能送。有一次在新疆,主人很热情地送给男士每人一顶绿色民族小帽,在场的客人都很吃惊,但了解到绿色小帽是穆斯林最珍爱的颜色之后,客人也就尊重他们的习惯,高兴地与他们合影留念。

# 第四节　中西礼仪比较

由于各国的历史与文化底蕴不同,各国人民在进行礼尚往来时的习惯也有不少差异。特别是中西方之间,礼仪上的差别很大,因为不了解这些差异而引起的误会和笑话并不少见。近代历史上有两则故事,相信大家会比较熟悉。故事一是:李鸿章曾应俾斯麦之邀前往赴宴,由于不懂西餐礼仪,把一碗吃水果后洗手的水喝了。当时俾斯麦不了解中国的虚实,为了不使李鸿章丢丑,他也将洗手水一饮而尽,见此情景,其他文武百官只能忍笑奉陪。故事二是:一个国民党军官偕夫人去机场迎接来自美国的顾问,双方见面后,美国顾问出于礼貌说:"您的夫人真漂亮!"军官甚感尴尬又不免客套一番:"哪里,哪里!"在中国,这本是一句很普通的客套话,可是蹩脚的翻译却把这句话译成:where? where? 美国顾问听了莫名其妙,心想:我只是礼貌地称赞一下他的夫人,他居然问起我他的夫人哪里漂亮?于是他只好说:"从头到脚都漂亮!"

这两个故事都是由于中西文化差异而闹出的礼仪上的笑话。由此可见,了解中西方礼尚往来之间的习惯差异是很有必要的。往大处来说,一个国家无论是在政治上,还是在经济贸易中,了解对方国家的礼仪习惯,有利于各国之间的交往;从小处来讲,一个人了解对方的礼仪民间习惯,是对对方的尊重,容易给对方留下一个好印象,以便交往的顺利进行。随着东西方文化的不断发展,东西方的礼仪正在相互融合,西方人逐渐地接受了东方文化中重情感等合理因素,东方人也逐渐地接受了西方文化中先进文明的礼仪和交往方式。但在现实生活中,由于东西方文化的差异而对礼仪产生的影响还有很多,下面就从几方面具体探讨东西方礼仪的差异。

## 一、社会交往方式的差异

东西方文化都非常重视人际交往,但在交往的观念、交往的方式上都有着明显的差别。如中国人热情好客,在人际交往中饱含热情,嘘寒问暖,似乎没有什么可保留的,对于了解有关年龄、职业、收入、婚姻状况、子女等问题,觉得都理所当然。而在西方国家中,特别重视对方的隐私权。个人隐私主要包括:个人状况(年龄、工作、收入、婚姻、子女等)、政治观念(支持或反对何种党派)、宗教信仰(信仰什么宗教)、个人行为动向(去何种地方,与谁交往、通信)等。凡是涉及个人隐私的问题都不能直接过问。

西方人一般不愿意干涉别人的私生活和个人隐私,也不愿意被别人干涉。比如,中国人会直接询问别人所买物品的价格。因为在中国人看来,物品的贵贱只是表示该物品的质量。而在西方人眼里,如果你直接询问别人所购物品的价格,就可能是在探问对方的经济条件,因此,这也是西方人的隐私,属于不宜直接询问的问题。如果你想了解该物品的价格,只能委婉地夸耀、赞赏该物品,而在这样的情况下西方人一般也只会告诉你该物品的贵或贱,一般不会告诉你准确价格。中国人见面打招呼时喜欢问一句"上哪儿去?"这是打招呼的一种形式。而在美国,你如果问朋友上哪儿去,则可能会使对方感到尴尬,因为这也属于对方的隐私,是你不该过问的。另外,人际交往的空间距离可以分为亲密距离、个人距离、社交距离、公共距离四种。中国人的空间距离相对较近。在大街上我们经常可以看到两个中国少女挽臂亲昵而行,而在西方则很少见到。西方人觉得中国人过于亲近,而中国人又会觉得西方人过于冷淡、傲慢,过分疏远,是不友好的表现。如果中国人发现交往对象的衣服上有根线头,他会很自然地帮助对方摘掉;而在西方人眼里,这是不礼貌之举。中国人看到朋友穿了件非常漂亮的衣服,会上前摸一摸,询问价钱或质地;而西方人则不会这样做,他们更多的是羡慕,并直接赞美。概而言之,这都是东西方文化观念差异所致。东方人非常重义、重情,西方人则崇尚个人独立。

## 二、个人人生观的差异

### (一)个人荣誉感与谦虚谨慎

西方人崇拜个人奋斗,尤其为个人取得的成就而自豪,从来不掩饰自己的自信心、荣誉感以及在获得成就后的狂喜。而相反,中国文化却不主张炫耀个人荣誉,则提倡谦虚谨慎。一般来说,中国人大多反对或蔑视"王婆卖瓜式"的自吹自擂,然而,中国式的自我谦虚或自我否定却常常使西方人大为不满。例如,"Your English is very good","No, no, my English is very poor";"You've done a very good job","No, I don't think so. It's the result of joint efforts."这在中国人看来当然是一种谦虚的说法,而在西方人看来,不仅否定了自己,还否定了赞扬者的鉴赏力。可见,这种中国式的谦虚在西方资本主义的竞争市场是行不通的。

### (二)自我中心与无私奉献

西方人自我中心意识和独立意识都很强,主要表现在:自己为自己负责。在弱肉强食的社会,每个人的生存方式及生存质量都取决于自己的能力,因此,每个人都必须自我奋斗,把个人利益放在第一位;不习惯关心他人,帮助他人,不过问他人的事情。正是由

于以上两点，主动帮助别人或接受别人帮助在西方往往就成为了令人难堪的事。因为接受帮助只能证明自己无能，而主动帮助别人则会被认为是干涉别人私事。

中国人的行为准则是"我对他人、对社会是否有用"，个人的价值是在奉献中体现出来的。中国文化推崇一种高尚的情操——无私奉献。在中国，主动关心别人，给人以无微不至的体贴是一种美德，因此，中国人不论别人的大事小事，家事私事都愿主动关心，而这在西方则会被视为"多管闲事"。

### （三）创新精神与中庸之道

西方文化鼓励人民开拓创新，做一番前人未做过的、杰出超凡的事业。而传统的中国文化则要求人们不偏不倚，走中庸之道，中国人善于预见未来的危险性，更愿意维护现状，保持和谐。当然，虽然近年来我国也大力提倡创新改革，但务实求稳之心态仍处处体现。冒险精神仍是不能与西方人相比的。

### （四）个性自由与团结协作

西方人十分重视个人自由，喜欢随心所欲，独往独行，不愿受限制。中国文化则更多地强调集体主义，主张个人利益服从集体利益，主张同甘共苦，团结合作，步调一致。

## 三、法制观念的差异

东方文化以儒家思想为代表，而儒家思想重义轻利。为了兄弟朋友的情义，可以网开一面，甚至不惜一切代价，其结果往往是行为过头，丧失了更多的应得利益。比如，中国人重人情，人情味浓厚。有几句老话："血浓于水""亲不亲，故乡人，美不美，家乡水"。这些话所包含的意思是人情影响判断，人情重于道义。"水"，即使不美，但只要是家乡水，那也就美了，这就是情重于理的表现，甚至有时会情重于法，这主要是因为中国历来有情影响法的制度空间，也就是说，我们中国人先讲合情，再讲合理，然后讲合法。若合法而不合情合理，这法就难以执行，若合情合理，有法也可以不依。

而西方人则是倒过来的。西方人重法，不重人情。法在理前，理在情前。我们时常看到西方父子之间、夫妻之间、朋友之间上法庭打官司。有些事明明不合情不合理，但却合法，吃亏者也只有自认倒霉，旁观者也只能容忍。但若有的事不合法，即使合情合理，西方人也会争论不休，直到闹上法庭。

在情理法的中国，人情味浓厚，什么事都可以想想办法，托托人情，走走关系。这是一种自然保险系统，人们容易在艰苦的环境下渡过难关。因此在中国，人事关系极为重要，生活之中充满天伦之乐，但也容易产生不公正；在法理情的西方国家，人情似纸，相互之间可说是"鸡犬之声相闻，老死不相往来"。有什么矛盾，先讲理，后上法庭，简单明了。西方人虽淡薄人情，却十分讲公正、平等，即使是一介草民，只要是真正的合理合法，就是同总理打官司，他也照样可以打赢。在西方国家生活，有点像广寒宫里，富裕、清丽、漂亮，却有一般寒冷之感。尤其是老人，孤孤单单，踽踽独行，在我们中国人看来甚是可怜。

## 四、社会习俗的差异

在东方文化中，男士往往备受尊重，这主要是受封建礼制男尊女卑观念的影响。在现代社会，东方文化也主张男女平等，但在许多时候，男士的地位仍然较女士有优越性，女士仍有受歧视的现象。在欧美等西方国家,尊重妇女是其传统风俗,女士优先是西方国家交际中的原则之一。无论在何种公共场合,男士都要照顾女士,比如,握手时,女士先伸手,然后男士才能随之;赴宴时,男士要先让女士坐下,女士先点菜;进门时,女士先行;上下电梯,女士在前……现在,随着东西方文化交流的加深,西方的女士优先原则在东方国家也备受青睐。东西方文化的交融,也使东西方礼仪日趋融合、统一,更具国际化。

再如,在处理长幼关系时,以中国为代表的东方国家对待长者特别尊敬、孝敬。比如,在许多中国人看来,如果老人有子女,年老时子女把老人送到养老院或敬老院去生活,这就是不孝,过年过节儿女一般要和老人一起过。在中国农村的一些地方,过年时,晚辈都要给长辈行跪拜礼。而在西方国家,由于崇尚自立,儿女成年后和父母间的来往则越来越少,致使许多老人时常感到孤独,晚年生活有一种凄凉感。

### 五、等级观念的差异

东方文化等级观念强烈。无论是在组织里,还是在家庭里,忽略等级、地位就是非礼。尽管传统礼制中的等级制度已被消除,但等级观念至今仍对东方文化产生着影响。在中国,传统的君臣、父子等级观念在中国人的头脑中仍根深蒂固。父亲在儿子的眼中、教师在学生的眼中有着绝对的权威,家庭背景在人的成长中仍起着相当重要的作用。另外,中国式的家庭结构比较复杂,传统的幸福家庭是四代同堂。在这样的家庭中,老人帮助照看小孩,儿孙们长大后帮助赡养老人,家庭成员之间互相依赖,互相帮助,密切了亲情关系。

在西方国家,除了英国等少数国家有着世袭贵族和森严的等级制度外,大多数西方国家都倡导平等观念。特别是在美国,崇尚人人平等,很少人会以自己显赫的家庭背景为荣,也很少有人会以自己贫寒出身为耻,因他们都知道,只要自己努力,是一定能取得成功的。正如美国一句流行的谚语所言:"只要努力,牛仔也能当总统。"(If working hard, even a cowboy can be president)在家庭中,美国人不讲等级,只要彼此尊重,父母与子女可直呼其名。他们的家庭观念往往比较淡薄,不愿为家庭做出太多牺牲。

当然,中西方文化的不同导致礼仪上的差异还有很多,比如,服饰礼仪、进餐礼仪等。总之,中西方之间有各自的文化习惯,由此也产生了不少不同的交往习惯。因此,随着我国经济的发展和对外交流、贸易的不断增加,我们不但有必要在与外国人交往或者前往别的国家之前,了解对方国家的礼仪习惯,而且还要必须加强专业礼仪人才的培养,提高全民礼仪意识,这不仅是对对方的尊重,也给我们自己带来了便利,不但能避免不必要的麻烦与误会,还能在现代社会的多方竞争中争取主动,取得良好的结果或效益。

## 本章重要概念

礼仪  礼貌  礼节  仪式  礼仪起源  礼仪的特点  礼仪的原则

## 本章小结

拥有五千年文明史的中华民族素以"礼仪之邦"著称于世,源远流长的礼仪文化是先人留给后人的一笔宝贵财富。礼仪经过几千年人类社会生活的继承发展,到现代社会已更新、注入了许多新的形式与内容,其社会价值与应用价值越来越受重视,成为了现代人际交往中的重要桥梁。礼仪是人们在社会交往活动中形成并共同遵守的行为规范和准则,是以一定的约定俗成的程序、方式来表现的律己、敬人的过程,其具体表现为礼貌、礼节、仪式。宽泛地讲,一切表示尊重对方的过程和手段都可以看作是属于"礼仪"这一道德范畴。礼仪是对礼貌、礼节、仪式的统称。其中"礼"即是指礼貌、礼节,"仪"即是指仪表、仪态、仪式等。仪表、仪态,是指人的外表,包括仪容、举止、表情、谈吐、服饰、风度和个人卫生等,是礼仪的重要组成部分。关于礼仪的起源问题,古往今来一直是人们颇感兴趣的,但至今并无定论。主要有以下几种比较流行的观点:起源于祭祖说、风俗说、父权制说、需求说等观点。总的来看,若从时间上分析,它肯定源于原始社会;若从缘由上分析,它是人性的要求。礼仪作为一种特定的社会现象有其独特的属性,礼仪的特点具体表现为:规范性、继承性、民族地域性、限定性、差异性。礼仪的原则,是指行礼致仪时应遵循的一些基本要求。无论何人、何时、何地,在行礼致仪时都有一些需要共同遵循的原则。基本原则主要有尊重的原则、平等的原则、宽容的原则、遵守约束的原则、自律的原则、诚信的原则、从俗的原则等。

**思考题**

1. 什么是商务礼仪?
2. 简述礼仪的起源以及礼仪的产生发展过程。
3. 商务礼仪有哪些特点?
4. 商务礼仪有哪些基本原则?
5. 简述中西礼仪的不同。

**▶▶▶ 案例分析**

**【案例 1-1】**

我国江南的一座城市,外宾准备在此投资。外宾在考察当地情况时,兴致颇高,他们谢绝乘坐专车,坚持徒步而行。尤其是一位担任副团长的女士,尽管白发苍苍,却依然健步如飞,谈笑风生,令人钦佩。当时在场作陪的一位当地副市长,见到这番情景,便由衷地对那位女士说:"夫人,您身体真好。真是老当益壮啊!您老人家今年高寿?"这位副市长讲话之初,这位女士还笑容可掬地聆听着,可是在翻译员翻译完之后,对方竟勃然变色,拂袖而去。

分析:这位副市长犯了哪些错误?这件事违背了哪一条礼仪原则?

**【案例 1-2】**

"孔融让梨。"孔融小时候家里有五个哥哥,一个弟弟。有一天,家里吃梨。一盘梨子放在大家面前,哥哥让弟弟先拿。你猜,孔融拿了一个什么样的梨?他不挑好的,不拣大的,只拿了一个最小的。爸爸看见了,心里很高兴:别看这孩子才四岁,还真懂事哩。就故意问孔融:"这么多的梨,又让你先拿,你为什么不拿大的,只拿一个最小的呢?"孔融回答说:"我年纪小,应该拿个最小的;大的留给哥哥吃。"父亲又问他:"你还有个弟弟哩,弟弟不是比你还要小吗?"孔融说:"我比弟弟大,我是哥哥,我应该把大的留给弟弟吃。"孔融四岁,知道让梨。上让哥哥,下让弟弟。大家都很称赞他。

"圯桥进履。"据《史记·留侯世家》记载：张良在博浪沙谋刺秦始皇未成，逃匿到下邳。一天，张良信步在圯（yí）水桥上，见一位穿着十分寒酸的老人挡道，张良出于尊老忍让的想法欣然让路。继而，老人又故意将鞋丢落桥下，并以命令的口气要张良将他的鞋子捡回来。面对如此无理的要求，张良一想到他年事已高，尊老忍让为上，便下桥拾鞋，拂去灰尘，跪下给老人穿好。老人有所感动，随即约张良五天后一早原地见面。张良感到事有蹊跷，跪下答应而退。五天后张良天亮时赴约，见老人已先在桥头，老人指责张良："小人，赴老人之约，为什么迟到？过五天后早点来！"五天后，张良三更鸡鸣便去，无奈又落在老人的后面，老人告诉他，五天后再来。又过了五天，张良不到半夜就赶去，等了一会儿老人才赶到。老人见张良已先到桥头，显得很高兴，感叹说"孺子可教也"，这才把《太公兵法》交与张良。获此兵书，张良潜心研读，如虎添翼，不仅成了一位大军事家，而且还成为了一位大智谋家。他担任刘邦的首席谋士，为破秦灭楚，建立强盛的汉王朝立下了奇功。

"蔺相如礼让廉颇"。战国时，赵惠文王因惧怕强敌秦国的入侵，不拘一格，重用了出身卑微但却有雄才伟略的蔺相如。由于蔺相如西入强秦，出色地完成了"完璧归赵"的任务，赵王破格任用蔺相如为上卿，位居老将军廉颇之上。廉颇对此感到不满，便说："吾有攻城野战之大功，相如徒以口舌为劳，而位居吾上，且相如素贱人，吾羞，不忍为之下。"此话传到蔺相如耳朵里，他不以为意，相反却顾全大局，每次出门，总是避让廉颇，还时常以生病为由不上朝，以免与廉颇因排位次序而发生冲突。蔺相如谦让有礼、坦荡大度的胸怀与行为，终于感动了自命不凡的廉颇，他"负荆请罪"，登门向蔺相如请罪。从此二人结为"刎颈之交"，将相和睦，一心报国，使秦国长期不敢冒犯赵国。

**分析**：运用所学的礼仪基本知识，结合现实谈谈你对以上历史小故事的感想。

【案例1-3】

1912年3月1日，孙中山就任临时大总统，在举行盛大的就职典礼以后，他亲自把代表们送到大堂阶下。代表们请孙中山留步，他说："我是国民的公仆，诸位是国民的代表，所以就是主人，我应当送你们到大堂阶下。"

一位年高八旬的盐商肖先生，专程从扬州到南京求见大总统，孙中山立即把肖老先生请到办公室。肖老先生一进门就行"三拜九叩"礼，孙中山立即把老人搀扶起来，并说："总统在职一天，就是国民的公仆，是为全体国民服务的。"老先生问："总统离职后呢？"孙中山答道："总统离职，就和老百姓一样。"大总统如此平易近人，是老先生始料未及的，他感慨万千地说："今天我总算见到民主了。"

又有一次，孙中山去国民党党部演讲，门口的卫兵拦住他不许进去，说道："今天孙大总统来，不许别人进去。"孙中山说："孙大总统不也是个普通人吗？他不过是百姓的公仆。"然后把名片拿出来，那个卫兵看后，不胜惊慌，但孙中山却毫不介意，微笑着走了进去。孙中山的言行举止，体现了一代伟人的风范，树立了良好的公众形象。这种公众形象与他成为中国革命的先驱，受到举世尊重与爱戴有着密不可分的联系。[①]

---

① 马飞.商务礼仪规范手册(第一版).北京：金城出版社,2005,p.21.

　　美国前总统罗纳德·里根连任了两届总统,具有十分丰富的政治经验与管理能力,同时,他那谈笑风生、幽默、平易近人的形象也使美国公众为之倾倒,为当选及连任总统赢得了选票。

　　实际上,里根总统的良好形象并非与生俱来。在他竞选总统及任职期间,就有一整套人马在尽职尽责地为他服务,精心设计着他的服装、发型、表情、动作、手势等所有与他的形象有联系的因素。

　　1984 年,里根决定在他第一任总统期满,即将开始竞选连任时访问中国。美中关系是自双方建交以来,历届美国总统都十分注重的问题。里根总统访华能否成功,直接影响着中美关系的进一步发展,同时也关系着里根本人在美国本土与国际社会上的声誉和形象。针对中国是一个以平民为主体的东方大国,里根决意要在中国公众面前树立一个"平民总统"的形象。于是,在来华之前,总统的顾问们为他进行了精心的策划与设计,决定访华的内容除了正式的国事活动外,总统还将偕夫人在北京街头散步 1 小时,并以平等的姿态与北京市民随意交谈,以及在访问上海时到复旦大学作一次演讲。

　　北京的活动结束后,里根总统来到了复旦大学。演讲前,里根微笑着说道:"我来中国之前,碰到了一位你们复旦大学去美国的留学生,她要我代她向谢希德校长问好。"说着,他把身体转向站在旁边的谢希德女士说:"现在这个口信我带到了,请您打个电话告诉那位女同学,她的电话号码是……"这个精彩的开场白赢得了全场百余名师生代表的热烈掌声,也赢得了人们对"平民总统"里根乃至美国政府的好感。[①]

　　**分析:** 运用所学的礼仪基本知识,谈谈这些领导人物遵循了哪些礼仪原则。

---

　① 马飞.商务礼仪规范手册(第一版).北京:金城出版社,2005,p.22.

# 第二章
# 商务场合商务人员的形象礼仪

**学习目标**

本章主要了解：塑造商务人员良好形象的基本标准；商务人员仪容礼仪（包括：头发的护理与发型的选择、皮肤的基本护理）；商务人员着装礼仪（包括：女士西装着装礼仪、男士西装着装礼仪、饰物与仪表）；仪态礼仪（包括：体姿仪态、体态仪态）等。

在商务交往中商务人员的形象礼仪，不仅体现着个人的精神面貌，反映出个人的道德修养、文化素质和审美情趣，更重要的是，在某种程度上还代表着组织形象，甚至国家形象。心理学家认为，一个人对交往对象的印象和评价，大体是在见面之初的那一刹那间（大约 3 秒钟）形成的，在见面后很短的时间里就有了对对方的独特看法，并且这种瞬间形成的看法不但在此后难以改变，而且还左右着双方交往的密切程度。这在心理学上叫作"首因效应"。因此，商务人员讲究个人形象礼仪，注意维护个人形象，是保证商务交往正常进行的基础。

## 第一节 塑造商务人员良好形象的基本标准

商务人员的形象礼仪是在商务交往活动中个人行为的具体规范，一般包括仪容、服饰穿戴、仪态举止、语言谈吐等几个方面的内容。商务人员是通过外在形象来展示自己的。你的仪容、衣着、声音和举止会告诉别人你是个什么样的人。一个良好的形象会令你在任何场合都更加神采奕奕、信心非凡，也令别人更愿意接近你，使你更快的得到周围人的认可。个人形象的塑造不仅仅是外在的包装，还应该有更深刻的内涵。

商务人员个人形象塑造的基本标准有如下几点。

### 一、内外兼修

良好的个人形象塑造除了有外在的包装，还应该有更深刻的内涵。良好的个人形象应该包括以下两个层面。

（一）外在美

人的外在美是人自身美的凝聚和显现,它能给本人以极大的心理满足和美的心理享受,又能给他人以美感,使别人赏心悦目。一般来说,导致他人对自己的看法与评价的第一印象,通常是由个人的仪容、举止、表情、服装、佩饰等要素构成,这是良好的个人形象中外在美的具体表现。追求外在美是人的天性,不应加以禁锢,而是应该加以美学上的积极引导。个人形象既有先天的因素,也有后天的成分。所以人的外在美也可以划分为两个部分,一部分是自然美,即先天容貌潜质。拥有漂亮的外貌,无疑会令人赏心悦目,感觉愉快。但是健美的体格、端正秀丽的五官,并不是每个人都能够拥有的。即使没有姣好的外貌,我们也不要气馁,相信通过自我训练,也能获得令人喜爱的美的外表。例如,当年尼克松和肯尼迪在全美电视观众面前进行竞选总统第一次辩论。大多数评论员预测,尼克松会取胜。尼克松素以经验丰富的"电视演员"著称,必将击败缺乏电视演讲经验的肯尼迪。但结果并非如此,是肯尼迪取胜。因为,肯尼迪知道自己的不足,事先进行了形象训练,还专门跑到海滩晒太阳,养精蓄锐。辩论赛时,肯尼迪出现在屏幕上,显得精神焕发,潇洒自如。而尼克松却没有准备,加之那一段时间十分劳累,更失策的是面部化妆用了深色的粉底,在屏幕上显得精神疲惫,表情痛苦。正如一位历史学家所形容:"他让全世界看来,好像一个不爱刮胡子和出汗过多的人带着忧郁在等待着电视广告告诉他怎么不要失礼。"正是仪容上的差异,帮助了肯尼迪取胜,使竞选的结果出人意料。另一部分是修饰美,是指通过化妆、美容、护肤等艺术的、专业的修饰技巧对仪容进行适当的修饰、美化,扬长避短,设计塑造出美好的个人形象,在人际交往中显得有备而来,充满自信,给他人留下良好的印象。常言道,三分人才,七分打扮。例如,日本松下电器公司创始人松下幸之助,有一次到银座的一家理发厅去理发。理发师对他说:"你毫不重视自己的容貌修饰,就好像把产品弄脏一样。你作为公司代表都如此,产品还会有销路吗?"他接受了理发师的建议,从此以后十分注意自己的仪表并不惜破费到东京理发。可以说,一个人的外在形象的好坏,直接关系到他业绩的好坏。试想,理发师自己的发型不美,美容师、化妆品推销员自己的皮肤不好,别人会接受他们的服务或产品吗?

这说明,一个人切不可依赖先天外表,必须注重后天努力,不断修饰弥补先天不足,达到符合礼仪的仪容。仪容的修饰美也要遵守各种社交场合必要的礼貌礼节,才能表达出对他人的尊重。无论一个人的先天条件如何,都可以通过化妆、服饰、外形设计等方式使自己拥有美丽的容貌,也可以通过形体的锻炼使自己拥有更完美的体态,而美好的个人形象却是每个人都可以去追求和创造的。即使天生不丽质,也可以通过一定的方式把自己的美丽更充分地展现出来。

美国著名的前总统林肯先生委托朋友给他推荐一名顾问,朋友蛮有把握地给他推荐了一位才识过人的阁员,林肯却没有接纳。问及原因,林肯说:"我不喜欢那个人的面孔。"朋友很奇怪,问他:"为什么要以貌取人,他不能为自己天生的面孔负责呀。"林肯说:"40 岁以前的相貌上帝负责,40 岁以后要自己负责。"意思是说天生的相貌是爹妈给的,上帝也改变不了,但后天的相貌是可以自己去塑造的。这件事一方面说明了人的形象对自己前途有很大的影响,同时也说明自我形象是可以通过后天的努力而改善的。外在美是自然美与修饰美的统一。作为商务人员,注意自己的外在美,是热爱生命、热爱生活,同时也是热爱工作的表现,更是对自己和他人尊重的表现。

（二）内在美

内在美是指人的人格、情操、修养、智慧、才能,拥有较高的文化素养和思想道德水准。这就要通过努力学习,培养自己高雅的气质与美好的心灵,让自己有内涵、有底蕴、有品位、更时尚。使自己秀外慧中,表里如一,气质高雅。一个人如果没有文明礼貌、文化修养、知识、才能这些内在素质作基础,那么再好的先天条件、再精心的打扮,也只能是一种肤浅的装饰,缺少丰富而深刻的内涵,会让人感到华而不实、矫揉造作,是不可能产生魅力的。因此,一个人的外在美是其内在美的一种自然展现,良好的个性修养、渊博的知识、高尚的道德情操才是外在美的真正源泉,由此而产生的美才可以给人留下难以磨灭的印象,才能引起人的内心深处的激动,打下深刻的烙印。只有培养良好的个性,丰富自己各方面的知识,培养高尚的道德情操,才能够把仪容、举止、表情、服装、佩饰的美真正展现出来给人一种由衷的美感。注重内在美是每一位想获得成功的商务人员的必修课,内在美比外在美具有无可比拟的深度与广度。仪容的内在美还教你学会如何欣赏、鉴别、了解哪些是适合我们的,哪些是不适合的。

商务人员良好的个人形象必须是内在美与外在美的和谐统一,要有美的仪表,必须从提高商务人员的内在素质入手。自然美是人们的心愿;修饰美则是仪容美关注的重点,它可以弥补仪容的先天不足;内在美是最高境界,它使仪容美得到升华,需要人们持之以恒方能成功。三者的高度统一,将使你在社交场合上独具风格,充满自信。作为商务人员,如果过分注重外表美,可能会显得轻薄;但如果只注意内在美,而忽视外在美,就好比一颗明珠被蒙上了一层灰尘,使人看不见它的光彩。因此,商务人员的个人形象的塑造,是一个人美好高尚的内心世界蓬勃旺盛的生命活力的外在体现,是内在美与外在美的和谐统一,慧于中,才能秀于外。这是仪表美的本质。个人形象中内在美的一面需要长期的培养和熏陶,而外在美却可以通过短时间学习一定的规范、程序来加以提升,外在美是良好个人形象的外在表现,是美的形式,内在美是良好个人形象的真正内涵,是美的真正内容,对于个人形象塑造而言,两者缺一不可。

## 二、仪容标准

在商务活动中,商务人员的仪容一般强调庄重保守。但男性与女性是有区别的。要充分展示男性美与女性美。

**1. 男士美**

男子汉应该展现出阳刚之气,有性格,有棱角,有力度的粗犷的美,内涵的美。千万不能做狭隘的、自私的、扭扭捏捏的"奶油小生",或是存在嫉妒的心理而斤斤计较。

男性的仪容标准:精神饱满,面带微笑;短发,干净、整齐;常刮胡子,清洁牙齿;西装熨烫平整,西裤有裤线;衬衣颜色和西装整体颜色协调,领口袖口无污迹;领带紧贴领口,系得美观大方;指甲短而清洁;皮鞋光亮,深色袜子;全身三种颜色以内。

**2. 女性美**

普遍被人喜欢的女性形象是聪明、娴静、温柔、甜美。精明的女性总是家里、家外一把手。在工作上是女强人,在家中是个好主妇。如英国前首相撒切尔夫人在政坛上被称

为"铁娘子",在家中为家人做早餐,为女儿粉刷墙壁,对丈夫温存体贴,得到了人们的交口称赞。

女性的仪容标准:文雅大方,面带微笑;发型庄重,梳理整齐,短发齐肩,长发要盘起;面部修饰化淡妆,不浓妆艳抹;着正规套装,大方得体;指甲清洁,不宜过长,指甲油须自然色;长筒肤色丝袜、无破洞,船鞋整洁,光亮;全身三种颜色以内。

在商务活动中,女性如能巧妙地利用自己的性别特点,一般总能激起男性的爱怜感和保护欲。女性自然的柔和所产生的征服力量,有时比"刚强"的力量要大得多。

### 三、注意具体的场合及各种约定俗成的规范

整洁、卫生是树立良好的个人形象的首要条件。无论多么美丽的容颜、时髦的服装、精美的饰品,如果以肮脏零乱的形象出现在社交场合,都是大煞风景的。注重清洁卫生,即要注意保持身体清洁,做到勤洗头、勤洗澡、勤修指甲、勤修面。参加社交活动或工作之前,忌讳身体有异味,不要饮酒,不要食用葱、蒜等有异味的食物。在工作岗位上不要浓妆艳抹和佩戴华贵的饰物,不要在众人面前炫耀自己等;另外还要精神振作,服装挺括,大方得体,避免给人以零乱、懒散之感。

另外每个人情况不同,商务人员要根据自己的特点去设计自己,千万不要去模仿别人。例如,你的个性气质是粗犷、豪放的,你就不能把自己塑造成温文尔雅的形象。因为那样的话你自己会无所适从,让周围的人也觉得别扭。商务人员应懂得在不同的场合为自己塑造出不同的形象。例如,在工作中塑造的形象应是认真负责、干练的,但是,在出席公司所举行的晚宴时,塑造的形象便应是端庄典雅而不失温柔的。

每个国家和地区都有自己的一套约定俗成的规范,在商务活动中,工作人员经常与不同国家和地区的客户打交道,在塑造个人形象时必须要考虑相关问题,否则可能出现的情况会给自己造成不必要的麻烦。

总之,商务人员个人形象可以说是一个人的社会责任感、道德感、学识修养、语言风格、仪表、举止等诸方面因素的总和。商务人员只有塑造出良好的外形,加上自信的谈吐和适度的举止,才能很快赢得人们的尊重。

## 第二节　商务人员的仪容礼仪

仪容是个人仪表的重要组成部分,在人的仪表美中占有举足轻重的地位,修饰仪容也就成为了仪表礼仪的核心内容,是个人礼仪的基础规范。仪容即人的容貌,通常是指人的外观,即你的外表形象以及外现的内在修养,是显示自身价值的一种重要方法。具体表述仪容,是由发型、面貌以及人体所有未被服饰遮掩的部分(如颈部、手部)等组成。

### 一、仪容的日常护理

在当今社会,工作和生活的节奏越来越快,商务人员若要想展现健康的仪容,无论对于男士还是女士,必要的仪容护理是不可缺少的,这包括发型选择和皮肤护理两部分。

（一）头发的护理与发型的选择

头发是人体的第一个制高点，是别人注意你的焦点部位之一，而且还会给人留下深刻的印象。头发体现了一个人的生活状态和当前情绪，一个头发凌乱不堪的人是很难被人所接受的，保持头发的清洁与整齐是对头发护理的基本要求。在商务场合塑造个人形象，必须"从头做起"。健康的头发在外观和感觉上，应具备：头发弹性很好、有韧性、有光泽、头发柔顺、不分叉、不打结、不容易折断、用手轻抚时有润滑的感觉。

**1. 头发的护理**

要想拥有健康的头发必须注意经常护发。护发的基本要求是：商务人员的头发必须经常保持健康、秀美、干净、清爽、卫生、整齐的状态。必须注意头发的洗涤、梳理、养护等几个方面。

（1）头发的洗涤

保持头发干净、清洁的基本方法是，要对它按时进行认真的洗涤。任何一个健康而正常的人，头发都会随时产生各种分泌物，此外，它还会不断地吸附灰尘，并且使之与其分泌物或汗液混杂在一起，产生不雅的气味。这类情况一旦出现，无疑会影响到头发的外观。若是一名商务人员的头发看上去脏兮兮的，甚至成缕成片，黏在一起，没有人会愿意与之交往。

洗涤头发，是为了去除灰垢，清除头屑，防止异味，使头发条理分明，有助于保养头发。洗涤的方法应注意以下三点：首先，要注意水的选择。洗涤的水温不宜太高，大约在40℃。水温过高或过低，对头发都有害而无益。尤其要注意水质，各种矿泉水，包括含碱或含酸过多的矿泉水，均不宜用来洗头。其次，要选择质量好的洗发剂。目前，人们洗头时大都会采用一些洗发剂，选用洗发剂时除了要使用适合自己的头发之外，还应使之具有营养柔润头发、刺激性小、易于漂洗等优点，还要注意洗发水不宜长时间选用同一个牌子，再好的洗发水如果长期使用，也会在头发上残留化学物质，影响洗涤效果，可定期更换洗发水品牌。最后，要注意头发的自然晾干。洗完头发后，最好是自然干。若打算令头发快速干，在使用吹风机时，温度不宜太高，否则会伤害头发。

（2）头发的梳理

重视头发的梳理。每一名商界人士每天都必须重视头发的梳理。应把头发梳理整齐，视作自己每天都必须认真操练并经常自查的一项基本程序。一个人的形象代表着单位的形象，商务人士必须使自己的头发通过梳理，看上去整洁秀美、清爽悦目、线条分明、层次清晰、一丝不苟。你的经理，你的客户都会难以接受头发蓬乱如草、凌乱不堪的员工。商界人士梳理头发要注意以下三点。

首先，要选用专用的头梳、头刷等梳理工具。其主要标准是不会伤及头发、头皮。不宜直接使用手指抓挠。在外出上班或在办公室时，商界人士最好随身准备一把发梳，以备不时之用。

其次，要掌握梳理的技巧。梳头时用力要适度，不宜过重过猛；梳子与头发可形成一定的角度，以促使头发的形状起伏变化；梳子应向某一个方向同向运动。梳理头发，不仅是为了将其理顺，使之成形，而且也是为了促进头部的血液循环与皮脂分泌，提高头发与头皮的生理机能。另外，要避免公开的操作。在公开场合"当众理云鬓"，使落发、发屑纷

纷飘落的情景尽落他人的眼底,是极不礼貌的一种行为。梳理头发是一种私人性质的活动。向别人展示的应当是其结果,而不是其过程。

最后,要选择适当的发型,定期理发。每个人的头发都会不断地进行新陈代谢,生长不已。因此,每到一定的时间,人们就必须理发。理发所指的是,对头发进行适当的修整,并以将其剪短一定程度为主要特征。商界人士在修剪自己的头发时,一般要注意三个方面:第一,应当定期理发。根据头发生长的一般规律,常人在每半个月左右理一次头发,每次理发的间隔不宜长于一个月。第二,应当慎选理发方式。理发又分为剪、刮、洗、染、煽、吹、烫等各种不同的方式。商界人士可以根据个人爱好,进行自由选择,但是必须注意与自己的身份相符合,在正式场合或窗口岗位工作者不宜染彩发。第三,应当留意头发长度。一般认为,男士理发是以剪短头发为其主要特征的。对于商务人员头发的标准长度,商界已有成规在先。一般的要求是:既不宜理成光头,也不宜将头发留得过长。为了显示出商界人士的精明干练,同时也为了方便其工作,通常提倡商务人员将头发剪得以短为宜。在理短发时,还必须做到,前发不覆额,侧发不掩耳,后发不及领,并且面不留须。在商界女士中,提倡剪短发,并且一般要求在工作岗位上头发长度不宜超过肩部,更不允许将自己的一头秀发随意披散开来。并不是说商界女士在工作中绝对不可以留披肩发,而是建议她们最好对其稍加处理,例如,将其盘起来,或者束起来。

(3)头发的养护

首先,要了解自己头发的类型,每个人体质不同,发质也不同。头发除了先天遗传因素外,后天护理也很重要。头发分为干性发质、油性发质、纤细发质。

干性发质。一般洗发要选用一种非常温和的,能有效补充水分的洗发水。洗发切忌过于频繁,要坚持使用护发素护理头发,定期为头发做保养。为防止发丝内的水分流失,应尽量避免使用电吹风、电力操作的卷发器具等。如果必须使用,最好事先在头发上涂一层护发品。另外还要注意减少精神压力、注意内分泌的变化以及饮食的平衡。

油性发质。油性发质形成的原因是皮脂腺分泌过多的天然油脂。要想改善这种情况,应经常洗头发,洗发水需要选用性质温和的。强力的洗发水不但对头发无益,而且还会令油脂分泌更加旺盛。由于头皮已能分泌足够的油脂,护发素只须涂在距离发根数寸的发梢上即可。

纤细发质。纤细发质,头发过于纤细柔软,洗发时应该寻找一种能渗入发茎的洗发水,使头发充盈起来。美发造型时,最好使用能营造丰厚发式的喷雾产品。

其次,要重视头发的养护。按照常人的审美标准,每一个人都理应拥有一头浓密的乌发青丝。可是,这并非人人都能够办得到的。但是却可以通过养护使自己的头发质量得到提高。养护头发,是治标兼治本的。养护头发之中的"护",指的是对头发的保护。要保护好头发,就要有意识地使之免于接触强碱或强酸性物质,并尽量防止对其长时间曝晒。洗头时使用洗发剂之后,会使头发的养分受到一定的损失,致使其干燥、分叉、断裂甚至脱落,为此,可在洗头之后酌情采用一些好的发乳、发露、发油、发胶以及生发水、亮发蜡等。

养护头发之中的"养",指的是给头发的营养。如果说"护"是治标之法,那么"养"则重在治本。要真正养护好头发,关键还是要从营养的调理与补充等方面着手。应当注意休息,在饮食方面,一般认为,辛辣刺激食物若食用过量,将有损于头发的生长。烟、酒对头发的危害则尤为严重。欲使头发乌黑发亮,则适宜多吃富含蛋白质和维生素、微量元素的食物,尤其是要多吃核桃一类的坚果或黑芝麻一类的"黑色食品"。

最后,还可以运用物理疗法——按摩。每天早晚用梳子梳理头发,每次 3 分钟约 100下,有保持头发润泽、柔顺的作用,可以刺激头皮活力,保持发隙通风良好,还可防止脱发及头皮屑的产生。按摩头皮能刺激毛细血管与毛囊,有助于皮脂的分泌调节,并对油性和干性皮肤有治疗功效。按摩时,将两手的手指张开,用手指在头皮上轻轻揉动,或者将两手呈直角置于头皮上轻轻拍打,可以刺激头皮,加快新陈代谢。如果每天反复做 3 分钟,可促进头发的润滑与光泽。按照头皮血液自然流向心脏的方向,按前额、发际、两鬓、头颈、头后部发际的顺序进行。按摩可以促进油脂分泌,因此油性头发按摩时用力应轻些,干性头发用力可稍重些。

对不健康头发的养护主要有以下几点需要注意。

一是对脱发的护理。导致脱发的原因有很多,一般是由于糖果、盐分与动物性脂肪摄取太多,导致血液循环不良造成的。脱发的种类有很多。按脱发的诱因划分为生理性脱发、药物性脱发、精神性脱发、营养性脱发等。为避免脱发,应注意:消除精神紧张。人的精神状态不稳定,焦虑不安,大脑长时间处于紧张、烦恼或用脑过度状态,均可导致头部血液循环不良,头发营养供应不足,造成头发脱落。因此,保持精神愉快很重要。在进食方面,多进食有益于滋养头发的食物,像含维生素、矿物质和低脂肪的食物,如各种新鲜水果、蔬菜、蛋黄、瘦肉、牛奶、黑豆、黑芝麻、核桃等,以补充氨基酸、钙、铁等多种微量元素。而且,还要多喝水。头发的生长需要体内良好的营养成分,当体内缺乏某些营养和氨基酸时,就会影响新发的生长。平时应注意选用木梳梳头。尼龙梳子梳头容易起静电反应,头皮与头发产生离合作用,会使毛发脱落。还要定期洗发,洗头次数以每周 3~4次为宜。长时间不洗头会影响毛囊的呼吸,造成脱发或加重脱发。要戒除烟酒,避免其对头发产生不良影响。患有脂溢性脱发的人应忌食辛辣食物,否则会加重脱发。不要经常烫发、染发,要尽量避免用化学合成药品来滋润头发。由化学原料制成的烫发剂、染发剂、护发剂,都会对皮肤和毛发产生不同程度的刺激。头皮屑过多,宜立刻医治,以免头皮屑堵塞头皮毛孔,妨碍毛发的生长,破坏毛囊组织,甚至导致皮肤病。

二是对头皮屑过多的护理。先查清原因,对症下药。有许多治疗头皮屑的药膏、药水、药粉都很有效,还有不少专门去头屑的洗发剂。在洗发的水中放入一匙杀菌剂或醋也是很有效的,定期洗头,保持头皮与头发的清洁。应避免过度用力梳头,也忌用手过度抓挠。过度用力地刺激,会使贴在头皮的一部分鳞片剥落,露出伤口而滋生细菌,形成恶性循环。应注意饮食,避免摄入过量的糖、淀粉和脂肪。宜多吃一些新鲜蔬菜、水果及瘦肉、鱼等。焦躁不安的人头皮屑也会增多,因此经常保持愉悦的精神状态对减少头皮屑很重要。

三是对开叉头发的护理。建议用柔软的发刷从头皮梳向发端,将头皮的天然油脂带到发端。平时尽量用阔齿的发梳来梳理头发,同时不要忘记在每次洗发后使用护发素。另外,切忌用毛巾大力绞擦,脆弱的发丝需要的是温柔摩擦。

**2. 发型的选择**

头发的造型,通常称为发型。一个人在美发的时候,他首先所要面对的就是如何塑造自己的发型。在实际生活中,商务人员必须认识到,发型不仅反映着自己的个人修养

与艺术品位，而且还是自己个人形象的核心组成部分之一。商界人士在为自己选定发型时，一定要与自己的发质、脸型、体型、年龄、职业、服饰相吻合，这样才能扬长避短，充分展现自身之美，切忌一味地模仿他人。

（1）发质与发型

每个人的发质不同，而不同的发质则适合不同的发型。选中适合自己发质的发型，再配上自己信任的理发师，就会把自己的头发打扮得更美丽。

柔软的头发。这种发质比较容易整理，俏丽的短发比较适合，能充分表现出个性美。

伏贴的头发。这种发质的特点是头发不多不少，非常伏贴，是理想的发型。只要能巧妙修剪，就能使发根的线条以极美的形态展现出来。拥有这种发质的人，最好将头发剪短，前面和旁边的头发可以按自己的爱好梳理，后面则一定要用能显示出发根线条美的设计。

直硬的头发。这种发质要想做出各种各样的发型是不容易的。在做发型以前，最好用油性烫发剂将头发稍微烫一下，使头发能略带波浪，稍显蓬松。卷发时最好能用大号发卷，看起来比较自然。

细少的头发。这种发质的人留长发比较合适，将其梳成发髻才是最理想的，这样不仅梳起来容易，而且也能比较持久。

自然的卷发。这种头发，只要能利用好自然的卷发，就能做出各种漂亮的发型。这种发质如果将头发剪短，卷曲度就不太明显，留长发才能显示出其自然的卷曲美。

（2）发型与脸型相协调

人的头发生在头顶，下垂到脸旁，因而发型与脸型相辅相成。发型对人的容貌有很强的修饰作用，选择恰当的发型，既可以为自己的脸型扬长避短，更可以体现出发型与脸型的和谐之美，甚至可以"改变"人的容貌。每一种脸型都有其独特的发型要求，应当根据自己的脸型选择合适的发型，这是发型修饰的关键。

圆脸型。圆脸型的人，五官集中，额头与下巴偏短，双颊饱满。可选择垂直向下的发型。适宜将头顶部的头发梳高，避免遮挡额头，视觉上就会产生脸部"拉长"的效果，应利用头发遮住两颊，使脸颊宽度减小，头发分线最好是中分。

长脸型。长脸型的人，往往会给人以古典感，脸型姣美。适宜加厚脸部两旁的头发，面部就会显得丰满起来，以增加量感，适宜将前发剪成"刘海儿"遮住额头，使脸部显得丰满。发分线采用侧分法。

方脸型。方脸型的人，面部短阔，两腮突出，轮廓较为平直，在设计其发型时，应重点侧重于以圆破方，以发型来增长脸型。头发的两侧可选择卷曲的波浪发型，还可利用卷曲的长发部分遮住下颌两侧，转化太宽的下颌线条。

三角形脸。三角形脸的人，额窄而腮宽。在设计发型时，应力求上厚下薄、顶发丰隆。双耳之上的头发可令其宽厚，双耳之下的头发，则可限制其发量，前额不显露在外。

倒三角形脸。倒三角形脸的人，额宽而颚窄，与三角脸恰好相反，宜选短发型，并露出前额。可以选择掩饰上部、增宽下部的发型。要营造大量的、蓬松的发卷并遮掩部分前额。具体选择时，可运用颈部线条之美，使耳边的头发产生分量并显出额角，令脸部变得丰满一些。这样的脸型最忌讳选往上梳的高头型，这样只会突出细小的下巴，使整个脸部更不平衡。不应选择直的短发和长发等自然款式，这样会使窄小的额部更加单调。

菱形脸。菱形脸的特点是棱角突出、下巴稍宽,显得个性倔强,缺乏温柔感。因而,在选择发型时,宜掩盖太突出的棱角感,使脸部看上去长一些,增加柔和感,可以利用波浪形来增加脸部的温柔感。宜将前额和头顶的头发上扬,露出部分额头,但切忌全部露出。

（3）发型与体型相协调

身材有高、矮、胖、瘦之别,身材不同的人,在选择发型时,往往会有许多不同的考虑。发型选择得是否得当,会对体型的整体美感产生很大的影响。

高瘦型。高瘦型的人,在发型方面往往可以有比较多的选择。宜留长发,能弥补身体细长、单薄的不足。发型要求生动饱满,避免将头发梳得紧贴头皮或将头发搞得过分蓬松,造成头重脚轻。一般来说,高瘦身材的人比较适宜留长发、直发或"波浪式"卷发,让自己显得丰盈一些。应避免将头发削剪得太短薄或高盘于头顶上,那样会使自己显得愈见其瘦。

矮小型。个子矮小的人会给人一种小巧玲珑的感觉,在发型选择上要与此特点相适应。发型应以秀气、精致为主,最好是选择短发型,以便利用他人的视觉偏差使自己"显高"。烫发时应将花式、块面做得小巧、精致一些。盘头也会有增高的错觉。避免做长发型,更不要去做长过腰部的披肩发,否则会使头部与整个形体的比例失调,让人产生一种大头小身体的感觉,只会令自己显得更加矮小。

高大型。该体型给人一种力量美,但对于女性来说,缺少苗条、纤细的美感。为适当减弱这种高大感,发型上应以大方、简洁为好。一般以直发为好,或者是大波浪卷发。头发不要太蓬松。总的原则是简洁、明快,线条流畅。

短胖型。身材矮而胖者,一般不宜留长发,更不应该将头发做得蓬松丰厚,应做短发型,并且最好露出自己的双耳来。这样不但可以使自己看上去更高一些,而且还可以使自己胖得不过分突出。短胖者一般脖子显短,因此不要留披肩长发,应显露脖子以增加身体高度感。头发应避免过于蓬松或过宽。

大脸型。应使头发自然伏贴遮住两颊,以缩减脸的宽度,不可以梳过于蓬松的发型,否则会显得脸更大,宜将头发剪短,全部向后梳,不要分线。

小脸型。脸庞较小的人,可选择尽量露出五官的发型,把头发往上、往后梳。

另外,颈部粗短的人宜选择高而短的发型;颈部细长者宜选择齐颈搭肩舒展或外翘的发型;鼻子过于突出的人,可选择留浓密的"刘海儿"或将长发向上梳的发型,以平衡脸部,强调顶部。额头太大的人,可将额发剪成一排"刘海儿"。下巴内陷的人,可将头发留长,以使下巴显得丰满起来。

（4）发型与年龄相协调

商务人员在为自己选择发型时,必须客观地正视自己年龄的实际状况,切勿"以不变应万变",使自己的发型与自己的年龄相去甚远,彼此抵触。发型还可以反映出一个人文化的修养和社会地位。不同年龄者在发型选择上也应有所不同。年轻女性可选择披肩长发或短发及一些时髦的发式,成熟的大波浪卷发则不适合。相反年龄较大的女士则可选择一些比较端庄成熟的发型,如波浪式及各种发髻等,追求成熟女性的风韵,给人一种稳重、高雅之美。举例来说,一位青年女性若是将自己的头发梳成"马尾式"或是"刘海儿"或是编成一条辫子,则可显现出自己的青春和活力,可若是一名人过中年的女士做出这种选择的

话,不但会显得她极其不自量力,有着"冒充少女"之嫌,而且还会与自己的年龄极不协调。

(5) 发型与职业相协调

在职业形象方面,商界对自己的全体从业人员的基本要求是:庄重、典雅和保守。这一基本要求,在商界人士为自己设计发型时必须得以贯彻落实,比如,商务女士在工作场合时,一般头发不能过肩膀,若是长头发的话要把头发盘起来。如果追赶新潮,商务人员在正式场合把头发搞成"梦幻式""爆炸式""多穗式",或是更奇特、更华丽美艳,以此类"前卫"发型亮相,只会被人认为不守本分。因此,在设计与制作发型时,商界人士必须按照规矩去做。

(6) 发型与服饰协调

头发为人体之冠,对于同一个人来说发型并非一成不变,根据服饰的变化而适当改变发型,能够充分体现出服饰的整体美感。如男士着西装时,都要将头发梳理得端庄、艳丽、大方,不要过于蓬松,并且可以在头发上适当抹点油,使之有光泽;女士穿着礼服或制服时,可选择盘发或短发,以显得端庄、秀丽、文雅。虽然披肩长发能显示女士的秀美,但在工作中往往不大适宜,留披肩长发的女士在工作中应注意把头发束起,避免影响工作;穿着休闲服装时,则可选择更多适合自己脸型及体型的时髦发型。

(二) 皮肤的基本护理

每一个人都渴望拥有一张美丽、清爽的容颜,其实美丽容颜的本质则需要健康纯净的肌肤作基础。想要拥有健康而富有弹性的肌肤,除了注意日常的保养外,还需要彻底了解自己的肤质,知晓何种护肤品更适合自己。

**1. 认识皮肤**

(1) 健康皮肤的标准

人的皮肤分为 3 大部分,表皮、真皮和皮下组织,表皮位于最外层,下面是真皮和皮下组织。表皮与化妆美容的关系最为密切。表皮由外向里又可以分为 5 层:角质层、透明层、颗粒层、棘状层、基底层。表皮的 5 个层次不断地新陈代谢,由基底层向角质层生长转化,角质层不断地衰老并脱落。与真皮相接的基底层含有黑色素,形成皮肤的颜色。黑色素能保护深层的组织免受紫外线强烈照射的伤害,但强烈的阳光可以使黑色素增加,从而使肤色变深。因此要保护皮肤应避免受紫外线的过量照射。

健康皮肤的标准,可以用以下 4 个指标来衡量。

第一,皮肤是否湿润。皮肤的含水量很高,健康的皮肤中水分的重量是皮肤总重量的 70%。因此,保持皮肤的水分,是皮肤光滑润泽的前提。

第二,皮肤是否具有弹性。皮肤富有弹性,就会光泽平整,皮肤失去弹性,就会变得松弛,出现皱纹。

第三,皮肤是否细腻。无论是晒得黝黑的皮肤还是白皙的皮肤,只要细腻都是健康美丽的。

第四,皮肤的色泽是否红润。健康的皮肤是美丽的基础,而透出自然红润的皮肤就是美丽的。

(2) 皮肤的 4 种类型

人的皮肤大体可以分为中性、干性、油性和混合性 4 种类型。不同类型的皮肤应选用不同的化妆品并采用不同的保护方法。

第一,中性皮肤。这是比较理想的皮肤,也称正常皮肤。这种皮肤油脂分泌量适中,皮肤表现为柔滑滋润,富有光泽。这类皮肤的护理,可选用的化妆品种类较多。

第二,干性皮肤。这种皮肤外观洁白细腻,毛孔不明显,不易长粉刺,皮肤分泌油脂量少,但脸部无光泽,易起小皱纹。这类皮肤应选用含有保湿成分的化妆品,以保持皮肤的润泽。

第三,油性皮肤。皮肤油脂分泌量多,面部油亮光泽,毛孔明显,易生粉刺,但不易起皱纹。这类皮肤的护理,应选用水质和粉质化妆品。平时多注意皮肤表面的清洁。

第四,混合性皮肤。有的混合偏干、有的混合偏油,一般是额头、鼻子、下巴部位偏油性,其他部位偏干性。这类皮肤的护理,应选用适合不同部位肤质的化妆品。

每个人的皮肤质地不是一成不变的,而是随着季节、年龄而不停变化的。一般夏季皮肤普遍偏油,干性皮肤也会显得光泽滋润;冬季皮脂分泌量相应减少,皮肤偏干。另外,随着年龄的增长,皮肤的油脂分泌会逐渐减少,年轻时呈现油性或中性皮肤的人,中年以后会逐渐转向中性或干性皮肤。一般在 28 岁左右皮肤的各种问题就会接踵而来,如皮肤转为混合偏干,出现斑点、皱纹以及皮肤开始松弛,肤色变暗、发黄。到了 35 岁,皮肤一般就会转为干性肌肤,皮肤进入熟龄。干性肌肤的第一条皱纹一般在 22 岁就会在眼角出现,油性肌肤一般到 28 岁左右才会看到第一条皱纹,同时,也会出现毛孔粗大。在我国北方地区,混合性肌肤的人数要占到 40% 左右,一般表现为两颊偏干,T 形部位偏油,对护肤品成分的吸收有敏感性。

**2. 皮肤的基本护理**

皮肤护理是仪容修饰的基础,保养得当的优良肤质,是任何化妆品都修饰不出来的。在了解了自己的皮肤以后,接下来就要做好皮肤护理工作了。

（1）保养皮肤

人的皮肤会随着年龄的增长而老化,失去光泽和柔韧,产生皱纹,这种生理现象是不可避免的,但是采用科学的方法保护皮肤,延缓皮肤的衰老却是可能的。保养皮肤要注意以下几点:

第一,皮肤的健康与身体的健康、精神的愉快密切相关,要保持乐观的情绪,这是最好的"润肤剂"。因为,人在笑的时候会促进血液循环,这样会增强皮肤的弹性。

第二,要保证充足的睡眠。睡眠充足,会使人感到容光焕发,精神振奋。皮肤专家认为,在晚上 10:30 分至第二天早上 4:30 分是皮肤吸收营养的最佳时间。

第三,要养成多喝水的习惯。多喝水可以保持皮肤的水分,使皮肤细腻、滋润,同时还要注意室内空气的润湿。

第四,正确使用护肤品。白天外出时,使用防紫外线和保湿的护肤品,晚上可以使用眼霜和晚霜。另外,还要注意合理的饮食。从食物中摄取各种营养成分,其美容功效是任何化妆品所不能及的。

（2）皮肤的护理

第一,面部。首先,用正确的方法洗脸。洗脸水的温度不宜过高,可以早上用冷水洗脸,晚上用温水洗脸。洗脸的方向应从下向上,从内向外,长期养成习惯,可以防止肌肉下垂。干性、中性、油性等不同性质的皮肤应选用针对性的洗面乳洁面,以便使面部得到更好地清洁。一般程序为:第一步,去除污垢。化彩妆或使用防晒的乳液后,洁面前一定要进行卸妆,否则会堵塞毛孔,妨碍肌肤的新陈代谢,可能会成为青春痘、肤色暗沉的诱因。第二步,洁面。轻轻沾湿面部,在手心使洁面品充分起泡,用泡沫包裹住整个面部后轻柔洗净,应注意如果在易清洗的两颊用力过度,而难洗的鼻翼与额头部分却匆匆掠过,这可能会造成肌肤类型向混合型发展。第三步,补充水分。洁面后,保护肌肤表面的皮脂被洗去,肌肤处于水分量与皮脂量急剧下降的状态。应立刻用化妆水补充水分,不要吝啬化妆水的使用量,务必足量、充分地使用,用化妆棉或手心取化妆水,仔细涂抹、拍打整个脸部,使水分充分渗透至肌肤。第四步,使用含油化妆品。拍打化妆水后一定要用乳液、乳霜、精华油等含油化妆品涂抹脸部。此外,还可以使用各种面膜或营养液敷面,进行皮肤的保养与护理。

第二,蒸面及面部按摩。蒸面。用蒸汽器或用开水倒入脸盆中,适量加入菊花、薄荷等植物,用蒸汽蒸面,可以使毛孔张开、体温升高,加速血液循环,使皮肤吸收水分,增加光泽。面部按摩。按摩最大的效果就是可以起到护理皮肤的作用,促进血液循环,舒张面部神经,改善皮肤的营养,减缓皮肤的老化过程。按摩的方法有很多,一般可以用两手掌相互摩擦发热,然后顺着脸部肌肉的生长方向,逆着皱纹,由下而上,由内而外进行按摩,指法要轻,也可以用经络美容法,按摩有关的经络和穴位,使皮肤健康柔润。

第三,面部总体清洁。美化面容,除了必须保持面部的清洁卫生以外,还要注意面部总体的清洁。一是要修剪、遮掩不雅观的体毛。在商务交往活动中经常要近距离地面对他人,若有鼻毛从鼻孔里伸展出来,或有耳毛突出于耳眼之外,都会令人厌恶,要定期检查,及时去除。在商务活动中,虽然并无禁止男士蓄须的明文规定,但除了宗教信仰与民族习惯等特殊情况外,男士最好不要蓄须,并且要养成每天修面剃须的良好习惯,否则胡子拉碴是对交往对象的极不尊重。女性的眉毛也需要经常修饰,但最好不要文眉,虽然文眉可以省去许多修眉的时间,但看上去呆滞刻板、不够自然。高品位的女性是不会采用文眉的方式来代替日常修眉工作的。二是要注意眼部的保养和修饰。如做好眼部保洁,及时清除眼角的分泌物。三是戴眼镜的人要保持眼镜的清洁,对镜架、镜片都要经常擦拭、清洁。四是要保持口部清洁。要保持双唇干净卫生,不积存异物或白沫。要清洁牙齿,仔细刷牙,定期洗牙,保持牙齿洁白。要清除口腔异味,要注意少吃、最好不吃葱、蒜、韭菜、虾酱、腐乳之类有异味的食物。

另外,外出时一定要涂防晒液,防晒液可以阻挡紫外线的照射。即便是阴雨天,紫外线也无处不在。紫外线会加剧肌肤干燥、提早衰老、氧化皮脂、制造有害物质等。

② 保养双手。双手如同皮肤一样是别人关注的焦点之一,被认为是商务交往活动中的"第二张名片"。干净清洁、保养良好的双手,会给人以美感并能博得交往对象的好感。

第一,要勤洗双手。与面部相比,双手应该洗得更勤一些,因为在人体的各个部位中,双手接触的物品最多,最容易受到污染。用餐之前、"方便"之后,都要及时洗净双手。

第二,要保养双手。手部不仅需要勤洗,也需要精心养护,避免出现粗糙、发皱、皮裂等现象,影响美观和卫生,要经常用护肤品进行保养。要养成平日定期修剪指甲的良好习惯,至少三天修剪一次,而且多多益善。一般不宜留过长的指甲,修剪后的指甲以不超过手指顶端为宜,长指甲让人感觉不洁净,不仅容易积存污垢、有碍美观,而且还容易滋生细菌,影响卫生。要慎重美甲。一般对手部的美化主要侧重于指甲的美化,而涂抹指甲油又是其中最主要、最常见的方法。指甲油的色彩多种多样,但在选择使用时一定要慎重,最好选择无色透明或自然肉色的指甲油。这种指甲油不仅能增加指甲的光洁度和色泽感,而且还充分体现你认真细致的生活态度,会给人留下很好的印象,提升你的形象。此外,也要考虑到指甲油的色彩同自己的衣着服饰、化妆风格相协调的问题。

以上是护理和保养皮肤的基本常识,在此基础上,商务人员还需要掌握一定的美容化妆专业方法。

## 二、化妆礼仪

为充分体现商务人士的精神风貌,更好地维护个人形象、单位形象乃至国家形象,同时也为了对交往对象表现出应有的友好和敬重之意,在商界绝大多数单位,都要求自己的职员在参加商务交往活动时都应当进行美容化妆,必须做到化妆上岗、淡妆上岗,商务人员必须始终不懈地保持精神焕发、神采奕奕。在商务场合,化妆需要注意两个方面:掌握化妆规则与化妆的礼仪规范。

### (一)化妆的功能与规则

化妆,是一种通过对美容用品或美容手段的使用,来修饰自己的仪容,美化自我形象的行为。简单地说,化妆就是有意识、有步骤地来为自己美容。靳羽西说:"世界上没有难看的女人,只有不懂得如何把自己打扮得体的女人。"人们通常说:自信的女人是美丽的。但更准确地说:自信而富有内涵、有着美好的心灵同时懂得修饰自己的女性是最美丽的。有一位哲人曾经说过:"化妆是使人放弃自卑,与憔悴无缘的一味最好的良药。它可以让人表现得更加自爱,更加光彩夺目。"世界上没有一个人的长相是十全十美的。对一般人来讲,化妆的最实际目的,是为了对自己容貌上的某些缺陷加以弥补,扬长避短,使自己更加美丽,更为光彩照人。虽然女士对化妆较为重视,但它并不只是女士的专利,男士也有必要进行适当的化妆。人们在经过化妆之后,大都可以拥有良好的自我感觉,身心愉快、振奋精神,以此来缓解来自外界的种种压力,而且可以在人际交往中,表现得更为开放,更为自尊自信,更为潇洒自如。化妆是生活中的一门艺术,它还有一套完整、全面的程序和步骤。

**1. 化妆的功能**

对商界人士来说,化妆最重要的功能有两个:第一,塑造形象。化妆乃是塑造单位形象之必需。要求职员化妆上岗,有助于体现单位的统一性、纪律性,有助于单位形象更为鲜明、更具特色。第二,体现尊重。在商务交往中化妆与否,绝非个人私事,而是被交往对象作为了一个尺度,以此来判定商界人士对其尊重的程度。要求职员化妆上岗,意在向商界的交往对象表示尊重之意。在国外的许多地方,参加商务活动不化妆,会被交往对象不由分说地理解为蔑视对方,或是一种侮辱。因此,那种认为商务人员工作繁忙,要抓大事情,没有闲情逸致去考虑美容化妆的想法是不对的。

**2. 化妆的规则**

第一,以淡妆为主的工作妆。商务人员在工作岗位上被要求化淡妆,就是限定在工作岗位上不仅要化妆,而且必须只宜选择工作妆(淡妆)这一化妆的具体形式。工作妆的主要特征是:简约、自然、清丽、素雅,并具有鲜明的立体感。它既能给人以深刻的印象,又不允许显得脂粉气十足。它既清新又传神,也不会因浓妆艳抹而显得俗不可耐。通常化妆有晨妆、晚妆、上班妆、社交妆、舞会妆、少女妆、主妇妆、结婚妆等多种形式。它们在浓淡的程度和化妆品的选择使用方面,都存在一定的差异。一般晨妆呈现明朗、晚妆呈现亮丽、社交妆呈现美艳、舞会妆呈现浓郁、少女妆呈现清纯、主妇妆呈现柔美、结婚妆呈现妩媚。而工作妆只强调一个"淡"字。它要求着妆者化妆后若有若无,自然而然,好似天生如此。女士所化的工作妆,还需要使用相应的化妆品来略施粉黛、淡扫蛾眉、轻点红唇,恰到好处地强化,可以充分展现出女性光彩与魅力的面颊、眉眼与唇部。男士所化的工作妆,一般包括美发定型,清洁面部与手部,并使用护肤品进行保护,使用香水等。以淡妆为主的目的就是为了避免过分突出性别特征,不过分惹人注目。特别是对于女士来说,如果化妆过于浓艳,就会显得招摇和庸俗,甚至会引起别人对其身份和职业的误解。

第二,避免当众化妆、补妆。在众目睽睽之下化妆、补妆是非常失礼的,这样做既有碍于人,也不尊重自己,如果确实有必要化妆、补妆,也要到卧室或化妆间等隐蔽场所进行,在商界的许多单位里,一般都设有专门的化妆间,它就是为有必要随时化妆或补妆的人预备的。常常可以见到一些女士,不管置身何处,只要稍有闲暇,便会掏出化妆盒来,一边"顾影自怜",一边旁若无人地"大动干戈",发现问题,就地解决。涂两下唇膏,描几笔眉形,扑一点香粉。在许多西方国家来看,只有那些"应召女郎"才会在酒吧、舞厅、饭店、街头等公共场所当众化妆、补妆。

另外,商界人士在工作岗位上,不允许妆面出现残缺。要努力维护其妆面的完整性。妆面一旦出现残缺,不仅会直接地有损自身的形象,更重要的是,它还会使自己在他人眼中显得做事缺乏条理、为人懒惰、不善自理。商界人士尤其是白领丽人必须努力克服这种现象。发现妆面出现残缺后,需要及时采取必要的措施,重新进行化妆,或者对妆面重新进行修补。

第三,商界女士切莫在异性面前化妆。在一般关系的异性面前化妆,实在是一种缺乏自尊、缺乏自爱的举动,因为那样容易被人视为卖弄姿色、讨好异性,颇有自甘堕落的味道。另外,女士勿借用他人的化妆品。借用他人化妆品不卫生,故应当避免。

第四,商界人士在工作岗位上,应当避免过量地使用浓香型化妆品。在商务交往中,有许多地方空气流通不畅,如写字间、会议室、会客室、电梯间、轿车内。在这类地方的人群里,使用过浓香水等于"摧残"他人的嗅觉,会引起对方的反感或不快。通常认为,与他人相处时,自己身上的香味在一米以内能被对方闻到,是正常的。如果在三米开外,自己身上的香味依旧能被对方闻到,则肯定是使用香水过量了。

要想使自己在工作岗位上使用的香水恰到好处,应注意两个问题:一方面,应选择适当类型的香水。淡香型、微香型的香水,都比较合适。而香味过于浓烈、厚重的浓香型香水,则不适合。另一方面,使用香水的剂量不宜过大。用得多,不如用得精、用得准。将香水用在当用之处,即便只是一两滴,亦能见效。凡身上容易出汗的地方,例如,发际、腋窝、脊背、膝弯等处,均不可涂抹香水,否则汗味与香味混合掺杂在一起,会产生难闻气味。正确使用香水的位置有两个:一是脉搏离皮肤比较近的地方,如手腕、耳根、颈侧、膝部、踝部等处。二是既不会污损面料,又容易扩散出香味的服装上的某些部位,如衣领、口袋、裙摆的内侧,以及西装上所用的插袋巾的下端。

第五，不要非议他人的化妆。由于民族、文化传统、个人条件和修养等方面的差异，以及个人审美情趣的不同，化妆不可能都一样。化妆是个人私事，没有定式，所以对他人化妆不应自以为是地加以评论或非议，尤其是在国际交往活动中，这种差异会更加明显。要正确对待通过化妆所表达出来的审美差异，对别人的化妆既不要少见多怪，更不能指指点点。另外，还要注意，不要在社交场合同别人交流化妆技术问题，兜售自以为是的"拿手好戏"，议论他人化妆的得失。每个人的审美观未必一样，因此没必要在这方面替别人"忧心忡忡"，费力不讨好。

### （二）化妆的基本步骤

每个人的面容都有自己的特征，因此化妆的技法和风格也是不同的，而且化妆方法也会随着流行而改变。但是，化妆的基本程序却不会有很大差异，每个人都应在掌握基本化妆程序的基础上，根据自己的特点采用最适宜的化妆技巧。从技巧上讲，进行一次完整而全面的化妆，其程序与步骤也有一定之规。日常化妆的基本程序有以下 8 个步骤：

**1. 洁面**

化妆前必须要进行面部清洁，这项工作十分重要。首先，用洗面奶等清洁类化妆品洗脸，用水冲净。其次用化妆棉蘸化妆水轻拍肌肤，待化妆水干后再依序涂以护肤类化妆品，如精华液、乳液、护肤霜、美容蜜等。使用这类基础化妆品的目的有两个：一是润泽皮肤；二是起到隔离作用，防止带颜色的化妆品直接进入毛孔。并做好角质清理及按摩，以帮助血液循环良好。

**2. 施粉底**

使用粉底的目的是遮盖皮肤的瑕疵，统一皮肤色调。根据自己的肤质来选择隔离霜及粉底液颜色，同时应根据自己的脸型施以粉底，突出面部的优点，修饰其不足。要选择接近自己肤色的粉底，否则会让人感到失真。最好是选用两种颜色的底色，在脸部的正面，用接近自己天然肤色的颜色，均匀地、薄薄地涂抹；在脸部的侧面，可用较深底色，从后向前，由深至浅均匀地涂抹。因为深色有后退和深陷的作用，这样做可以增强脸部立体感。在面部需要表现后退和深陷的部位都可以巧妙、自然地使用深底色。打底时最好使用海绵，切勿用手，因为手无法伏贴，推出来的妆会厚薄不均，海绵能在肌肤上薄薄地、均匀地推开。顺序是将粉霜抹在额头、两颊、鼻梁和下巴，用海绵由内向外抹匀，特别注意发际、鼻侧、鼻翼下、唇角和眼角。

**3. 定妆**

打好底妆后，用定妆粉，目的是柔和妆面固定底色。可用粉饼或散粉，粉的颗粒越细效果越自然。定妆粉不要太白，否则会让人感到像"挂霜"，定妆粉一定要涂得薄而且均匀。

**4. 修饰眉毛**

眉毛的修饰，应根据人的脸型特点来确定眉毛的造型。一般是先用眉笔勾画出轮廓，再顺着眉毛的方向一根根地画出眉型，最后把杂乱的眉毛拔掉。女士最好不要文眉。女士在修眉时，不要把眉毛修得过细或过粗，过短或过长，过弯或过直，也不要使之下拖或上吊。切记不要因为修眉或描眉不当，而使自己显得妖艳或刁钻。

一般向心眉显得局促；离心眉显得懈怠；吊眉显得严厉；重眉显得忧郁；粗眉显得杂乱；淡眉显得冷漠。

| | |
|---|---|
| 向心眉 | 局促 |
| 离心眉 | 懈怠 |
| 吊眉 | 严厉 |
| 垂眉 | 忧郁 |
| 粗眉 | 杂乱 |
| 淡眉 | 冷漠 |

### 5. 画眼线、涂眼影

画眼线。在比较正式或特别的场合，还可为自己加上流行的眼线，增加立体感及神秘的色彩，用眼线笔勾描上、下眼线。眼线液适合浓妆或晚妆使用。运用睫毛膏、睫毛器，对眼睫毛进行"加工"造型；画的方式是在最靠近眼睫毛处，沿着睫毛的根部，由外往内画线，再由内往外画出向上拉、提的线条。

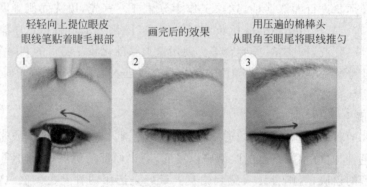

| 轻轻向上提位眼皮 眼线笔贴着睫毛根部 | 画完后的效果 | 用压遍的棉棒头 从眼角至眼尾将眼线推匀 |
|---|---|---|
| ① | ② | ③ |

涂眼影。眼睛是脸上最引人注意的部位。通过涂眼影来为眼部着色，加强眼睛的立体感。眼影有膏状与粉质两种，颜色有亮色和暗色之别。亮色的使用效果是突出、宽阔；暗色的使用效果是凹陷、窄小。眼影色的亮、暗搭配，在于强调眼睛的立体感。眼影色彩应力求清淡，尤其是在白天或夏天，颜色不宜过重，上班日、宴会或聚会不可浓妆艳抹，最安全的是使用时下最流行的粉嫩色系，如粉蓝、粉红、粉紫。在职业场合眼影可选择灰黑色、咖啡色、高光色。

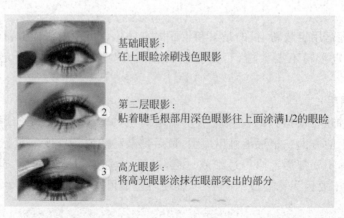

① 基础眼影：
在上眼睑涂刷浅色眼影

② 第二层眼影：
贴着睫毛根部用深色眼影往上面涂满1/2的眼睑

③ 高光眼影：
将高光眼影涂抹在眼部突出的部分

挑选的眼影要搭配衣服的颜色。方法：在眼窝处先打底，由内眼角沿睫毛向上、向外描绘，以不超过眉角和眼角连线为宜，再在上眼睑 1/3 处开始向外画上第二个颜色，宽度以稍微超过眼皮为宜。涂眼影时，以眼球最高处为线涂暗色，越靠眼睑处越深，越向眉毛处越浅。鼻梁宽者涂在内眼角上的眼影应向鼻梁处多延伸一些，鼻梁窄者则应少延伸一些。

**6. 刷睫毛膏**

涂完眼影后一定要刷上睫毛膏，不要小看这轻轻一抹，卷翘浓密的睫毛除了能增添双眸神采外，还会让你的眼睛看起来更大、更有精神。平时上班睫毛膏不宜刷得太浓，化晚妆时，则可以稍微浓密一些。睫毛膏刷好后不应用力眨眼，最好保持固定不动，以免沾染到脸上。等睫毛膏快干时，可用睫毛梳将多余部分清除，也有定型的效果。

用睫毛夹将睫毛夹起来　　用睫毛刷取适量的睫毛膏从　　用睫毛梳梳开睫毛，使其
　　　　　　　　　　　　睫毛根部开始画"Z"字涂　　根根分明
　　　　　　　　　　　　刷到睫毛的末梢

**7. 涂腮红**

涂腮红既能调整脸型，又能使面部呈现红润健康和立体感。涂腮红的部位以颧骨为中心，根据每个人的脸型而定。腮红的颜色要与眼影、口红色彩相对统一，还要根据肤色、年龄、着装和场合而定。

长 脸 型

1 额头及下巴处做阴影
2 舒缓眉型
3 横刷腮红

菱 型 脸

1 额头部位提亮
2 斜刷腮红

涂腮红时，内侧不超过眼睛的中线，外侧不超过耳中线。方法：用大号毛刷从颧骨向鬓发方向刷，颊下侧从鬓发边向颧骨方向刷。腮红不宜涂得太浓，不能看出明显界线，应与眼角处保留一手指宽度。

**8. 涂唇膏**

唇膏是女性化的象征，是最有精神的点缀。女人若是没有口红，就会失去光彩，所以口红是一定要擦的。涂口红时，先要选择口红的颜色，颜色的选择要搭配服饰和眼影，再根据嘴唇的大小、形状、薄厚等用唇线笔勾出理想的唇线，然后再顺着唇形涂好唇膏，唇线要略深于口红色，口红不得涂于唇线外，唇线要干净、清晰，轮廓要明显。也可以借助唇刷、手指或用唇膏直接涂在下唇上，然后抿嘴，使下唇的颜色自然地分布在上嘴唇。现在流行透明、自然的风格，粉嫩色系的口红或者唇蜜都能为你的美丽加分。

① 借助唇刷、手指或把唇膏直接涂在下唇上
② 抿嘴，使下嘴唇的颜色自然地分布在上嘴唇上

以上8个步骤完成后，要全面检查一下整体的化妆效果，在光线较明亮的地方看看妆有没有不均匀，脖子跟脸上的肤色会不会差很多。尽量不要显露出修饰的痕迹，高明的化妆是有妆若无妆，检查一下化妆与衣着、发型是否协调，与自己的身份、气质、年龄以及场合是否相宜。如果一切都完美无瑕，那么装扮自己的任务就已经完成了。

（三）化妆的颜色与服装相协调

人们把化妆称作"给脸穿衣服"。这是因为粉底霜、眼影色、腮红、口红等颜色是以未化过妆的皮肤颜色为基础添加上去的。在设计面部彩妆的时候，应该和服装、首饰一起进行整体考虑，才能相得益彰。化妆的颜色与服装相协调，更显得商务人士高雅的气质。

灰、白、黑色服装适合任何化妆颜色。其他搭配：一般粉红色系适合穿白、黑、灰、粉红、红等颜色的服装。眼影用色以棕、粉红、驼、橘红、灰色搭配。腮红用粉红、红。口红用红色系。

棕色系适合淡棕、深棕、土红、棕红、驼、米色等颜色的服装。眼影用色以棕、驼、灰色调和搭配。腮红、口红用红色系。

蓝紫色系适合深蓝、浅蓝、紫红、玫红、桃红等颜色的服装。眼影用色以棕、紫红、深紫、浅蓝色搭配。腮红用粉、粉红色。口红用紫红色系。

（四）脸型与化妆

每个人的脸型都不同，每一种脸型化妆都有其独特的要求，应当根据自己的脸型选择合适的妆彩，这是商务人员整体美的关键。

椭圆脸被公认为是理想的脸型。化妆时应注意不必通过化妆去改变脸型，保持其自然形状，但是一定要找出脸部最动人、最美丽的部位，而后将其突出，以免给人一种平平淡淡、毫无特点的印象。眉毛,可顺着眼睛的轮廓修成弧形,眉头应与内眼角齐,眉尾可稍长于外眼角。腮红,应涂在颊部颧骨的最高处,再向上、向外揉化开去。唇膏,尽量按自然唇形涂抹,除唇形有缺陷外。

长脸型的人。在化妆时力求增加面部的宽度,以达到最好的效果。眉毛,修正时应眉形平面略带弧度,眉色偏浅淡,切不可有棱有角。眉毛的位置不宜太高,眉毛尾部切忌高翘。腮红,应注意离鼻子稍远些,在视觉上拉宽面部。可沿颧骨的最高处与太阳穴下方所构成的曲线部位,舒缓眉型,刷腮红,向外、向上揉化开去。粉底,若双颊下陷或者额部窄小,应在双颊和额部涂以浅色调的粉底,造成光影,使之变得丰满一些。

圆脸型给人以可爱、玲珑之感。眉毛可修成自然的弧形,可作少许弯曲,不可太平直或有棱角,也不可过于弯曲。腮红,可从颧骨开始涂至下颌部,注意不能简单地在颧骨凸出部位涂成圆形。粉底,可用来在两颊制造阴影,使圆脸显得稍瘦一点。选用暗色调粉底,沿额头靠近发际处向下窄窄地涂抹,至颧骨下可加宽涂抹的面积,造成脸部亮度自颧骨以下逐步集中于鼻子、嘴唇、下巴附近部位。唇膏,可在上嘴唇涂成浅浅的弓形,不能涂成圆形的小嘴状,以免产生圆上加圆之感。

方脸型的人以双颊骨突出为特点。在化妆时要设法增加柔和感。眉毛应修得稍宽一些,眉头压低,眉形上扬可稍带弯曲,不宜有角。腮红,宜涂抹得与眼部平行,切忌涂在颧骨最突出处,可抹在颧骨下处并往外揉开。粉底,可用暗色调在颧骨最宽处造成阴影,令其方正感减弱。下颌部宜用大面积的暗色调粉底制造阴影,以改变面部轮廓。唇膏,可涂丰满一些,强调柔和感。

三角脸型的特点是额部较窄,而两腮较阔,整个脸部呈上小下宽状。化妆时应将下部宽角"削"去,感觉脸型变为椭圆状。眉毛宜保持自然状态,不可太平直或太弯曲。腮红,可从外眼角处向下抹涂,使脸部上半部分拉宽一些。粉底,可用较深色调的粉底在两腮部位涂抹、掩饰。

倒三角脸型的特点是额部较宽大而两腮较窄小,呈上阔下窄状。化妆时,需要修饰的部位与三角脸型正好相反。眉毛,应顺着眼部轮廓修成自然的眉形,眉尾不可上翘,描时从眉心到眉尾宜由深渐浅。腮红,应涂在颧骨最突出处,而后向上、向外揉开。粉底,可用较深色调的粉底涂在过宽的额头两侧,应用较浅的粉底涂抹在两腮及下巴处,造成掩饰上部、突出下部的效果。唇膏,宜用稍亮些的唇膏以加强柔和感,唇形宜稍宽厚些。

另外,化妆还要注意整体效果。女性要体现出健康、优雅及干练的精神风貌,必须保持整体形象的协调统一。例如,面部局部妆色要统一和谐。化妆时不仅使用的色调要一致,化妆线条也应统一,眉毛、眼线、唇线如果简练利索、清爽,会给你塑造一种理智而干练的形象;如果线条柔和起伏,流畅飘逸,那就会产生一种温文尔雅的效果。这条原则归结为一句话就是人们常说的:化妆靠"三线",其余作渲染,渲染不见线,浓淡晕一片。再如,化妆要与场合气氛统一。参与不同的活动,出席不同的场合,对女士的妆容有不同的要求。环境的光线、色泽常常与气氛相联系。出席场合的气氛有热烈的、严肃的、轻松的、冷清的区别。在办公室及商务会谈的场合,浓妆艳抹显然不大相宜,在热烈的宴会中,过于淡妆素裹会让人觉得不能融入环境。还有的女士喜欢使用大量浓香型的香水和香粉,把自己搞得香气四溢,这种人在电梯和会议室等通风不良的地方常使他人感到难受,甚至令人憋气。

# 第三节　商务人员的着装礼仪

着装是仪容修饰文化的一个组成部分，具有独特的情感、信息含义。着装，指服装的穿着，它除了御寒、遮盖以外，还颇具交往和审美价值，有人称它是人的"第二肌肤"。在商务交往活动中，商务人员基于自身的阅历修养、审美情趣、身材特点；时间、场合、目的的不同，力所能及地对所穿的服装进行精心的选择、搭配、组合，不仅是促进人际交流的一种无声语言，也是企业规范的一种形象的体现，它不仅能够体现出人的性别、职业、身份、地位，还能增加交际魅力，给人留下良好的印象，使人愿意与其深入交往。同时还能反映出每个事业成功者的道德修养、文化素养和审美情趣。

## 一、商务人员着装的礼仪原则

从礼仪的角度看，着装能体现仪表美，除了整齐、整洁、完好外，还应同时兼顾以下原则：

### （一）着装的 TPO 原则

着装的 TPO 原则，是西方人提出的着装的基本原则，其基本含义就是指穿衣打扮要有章法，要弄清着装的时间、地点及目的，着装会因这些因素的不同而有所变化，使自己的形象与周围的环境、气氛相协调，达到整体美和协调美的效果。也有人把 TPO 原则称为"魔力原则"，直到今天，它仍是各国人士在着装时所遵循的基本规则。它是英文中的 T（time）时间、P（place）地点、O（occasion）场合，是指人们在选配着装时应遵循的三个客观因素，要求人们在着装时要特别注意。

**1. 着装的时间原则**

商务人员在着装时必须要考虑时间的合适性，做到"随时更衣"。比如：通常，早晨人们在家中或进行户外活动居多，着装应以方便、随意为原则，选择运动服、便装、休闲服装比较合适。白天是工作时间，着装应根据工作性质和特点，以服务于工作为主，应以庄重大方为原则，如有公关活动和社交活动，着装应以典雅端庄为原则。晚间正式的社交活动居多，应讲究一些，像宴请、舞会、音乐会之类的正式社会活动，人们的交往距离相对缩小，服饰给予人们视觉和心理上的感受程度相对增强，应选择晚礼服为宜。另外，根据不同时段，应景着装，对女士而言尤其重要。男士出席各类活动，只要有一套质地上乘的深色西装或中山装就足够了，而女士的着装则要随着一天时间的变化而变换。出席白天的活动，女士可着职业正装，而出席晚上 5—7 点的鸡尾酒会，就需多加一些修饰，如换一双高跟鞋，戴上有光泽的佩饰，围一条漂亮的丝巾；出席晚 7 点以后的正式晚宴，则应穿中国的传统旗袍或西方的晚礼服——长裙比较合适。许多西方国家规定，去歌剧院欣赏歌剧一类的演出时，男士一律着深色的晚礼服，女士着装也应该端庄、雅致，以裙装为主，否则是不能入场的。

服饰应当随着一年四季的变化而更替变换，根据季节来变化颜色、款式、质地，不宜标新立异、打破常规。有些人冬天穿的很少，只要风度不要温度，影响身体健康，这种做法不可取,应根据季节,做到冬暖夏凉,春秋适宜。夏季以凉爽、轻、柔、简洁为着装格调,让服饰色彩与款式在自己凉爽舒服的同时,也要给予他人视觉和心理上良好的感受,切记不要穿色彩浓重,复杂烦琐的服饰,它会使人燥热难耐,一旦出汗还会影响女士面部的化妆效果。冬季应以保暖、轻便为着装原则,避免臃肿不堪,形体欠佳,也要避免只顾美观而着装太单薄,影响体温。春秋两季着装自由度相对较大,可选择的范围更多一些,应以轻巧灵便、薄厚适宜为原则,应该注意女士着装,即使同是裙装,在春、夏、秋、冬面料的薄厚应不同。夏天面料应是轻薄型的,冬天面料应是厚重一些的。

**2. 着装的地点原则**

活动的地点不同,着装也应有所区别,特定的地点配以与之相适应、相协调的服饰,才能获得视觉和心理上的和谐美感。与地点不相协调的服装会给人以身份与穿着不符或华而不实、呆板怪异的感觉。这些都有损商务人员的形象。避免这种情况发生的最好办法是"入乡随俗",穿着与环境相适合的服装。试想穿着沙滩服在办公室与客户交谈;穿着笔挺的西装步入阳光明媚的沙滩,步入菜市场,这些反差强烈极不协调。同样都是第一次会见客户,如果地点是在一家酒吧,可以穿得休闲而随意些,这会更容易让人接近;环境如果换成一家豪华宾馆,就应该穿得隆重而正式,这会更容易让人产生信任感。

**3. 着装的场合原则**

不同的场合有不同的服饰要求,如果穿戴非常亮丽,但不考虑场合,也会被人耻笑。只有与特定场合的气氛相一致、相融洽的服饰,才能达到和谐的审美效果,体现人景相融的最佳效应。在商务交往中,着装大体可以有三种场合:公务场合、社交场合和休闲场合。

公务场合指上班处理公务的场合,公务场合的着装应当重点突出"庄重保守"的风格,有三种服装可供穿着:第一是制服,它具有企业可识别功能,关系到企业形象。第二是套装,主要是深色的套装、套裙。具体而言,男士最好是身着藏蓝色、灰色的西装套装或中山装,内穿白色衬衫,深色袜子,黑色皮鞋,穿西装套装时,务必要系领带。女士的最佳衣着是单一色彩的西服套裙,内穿白色衬衫,肉色长筒丝袜和黑色高跟皮鞋。如果天气太热,男士可选择长裤配长袖衬衫(短袖不可以,但是制服可以是短袖),女士可以穿长裙配其他服装。没有统一制服的单位,应注意职员的服装一般要尽可能与工作地点环境、工作性质相一致,不能过分时髦或过分突出线条。

社交场合,一般社交场合都是联络老朋友,结交新朋友。商务场合是指公务活动之余的交往应酬的场合,社交场合的着装应当重点突出"时尚个性"的风格,既不宜过于保守从众,也不宜过分地随便,尽可能地使自己的衣着时尚一些,并且使之充分地体现出自己与众不同的个性特点。一般场合有宴会(以宴会友)、舞会(联络感情)、音乐会(商务活动中上档次活动),还有聚会、拜访等,宜穿时装与礼服。男士可穿黑色的中山套装或西装套装,女士则可穿着时装、礼服、具有本民族特色的旗袍或下摆长于膝部的连衣裙以及其他特色服装等。在许多国家的为出席隆重的社交活动所发出的正式请柬上,往往会对着装做出特别的规定。近年来,我国举办的新年音乐会或重大晚会对服装也做出了规定,通常要求男士穿西装或礼服;而女士要穿裙装或礼服。社交场合不能穿制服或便装。

休闲场合泛指公务活动之余的个人自由活动的时间,如居家休闲、健身运动、游览观光、街市漫步、商场购物等,休闲场合的穿着打扮,应以"舒适自然"为总体风格,往往可以由人们自行其是,在休闲场合着装,最为忌讳的是正正规规。运动装、牛仔装、夹克衫、T恤衫等,都是适当的选择。

概括地说,在商务交往中,应遵循穿着整洁,交往中的着装不必高档华贵,但必须要保持清洁,熨烫平整,庄重大方。

### (二)商务人员着装的基本原则

**1. 符合"社会角色"原则**

人们的社会生活是多层次、多方面的。在不同的社会场合,扮演的社会角色不同。在社会活动中,人们应根据自己扮演的社会角色,来规范自己的仪表、言行,只有符合其身份地位,符合社会角色,才能被人所理解和接受。人们对商务人员的期望形象是服装整洁,洒脱端庄,热情有礼,精明练达,富有责任心。因此,合适得体而又符合社会角色的整体装扮,可以促进社交的成功。

**2. 搭配得体原则**

正如培根所说:"美不在部分而在整体。"搭配得体原则要求着装的各个部分精心搭配,相互呼应,特别是要恪守服装本身与鞋帽之间,还包括饰物的款式、色彩、质地、加工技术,商务人员的妆容乃至着装的环境等约定俗成的搭配技巧。在整体上尽可能做到和谐、完美,展现出着装的整体之美。服饰的整体美构成因素有很多,包括人的体型和内在气质。着装的整体美是由内在美与外在美构成的。穿着是外在的,若能不断充实自己的内涵,培养自己优雅的风度及高雅的气质,着装才是成功的,搭配才会得体。

**3. 和谐得体原则**

和谐得体,是指人们的服饰必须与自己的年龄、体型、肤色、脸型相协调。只有充分地认识与考虑自身的具体条件,一切从实际出发来进行穿着打扮,才能真正达到扬长避短、美化自己的目的。

与自己的年龄相协调。年龄是人们成熟程度的标尺,也是选择服饰的重要"参照物"。不同年龄层次的人,只有穿着与其年龄相适应的服饰才算得体。虽说爱美之心人皆有之,每个人都有选择自己喜爱的服装的权利,但在商务或公务场合,一位50岁的女士穿得娇俏可人,或一位20岁的女士穿得老气横秋,都会让人感到滑稽,甚至会影响别人对她能力的评价。每个年龄层次的人都有适合自己的服装,只有选对了适合自己的服装,才能更好地表现出自己应有的气质和风度。

与自己的体型相协调。商务人员要想塑造出良好的形象还应考虑自己的体型条件,选择剪裁合体的服装。体型无同形,人各有异。人们的体型千差万别,而且往往难以尽善尽美。但如果掌握一些有关服装造型的知识,根据自己的身材选择服装,就能达到扬长避短、显美隐丑的效果。例如,身材富态的人不应穿横条纹的服装,以避免产生体型增宽的错觉,可以挑选较为冷色的面料,款式要尽量简洁、清雅。衣服不要做得太紧,宜选冷色系的单一色或直条纹的料子,要避免会使人显得更胖的大花或格子布料;身材高而瘦的人如穿上竖条纹的服装,就会显得更"纤细",不应从头到脚都穿深颜色的服装,那样会显得更瘦,过于紧身或过于宽松的服装都不适合,可以选择色彩鲜明的样式。格子布,有减低身高使人丰满的作用,女士可穿上长及小腿中部的A形裙子,横间条的衣服,视觉上的感觉会更丰满一些。

身材矮小的人,穿上同质同色的套装,可以产生整体加长的效果,选择与衣服同色的裤、袜、直条纹的衣料、筒裙等都有增高的作用;颈短的商务人员,可穿敞领、翻领或低领的上衣,配较短的发型,会使得脖子有所增长,要避免大花布或格子衣料,这会使人显得更矮、更胖;身材高大的人则适合穿不同颜色的上衣和下装。

与自己的肤色相协调。人的肌肤颜色是与生俱来、难以改变的。但是,人们可以在选择服饰时,注意使服饰的颜色与自己的肤色相配,以产生良好的着装效果。一般认为,面色偏黄的人适宜穿蓝或浅蓝色上装,会将偏黄的肤色衬托得洁白姣美,而不适合穿品蓝、群青、莲紫色上衣,这些颜色会使皮肤显得更黄。肤色偏黑的人适宜穿浅色调、明亮的衣服,如浅黄、浅粉、月白等色彩的衣服,这样可衬托出肤色的明亮感,而不宜穿深色服装,最好不要穿黑色服装。皮肤白者选择颜色的范围较广,但不宜穿近似于皮肤色彩的服装,而适宜穿颜色较深的服装。

与自己的脸型相协调。面孔是人们视线最集中的部位。服饰审美的选择,首先要考虑的就是如何有效地衬托人的面孔,而最接近面孔的衣领造型尤为重要。衣领类型繁多,男女有别。领型选择适当,可以衬托面孔的匀称,给人以美感,反之,会有损于人的视觉形象。因此,衣领的造型一定要与脸型相配。一般而言,面孔小的人,不宜穿着领口开得太大的无领衫,那样会使面孔显得更小。面孔大的人,通常脖子也比较粗,领口不能开得太小,会给人紧勒的感觉。这种人如果穿 V 字领的服装,会使面部和脖子有立体感,效果会好得多。

另外,和谐得体是指我们在努力隐藏自己短处的同时,千万不要忽略自己的长处,要尽量强调个人特有的长处,服装的价值在于表露人的气质。买一件流行的时髦服装并不难,但成功的穿着体现在购买一件自己喜爱而又能衬托优点的服装上。可以说,穿衣之道,就在于你能不能穿出你自己。合适简单的衣服永远是最能直接表现出美丽的。

## 二、女士西装着装礼仪

女士西装以西装套裙为主,最早是由男式西装演变而来的。在日常生活里,穿着西装套裙都会使商界女士立即显得精神倍增、神采奕奕。它不仅会使着装者看起来精明、干练、成熟、洒脱,而且还能烘托出白领丽人所独具的神秘韵味,使之显得优雅、文静、娇柔和妩媚。

### (一)女士西装套裙的类型

西装套裙是女性的标准职业着装,它大致分为以下两种类型。

一种是,西装上衣随便与一条裙子进行的自由搭配与组合,它被叫作"随意型"。

另一种是,西装上衣和与之同时穿着的裙子统一设计、配套制作的,被称为"成套型""标准型"。

正规而严格地讲,套裙事实上指的应当是以裙为主、成套穿着,离开了裙子的套装不应当称作套裙,女式西装上衣与裙子不配套也不能算作是套裙。正规的西装套裙指的是第二种,一般是由一件西装上衣和一条半截裙组成的两件套女装,有时也能见到三件套的西装套裙,那只不过是在西装上衣和半截裙之外另加了一件背心,自从套裙问世至今,占主导地位的一直都是两件套套裙。在西方,女士极少在正式场合穿着裤装,裤装属于休闲装。女士职业套裙如图 2-1 所示。

(二)选择西装套裙应注意的问题

商界女士在正式场合穿着的西装套裙,根据礼仪规范应具备以下几个特点。

(1)应当是由高档面料缝制的,上衣与裙子应当采用同一质地、同一色彩的素色面料。

(2)在造型上讲究为着装者扬长避短,必须合体,提倡量体裁衣,做工必须考究,较少使用饰物、花边,适当进行点缀。裙子应以筒裙为主,但不宜过短。

(3)穿着时上衣注重平整、挺括、贴身。时至今日,西装套裙早已在商界交往中大为普及,随着时代的发展,许多著名的服装设计师手里的套裙花样翻新,虽有"时装化"的倾向,但是从本质上看,依旧万变不离其宗。

图 2-1　女士职业套裙

根据以上特点,商界女士在选择西装套裙时必须要考虑以下几个基本问题。

第一,西装套裙面料与色彩。西装套裙面料的选择比男士西服套装的选择余地要大得多。西装套裙所选用的面料必须质料上乘,最好是纯天然质地的,在外观上,套裙所选用的面料看上去应匀称、平整、滑润、光洁、柔软、悬垂、挺括,并且弹性、手感要好,而且应当不起皱、不起毛。西装上衣与裙子应使用同一面料,这样才能浑然一体,给人以高雅、脱俗的印象。目前,用来制作套裙的面料,除了有薄花呢、人字呢、女士呢、华达呢、法兰绒等纯毛面料之外,还有高档的府绸、丝绸、亚麻、麻纱、毛涤以及一些化纤面料。在任何情况下,都不要选择真皮或仿皮套裙,尤其是在对外交往中切勿穿黑色皮裙。

西装套裙色彩应当以冷色调为主,借以体现出着装者的典雅、清新、端庄与稳重。故不宜选择过于鲜亮耀眼的色彩,同流行色也应当保持一定距离,一般以黑色、藏青色、雪青、灰褐色、灰色、茶褐色和暗红色等冷色调为宜。具体而言,标准而完美的套裙的色彩,不仅要兼顾着装者的肤色、形体、年龄与性格,而且更要与着装者所从事商务活动的具体环境彼此协调一致。商界女士同商界男士所穿的西装套装相比,所穿的套裙不一定非得是深色的,而且其选择范围也远远不止于蓝、灰、棕、黑等寥寥几种。有时也可以稍作变化,如上深下浅或上浅下深的对比搭配,使之形成鲜明的对比,来强化它所留给别人的印象,则显得富有动感与活力。有时,即使是穿着上衣下裙同为一色的套裙,也可以采用与其色彩所不同的衬衫、领花、丝巾、胸针、围巾等衣饰,来对其加以点缀,以便使之生动而活跃一些。此外,还可以采用不同色彩的面料,来制作套裙的衣领、兜盖、前襟、下摆,这样也可以"搞活"套裙的色彩。不过还是应当切记穿着套裙的全身色彩至多不要超过三种,不然就会显得杂乱无章了。

第二,西装套裙的图案与点缀。选择西装套裙图案,讲究的是朴素而简洁。按照常规,商界女士在正式场合穿着的套裙,是不带有任何图案的。但是如果本人喜欢,也可以选择各种或明或暗、宽窄不同的格子,或是大小不同的圆点,或是或明或暗的条纹。其中,采用以方格为主体图案制成的套裙,穿在商界女士的身上,可以使人静中有动,充满活力。多年来一直盛行不衰深受欢迎。选择图案一般忌讳以花卉、宠物、人物、文字、符号为主体图案。

西装套裙的点缀。在一般情况下,套裙上不宜添加过多的点缀,否则点缀过多会使穿着者失之于稳重。不过,并非所有带有点缀的套裙均应遭到排斥。有些套裙适当地采用了装饰扣、包边、蕾丝等点缀之物,实际效果其实也不错。重要之点在于,套裙上的点缀宜少不宜多、宜精不宜糙、宜简不宜繁。

第三,西装套裙上衣与裙子的尺寸。就具体的西装上衣与裙子的尺寸而言,西装套裙在整体造型上可谓变化无穷。但其主要变化还是集中于长短、宽窄两个方面。一般来说,在套裙之中,上衣与裙子的长短是没有明确的规定的。以前,西装套裙强调上衣不宜过长、裙子不宜过短,尤其对裙子的长度极为重视,认为短了不雅,长则无神,以抵达小腿腿肚的最丰满处为最理想标准裙长。现在,上衣和裙子的造型,可以采用上长下长、上短下短、上长下短、上短下长四种搭配,都能取得很好的视觉效果。另外,无论紧身上衣还是宽松上衣,若配以宽窄适度的裙子,也都可以表现出着装者的不同风采。商界女士在选择时,主要考虑的是个人偏好、身材特点以及流行时尚。不过,裙子过短,尤其是短得过于裸露大腿,肯定是不允许的。应予强调的是,在套裙之中,虽然超短裙已被渐渐地接受,但是出于自尊自爱与职业道德等方面的缘故,商界女士仍须注意,套裙之中的超短裙并非愈短愈好,过多地裸露自己的大腿,无论如何都是不文明的。一般情况之下,商界女士所穿着的套裙之中的超短裙,裙长应以不短于膝盖以上 15 厘米为限。

第四,西装套裙整体造型和款式。套裙的整体造型,也称版型,是指它的外观与轮廓。从总体上来讲,版型的基本轮廓可以大致分为"H"形、"X"形、"A"形、"Y"形四种类型。"H"形版型套裙的主要特点是:上衣较为宽松,裙子多为筒式。给人的感觉为上衣与下裙直上直下、浑然一体。一般身体较肥胖者较为适合,它既可以让着装者显得帅气、优雅、含蓄,也可以为身材遮丑。"X"形版型套裙的主要特点是:上衣多为紧身式,裙子则大都是喇叭式。实际上,它是以上宽与下松来有意识地突出着装者的腰部的纤细。此种版型的套裙对臀部比较大的人较为合适,它可以使穿着者身体轮廓清晰而生动,婀娜多姿、楚楚动人。"A"形版型套裙的主要特点是:上衣为紧身式,裙子则为宽松式。此种上紧下松的造型,既能体现出着装者上半身的身材优势,又能适当地遮掩其下半身的身材劣势。不仅如此,它还在总体造型上显得松紧有致、富于变化和动感。"Y"形版型套裙的主要特点是:上衣为松身式,裙子多为紧身式,并且以筒式为主。它的基本造型,实际上就是上松下紧。一般来说,它意在遮掩着装者上半身的短处,同时表现出下半身的长处。此种版型的套裙往往会令着装者看上去端庄大方、亭亭玉立。

西装套裙在款式方面的变化,主要集中于上衣与裙子的样式方面。套裙之中上衣的变化,主要表现在衣领方面。西装套裙的上衣衣领,除最常规的戗驳领、平驳领、一字领、"V"字领、"U"字领外,还有苹果领、披肩领、蟹钳领、燕翼领、圆领等样式。领型的选择与不同身材和脸型有关,应根据自己身材与脸型的不同,选择不同的领型。上衣的纽扣也富有变化,有单排扣式,也有双排扣式;纽扣数量多则 6 粒,少则只有 1 粒。就纽扣具体作用而论,有的纽扣发挥实际作用,有的纽扣则只起着装饰作用。除了领型、纽扣等方面

的变化,套裙之中的上衣在门襟、袖口、衣袋等方面,往往也花样翻新、式样倍出。西装套裙中,裙子的款式多种多样,最常见的有西装裙、围裹裙、一步裙、筒裙等,这几种裙子体现线条优美、风格端庄;还有百褶裙、人字裙、喇叭裙、旗袍裙等,这几种裙子给人以飘逸洒脱、美丽高雅的感觉,它们都是大受欢迎的式样,与西装上衣搭配,都会产生各种不同的风格和效果。

(三)女士西装套裙的搭配

考虑穿着西装套裙的搭配问题时,主要应当考虑衬衫、内衣、衬裙、鞋袜的选择是否适当。

**1. 衬衫**

女士西装的衬衫面料要求轻薄而柔软,丝绸是最好的衬衫面料,纯棉也是很好的选择,但都要熨烫平整。颜色可以是多种多样的,只要与套装相匹配就可以了,白色、黄白色和米色与大多数套装都能搭配。只要不是过于鲜艳,并且与同时所穿的套裙的色彩不相互排斥,均可以。不过,单色为最佳之选。还要注意,应使衬衫的色彩与同时所穿的套裙的色彩互相般配,要么外深内浅,要么外浅内深,形成两者之间的深浅对比。图案的选择,无任何图案的衬衫是最得当的,当然还可以根据套裙的需要,选择带有条纹、方格、圆点、碎花或暗花的衬衫。

穿衬衫时须注意:衬衫的下摆,必须掖入裙腰之内,不得任其悬垂于外,或是将其在腰间打结;纽扣要一一系好,除最上端一粒纽扣按惯例允许不系外,其他纽扣均不得随意解开;在公共场合衬衣不宜直接外穿,按照礼貌,不可在外人面前脱下外衣,直接以衬衫面对对方。

**2. 内衣**

一套内衣往往由胸罩、内裤以及腹带、吊袜带、连体衣等构成。选择的内衣应当柔软贴身,并且起着支撑和烘托女性线条的作用。选择内衣时,要大小适当,既不能过于宽大晃悠,也不能过于窄小夹人。内衣所用的面料,以纯棉、真丝等面料为佳。它的色彩可以是常规的白色、肉色,也可以是粉色、红色、紫色、棕色、蓝色、黑色。不过,一套内衣最好同为一色,并且其各个组成部分亦为单色。

**3. 衬裙**

穿西装套裙,特别是丝、麻、棉等面料较薄或颜色较浅的裙子时,一定要内穿衬裙,免得显露裙底"风光"。衬裙,特指穿在裙子之内的裙子。一般而言,商界女士穿套裙时,是非穿衬裙不可的。选择衬裙时,可以考虑各种面料,但是以透气、吸湿、单薄、柔软为佳。过于厚重或过于硬实的面料,通常不宜用来制作衬裙。在色彩与图案方面,衬裙的讲究是最多的。衬裙的色彩宜为单色,如白色、肉色等,但必须使之与外面套裙的色彩相互协调。二者要么彼此一致,要么外深内浅。在一般情况下,衬裙上不宜有任何图案。特别注意的是要穿着合身、大小适度,既不能长于外穿的套裙,也不能过于肥大,以防将外穿的套裙撑得变形。

**4. 鞋袜**

鞋袜,被称为商界女士的"足上风光"。一双得体的鞋子,不仅能映衬出服装的整体品位,还能增加人体的挺拔俊美。因此,每一位爱惜自身形象的人都不可对其马虎大意。

商界女士所穿的与套裙配套的鞋子,宜为制式皮鞋,即黑色高跟或半高跟的船形皮鞋为正统,并以牛皮或羊皮制品为上品。此外,与套裙色彩一致的皮鞋亦可选择。所穿的袜子,则应是高筒肉色、黑色、浅灰、浅棕等几种常规选择,应为单色,但应与西装套裙的颜色相匹配,应注意袜口不可暴露于外,将其暴露在外,是一种公认的既缺乏服饰品位,又失礼的表现。此即所谓"三截腿",即在裙袜之间露出一段腿肚子,还应注意在穿开叉裙时,即使在走动之时,也不应当让袜口偶尔一现。

### (四)穿着西装套裙应注意的问题

商界女士在正式场合,穿着西装套裙一定要得法,套裙的具体穿着与搭配的方法多有讲究。女士穿着西装套裙应注意以下几点。

**1. 西装套裙要合身得体**

一般西装套裙的上衣最短可以齐腰,裙子最长可至小腿中部,上衣不能再短,裙子不能再长,否则就会很不协调,会给人一种勉强或者散漫的感觉。特别应当注意的是,上衣的袖长以恰恰盖住着装者的手腕为好。衣袖如果过长,甚至在垂手而立时挡住着装者的大半个手掌,往往会使其看上去矮小而无神;衣袖如果过短,甚至将其手腕完全暴露,则会显得滑稽而随便。同时,西装套裙不能过于肥大,否则会显得通达散漫,也不宜过于紧身,以免显得轻浮庸俗。穿着西装套裙,决不允许露臂、露肩、露腰、露腹。

**2. 西装套裙应当穿着到位**

在穿套裙时,必须依照其常规的穿着方法,将其认真穿好,令其处处到位。注意上衣的领子要完全翻好,衣袋的盖子要拉出来盖住衣袋;不允许将上衣披在身上,或者搭在身上;裙子要穿得端端正正,上下对齐之处务必要好好对齐。检查一下自己所穿的衣裙的纽扣是否系好、拉锁是否拉好,否则可能会令着装者在大庭广众之下无地自容。另外,还要注意系好纽扣,一般西服套裙的单排扣上衣可以不系扣,双排扣的则一定要系上(包括内侧的纽扣)。但在正式场合,无论什么样式的上衣都必须系好纽扣,并且不能当众脱去上衣,这样会有失庄重。

**3. 穿着西装套裙应当协调妆饰**

商界女士高层次的穿着打扮,应讲究着装、化妆、佩饰风格统一,相辅相成。就化妆而言,商界女士在穿西装套裙时的基本守则是:既不可以不化妆,也不可以化浓妆。一般化淡妆,力求"妆成有却无",恰到好处即可。因为商界女士在工作岗位上要突出的是工作能力、敬业精神。就佩饰而言,商界女士在穿套裙时的要求是:以少为宜,合乎身份。在工作岗位上,可以不佩戴任何首饰,如果要佩戴的话,则至多不应当超过三种,每种也不宜多于两件。不允许佩戴珠宝首饰和过度夸张或张扬女性的首饰,例如,胸针、耳环、手镯、脚链等。

**4. 穿着西装套裙应当兼顾举止**

例如,商界女士站立姿态要又稳又正,不可以双腿叉开,东倒西歪,或是倚墙靠壁而立。就座以后,务必注意姿态,切勿双腿分开,女士坐姿双膝永远是并拢的,不可跷起腿来、脚尖抖动或当众脱下鞋。在行走时步子以轻、稳为佳,不可走得"嗵嗵"作响。需要取某物时,若其与自己相距较远,可请他人相助,千万不要勉强,以免露出自己身上不该暴露的部位。

### 三、男士西装着装礼仪

西装，又称西服、洋服。广义的西装包括礼服、便装和工作装，但我们通常所说的西装是指套装西服。它起源于欧洲，是欧洲的一种传统服装样式。随着国际交往的日益频繁，西装发展成为当今国际上最标准、最通用的礼服，是全世界最流行的一种服装，也是商界男士在正式场合着装的优先选择。西装以其设计造型典雅高贵、线条简洁流畅、立体感强、穿着舒适、美观大方、适应性广等特点而越来越受到人们青睐。它拥有开放适度的领部、宽阔舒展的肩部和略加收缩的腰部。穿在男士的身上，会显得英武矫健，风度翩翩，魅力十足。

穿着西装，有其独特的着装原则。总体原则是：穿着西装要合时、合地、合景。在重大礼节性场合，要穿深色西服套装，以示严肃、端庄、礼貌之意；上班、娱乐、会友，则以浅色、暗格、小花纹套装为宜；外出旅游、参观，可穿着款式新颖、色调华美的西装。

"西装一半在做，一半在穿"，商界男士要想使自己所穿着的西装真正称心合意，应在了解西装款式与版型的基础上，从西装的选择、穿法、搭配等三个主要方面严格把守相关的礼仪规范。

（一）男士西装款式与版型

#### 1. 男士西装款式

西装的款式，目前主要有以下两种。

第一种，按照西装的件数来划分。西装有单件与套装之分。单件西装，即西装上衣与裤子不配套，依照惯例，这种西装仅适用于非正式场合；西装套装，即上衣与裤子成套，其面料、色彩、款式一致，风格上相互呼应的多件西装。通常，西装套装又有两件套与三件套之分。两件套西装套装，包括上衣和裤子。三件套西装套装，则包括上衣、裤子和一件坎肩。三件套在英式、欧式西装中最为常见，穿起来有一种正规感和严肃感。按照人们的传统看法，三件套西装比两件套西装要更加正规一些，商界男士在参与高层次的商务活动时，以穿三件套的西装套装为好。近年来，随着人们追求舒适自由的着装心理的增强，三件套西装不再时兴。两件套穿起来显得灵活，因此，两件套是最受人们喜爱的配套着装方式。商界男士在正式的商务交往中所穿的西装，必须是西装套装。

第二种，按照西装上衣的纽扣数量来划分。分为单排扣与双排扣西装（见图 2-2 和图 2-3）。单排扣西装大多是平驳领、圆下摆；双排扣西装则是枪驳领、方角下摆。一般认为，单排扣的西装上衣比较传统，而双排扣的西装上衣则较为时尚。单排扣西装上衣与双排扣西装上衣的纽扣的数目，各自又有所不同，因而又使其各自呈现出不同的风格。单排扣的西装上衣，有一粒纽扣、两粒纽扣、三粒纽扣。一般一粒纽扣、三粒纽扣的西装上衣穿起来显得比较活泼、时髦，而两粒纽扣的单排扣西装上衣则显得更为正统一些。双排扣的西装上衣，最常见的有两粒纽扣、四粒纽扣、六粒纽扣。两粒纽扣、六粒纽扣两种款式的双排扣西装上衣属于流行的款式，四粒纽扣的双排扣西装上衣则属于传统风格。一般单排扣西装适合身材较苗条者穿着；双排扣西装则适合较健硕者或中厚者（有啤酒肚）穿着。

图 2-2　男士单排扣西装　　　　　　图 2-3　男士双排扣西装

**2. 男士西装版型**

西装的版型，又称西装的造型，它指的是西装的外观形状。目前，世界上的西装主要有四种版型：欧式、英式、美式、日式。

欧式西装的主要特征是：欧式西装注重外形，贴身合体。欧式西装上衣的基本轮廓呈倒梯形，实际上就是肩宽收腰，这和欧洲男人比较高大魁梧的身材相吻合。它的衣领较宽，非常强调肩部和后摆，垫肩高而厚，常给人一种双肩微微耸起的感觉，胸部用上等的衣衬，十分挺括，并收紧突出，纽扣的位置较低，背后多中间开衩，也有后摆开双衩，袖管窄瘦，裤管呈锥形向下收紧，多为双排两粒扣式或双排六粒扣式。面料多采用质地厚实、深色全毛面料，整体造型优雅。穿上欧式西装，人显得自信、挺拔，并略带一点浪漫情怀。但欧式西装并不适合中国人的身材。另外，比较苗条的男士，也慎选欧版西装。其代表品牌有"杰尼亚""阿玛尼""费雷""夏蒙""皮尔·卡丹""华伦天奴""津达""杉杉"等。如图 2-4 所示。

英式西装的主要特征是：英式西装剪裁得体，肩部与胸部线条平坦、流畅，轮廓清晰明快，最能体现绅士派头。不刻意强调垫肩，垫肩较薄，讲究穿在身上自然、贴身。衣领是 V 形，并且较窄，腰部略收，后摆两侧开衩，也有中间开衩。它多为单排扣式，一般是三个扣子的居多。面料一般采用纯毛织物，色彩以深蓝和黑色为主。整体效果威严、庄重、高贵，许多上层人士在正式场合都喜欢选择英式西装，素有正式西装之称，比较适合中国身材好的男士，穿上漂亮、帅气，但有啤酒肚身材的男士则不适合。商界男士十分推崇的"登喜路"牌西装，就是典型的英式西装。如图 2-5 所示。

图 2-4　欧式西装　　　　　　　　图 2-5　英式西装

美式西装的主要特征是:美式西装宽松飘逸,外观上方方正正。其领型为宽度适中的 V 形,肩部不加衬垫,被称为"肩部自然"式西装,胸部也不过分收紧,保持自然形态,略收腰身,后背开单衩或开双衩,多为单排扣式。美式西装面料较薄,有一定的伸缩性,选择范围一般也较广。这种西装穿着比较随便,反映了美国人自由清新的着装观念。美式西装最适宜做日常办公服装。美式西装的知名品牌有"布鲁克斯兄弟""拉尔夫·劳伦""卡尔文·克莱恩"等。如图 2-6 所示。

日式西装的主要特征是:日式西装的基本轮廓是 H 形,不过分强调肩部与腰部。垫肩不高,领子较短、较窄,不过分地收腰,后摆不开衩,多为单排扣式。日式服装比较适合亚洲男人的身材,现在中国许多国产西装厂家,大多数生产的都是日式造型西装。日式西装有很多衍生版型,如在日版上增加了收腰效果等,这些都是版型的小变种。国内常见的日式西装的品牌有"斯丽爱姆""仁奇""顺美""雷蒙"等。如图 2-7 所示。

图 2-6 美式西装

图 2-7 日式西装

从服装长度来看,英国式上装较长,美国式次之,欧洲式最短。西装上衣的长度有个计算方法:当你站着时,从脖子算起到地面距离的 1/2 为最佳。对于较矮的人,上装的下摆可以从臀围处上移 1.5 厘米左右,会使腿显得长、身材匀称。

上述四种造型的西装,各有特色:欧式西装洒脱大气;英式西装庄重、绅士、剪裁得体;美式西装宽大飘逸;日式西装则贴身凝重。商界男士在具体选择时,可以根据自己的爱好、身材和具体场合来选用。一般英式西装适合宴会、酒会、庆典、会见高级贵宾等社交场合;欧式西装一般适合舞会、访友、参观、会议等半正规场合;美式西装适合平时上班、外出游览或购物等。一般来说,欧式西装要求穿着者高大魁梧,美式西装穿起来稍显散漫,中国人在选择时宜三思而后行。比较而言,英式西装与日式西装似乎更适合中国人在比较正式的商务场合穿着。

(二)西装的选择技巧

要想使穿在自己身上的西装为自己增色,首先要进行精心的选择。一般而言,要挑选一身味道纯正、有模有样、适用于商务交往时穿着的西装,大体需要关注其面料、色彩、图案、尺寸、做工这5个方面的细节。

**1. 选好面料**

就面料而言,鉴于西装在商务活动中往往作为正装穿着,因此面料的选择应力求高档,纯毛面料为首选,具体而言,纯毛、纯羊绒的面料以及高比例含毛的毛涤混纺面料,皆可用作西装面料。但不透气、不散热、发光发亮的各类化纤料子则尽量不用。以高档毛料制作的西装,大都具有4个方面的特点:轻、薄、软、挺。轻,指的是西装不重、面料不能厚,穿在身上不笨,轻飘;薄,指的是西装的面料单薄,不过分地厚实,即使是冬天穿面料也不能厚;软,指的是西装穿起来柔软舒适,既合身,又不会给人以束缚挤压之感;挺,指的是西装外表挺括雅观的造型,不发皱,不松垮,不起泡。

**2. 关注颜色**

就颜色而言,商界男士穿西装,一般在商务活动中时,往往将其视作自己所穿的制服。因此,西装的色彩必须庄重、正统,不能轻浮和随便。在商务交往中穿着的西装的色彩应当全身为一色,越是正规的场合,越讲究穿单色的西装。在西方,最讲究的西装颜色是深灰色竖条暗纹。在亚洲由于肤色与身材原因,首推藏蓝色,藏蓝色的西装往往是每一位商界男士首先要必备的,还可以选深灰色的西装。黑色的西装亦可予以考虑,但黑色西装是礼服西装,更适合于庄重而肃穆的礼仪性活动时穿着,平时上班穿的话未免太郑重其事,有些小题大做。按照惯例,在正式场合不宜选择色彩过于鲜艳或发光发亮的西装,朦胧色、过渡色、杂色或有格子、条纹等图案的西装,通常也不宜选择。这些颜色在多数情况下与商界人士无缘。而在非正式场合,着休闲西装则另当别论。

**3. 关注图案**

正装西装应是没有任何图案。商界男士所推崇的是成熟、稳重,所以其西装不要选择绘有花、鸟、虫、鱼、人等图案的西装,更不要自行在西装上绘制或刺绣图案、标志、字母、符号等。唯一的例外是,商界男士可选择以"牙签呢"缝制的竖条纹的西装。竖条纹的西装,以条纹细密者为佳,以条纹粗阔者为劣。在着装异常考究的欧洲国家,商界男士最体面的西装,往往都是深灰色、条纹细密的竖条纹西装。用"格子呢"缝制的西装,一般是难登大雅之堂的,只有在非正式场合,商界男士才可穿它。

**4. 关注尺寸**

穿着合体西装,之所以使人显得精干、潇洒,是因为西装的裁剪合体。在商务活动中,穿着西装,务必要令其大小合身,宽松适度。一位男士所穿的西装不管是过大还是过小,过肥还是过瘦,都肯定会损害其个人形象。一套西装,无论其品牌名气有多大,只要其尺寸不适合自己,就坚决不要穿它。选择合身的西装要注意以下三点。

第一,了解标准尺寸。西装各个部位的尺寸都有一定之规,因此对肩宽、胸围、衣长、裤长、袖长、腰围、臀围等关键部位尺寸的常规要求必须要了解,这样的话选择西装时才会有章可循。西装领子应紧贴衬衫领口。例如,肩宽,一般要求西装两边的肩宽比身宽1.5cm;胸围,一般以西装内能穿一件"V"字领薄羊绒衫后,松紧度适宜为好(因为西装内袋要装一些东西);衣长,上衣长度宜在垂下手臂时与虎口相平,一般西装能遮住4/5臀部为宜;袖长,袖长至手腕。西裤要求与上装互相协调,以构成和谐的整体。裤长,一般能盖住2/3鞋面为宜。

第二,量体裁衣。市场上销售的西装,其尺寸尽管都是按照标准生产的,但都为批量生产,由于每个人高矮、身材不同,穿在身上未必能尽如人意。因此,有条件者最好是寻访名师为自己量身定做缝制西装。

第三,认真进行试穿。无论是购买成衣,还是定做西装,都务必要反复进行试穿,切勿马马虎虎。

**5. 关注做工**

"西装一半在做",一套名牌西装与一套普通西装的显著区别,往往在于前者的做工精细无可挑剔,而后者的做工则较为一般。在挑选西装时,检查其做工的好坏,应检查 6 个方面:第一,要看其衬里是否外露;第二,要看其衣袋是否对称;第三,要看其纽扣是否缝牢;第四,要看其衣服表面是否起泡;第五,要看其针脚是否均匀;第六,要看其外观是否平整。在选择西装时,对其做工精良与否的问题,是万万不可以忽略的,假如它在这 6 个方面不符合要求,则以放弃为妙。

在选择西装时,以上 5 个方面的主要细节必须要加以关注。另外,还要了解正装西装与休闲西装的区别。一般来说,正装西装适合在正式场合穿着,其面料考究,多为毛料,其色彩多为深色,其款式庄重、保守,并且都是套装。休闲西装则恰好与其相反。休闲西装大都适合在非正式场合穿着。它的面料多种多样,可以是棉、麻、丝、皮,也可以是化纤、PU 革。它的色彩可以根据喜好而自由选择,可以是鲜艳的、亮丽的色彩,也可以是深色、浅色,但休闲服装颜色多为浅色。它的款式则强调宽松、舒适、自然,有时甚至可以标新立异。通常,休闲西装基本上都是单件的。

**(三)商界男士穿着西装应注意的事项**

商界男士在穿着西装时,必须对其具体的穿法倍加重视,遵守西装的规范穿法的要求,切不可肆意妄为,因为这是有违礼仪的无知表现。

根据西装礼仪的基本要求,商界男士在穿西装时,务必要特别注意以下几个方面。

**1. 拆除西装衣袖上的商标**

在西装上衣左边袖子上的袖口处,通常会缝有一块商标,有时,还会同时缝有一块纯羊毛标志,这表明货品未被启用。在买回西装正式穿之前,切勿忘记将它们先行拆除。在西方国家一般在商场买了西装,交钱后服务员就会剪掉商标,再进行包装,这样等于对外宣告该套西装已被启用。假如西装穿过许久之后,袖子上的商标依旧停留于原处,就会给人以招摇过市之感,难免会被人耻笑。

**2. 西装要熨烫平整**

要使穿在自己身上的西装看上去美观而大方、线条笔直、平整而挺括,除了要定期对西装进行干洗外,还要在每次正式穿着之前,对其进行认真的熨烫,西裤穿着时,要烫出裤线,裤扣要扣好,拉锁要全部拉严。千万不要怕麻烦,应在有应酬之前做好准备。若疏于此点,则穿着的西装皱皱巴巴,显得邋遢、脏兮兮,美感全失,有失身份。

**3. 穿西装要扣好纽扣**

西装上衣、背心与裤子都有纽扣,纽扣系法都有一定的规定。西装上衣纽扣的系法讲究最多。一般而言,西装上衣纽扣在你站立之时,或是起身而立之后,纽扣应当系上,以示郑重其事。就座之后,西装上衣的纽扣则大都需要解开,以防其"扭曲"走样。但是在穿着单排扣西装上衣，内穿背心或羊毛衫时，允许在站立时不系上衣的纽扣。西装上衣分单排扣上衣和双排扣上衣，单排扣上衣与双排扣上衣纽扣系法各不相同。具体做法：单粒扣西装一般不扣；单排两粒扣式西装上衣，系上边那粒纽扣，称扣上不扣下；单排三粒扣式的西装，做法则有两种，可以只系中间那粒纽扣，也可以系最上面的那两粒纽扣；多粒扣西装也是扣中间那粒。双排扣式西装上衣，则必须把全部纽扣一律系上。所以西装纽扣不是把所有纽扣都系上才符合要求，它有约定俗成的。一般称，一粒扣可系可不系，两粒扣系上面，三粒扣以上扣中间，双排扣全扣上。

穿西装背心，不论是单独穿着，还是同西装上衣配套穿，都要认真地扣上纽扣，而不允许自由自在地敞开。一般西装背心只能与单排扣西装上衣配套。西装背心的纽扣数目有多有少，但大体上被分作单排扣式与双排扣式两种。根据西装的着装惯例，单排扣式西装背心的最下面的那粒纽扣应当不系，而双排式西装背心的全部纽扣则必须统统系上。

西装裤的纽扣。现在西装裤裤门有的用纽扣，有的用拉锁。用纽扣较为正统，用拉锁使用起来方便。不管穿以何种方式"关门"的西裤，都要将纽扣全部系上，或是将拉锁认真拉好。参加重要的活动时不但要提醒自己，还须随时悄悄地对其进行检查，并且西裤上的挂钩也应挂好，以免由于自己大意，使西裤"开门"。

### 4. 穿西装要做到不卷不挽

穿西装时，一定要细心呵护其原状。在公共场所，千万不要当众随心所欲地脱下西装上衣，更不能把西装当作披风一样披在肩上。需要特别强调的是，无论如何，都不可以将西装上衣的衣袖挽起来，也不可以随意将西裤的裤管卷起，这样会给人以粗俗之感，不符合礼仪规范。因此，商务人员在正式场合穿西装就要穿正规，如果不穿，就把它寄存或挂起来。

### 5. 西装内要慎穿毛衫

商界人士要想将一套西装穿得有形有味，那么除了衬衫与西装之外，在西装上衣内，最好不要再穿其他任何衣物。在冬季寒冷难忍时，只宜穿上一件薄型"V"领的单色羊毛衫或羊绒衫。这样既不会显得过于花哨，也不会妨碍自己打领带。不要穿色彩、图案十分繁杂的羊毛衫或羊绒衫，也不要穿扣式开襟羊毛衫或羊绒衫。开襟羊毛衫纽扣多，与西装上衣同穿会令人眼花缭乱，更不要同时穿上多件羊毛、羊绒的毛衫、背心、手工编织的毛衣，那样其领口之处多层次，犹如不规则的"梯田"，会使西装鼓胀、变形走样。

### 6. 巧配内衣

穿西装的标准要求是衬衫之内不穿棉纺或毛织的背心、内衣，更不能穿 T 恤衫与西装配套。如果需要在衬衫之内穿背心、内衣，则应注意三点：第一，数量上以一件为限；第二，色彩上应与衬衫的色彩相仿或是更浅，否则脱掉西装会外露，招人笑话；第三，内衣在长度上应短于衬衫，领型以"U"领或"V"领为宜，必须在衬衫之内，不能外露。此外，还须留心，内衣的袖管不能暴露在衬衣袖管之外。

### 7. 腰间无物

穿西装时，着装者的腰带上不能别挂任何物品。因为男士的社会地位，通常与其腰带上所别挂物品的数量成反比。要把手机、打火机、计步器、瑞士军刀之类的物品放在包内，切勿悬挂于腰间。

### 8．少装东西

为保证西装在外观上不走样,在西装的口袋里应少装东西,或者不装东西。西装上衣、背心、裤子口袋均应如此。西装不同的口袋发挥的作用各不相同。西装上衣左侧的外胸口袋,只能用作插入一块真丝手帕,用以装饰,除此以外不能再放其他任何东西,千万不要插支钢笔、外挂眼镜等。内侧的胸袋,可用来别钢笔、放钱夹或名片夹,但不要放过大、过厚的东西或无用之物。外侧下方的两只口袋,原则上以不放任何东西为佳。西装背心上的口袋多具装饰功能。除可以放怀表之外,不宜再放别的东西。西装裤子的两只侧面的口袋只能够放纸巾、钥匙包或者碎银包。其后侧的两只口袋,则不放任何东西。

### (四) 西装的搭配

穿着西装的韵味不是单靠西装本身就能穿出来的,而是要靠西装与其他衣饰精心组合和搭配。西装与其他衣饰的搭配包括很多方面,主要是西装与衬衫、领带、鞋袜和公文包之间进行的组合搭配。

### 1．衬衫与西装

与西装相配的衬衫,应当是正装衬衫。一般男士西装每套要预备两三件衬衫进行搭配。正装衬衫的特征如下所述。

第一,面料的要求。要以高支精纺的纯棉、纯毛制品为主。以棉、毛为主要成分的混纺衬衫,亦可酌情选择。不要选择以条绒布、水洗布、化纤布制作的衬衫,因为它们过于厚实,易于起皱,起球起毛,也不宜选择真丝、纯麻衣料做衬衫。

第二,色彩的要求。西装衬衫的颜色要与西装颜色相协调,并有层次感,在明度、彩度上要有变化。正装衬衫必须为单一色彩。在非常正规的商务应酬中,白色衬衫是商界男士的最佳选择,称为"永久白色"。如果在一般的商务场合,蓝色、灰色、棕色、黑色,也可加以考虑。但是,杂色夸张的衬衫或者红色、粉色、紫色、绿色、黄色、橙色等则是不可取的,因为穿起来有失庄重。

第三,图案的要求。正装衬衫大体上以无任何图案为佳。印花衬衫,格子衬衫,带有人物、动物、植物、文字、建筑物等图案的衬衫,均非正装衬衫。唯一例外的是,较细的竖条衬衫在一般性的商务活动中可以穿着,但是绝不能同时穿着竖条纹的西装。

第四,衣领的要求。正装衬衫的领型多为方领、短领和长领。具体进行选择时,须兼顾本人的脸型、颈长以及将打的领带结的大小,不要使它们相互之间反差过大,扣领的衬衫,亦可选用。立领、翼领和异色领的衬衫,都不适合同正装西装相配套。西装衬衫的领子有硬领、软领,正式西装衬衣应选硬领,穿着硬领衬衫,领口必须挺括、整洁、无皱。领围的尺寸,以合领后可以伸入一个手指为宜,既不能紧卡脖子,又不可松松垮垮。西装穿好后,衬衫领应高出西装领口 0.5～1.0 厘米,这样不仅可以避免西装领口受到过多的磨损,而且能用白衬衫衬托西装的美观,显得更干净、洒脱。

第五,衣袖的要求。正装衬衫必须为长袖衬衫,短袖衬衫则具有休闲性质。正式场合切勿单穿短袖衬衫,除非制服。衬衫的袖口,有单层袖口与双层袖口之别。双层袖口又称法国式衬衫,主要作用是可以佩戴装饰性袖扣。装饰性袖扣又称链扣或袖链,使用时如恰到好处,可为自己平添高贵而优雅的风度。在国外,它早已被视为商界男士在正式场合所佩戴的重要饰物。但是,饰物不能戴在单层袖口的衬衫上。袖子的长度,应该比西装袖口长出1～2厘米为宜,这是最美观的穿法。要是衬衫的袖口外露得过长,甚至被一卷再卷,直至翻到西装上衣的衣袖之上,不免会有些滑稽。不过若使衬衣袖口永远"不见天日",也是犯规的。

第六,从衣袋上讲,正装衬衫以无胸袋者为好,免得有人在那里乱放东西,即便衬衫有胸袋,也要尽量少往胸袋里塞东西。另外,穿着正装衬衫与西装相配套时还要注意:衬衫的所有纽扣都要一一系好,包括衣扣、领扣、袖扣。只有在穿西装而不打领带时,才可以解开衬衫的领扣。

第七,下摆要放好。穿长袖衬衫时,不论是否穿外衣,均须将其下摆认真而均匀地掖进裤腰之内,不能让衬衫与裤腰的交界处皱皱巴巴,左右扭曲,更不能使部分衬衫露在裤腰之外。

第八,衬衫大小要合身。既不宜过于短小紧身,也不应当过分地宽松肥大、松松垮垮。特别要注意的是其衣领与胸围要松紧适度,其下摆长短适宜。此外,商界男士在自己的办公室里,可以暂时脱下西装上衣,直接穿着长袖衬衫、打着领带。但是,正式场合是不允许以这种形象出现的。如果外出办事,就会有失体统,是不合乎礼仪规范的。

**2. 领带与西装**

领带要选择与西装、衬衣相协调的颜色。领带是商界男士穿西装时最重要的饰物,是男士打扮的焦点,通过它能展现穿戴者的个性。在欧美各国,领带、手表和装饰性袖扣并列被称为"成年男子的三大饰品"。

(1)挑选领带的注意事项

领带作为西装的灵魂,在选择时讲究颇多。商界男士在挑选领带时要考虑以下几点。

第一,领带的面料。最好的领带,面料应当是用真丝或者羊毛制作。以涤丝制成的领带售价较低,有时也可以选用。但是,用棉、麻、绒、皮、革、塑料、珍珠等制成的领带,在商务活动中均不宜佩戴。

第二,领带的色彩。领带的色彩,有单色与多色之分。在商务活动中,蓝色、灰色、棕色、黑色、紫红色等单色领带都是十分理想的选择。商界男士在正式场合中,切勿使自己佩戴的领带多于三种颜色。同时,也尽量少打浅色或艳色领带。它们仅适用于社交或休闲活动之中。一般而言,领带的主色调应与西装套装的色彩一致,还要根据衬衫来挑选,通常以冷暖相间的颜色为主。在非正式场合,穿西装可以不系领带,但衬衫的第一个扣子一定要解开。在喜庆场合,穿西装还可以在前襟别一朵胸花。有一种色彩的领带,在一般场合不能出现,即忌打明黄和明蓝色领带,因为这在国际上一般是同性恋的象征。

第三,领带的图案。适用于商务活动中佩戴的领带,应是单色图案,或者是以条纹、圆点、方格等规则的几何形状图案。以人物、动物、植物、景观、徽记、文字或计算机绘画为主要图案的领带,则适用于社交或休闲活动之中。不同图案的领带代表的意义不同:斜纹领带代表权威、稳重、理性,适合很正式的场合,例如,签字、谈判等;圆点与方格领带,代表中规中矩、按部就班,适合初次见面、见长辈(见女朋友家长)、见上司;不规则图案领带代表活泼、有个性、有创意、有朝气,适合酒会、宴会、约会。

第四,领带的质量。领带必须具有良好的质量。具有外形美观、平整,无跳丝、无疵点、无线头,衬里为毛料,不变形,悬垂挺括,较为厚重。注意对于质量不好的领带,宁肯不打领

带，也不要以次充好。一条打得漂亮的领带，在穿西装的人身上会发挥画龙点睛的作用。

第五，领带的款式。领带的款式往往受到时尚的左右。领带有箭头与平头之分。一般认为，下端为箭的领带，比较传统、正规，适合正式场合；下端为平头的领带，则显得时髦、随意些，适合休闲场合。领带有宽有窄。除了要尽量与流行保持同步以外，根据常规，领带的宽窄最好与本人的胸围与西装上衣的衣领，形成正比；简易式的领带，如"一拉得领带""一挂得领带"等，均不适合在正式的商务活动中使用；领结宜于同礼服、翼领衬衫搭配，并且主要适用于社交场所。领带的配套。领带与装饰性手帕常会被组合在一起成套销售。与领带配套使用的装饰性手帕，最好与其面料、色彩、图案完全相同。二者同时亮相，大多在社交活动之中。

（2）打领带结的方法

打领带结的方法，包括平结、交叉结、双环结、温莎结和双交叉结等。值得注意的是，打领带结是为了在身上产生视觉加分作用，在决定采用某种领带打结样式之前，需要考虑领带本身的厚度及质料。

第一种，平结（Plain knot）。平结为男士选用最多的领结打法之一，适用于各种材质的领带。注意：领结下方所形成的凹洞需让两边均匀且对称。如图 2-8 所示。

图 2-8　平结的打法

第二种，交叉结（Cross Knot）。交叉结适合喜欢展现流行感的男士使用，适用于素雅质料且较薄的领带。如图 2-9 所示。

图 2-9　交叉结的打法

第三种，双环结（Double Knot）。双环结颇能营造时尚感，适合年轻的上班族选用。该领结完成的特色就是第一圈会稍露出于第二圈之外，但注意可别刻意给盖住了。如图 2-10 所示。

图 2-10　双环结的打法

第四种,温莎结(Windsor Knot)。温莎结适合于宽领型的衬衫,该领结应多往横向发展。注意避免材质过厚的领带,领结也不能打得过大。如图 2-11 所示。

图 2-11　温莎结的打法

第五种,双交叉结(Double Cross Knot)。这样的领结很容易给人一种高雅且隆重的感觉,适合于正式活动场合选用。该领结应多运用在素色且丝质领带上,若搭配大翻领的衬衫,不但适合且会有一种尊贵感。如图 2-12 所示。

图 2-12　双交叉结的打法

(3) 领带使用时的注意事项

第一,要注意场合。打领带有其适用的特定的场合,意味着郑重其事,因此在上班、办公、开会或走访等执行公务的场合,以打领带为好。在参加宴会、舞会、音乐会时,为表示尊重主人,亦可打领带。在休闲场合,通常是不必打领带的。

第二,要注意服装类别。打领带必须要注意与之配套的服装。一般而言,穿西装套装是必须要打领带的。穿单件西装时,领带则可打可不打。在非正式活动中穿西装背心时,可以打领带。不穿西装的时候,例如,穿风衣、大衣、夹克、猎装、毛衣、短袖衬衫时,通常是不宜打领带的。严格地说,在商务活动中,领带仅适合男士佩戴,领带是商界男士的基本标志之一。由于男女有别,一般商界女士在正式活动中不宜打领带。

第三,要注意位置。将领带打好后,须将其置于适当的位置。穿西装上衣与衬衫时,应将其置于二者之间,并令其自然下垂。在西装上衣与衬衫之间加穿西装背心或羊毛衫、羊绒衫时,应将领带置于西装背心与衬衫之间。

第四,要注意结法。领带打得漂亮与否,关键在于领带结是否打得好。要令其挺括、端正,并且在外观上呈倒三角形。领带结的具体大小,最好与衬衫衣领的大小成正比。要想使之稍有变化,则可在它的下面压出一个小窝或一道小沟来(只有高档面料才能做出此种效果,这也是领带面料高档的标志),此之谓“男人的酒窝”,是当今流行的领带结法之一。打领带时,最忌讳领带结不端不正、松松垮垮。在正式场合露面时,务必要提前收紧领带结,千万不要为使自己爽快,而将其与衬衫的衣领“拉开距离”。

第五,要注意长度。领带打好后,最标准的长度,是其下端的大箭头正好抵达皮带扣的上端。超过这一长度,领带就会像“肠子”一样暴露于上衣衣襟之外。而达不到这一长度,它就很有可能会时不时地从上衣衣襟里“蹦跳”出来。

第六,要注意配饰。依照惯例,打领带时大可不用任何领带的配饰。在国外,人们除了在有必要限制领带的"活动范围"或"穿制服"时用领带夹之外,大都不喜欢使用领带夹。在自己疾步行走时,领带在敞开的衣襟之外随风荡漾,是很潇洒的。即便使用领带夹,也不要使其处于外人视野之内,应夹在领带打好后的"黄金分割点"上,即标准衬衫自上而下的第四粒至第五粒纽扣之间。如果愿意,打领带时亦可使用领带针或领带棒。前者应插在领带打好后偏上方的正中央,后者则只能用在衬衫衣领上。应当强调,使用领带的配饰,数量上应以一件为限,千万不要同时使用多件,更不要滥用。

### 3. 鞋袜、腰带与西装

对商界男士来说,鞋袜在正式场合亦被视作"足部的正装"。不遵守相关的礼仪规范,必定会令自己"足下无光"。与西装配套的鞋子,只能选择皮鞋。布鞋、球鞋、旅游鞋、凉鞋或拖鞋,都是与西装相抵触的。西装皮鞋面料最好是牛皮,羊皮与猪皮则不适合,至于以鲸鱼皮、鸵鸟皮、蟒蛇皮制作的皮鞋,穿出去多有炫耀之嫌,则更不适合,一般都不宜选择。另外磨砂皮鞋、翻毛皮鞋大都属于休闲皮鞋,也不适合与西装相配套。与西装配套的皮鞋,应为深色、单色。浅色皮鞋、艳色皮鞋与多色皮鞋,例如,白色皮鞋、米色皮鞋、红色皮鞋、香槟皮鞋、拼色皮鞋等,都不宜选择。按照惯例,最适于同西装套装配套的皮鞋,只有黑色。就连棕色皮鞋,往往也会大受排斥。商界男士在正式场合所穿的皮鞋,应当没有任何的图案、装饰。打孔皮鞋、绣花皮鞋、拼图皮鞋、带有文字或金属扣的皮鞋等,均不应予以考虑。商界男士所穿皮鞋的款式,应庄重而正统。以系带皮鞋为最佳之选。各类无带皮鞋,如船形皮鞋、盖式皮鞋、拉锁皮鞋等,都不符合要求。另外,也不允许男士在正式场合穿厚底皮鞋、高跟皮鞋、坡跟皮鞋或高帮皮鞋,这会显得不伦不类。

商务活动中男士穿皮鞋时应注意事项:鞋内无味。皮鞋要勤换、勤晾,免得味道过于浓重熏人。鞋面无尘。皮鞋要天天擦拭,上油上光。每日擦皮鞋时,切勿忘记同时打扫一下鞋底,应当鞋底无泥。鞋垫要相宜。使用鞋垫时,一定要令其大小与皮鞋相适应,切勿使其动辄在自己行走之际"逃脱"在外。尺码恰当。正式场合所穿的皮鞋,其大小必须恰到好处。如果小了,肯定会夹脚、磨泡,如果大了,则难免会不跟脚,走起路来踢踢踏踏。

与西装皮鞋配套袜子的面料,应是纯棉、纯毛制品。质量好的混纺袜子(以棉、毛为主要成分),也是可以选用的。最好不要选择尼龙袜、丝袜。袜子的颜色以深色、单色为宜,并且最好是黑色的。千万不能穿与西装、皮鞋的色彩对比鲜明的白色袜子(西方称为"驴蹄子"),也不要穿过分扎眼的彩袜、花袜或其他浅色的袜子。发光、发亮的袜子绝对不要穿。袜子的图案,允许出现以几何图案为主的庄重风格的图案,但不宜太明显。没有图案的袜子,则更为合适。

商界男士在穿袜子时,必须遵守的规则:袜子要干净。袜子务必要做到一天一换、洗涤干净,防止其产生异味,令自己难堪,也令他人难忍。袜子要完整不能有破洞、跳丝。如果发现必须及时更换。袜子要成双。无论如何,穿袜子时都要穿成双的袜子,不要自行将原非一双的两只袜子随意穿在一起,尤其当二者色彩不同、图案各异时,更不能这么做。袜子要合脚。在正式场合穿的袜子,其大小一定要合脚。应当特别注意,别穿太小、太短的袜子。袜子太小,不但易破,而且容易从脚上滑下去。袜子太短,则时常会使腿肚子外露出来。一般而言,袜子的长度,应在小腿肚最细的地方。最后,还须强调,赤脚穿皮鞋乃是失仪之举。商界男士绝对不可以那样做。

与西装配套的腰带,应首选黑色,宽度在2.5～3.0厘米较为美观。腰带系好后,留有皮带头的长度一般为12厘米左右,过长或过短都不符合美学要求。

**4. 公文包与西装**

男士公文包,被称为商界男士的"移动式办公桌",是外出时不可离身之物。穿西装的商界男士,外出办事时手中若是没有一只公文包,不仅会使其神采和风度大为受损,而且其身份往往也会令人质疑。商界男士在选择公文包时,有许多特定的讲究。公文包的面料以真皮为宜,并以牛皮、羊皮制品为最佳。棉、麻、丝、毛、革以及塑料、尼龙布制作的公文包,均难登大雅之堂。公文包的色彩以深色、单色为好。浅色、多色甚至艳色的公文包,均不适用于商界男士。按照惯例,黑色、棕色的公文包,是最正统的选择。若是从色彩搭配的角度来看,公文包的色彩若与皮鞋的色彩一致,看上去则十分完美而和谐。除商标之外,商界男士所用的公文包在外表上不宜再带有任何图案、文字,否则会有失自己身份的。最标准的公文包,是手提式的长方形公文包。箱式、夹式、挎式、背式等其他类型的皮包,均不可充当公文包来使用。

使用公文包时,有如下几点要求:包不宜多。外出办事,有时可以不带公文包。如果要带的话,应以一个为限,不能连提带背,一下子携带数个皮包。

用包不张扬。使用公文包前,须先行拆去所附的真皮标志。在外人面前,切勿显示自己所用的公文包的名贵高档。不能给人留下张扬之感。

用包不乱装。外出之前,随身携带之物均应尽量装在公文包里,这样不仅用时方便,而且也不至于装在别处不好找,但应切记,无用之物千万别放在包里,尤其是别使包"过度膨胀"。放在包里的物品,一定要有条不紊地摆放整齐。

包不乱放。进入别人室内后,应将公文包自觉地放在自己就座之处附近,或主人的指定之处,切勿将其乱放在桌、椅之上。在公共场所里亦须注意,不要将它放在妨碍他人之处。

（五）穿着西装的三个原则

教养体现细节,细节展示素质。西装穿着应讲究"三个三",[①]即三色原则、三一定律、三大禁忌。

**1. 三色原则**

三色原则,是指男士在正式场合穿着西服套装时,全身颜色必须限制在三种之内,三种颜色是指,从上到下,三大色系。一般三种颜色叫"正规军",四种颜色叫"游击队",五种颜色则为"老土"。

**2. 三一定律**

三一定律,是指男士穿着西服、套装外出时,身上有三个部位的色彩必须协调统一,即鞋子、腰带、公文包的色彩必须统一起来,最理想的选择是黑色。这三个部位是白领男士身上最为引人注目之处,令其色彩统一,有助于提升自己的品位。这是细节美。

**3. 三大禁忌**

三大禁忌,是指在正式场合穿着西服、套装时,不能出现以下三个洋相:第一,袖口上

---

① 金正昆.商务礼仪.北京:北京大学出版社,2004.

的商标没有拆；第二，穿着夹克打领带；第三，袜子出现了问题，在商务交往中有两种袜子还是不穿为妙：一是尼龙丝袜；二是白袜子。

## 四、饰物与仪表

在商务交往中，尤其是在一些社交场合里，除去西装、套裙、制服等正装之外，商务人员通常还离不开许多重要的饰品。饰品的选择、搭配与使用等一系列的细节，往往更能充分、客观地反映出商务人员的素养。

在一个人的穿着打扮中，首饰处于画龙点睛的位置。鉴于此，商务人员选用首饰时务必三思而后行，一定要认真遵守礼仪规范。首先是要符合身份；其次是要男女有别。从商务角度来看，首饰是女性的"专利品"，男性除了结婚戒指等极少数品种的首饰外，通常不宜在正式场合佩戴首饰。即便是白领丽人，上班时佩戴首饰也要注意遵守约定俗成的规矩，比如，以少为佳，同质同色，风格划一。否则，搞得五花八门、异彩纷呈，会令人觉得佩戴者粗俗不堪。

### （一）常见配饰的佩戴

常见的配饰有丝巾、围巾、帽子、手套、腰带、鞋袜、包等。

**1. 丝巾**

丝巾是女士的钟爱。不管在什么场合，利用飘逸柔媚的丝巾稍作点缀，一下就能让穿着更有味道。挑选丝巾的重点是丝巾的颜色、图案、质地和垂坠感，可以用丝巾来调节脸部气息，如红色系可映得面颊红润；或是突出整体打扮，如衣深巾浅、衣冷色巾暖色、衣素巾艳。但佩戴丝巾要注意：如果脸色偏黄，不宜选用深红、绿、蓝、黄色丝巾；脸色偏黑，不宜选用白色、有鲜艳大红图案的丝巾。丝巾不要放到洗衣机里洗，也不要用力搓，柔和拧干，只要放入稀释的清洁剂中浸泡一两分钟，轻轻拧出多余水分再晾干就行了。

**2. 围巾、帽子、手套的选择和佩戴**

（1）围巾一般在春冬季节使用的比较多。它的搭配要和衣服、季节相协调。厚重的衣服可以搭配轻柔的围巾，但轻柔的衣服却绝不能搭配厚重的围巾。围巾和大衣一般都适合室外或部分公共场所穿着，到了房间里面就要及时摘掉，否则会让人感到压抑。

（2）帽子可以起到御寒、遮阳和装饰的作用。一般来说，男士一进入房间就应该摘掉帽子，挂在衣架上，也可以拿在手里。女士的限制则少一些，在公共场所也可以不脱帽。但当自己作为主人在家里宴请客人时就不能戴帽子了。无论男女，在致敬或致哀的礼仪场合，必须脱帽。

（3）在西方的传统服饰中，手套曾是必不可少的配饰。现在，不管在哪儿，手套除了御寒以外，无非就是为了保持手臂的清洁和防止太阳暴晒了。和别人握手，不管冬夏，都要摘掉手套；女士握手，有时不用脱手套，但摘掉手套则会显得更加礼貌；进屋以后，一般要马上摘下手套；吃饭的时候，手套必须摘下。

**3. 腰带的搭配和注意事项**

腰带更重要的是起到装饰作用。男士的腰带一般比较单一，质地大多是皮革的，没有太多的装饰。穿西服时，都要扎腰带，而其他的服装（如运动、休闲服装）可以不扎。夏季只穿衬衫并把衬衫扎到裤子里的时候，也要系上腰带。女士的腰带则很丰富，质地有皮革的、编织物的、其他纺织品的,纯装饰性的场合更多,款式也多种多样。

女士使用腰带要注意这样几个问题:一是和服装的协调搭配,包括款式和颜色,比如,穿西服套裙一般选择皮革或纺织的、花样较少的腰带,以便和服装的端庄风格搭配,要是两件或连衣轻柔织物裙装时,腰带的选择余地会大一些。暗色的服装不要配用浅色的腰带,除非出于修正形体的需要。二是要和体型搭配,比如,个子过于瘦高,可以用较显眼的腰带,形成横线,分割一下,增加横向宽度;如果上身长下身短,可以适当提高腰带到比较合适的上下身比例线上,造成比较好的视觉效果;如果身体过于矮胖,就要避免使用大的、花样多的腰带扣(结),也不要用宽腰带。三是要和社交场合协调。职业场合不要用装饰太多的腰带,而要显得干净利落一些,参加晚宴、舞会时,腰带可以花哨些。

无论男女,扎腰带一定要注意:出门前要检查腰带扎得是否合适,腰带有没有"异常",在公共场合或别人面前动腰带是不合适的;在进餐的时候,更不要当众松紧腰带,这样既不礼貌,也不雅观;必要的话,可以起身到洗手间去整理。经常注意检查自己的腰带是不是有损坏,以便提早替换,避免发生"意外"。曾有这样一个故事:某旅行社想和澳大利亚某公司合作,以取得每年几百万元的利润。不幸的是,这位老板在和对方女老板见面、握手之际,皮带竟然断了,西裤滑了下来,尴尬之情难以言表。当然这一次什么事都没办成。当约定第二次见面时,他刚一欠身鞠躬,想对上次失礼的事表示歉意时,皮带又断了!这一回,对方女老板可就认为这是恶意侮辱她。结果生意自然没有谈成。

**4. 包的选用和搭配**

男士的包比较简单,一般都是公文包。公文包的面料应该是牛皮、羊皮制品,而且黑色、棕色最正统。如果从色彩搭配的角度来看,公文包的色彩和皮鞋的色彩一致,看上去就显得完美而和谐。除商标外,公文包在外表上不要带有任何图案、文字,包括真皮标志,否则会有失身份的。手提式的长方形公文包是最标准的。

一般女士会用不同的包来搭配衣服或心情。第一个包选择时应选一个大而结实、实用的包,上下班和工作时间用;第二个包是中等大小的,在适合的场合用;第三个是一个小巧的手包,里面只放少量的化妆品、钥匙、钱等东西,可以在穿上晚礼服,出席正式场合用。选择时要考虑到颜色,要与平时穿着的大部分衣服的色彩相配。

(二)常见首饰的佩戴及禁忌

最常见的首饰有戒指、项链、耳环、耳钉、手链、手镯、胸针、发饰、领针、脚链等。在选戴首饰时,要对不同的品种,进行不同的对待。

**1. 首饰的八条使用规则**

首饰已经成为大多数人在社交场合经常使用的饰物。如果对首饰礼仪一无所知的话,难免会弄巧成拙,招人笑话。

一是数量以少为好。在不必要时,可以不用佩戴首饰。如果想同时佩戴多种首饰,最好不要超过三种。如果没有特殊要求,一般可以是单一品种的戒指,或者是把戒指和项链、戒指和胸针、戒指和耳钉两两组合在一起使用。如果既佩戴了戒指、项链,又佩戴了胸针、耳钉,甚至再加上一对手镯和一副脚链,它们彼此之间就不好协调,反而给人一种烦琐、凌乱和俗气的感觉。

二是同色最好。如果同时佩戴两件或两件以上的首饰,则要求色彩一致。注意黑色首饰不能在正式活动中佩戴,正式场合中通常使用的首饰有五种颜色:红色,代表热情与友好;蓝色,代表和谐与宁静;黄色,代表高贵与典雅;绿色,代表青春与活力;白色,代表纯洁与无邪。色彩要根据身份、年龄、个性慎重选择。

三是质地相同。比如,戴镶嵌首饰时,要让镶嵌物质地一致,托架也要力求一致。这样能让它们在总体上显得协调。还要注意的是,高档饰物,特别是珠宝首饰,适用于隆重的社交场合,如果在工作、休闲时佩戴,就显得过于张扬了。

四是符合身份。选戴首饰时,不仅要照顾个人爱好,更应当服从自己的身份,要和自己的性别、年龄、职业、工作环境保持基本一致,而不要相差太多。

五是为体型扬长避短。选择首饰时,应充分正视自身的形体特点,努力使首饰的佩戴为自己扬长避短。避短是其中的重点,扬长就要适时而定了。

六是和季节相吻合。季节不同,戴的首饰也要不同。金色、深色首饰适合冷季佩戴,银色、艳色首饰适合暖季佩戴。

七是和服饰协调。佩戴首饰,是服装整体中的一个环节。要兼顾服装的质地、色彩、款式,并努力让它在搭配、风格上相互般配。

八是遵守习俗。不同的地区、不同的民族,佩戴首饰的习惯做法也有所不同,要了解并且尊重。

### 2. 具体的佩戴

(1) 戒指

同样款式的戒指戴在不同的手指上,会产生不同的印象和不同的效果。戒指一般戴于左手,一般只戴一枚,绝对不可超出两枚。在商务活动中,左手小指不允许戴戒指。

在戴戒指之前我们有必要了解一些戒指语言。

拇指通常不戴戒指,其余四指戴戒指的寓意是:食指表示求爱或求婚;中指表示正在热恋中;无名指表示已婚;小拇指表示是单身或独身主义者。

一个手指不要戴多枚戒指,一只手不要戴两只以上的戒指。若想在两只手指上戴戒指,最好选择相邻的两只手指,否则就像在中间隔着一座山似的。

戴薄纱手套时戴戒指,应戴在手套里面,只有新娘可以戴在手套外面。戒指的粗细,应该和手指的粗细成正比。表示已婚的结婚戒指,一般戴在左手无名指上。结婚戒指可以自己选择,也可以用前辈传下来的。世界公认钻戒是最正规的结婚戒指。从造型上讲,老年人戴的戒指应古朴庄重,年轻人可以佩戴小巧玲珑,比较艺术化的戒指。而从事医疗、餐饮、食品销售的服务部门的工作人员,则不适合佩戴戒指。

在和别人谈话的时候,不要抚弄着自己的戒指。否则,别人会认为你要么是心不在焉,要么就是有意展示自己的戒指。

现如今,有一些人喜欢在拇指上戴上一个大大的"戒指"。其实,这种戴法只是在张扬一种个性,并没有什么其他特殊含义。

(2) 项链的选择和佩戴

有的项链下端往往带有某种形状的挂件,也就是链坠。男女都可以使用,但男士所戴的项链一般不要外露。不要戴多条项链,比较长的可折成数圈来佩戴。

项链的粗细,应该和脖子的粗细成正比。一般短项链大概的长度是40厘米,适合搭配低领上装,中长的项链大概是 50 厘米,可以广泛使用。60 厘米的项链适合女士在社交场合使用。选择链坠时要力求和项链在整体上协调一致。正式场合不要选用过分怪异的图形、文字的链坠,一般以心形、几何形和动物类为宜。也不要同时使用两个以上的链坠。还须注意特殊的禁忌是,图形文字的使用要慎重,不要侵犯了对方的习俗禁忌,特别是涉外商务会谈中,十字形的挂件是不允许佩戴的,因为西方人认为它是不祥之兆。项链的流行"靓"点是珠链。一长一短错落胸前,是搭配正装的首选,而两条彩色短珠链扭花配同色系的服装或手袋,更能显出和谐的美。

短项链适合颈部细长的女士,最好是配"V"字领上衣。

中长度项链尽量不要挂在领口边上,这样会显得老土,它适合搭配领口较宽大的衣服。长项链适合佩戴在衣服外,并搭配款式较为简单的长套裙、长裤、长裙。

(3) 耳饰、手镯、手链、脚链的选择和佩戴

耳饰有耳环、耳链、耳钉、耳坠等款式,仅限女性所用,并且讲究成对使用,也就是说每只耳朵上均佩戴一只。工作场合,不要一只耳朵上戴多只耳环。另外,佩戴耳环,应兼顾脸型,不要选择和脸型相似形状的耳环,这样会使脸型的短处被强调夸大。耳饰中的耳钉小巧而含蓄。因此,职业为服务人员的女性可以佩戴。

没有装饰、有雕塑感的木质宽手镯带有中性色彩,金属宽手镯就显得很酷。而另一种风格的宽手镯——用人造宝石镶上图案,必将制造出一种目不暇接的华丽氛围。它主要强调手腕和手臂的美丽。可以只戴一只,通常应在左手,也可以同时戴两只,一只手戴一个,也可以都戴在左手上。

男女都可以佩戴手链,但一只手上只能戴一条,而且应戴在左手上。它可以和手镯同时佩戴。在一些国家,佩戴手链、手镯的数量、位置,可以表示婚姻状况。手链不要和手表同时戴在一只手上。

脚链是当下比较流行的一种饰物,多受年轻女士的青睐,主要适合在非正式场合。佩戴它,可以吸引别人对佩戴者腿部和步态的注意,如果腿部缺点较多,就不要使用了。一般只戴一条脚链,两只脚踝都可以戴,如果戴脚链时穿丝袜,就要把脚链戴在袜子外面,让脚链醒目。服务人员在工作中不可以佩戴脚链。

(4) 胸针、领针、发饰、手表的选择和佩戴

男女都可以佩戴胸针。当穿西装的时候,应别在左侧领上。穿无领上衣时,应别在左侧胸前。发型偏左时,胸针应当居右。发型偏右时,胸针应当偏左。具体高度应在从上往下数的第一粒、第二粒纽扣间。在工作中,如果要求佩戴身份牌或本单位证章、徽记上岗的话,就不适合再同时佩戴胸针了。

领针专门用来别在西式上装左侧领上。男女都可以用,佩戴时戴一只就行了,而且不要和胸针、纪念章、奖章、企业徽记等同时使用。在正式场合,不要佩戴有广告作用的别针,不要将它别在右侧衣领、帽子、书包、围巾、裙摆、腰带等不恰当的位置。

发饰常见的有头花、发带、发箍、发卡等。通常,头花和色彩鲜艳、图案花哨的发带、发箍、发卡,都不要在上班时佩戴。

除这些常见的饰物外,还流行佩戴鼻环、脐环、指甲环、脚戒指等。它们多是标榜前卫、张扬个性的选择,工作时或严肃的场合不要佩戴。

在社交场合,佩戴手表,通常意味着时间观念强、作风严谨。在正规的社交场合,手

表往往被看作是首饰。它也是一个人地位、身份、财富状况的体现。所以男士的手表,往往会引人注目。

在正式场合佩戴的手表,在造型上要庄重、保守,避免怪异、新潮,尤其是尊者、年长者更要注意。一般正圆形、正方形、长方形、椭圆形和菱形手表适用范围极广,也适合在正式场合佩戴,而那些新奇、花哨的手表造型,仅适合少女和儿童。而且适合选择单色或双色手表,色彩要清晰、高雅。黑色的手表最为理想。除数字、商标、厂名、品牌外,手表没必要再出现其他无意义的图案。像怀式表、广告表、卡通表等不宜出现在商务人员的手腕上。

另外,在交际场合,特别是在和别人交谈时,不要有意无意地看表,否则对方会认为你对交谈心不在焉、不耐烦,想结束谈话。

(5) 首饰佩戴的禁忌

我们常能见到有些女士一次佩戴太多的首饰,项链、耳坠、戒指、手链,甚至再加上一枚胸针,像全副武装的士兵一样,整个人看起来既累赘又缺乏品位。

佩戴首饰的作用不是为了显示珠光宝气,而是要对整体服装起到提示、浓缩或扩展的作用,以增强一个人外在的节奏感和层次感。像服装一样,首饰也有它自己的季节走向,春夏季可戴轻巧精致些的,以配合衣裙和缤纷的季节,秋冬季可戴庄重和典雅的,可以衬出毛绒衣物的温暖与精致,切不可一条项链戴过春夏秋冬,没有的话可以不戴,否则会显得单调和缺乏韵律。

切忌用首饰来突出自己身体中不太漂亮的部位,如脖颈上有赘肉和褶皱的女士,就不适合戴太有个性色彩的项链,以免引起别人过多地关注;手指欠修长丰润的,不要戴镶有大宝石或珍珠的戒指。

佩戴首饰一定要和你的身份气质及服装相协调才会显得有品位。学生不要戴太多的首饰。气质文静的女士不要戴过于夸张和象征意义太浓的首饰,否则会使别人产生错乱感。

当穿职业装时,最适合佩戴珍珠或做工精良的黄金、铂金首饰,穿晚装时可以戴宝石或钻石首饰,穿休闲装时比较适合戴个性化或民族风格的首饰。

(6) 戒指和指甲油颜色的搭配

漂亮的戒指戴在纤纤玉指上,也需有修剪整齐的指甲及与戒指颜色调和的指甲颜色,才能相得益彰。同一款戒指,在不同场合,涂上不同颜色的指甲油,会产生不同的视觉效果。

蓝色系戒指+乳白色指甲油:蓝宝石的蓝给人纯净、清凉的感觉,戒台使用 K 金,将宝石完全衬托出来,所以指甲不适合太强烈的颜色,否则会破坏它的纤细美。选择能散发出自然光泽的乳白色,且带有一点粉红,最能烘托出戒指的美。

钻戒+玫瑰红指甲油:钻戒本身光泽就很灿烂,可以搭配任何颜色指甲油,选择玫瑰红使色调不致太强,可以陪衬出戒指的高贵质感。

钻戒+珍珠白指甲油:搭配淡色可表现出优雅的气质,不致太艳丽。要涂上两层指甲油,它将散发出神秘的光泽,使钻戒营造出更豪华、高雅的感觉。

红色系戒指+同色系指甲油:红宝石戒指搭配同色系指甲油,有一体感,使红宝石色泽更显红润。

红色系戒指＋粉肤色指甲油：由于红色宝石很适合肌肤,可孕育出沉静之美,搭配粉肤色指甲油,尤其涂上两层的话会呈现如婴儿般的淡粉红色,可以陪衬出戒指原有的特色。

## 第四节　商务人员的仪态礼仪

仪态是指人在行为中的姿势和风度。姿势是指身体呈现的样子即举止、动作、体态等;风度是指气质方面的表露,是一个人知识、阅历、文化和教养的集合。在人际交往中,人们的感情流露和交流,往往要借助于人体的不同姿势的变化来完成各种活动,这就是人们常说的"仪态语言",它被看作是人的"第二语言"。在商务交往中,商务人员的行为举止对沟通有着很大的影响,不同的姿势有着不同的作用,反映着人的不同心态,甚至可以替代口语,表达口语难以表达的信息,商务人员的行为举止要符合一定的规范,才能体现出本身的教养及对交往对象的尊重。根据仪态礼仪规范,影响个人风度的举止主要涉及体姿仪态、体态仪态(表情语、动作语、交往的距离等)等。

### 一、体姿仪态

在公共场合所体现出来的人的基本体姿仪态主要有站姿、坐姿、行姿、蹲姿。

（一）站姿

站姿是人的静态造型,一般认为站姿是人体最基本的姿势,是其他姿势的基础,也是人体动态造型的起点,优美的站姿能显示出一个人的自信,并能给他人留下美好的印象。

**1．站姿的规范**

古人在很早时就对人的举止行为做过要求,对站姿的要求是"站如松",其意是站得要像松树一样挺拔,同时还要注意站姿的优美和典雅。

站姿的基本要求如下。

头正。面部朝向正前方,双眼平视,嘴微闭,下颌微微内收,颈部挺直。表情自然,稍带微笑。

肩平。两肩平正,微微放松,稍向后下沉。

臂垂。两臂自然下垂,手指并拢自然微屈,中指对准裤缝。

躯挺。胸部挺起,腹部往里收,腰部正直,臀部向内、向上收紧。

腿并。两腿立直,膝盖相碰,脚跟靠拢,身体重心落在两脚正中。

从整体上产生一种精神饱满的体态。由于性别的差异,男女的基本站立姿势各有不同。在商务工作中,对男士的要求是稳健,对女士的要求是优雅。

（1）男士的基本站姿

在商务场合,男士站立的一般要求如下：身体立直,抬头挺胸,下颌微收,双目平视;两腿分开或两脚平行,两脚间距离不超过肩宽,不超过一脚以20厘米左右为宜,两手叠放在背后或交叉在体前,一般为左手握住右手。如图2-13、图2-14所示。

如一只手持公文包另一只手可自然垂放,姿态稳重。如果站立时间过长,可以将左脚或右脚交替后撤一步,身体的重心分别落在另一只脚上,但上身仍须挺直,伸出的脚不

图 2-13 商务场合男士的基本站姿　　　　　图 2-14 商务场合男士持公文包的站姿

可放得太远,双脚不可叉开过大,交换也不可过于频繁,膝部注意伸直。

在正式场合,男士站立的一般要求如下:身体直立,抬头挺胸;两膝并严;脚跟靠紧;脚掌分开呈"V"字形;提髋立腰,吸腹收臀;双手放置裤缝处,双眼看着主要人物。

(2) 女士的基本站姿

在一般场合,女士站姿的要求如下:女士站姿应做到身体立直,沉肩立腰,吸腹收臀,胸部自然挺起,挺胸抬头,下颌微收,双目平视,面带微笑;两膝并严,脚跟靠紧,脚尖分开,张角约为 45 度,呈"V"字形;双手在腹前交叉,即右手搭在左手上,置于腹部。

在正式场合,女士站姿的要求如下:女士站姿应体现挺、直、高的姿势,抬头平视,表情自然,收腹,胸部上挺,自然、舒展、大方,右手放在左手上,轻贴腹前,两脚尖向外略展开,将重心置于其中一只脚上,呈丁字步脚位站立。如图 2-15、图 2-16 所示。

图 2-15 一般场合女士的基本站姿　　　　图 2-16 前交手站姿

**2. 站姿应注意的问题**

首先,站立的姿势要端正、正确。不能歪脖、斜腰、含胸、曲膝,也不能采取双臂交叉抱于胸前的姿势,因为这在世界各地都被普遍认为是用来表示防御与消极的态度。在正式场合,不宜将手插在裤袋里,更不要下意识地做小动作,那样不仅显得拘谨,还会给人一种缺乏自信和经验的感觉,而且也有失庄重。

其次,不要做小动作。例如,站立时,双腿叉开不能过大,尤其女士应当谨记。双脚注意不要随意抖动,脚尖不可乱点乱画,不要乱踢东西,也不能表现自由散漫,随意扶、拉、倚、靠等,这样会显得无精打采,自由散漫,更不能脱下鞋子或半脱不脱,或者脚后跟踩在鞋帮上,脚一半在鞋里,一半在鞋外。

再次,与人说话时,要面向宾客,保持一定距离(交际场合的谈话距离约为 60 厘米左右),太远或太近都是不礼貌的;向人问候或做介绍、握手或鞠躬时,重心应在中间,膝盖要挺直。

总之,站姿应该自然、轻松、优美,不论是何种姿势,改变的只是脚的位置和角度,而身体还是要保持绝对的端正挺拔。

**3. 工作场合中的 4 种站姿**

在工作场合,工作人员应做出统一规范而典雅的站姿,体现出较高的职业素质和服务水平。

自然垂手站姿:这种姿势是基本的站立姿势。标准的立正的姿势,双手垂立于大腿两侧。

前交手站姿:以基本站姿为基础,双手在腹前交叉。

后交手站姿:基本规范和站姿的基本要求一致,但两手在身后相搭,贴在臀部。

单背手站姿:这种姿势女士较常使用。以基本站姿为基础,站成左丁字步时左手背后,右手下垂,成左背手站姿。相反,站成右丁字步,背右手,左手下垂,成右背手站姿。

上述几种站姿仍是以基本站姿为基础,只是变换了不同的姿态,如果能在自身的仪态举止中运用自如,分寸得当,加之真诚的微笑,就会给人以大方得体的感觉。

(二)坐姿

坐姿和站姿一样,也属于静态造型。对男士坐姿有"坐如钟"一说,即坐相要像钟那样端正。端庄优美的坐姿,会给人以沉着、文雅、稳重、大方的美感,使人产生信任感。同时也是展现自己气质与风范的重要形式。

**1. 坐姿的规范**

坐姿的基本要求如下。

规范坐姿的要求——女士和男士的规范坐姿如图 2-17、图 2-18 所示。

坐姿应讲究顺序。如果和他人一起入座,一定要注意先后顺序,礼让尊长。符合礼仪的就座顺序有两种:一种是优先尊长,也就是请位尊的人先入座;另一种是同时入座,这适用于同辈与亲友同事的关系。需要注意的是:无论任何时候,抢先入座都是失礼的表现。

图 2-17　女士坐姿示意图　　　　图 2-18　男士坐姿示意图

入座时要轻、缓,即落座声音要轻,动作协调柔和,神态从容自如,腰部、腿部肌肉要稍有紧张感,一般应从座位的左边入座。就座时,款款走到座位前,转身背对座位,右脚向后撤,使腿肚贴到座位边,轻稳坐下。如距离较远,走到座位前转身后,右脚向后退半步,待腿部接触座位边缘后,轻轻坐下。必要时,可以一手扶座椅的把手。女士入座时尤其应当优雅、文静、柔美,若穿裙子,则应用双手拢平裙摆,再坐下,不要坐下后再站起来整理衣服。如果要挪动座位,就应当先把座位移动到合适的位置,然后入座。

落座后要注意身体的重心应垂直向下,同时挺胸收腹,保持上身正直,头部平正,双肩平正放松,目视前方或面对交谈对象。两臂自然弯曲,双手放在膝上,掌心向下。在正式场合双手不应放在身前的桌面上,男士可以扶座位两边的扶手,而女士则通常扶一边较为雅观。双膝可并拢,也可微微分开;双脚可并齐靠拢,亦可斜放或微微张开;双腿可交叠在一起。入座的规范姿势男女是有差别的,在于腿脚的放置不同。男士就座后双腿可以张开,但不应超过肩膀的宽度,而女士入座后双脚必须靠拢,脚跟靠紧。

在商务会谈、正式的拜访、隆重的宴会等极正规的场合,上身与大腿、大腿与小腿基本上应成直角,也就是通常所说的"正襟危坐"。较为正规的社交场合或有尊者在座时,通常不应坐满座位,一般坐 2/3 的位置为宜。

在非正式场合,比如说一般的会谈及普通的社交场合,双腿可以斜放或叠放。双腿交叉叠放时,务必要做到膝盖以上并拢,脚尖尽量指向地面。双腿斜放通常是女士的坐姿,大腿要收紧,小腿与地面构成 30～45 度的夹角是较为理想的。双脚自然下垂,脚尖面对正前方或朝向侧前方。根据上身的姿势,双脚可采取并拢、平行或外八字状态。

离座时,应先有表示,身旁如有人在座,须以语言或动作向其示意,方可站起;要注意先后,地位低于对方时,应稍后离开,双方身份相似时,才可同时起身离座;起身要缓慢,要自然稳当,右脚向后收半步,然后起立,动作不可过猛;站好再走,离开座椅时,先要采用"基本的站姿",站定后,自然转身步出;从座椅左侧离开。

**2. 坐姿应该注意的问题**

首先,注意上身不要失态。坐姿最忌讳的是弓腰曲背,两腿摇抖。坐时腰身不挺直,前趴后仰、东倒西歪；头部晃动、摇头晃脑、左顾右盼；双手抱于胸前、双手抱于脑后、双手抱膝盖，用手抚摩腿脚都是失礼的行为。双手尽量减少不必要的动作，身前有桌子时，不要将肘部支撑在上面，双手夹在大腿间同样是不雅观的。

其次，注意腿脚不要失态，若双腿在入座后敞开过大，无论对于男士还是女士来说都是失礼的行为；不要在公众场合高跷"4"字形腿，叠腿的坐姿会给人以优越感，不适宜在尊长面前展示；两腿在公众场合不宜伸得太长；切勿在入座后将脚抬得过高，以脚尖指向他人，使对方看见自己的鞋底是失礼的；坐下后不宜在公众场合脱鞋、脱袜，也不要将脚架在桌面上，不宜勾住桌腿，也不宜把脚踩到自己或他人的座位上。

**3. 商务场合常见的坐姿**

（1）女士坐姿

女士入座后，腿位与脚位的放置有所讲究，以下四种坐姿可供参考。

① 侧挂式。双膝并拢，小腿前后交叉叠放在一起，自上而下不分开，脚尖不宜跷起。双脚的置放视座椅高矮而定，可以垂放，亦可与地面呈 45 度角斜放。采用此种坐姿，切勿双手抱膝，穿超短裙者宜慎用。

② 侧点式。上身挺直，两膝并拢，双脚同时向右侧或左侧斜放，并与地面形成 45 度左右的夹角，适用于较低的座椅。侧坐时，双手宜叠放或以相握的姿势放于身体侧面的大腿上。

③ 标准式。标准式坐姿可以称之为第一坐姿，此坐姿适合于刚刚与客人接洽时。抬头收额，挺胸收肩，两臂自然弯曲，两手交叉叠放在偏左腿或是偏右腿的地方，并靠近小腹。双膝并拢，小腿垂直于地面，两脚尖朝正前方。着裙装的女士在入座时要用双手将裙摆内拢，以防坐出皱纹或因裙子被打折而使腿部裸露过多。

④ 前交叉式。小腿垂直于地面，左脚跟靠定于右脚内侧的中部，双脚之间形成 45 度左右的夹角，但双脚的脚跟和双膝都应并拢在一起。这种坐姿给人以诚恳的印象，如图 2-19 所示。

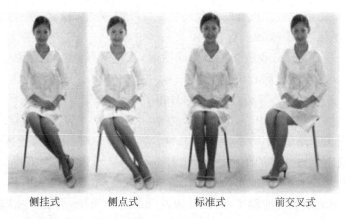

| 侧挂式 | 侧点式 | 标准式 | 前交叉式 |

图 2-19　女士坐姿

（2）男士坐姿（如图 2-20 所示）

① 前伸式。在标准式的基础上，两小腿前伸一脚的长度，左脚向前半脚，脚尖不要翘起。

② 侧身前伸式。在前伸式的基础上,身体稍向一侧倾斜。

③ 标准式。上身挺直、头部端正,下颌内收,双眼平视。双肩自然下垂,双膝分开。双脚基本与肩同宽,小腿垂直地面呈 90 度角,双手放在两膝上或椅子的扶手上。

④ 重叠式。右腿叠在左膝上部,右小腿内收贴向左腿,脚尖下点。

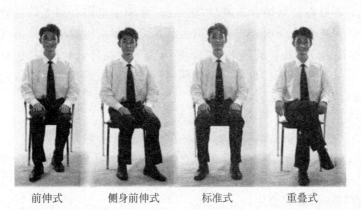

前伸式　　　　侧身前伸式　　　　标准式　　　　重叠式

图 2-20　男士坐姿

（三）行姿

行姿,是指人在行走的过程中所形成的姿势,规范的走姿最能体现一个人的精神面貌。具有动态美,人称流动的造型。协调稳健,轻松敏捷的步态都会给人以美的感觉,体现出一个人朝气蓬勃、积极向上的精神状态。走姿往往能展现一个人情绪状态及影响别人对其能力的评价。人的快乐与痛苦、自信而进取或是失意、放弃都会在行走的姿势上体现出来。

**1. 行姿的规范**

古人云"行如风",即走起路来要像风一样轻盈、矫健。商务人员走路应步伐轻快、不慌不忙,从而显得稳重大方。正确的走姿是:步履自然、轻盈、稳健,腰身挺拔,头要平稳,肩要放松,两眼平视,面带微笑。基本要点有:

准备姿势:头正、肩平、收腹立腰。头部抬起,双目平视,收颌,表情自然平和。两肩平稳,上身挺直,收腹立腰,重心稍前倾。

行走姿势:必须保持上身正直不动,两肩相平不摇,双臂自然下垂,两手自然弯曲,手掌心向内,摆动时,以身体为中心,以肩关节为轴,大臂带动小臂。向前摆时,手臂稍向里折,要摆直线,肘关节略曲,小臂不要向上晃动。向后摆动时,手臂外开不超过 30 度,在摆动中离开双腿不超过一拳的距离。

走路出步和落地时,向前伸出的脚应保持脚尖向前,不要向内或向外,脚尖都应指向正前方,由脚跟落地滚动至前脚掌,脚距约为自己的脚的长度,男士步幅以一脚半距离为宜,女士步幅以一脚距离为宜。双脚行走的轨迹大体保持在一条直线上,同时要克服身体在行走中的左右摆动,使自己的腰部至脚部始终保持挺拔的形态移动。正确的走路姿势还有助于健美。需要注意的是,当前脚落地,后脚离地时,膝盖一定要伸直,踏下脚时稍为松弛,并立刻使重心前移。

行进的速度应当保持全身协调,匀速前进,同时要显得有节奏感,不要忽快忽慢,在正常情况下,步速应自然舒缓,显得成熟、自信。在狭窄的通道,如遇领导、尊者、贵宾,则应主动站立一旁,以手示意,让其先走。

男子要挺拔干练,显出阳刚之美,步幅通常较大,速度每分钟约 100～110 步。

女性要优雅大方,显出阴柔之美,步幅通常较小,速度每分钟约 90～100 步。

**2. 行姿变向**

行姿变向是指在行走中,需要转身改变方向时,采用合理的方法,从而体现出规范和优美的步态。

前行转身步。在前行中需要拐弯时,要在距所转方向一侧的一脚落地后,立即以该脚掌为轴,转过全身,然后迈出另一脚。向左拐,要右脚在前时转身;向右拐,要左脚在前时转身。

引导步。引导步是用于走在前边给宾客带路的步态。引导时要尽可能走在宾客左侧前方,整个身体半转向宾客方向,保持两步的距离,遇到上下楼梯、拐弯、进门时,要伸手示意,并提示请客人上楼、下楼、左转、右转、进门、出门等。

后退步。与人告别时,应当先后退两三步,再转身离去,退步时,脚轻擦地面,步幅要小,先转身后转头。

**3. 行姿应注意的问题**

首先,注意不要瞻前顾后,方向不定。行走时瞻前顾后会让人觉得心神不定,有做贼心虚的感觉;方向不明确,忽左忽右,举棋不定,会让人感觉缺乏信心。

其次,注意速度不能多变,声响不能过大。行走时忽快忽慢,让人不可捉摸;行走时声响过大,会妨碍或骚扰他人,尤其是女士在穿高跟鞋时不要发出很大的声响。

再次,忌走八字步,勾肩搭背。行走时脚尖向内或向外构成内或外八字都是不好看的走姿。走路时边走边打逗,或众多人一起并排行走,都是不文明的行为。

总之,要掌握正确的姿势,走路不能精神不振、垂头丧气、弯腰驼背、拖拖拉拉,要使人感受到你身上散发的魅力。在行走中,若迎面走来人,应点头致意打招呼,步伐要渐渐放慢,或稍停下,同时露出笑容点头示意,这不仅会给别人好感,而且其姿态也会使人感到优雅。

**4. 商务人员不同着装的行姿**

穿西装。西服以直线为主,应当走出穿着者的挺拔、优雅的风度。穿西装时,后背保持平正,两腿立直,走路的步幅可略大些,手臂放松,伸直摆动,手势简洁大方。行走时男士注意不要晃动,女士注意臀部不要左右摆动。

穿旗袍。旗袍是以曲线为主的,能反映出东方女性柔美的风韵,穿着旗袍时要求身体挺拔,胸微含,下颌微收,不要弯腰撅臀,走路时,步幅不宜过大,以免旗袍开衩过大,露出皮肤。两脚跟前后要落在一条线上,脚尖略微外开,两手臂在体侧自然小幅摆动,用腰力把身体重量提起,臀部可随脚步和身体重心的转移,稍左右摆动,但上身依然要保持平稳。站立时,双手可交叉于腹前。

穿裙装。女性穿长裙会使人显得修长、飘逸,行走时要平稳,步幅可稍大些。步幅频率不能过快,走路要求平稳,保持裙摆的摆动与脚步协调,有韵律感,转动时,要注意头和身体协调配合,调整头、胸、腰三轴的角度,塑造整体美;穿短于膝盖以上的裙装,行走时步幅不宜大,频率可稍快,要体现出轻盈、敏捷、活泼、洒脱的风度。

穿高跟鞋与平底鞋的走姿。穿高跟鞋由于脚跟提高了，身体重心自然前移，为了保持身体平衡，膝关节要绷直，收腹、提臀立腰，挺胸抬头略收颌。行走时步幅要小，脚跟先着地，两脚落地时脚跟要落在一条直线上，像一枝柳条上的柳叶一样，俗称"柳叶步"。穿平底鞋走路时要脚跟先着地，注意脚跟到脚掌的过渡，用力均匀适度。正式场合一般应穿高跟鞋。

（四）蹲姿

商务场合的蹲姿，主要是为了捡物品。在取低处物品或拾取落地物品时，不可弯腰或翘臀，而应使用蹲姿。蹲姿也可以是很优美的。如图2-21所示。

具体做法是：捡拾物品时要用右手。上身挺直，略低头，两腿靠紧向下蹲，左脚在前，右脚在左脚后一脚远的距离，前脚全脚着地，小腿基本垂直于地面，后脚跟提起，脚掌着地，臀部要向下。捡拾物品时，应该走到物品的左侧，呈半蹲状，上身挺直，用右手伸手捡拾，然后站立起来。如图2-22所示。

女士蹲姿必须保证大腿和膝盖并拢，要右膝紧贴左小腿内侧。如果穿着低领上装，可以一手护着胸口。千万不要东张西望，避免产生猜疑。男士蹲时两膝自然分开。如图2-23所示。

蹲姿的适用情况：一般用于整理工作环境；给予客人帮助；提供必要服务；捡拾地面物品；自我整理装扮。

蹲姿的注意事项：不要突然下蹲；不要距人过近；不要方位失当；不要毫无遮掩；不要蹲着休息。

图 2-21　女士蹲姿示意图

图 2-22　女士拾取落地物的蹲姿

图 2-23　男士蹲姿示意图

（五）其他身体姿势

**1. 递物与接物**

递物与接物同样是商务工作中常用的一种动作。应当双手递物，双手接物，以此来表现出尊敬与尊重的态度。

递物接物时要注意以下几点：行走时，文件应拿在左手；递接时，文件、名片等要将正面（正字体）朝向对方，要让对方容易马上看清楚，双手拿在文件、名片的上部，大拇指在上，四指在下，同时要行微鞠躬礼。递上笔、剪刀或尖利的物品时，应将尖利一方朝向自己，而不应指向对方；接物时，两臂适当内合，自然将手伸出，两手持物，五指并拢，将东西拿稳，同时点头致意或道声"谢谢"。漫不经心，单手接物，甚至将物品掉在地上，都是非常失礼的行为。

**2. 回头看望**

回头看望背后的人或回应别人在背后的呼唤时，需要回头看望。

正确的姿势是：要转动腰部和上身，侧面，脖子回转、身体随转，使头部完全正对着后方，保持眼睛正视，既显得身体灵活，也表现得礼貌周到，同时还要微笑着正眼看人。仅仅转动脖子、眼睛侧视，是无法真正完成回头看望动作的（见图 2-24 所示）。

**3. 提携重物**

单手拎包或单臂提物时，若物品过重，应尽可能将其分作重量大致相同的两包，分两手提携，既可省力，又能保持良好的走姿，使身体在行走时不会因重心偏移而左右摇晃。

## 二、体态仪态

体态语言可以分为动作语和表情语。体态语言是指通过眼神、面部表情、手势等仪态将无声语言形象化、生动化，以达到"先声"夺人、耐人寻味的效果，它是除自然语言之外的、有意或下意识的一种传情

图 2-24　回头望的姿势

达意的方式。它能充分弥补有声语言表达的不足，还可帮助受话人深刻、准确地把握言事意旨，有效地防止因语言表达的空乏而带来的误解。心理学家和行为学家通过研究，发现了一个令人吃惊的"信息传递公式"。信息传递（100％）＝7％的语言＋38％的声音＋55％的人体动作。可见，人们获得的信息大部分来自视觉印象，如我们高兴时会手舞足蹈，愤怒时会以沉默的眼神表示抗议，喊着"你滚出去"时则怒目圆睁，"表示同意"时会点点头，说"不要"时会摇摇手。因而美国心理学家艾德华·霍尔曼十分肯定地说："无声语言所显示的意义要比有声语言显示的多得多。"据专家统计，人的面部可以做出 25 万种不同的表情。对人际沟通来说，体态语言因其独特的有形性、可视性和直接性，从而具有不可低估的特殊价值。《三国演义》里的《空城计》就是一个典型的运用体态语言取胜的例子。诸葛亮明知司马懿的大兵逼近空城之下，但他仍不慌不忙，指令一些老弱残兵

打开城门清扫大街,而他自己却稳如泰山地坐在城楼上饮酒弹唱,神情自若。司马懿观后,误以为诸葛亮一定设有陷阱,经再三思考,终于引兵撤退。在此,充分显示了体态语言的作用,它不仅取代了有声语言,而且达到了"无声胜有声"的效果。

(一)表情语

表情主要是指面部表情,是眼睛、眉毛、鼻子、嘴唇、面部肌肉以及它们的综合运动所反映出的心理活动和情感信息。在千变万化的表情中,目光和微笑最具礼仪功能。

**1. 目光**

眼睛是心灵的窗户,是人体发送信息最主要的器官。目光接触,是人类最能传神的非语言交往,目光的方向、持续时间的长短、眼睛的开合、眼球的转动、瞳孔的变化、精力的集中等一切动作及其细小变化,都能传达出难以言表的信息。目光所传达的信息,最为丰富,最为复杂,也最为微妙。在各种礼仪形式中,目光有着重要的位置,目光运用得当与否,将直接影响礼仪的质量。

第一,注视对方。在见面时,不论是见到熟悉的人还是初次见面的人,不论是偶然见面还是约定见面,首先要以闪烁光芒的目光正视对方片刻,面带微笑,表达出喜悦、热情的心情。对初次见面的人,还应头部微微一点,行一注目礼,表示出尊敬和礼貌,面对宾客或被介绍认识时,可注视对方稍久一些,既表现自信,也表示对对方的尊重;在双方交谈时,要注视讲话的人,应始终保持目光的接触,表示对话题很感兴趣。谈话时目光要集中在对方的眼鼻之间,应当不断地通过各种目光与对方进行交流,调整交谈的气氛。交谈中长时间回避对方目光而左顾右盼、心不在焉,或玩弄东西、不停看表,都是不礼貌的,是不感兴趣的表示。但应当注意的是,交流中的注视绝不是紧紧盯住对方的眼睛,这会使对方感到尴尬。正确的目光应当是自始至终都在注视,但注视并非紧盯,要随着话题、内容的变换做出及时、恰当的反应,或喜,或惊,或微笑,或沉思,用目光流露出会意的万千情意,使整个交谈融洽、和谐、生动、有趣,当对方沉默不语时,就不要再看对方,以免尴尬。交谈和会见结束时,目光要抬起,表示谈话的结束。道别时仍要用目光注视着对方的眼睛,面部表现出惜别的深情。

对象不同,目光有异。目光可以表达不同的情感,在不同的场合、对不同的对象表达出不同的意义。比如,在朋友面前,目光应热情洋溢,以示友好;在长辈面前,目光应略微向下,以表示恭敬、谦虚;对待晚辈,目光则温和亲切,以示爱心。一般情况下,应避免使用鄙夷或不屑的目光,那样会伤害别人的自尊。另外,不同的民族由于文化背景不间,对目光的要求也不一致。日本人在见面时通常是看着对方的脖子,而不是面部;瑞典人在见面时喜欢相互对视;阿拉伯人甚至认为只有对讲话人凝眸而视才符合礼仪要求,而英国人则不喜欢这样的目光。

第二,目光注视的区域和注视的方向。要根据与交流对象关系的亲疏、距离的远近来选择目光停留或注视的区域。目光注视要遵循"三角定律"。关系一般、初次见面或距离较远时,目光要注视对方额头至肩膀的大三角区域;关系较熟、距离较近的,目光应停留在对方额头到下巴的三角区域;关系亲昵、距离很近的,则应注视对方额头到鼻子这个三角区域。要分清对象、对号入座,不要把目光盯在对方面部的某个部位或身体的其他位置,特别是面对初次相识的人和一般关系的异性时,更应当注意目光的注视区域问题。

注视的方向包括以下几点：

平视。表示理性、平等、自信、坦率。适用于普通场合与身份、地位平等的人之间的交往。

俯视。即目光向下注视他人。一般表示对晚辈的爱护、宽容，也可表示对他人的轻视、歧视。

仰视。即抬眼向上注视他人。表示尊敬、期待，适用于面对尊长之时。如图 2-25 所示。

图 2-25　目光平视、俯视、仰视

一般视线向下表现权威感和优越感。视线向上表现服从与任人摆布。视线水平表现客观和理智。

第三，目光交流的时间。一般交往中目光交流的时间，每次应不超过 3 秒钟。目光交流的总时间大体为交谈时间的 30%～60%，超过这一平均值时，可被视为对谈话者本人比对谈话内容更感兴趣；低于此平均值时，则表示对谈话内容和谈话者本人都不怎么感兴趣。故在谈话过程中，应掌握好这一时间度，应注意不能直视或长时间地凝视对方，这可被认为是对私人占有空间或势力范围的侵犯，是不礼貌的或挑衅性的行为；完全不看对方，则可认为是自高自大、傲慢无礼的表现，或者企图掩饰什么，诸如空虚、慌张等。超时型注视，即注视对方的时间超过交谈时间的 60%，低时型注视，即注视对方的时间少于交谈时间的 30%，在一般情况下都是失礼的行为。

第四，眼睛的转动。一般眼球转动稍快表示聪明、有活力，但太快则显得虚伪、不诚实；而转动太慢则显得迟钝、无神。因此，眼睛转动的速度不能太快，也不能太慢。眼睛转动的范围也要适度，范围过大会显得白眼过多，过小则会显得木讷。

第五，学会"阅读"对方的目光。在掌握并能正确运用自己目光语言的同时，还应当学会"阅读"对方的目光。从对方目光的变化中，分析他的内心活动和意向。随着交谈内容的变化，目光与表情和谐地统一，表示很感兴趣，思想专注，谈兴正浓。对方的目光长时间地中止接触或游移不定，表示对交谈不感兴趣，交谈应当很快结束。交谈中，目光斜视表示鄙夷；目光紧盯表示疑虑；偷眼相觑表示窘迫；瞪大眼睛表示吃惊等。目光语言是千变万化的，但都是内心情感的流露。学会阅读、分析目光语言，对社交活动的进行和发展有着重要意义。

甄嬛传中甄嬛不同时期眼神

甄嬛传中不同角色的表情

## 2. 微笑

微笑是交际时的一种最适宜的表情。微笑是交往过程中最富有吸引力、最有价值的面部表情，它是自信的象征、修养的展现、和睦相处的反映与心理健康的标志。微笑具有强化有声语言沟通功能、增强交际效果、改善形象、拉近距离等多方面微妙、奇特的作用。微笑能给对方良好的第一印象，表现自己的友善、谦恭、渴望友谊的美好情感，是向别人传达理解、宽容、信任的信号；微笑是人际交往重要的润滑剂，是广交朋友、化解矛盾的有效手段；微笑能打破僵局，解除人的心理戒备，人际交往的障碍之一就是戒备心理，尤其是在一些重要的交际场合，人们的心理防线就筑得更加牢固，生怕由于出言不慎而带来麻烦，使沟通出现障碍，在这种情况下，微笑可以作为主动交往的敲门砖，拆去对方的心理防线，使之对自己产生信任和好感，随之进入交往状态；微笑可以表示对他人的尊重和友好。每个人在交往中都希望能得到尊重，能被对方友好地对待，而这种友善的态度，除了通过交往双方的话语表达出来之外，那就是挂在双方脸上真诚的微笑了。不管是初次相见的人，还是彼此熟悉的人，都想从对方脸上看到这种表情。国家领导人接见外宾时都会面带微笑，以表达对外宾的尊重和友好，酒店、旅馆的服务员在接待顾客时，都要求微笑服务，表示出对客人的尊重和友好。这种微笑能使对方的自尊心得到极大的满足。微笑能传递对他人赞许、谅解、理解等态度。如在交谈过程中，用微笑、点头的方式，表示对对方意见的赞许，向对方道歉，你报之一笑表示谅解等。在许多情况下，微笑的作用确实是千言万语无法取代的；微笑能表现出温馨、亲切，能有效地缩短交往双方的距离，给对方留下美好的心理感受，从而形成融洽的交往氛围，体现自己良好的修养和至诚的待人态度。因而微笑不仅是一种外化的形象，也是内心情感的写照。在人际交往中，"笑"有着极为重要的作用。面对不同的场合、不同的情况，如果能用微笑来接纳对方，则可以反映出本人较高的修养，待人的至诚，是处理好人际关系的一种重要手段。与人初次见面，面露微笑，会让人顿生好感；老友相见、点头微笑，会让人感到友谊的温暖。有人把微笑称作是一种有效的"世界交际语",则一点也不为过。微笑的功能是巨大的,但也要笑得恰到好处。

微笑的要求。微笑要发自内心,自然大方,亲切热情,要由眼神、眉毛、嘴唇、表情等方面协调完成。切忌生硬、虚伪的假笑和笑不由衷。微笑的要领:微笑时面部肌肉要放松,嘴角微翘。男士嘴唇微闭。女士嘴唇微启,露出上边 6 颗牙齿,但应避免露出牙龈。自觉控制发声系统,做到笑不出声。

笑的禁忌。在正式场合,不能放肆大笑,那样会使人感到没有教养。在商务工作中不要讥笑,使对方恐慌;不要傻笑,令对方尴尬;不要皮笑肉不笑,使对方无所适从;不要冷笑,使对方产生敌意。总之,笑也要因时、因地、因事而异,否则不仅毫无美感且令人生厌。

（二）动作语—手势

在商务活动中,商务人员经常处在动态之中,除了站、坐、行之外,在迎来送往的过程中,手势的基本动作很重要,这些动作也都有规范要求,也是不可忽视的。

手势是体态语言中最重要的传播媒介,它是通过手臂和手指活动来表达信息的一种特殊语言,也像面部表情一样,种类繁多且变化微妙,但大体上还是有规律可循的。在商务交往活动中,手势是人们交往时不可缺少的动作。手势是一种动态美,能够自然、大方、得体地运用手势来表达情意,会为交际形象增辉。手势运用得当能更好地表现出商务人员的气质风度,甚至可以替代有声语言。如果说眼睛是心灵的窗户,那么手便是心灵的触角,是人的第二双眼睛。手势无论是在商务交际,还是在日常生活中,使用的频率都很高,使用的范围也很广泛。手势能辅助表情达意,还可以展示个性风度。

**1. 手势的基本姿势**

手势的基本姿势一般可分为三种,其表达的意思和交际的效果大不一样。掌心向上,表示诚实、谦逊、屈从,没有任何强制性和威胁性;掌心向下,带有强制性的命令的意味,会使对方产生抵触情绪;手掌紧握并伸出食指,带有明显的强制性和威胁性,会使人很不舒服。

在商务活动中,手势在传递信息、表达意图和情感方面都发挥着重要的作用。规范的手势应当是手掌自然伸直,掌心向内向上,手指并拢,拇指自然稍稍分开,手腕伸直,使手与小臂呈一直线,肘关节自然弯曲,大小臂的弯曲以 140 度为宜。在出手势时要讲究柔美、流畅,做到欲上先下、欲左先右。避免僵硬死板、缺乏韵味。同时配合眼神、表情和其他姿态,使手势更显协调大方。根据场合不同,常用的手势主要有以下几种。

（1）手势——垂手。双手指尖朝下,掌心向内,在手臂伸直后分别紧贴于两腿裤线之处;双手伸直后自然相交于小腹处,掌心向内,一只手在上、一只手在下地叠放或相握在一起;双手伸直后自然相交于背后,掌心向外,两只手相握在一起。如图 2-26 所示。

（2）手势——桌上。双手放在桌子上时,身体靠近桌子,尽量挺直上身,双手可以分开、叠放或相握,但不要将胳膊支起来,或是将一只手放在桌子上,一只手放在桌子下。如图 2-27 所示。

（3）手势——指引。横摆式。五指并拢,手掌自然伸直,手心向上,肘微弯曲,腕低于肘。开始做手势应从腹部之前抬起,以肘为轴轻缓地向一旁摆出,到腰部并与身体正面

呈 45 度时停止，指尖指向被引导或指示的方向，头部和上身，略向手伸出的一侧倾斜，另一只手下垂或在背后，目视宾客，面带微笑，表现出对宾客的尊重、欢迎。在表示"请进""请"时，常用横摆式。如图 2-28 所示。

图 2-26　垂手的姿势　　　图 2-27　双手放于桌上的手势　　　图 2-28　横摆式手势

双臂横摆式。两臂从身体两侧向前上方抬起，两肘微曲，向两侧摆出。指向前进方向一侧的手臂应抬高一些，伸直一些，另一手应稍低一些，曲一些。也可以双臂向一个方向摆出。当来宾较多时，表示"请"的动作可以做大一些，宜采用双臂横摆式。

斜摆式。手臂由上向下斜伸摆动，手要先从身体的一侧抬起，到高于腰部后，再向下摆去，使大小臂呈一斜线。适用于请人入座时，手势应摆向座位的地方。

直臂式。手臂向外侧横向摆动，指尖指向前方手指并拢，掌伸直，曲肘从身前抬起，向抬起的方向摆去，摆到肩的高度时停止，肘关节基本伸直。适用于指示物品所在或需要给宾客指方向时。注意指引方向时，不可用一根指头指出，那样会显得不礼貌。

曲臂式。手臂弯曲，由体侧向体前摆动，手臂高度在胸部以下，适合请人进门。

**2. 手势按作用的不同，可分为下面 3 种**

（1）用手势表达思想情感的情绪性手势。情绪性手势是说话人内在情感和态度的自然流露，往往和表露出来的情绪紧密结合，鲜明突出，生动具体，能给听者留下深刻的印象。比如，高兴时拍手称快；悲痛时捶打胸脯；愤怒时挥舞拳头；悔恨时敲打前额；犹豫时抚摸鼻子；急躁时双手相搓；用手摸后脑勺则表示尴尬、为难或不好意思；双手叉腰表示挑战、示威、自豪；双手摊开表示真诚、坦然或无可奈何；扬起巴掌用力往下砍或往外推常常表示坚决果断的态度、决心或强调某一说辞。

（2）用手势表达具体内容的表意性手势。这些手势大多数都是约定俗成的，表达特定含义，比较明确。例如：招手，表示让对方过来；摆手，表示不要或禁止；挥手，表示再见或致意；如图 2-29 所示。伸小指，表示最小或蔑视；用手指指自己的胸口，表示谈论的是自己或跟自己有关的事情；伸出一只手指向某个座位，是示意对方在该处就座等。手势的表意动作也属于人的一种自觉动作，也有特定场合、特殊情况下的手势表意，如聋哑人的哑语主要通过手势来表意，还有交通指挥、体育裁判等，在这些公众场合，不便使用语言，人们往往借助手势来表示特定的含义。

一些特定的手势，不同国家解释也不同。

OK手势：拇指和食指合成一个圈，其余三根手指伸直或者略屈（OK手势）。中国和世界很多地方：零或三；美国、英国：OK，即赞同、了不起的意思；法国：零或没有；泰国：没问题、请便；日本、缅甸、韩国：金钱；印度：正确、不错；突尼斯：傻瓜。如图2-30所示。

图2-29　挥手示意图

图2-30　OK手势

V形手势：食指和中指上伸成V形，拇指弯曲压于无名指和小指上。V形手势源自英文Victory，是"二战"时英国首相丘吉尔首先使用的手势，现已传遍世界，表达时刻欢欣，但如果掌心向内，就有轻视、侮辱他人之意。在希腊，做这一手势的时候，即使手心向外，如手臂伸直，也有对人不恭之嫌。如图2-31、图2-32所示。

图2-31　丘吉尔的标志动作——"V"形手势

图2-32　手背向外的"V"形手势

伸食指：左手或者右手握拳，伸直食指。世界上大多数国家：数字一；法国：请求提问；新加坡：最重要；澳大利亚：请再来一杯啤酒。如图 2-33 所示。

竖大拇指。中国：好、了不起，有赞赏、夸奖之意；美国、英国等国：好、行、不错；德国、意大利：数字一；日本：数字 5；欧美部分地区：搭车；希腊：拇指向上表示"够了"，向下表示"厌恶""坏蛋"；澳大利亚：表示骂人。如图 2-34 所示。

图 2-33　梅西伸直食指的动作　　　　　图 2-34　姚明竖起大拇指的动作

如果大拇指向下：一般展示倒霉或厌恶。

（3）用手势表达某一抽象的事物或概念的象征性手势。象形性手势能使所表达的内容更形象、更生动。如说东西很大时，用双手合成一个大圆，说某人个子很矮时，手板往下一压。如说"我们一定要取得这次谈判的胜利"时，手掌用力向前方劈去；说"迎接更加美好的明天"时张开双手，徐徐向前；说"我们成功了"时双手握拳，用力向上挥动等。

在日常生活中，我们要善于从他人手的动作来猜测和判断对方的心理，例如：搓手掌往往是人们用来表示对某一事情结局的一种急切期待的心理，也就是说，当人们对某事的未来结果有一定成功的把握，或是期待着成功的结果，或者在一种不知如何是好而且又急切盼望尽快知道结果的情况下，手掌所流露出来的一种期待信号。在交际过程中，要善于观察对方的这些手势，明确其特定含义，从而掌握主动权。

按动作不同可分为：拱手、招手、挥手、摆手、摇手、握手等动作。

### 三、人际交往的距离

人与人之间有着虽看不见但实际存在的界线，这就是人际交往中的距离。交往距离影响人们之间的情感和交往，根据距离的远近可以大致推断出彼此之间的关系密切程度。正像人们所诠释的，距离太近了就像冬天的刺猬，刺人；距离太远了又觉孤独和寒冷。这说明人们的交往需要合适的交往距离。如何做到"距离适度""距离有度"，是保证人们成功交往的关键。美国人类学家爱德华·霍尔博士把常规人际交往中的距离划分为四种，分别适用于不同情况的交往。

其一，私人距离，也称亲密距离。交往距离可在 0.5 米以内，其近范围约在 0.15 米以内，彼此间可能肌肤相触，耳鬓厮磨，以致相互能感受到对方的体温、气味和气息；其远范围是 0.15～0.5 米,身体上的接触可能表现为挽臂执手或促膝谈心。就交往情境,属于私下情境,它仅限于情感上联系高度密切的人之间使用,适用于家人(父母与子女之间)、恋人与至交。在社交场合,大庭广众之下,两个人(尤其是异性)如此贴近,就不合适。两位成年男子一般不能采用此距离,但两位女性知己间都往往喜欢以这种距离交往。因此,在人际交往中,一个不属于这个圈子的人,若随意闯入这个空间,就会显得不雅观,污染环境,会引起别人反感,也会自讨没趣。交往时要特别注意不能轻易采用这种距离。

其二,个人距离。个人距离介于的范围在 0.5～1.2 米,适合于一般性的交际应酬。其近端在 0.5～0.8 米(较为融洽的熟人),远端在 0.8～1.2 米(较为陌生的人)。个人距离的近端在人际交往中,表现为交往双方既能相互亲切握手,友好交谈,而又较少直接进行身体接触。远端则排除了交往对象之间接触的可能。个人距离在交往场合人们一般都能接受,任何朋友和熟人在这个空间环境下都可以自由和谐地交往。故称为"常规距离"。

其三,社交距离。社交距离介于 1.2～3.6 米,其近端在 1.2～2.1 米,远端在 2.1～3.6 米。这种距离体现出一种公事上或礼节上的较正式关系,一般工作场合人们多采用这种距离进行交谈,适用于会议、演讲、庆典、仪式以及接见等场合,意在向交往对象表示敬意,所以又称为"敬人距离"。在这种场合说话声音要适当提高,需要更充分的目光接触。

其四,公共距离。其距离在 3 米开外,近端在 3.7～7.6 米,远端在 7.6 米以外。适用于在公共场所同陌生人相处,它也被叫作"有距离的距离"。公众距离这个空间具有很大的开放性,适用于演讲、集会等众多人同时参加的大型活动。

在商务交往中,我们了解了交往中人们所需要的自我空间以及适当的距离,根据活动的对象和目的,选择和保持与人交往合适的距离,有意识地选择交往的最佳距离,不但能给对方以安全感和舒适感,同时也不至于使双方关系显得过于狎昵,从而能够更好地进行人际交往。

### 四、举止行为的禁忌

在商务活动中,往往还存在着被常人忽视的"小节"动作举止。"小节"虽小,但它不仅影响人体整体形象,也是构成个人公德观念的重要内容。做得不好的话会影响企业乃至国家形象。因此,我们应给予足够的重视。

(1) 在公共场所里,高声谈笑、大呼小叫是一种极不文明的行为,应避免。在人群集中的地方,特别要求交谈者尽量低声细语,声音的大小以不引起他人注意为宜;在公共场合不要趴或坐在桌上,也不要在他人面前躺在沙发上,更不要跷"二郎腿",更不要抖动不停。因为这种姿态会令别人感到很不舒服,是一种非常不文明、不雅观的举止。

(2) 公共场合文雅起见,应力求避免身体内发出的各种异常的声音。例如,咳嗽、打喷嚏、打哈欠等,若万不得已时,均应侧身掩面再为之,并向别人致歉。不得用手抓挠身体的任何部位。例如,抓耳搔腮、挖耳鼻、揉眼睛、搓泥垢、剔牙、修剪指甲、梳理头发。若身体不适非做不可的话,则应去洗手间。

(3) 出入公共场合,必须把衣裤整理好。尤其是在走出洗手间时,你的样子最好与进

去时保持一样,或更好才行,边走边扣扣子、边拉拉链、擦手甩水,都是失礼的。

(4) 在人来人往的公共场所最好不要吃东西,更不要出于友好而逼着在场的人也要尝一尝你的东西。爱吃零食者,在公共场所为了维护自己的美好形象,一定要有所克制。参加正式活动前,不宜吃带有强烈刺激性气味的食物(如葱蒜、韭菜、洋葱等),以免因口腔异味而引起交往对象的不悦甚至反感。

(5) 对陌生人不要盯视或评头论足。自己的行动若妨碍了他人应致歉,在得到别人的帮助时应立即道谢。

(6) 感冒或其他传染病患者应尽量避免参加各种公共场所的活动,以免将病毒传给他人,影响他人的身体健康。

总之,对一切公共活动场所的规则都应无条件地遵守与服从,这是最起码的公德观念。不随地吐痰,不随手乱扔废物。若非吐非扔不可,那就必须等找到垃圾桶后才能行动。

## 本章重要概念

仪容三要素　仪容日常护理　头发的护理　发型的护理　皮肤的护理　TPO 原则
西装套裙　男士西装　站姿　坐姿　步姿　蹲姿　手势语　表情语

## 本章小结

在商务交往中,商务人员的形象礼仪,不仅体现着个人的精神面貌,反映出个人的道德修养、文化素质和审美情趣,在某种程度上还代表着组织形象,甚至国家形象。商务人员的形象礼仪是商务交往活动中个人行为的具体规范,包括:仪容礼仪(仪容的内涵、仪容的日常护理、皮肤的基本护理、化妆礼仪);着装礼仪(着装的礼仪原则、女士西装着装礼仪、男士西装着装礼仪);仪态举止(体姿仪态、体态仪态);语言谈吐等几个方面的内容。商务人员通过外在形象来展示自己。个人形象的塑造不仅仅是外在的包装,而且还应该有更深刻的内涵。

## 思考题

1. 什么是外在美?什么是内在美?外在美与内在美有什么联系?

2. 什么是着装的 TPO 原则?什么是商务人员着装的基本原则?请结合自己的体会谈谈着装的基本原则。

3. 商务人员化妆的规则。

4. 什么是仪容三要素?

5. 请根据自己的特点设计一个适合自己的发型。

6. 商务女士选择穿着西装套裙时需要注意的问题。

7. 商务男士选择西装的技巧及穿着西装应注意的事项。

8. 商务男士穿西装时,应遵守的"三色原则"是什么?

9. 站姿的基本规范及应注意的问题。

10. 坐姿的基本规范及应该注意的问题。

11. 行姿的基本规范及应该注意的问题。

12. 人际交往的距离,例如,私人距离、个人距离、社交距离、公共距离应掌握的合理范围。

13. 假设你现在要去面试物流公司的客户服务员的职位,请为自己设计一个合适的个人形象。

14. 对照言行举止的基本要求找出自己行为举止的优缺点。

## ▶▶▶ 案例分析

### 【案例 2-1】

有位记者去采访一位外交官的太太,当这位美丽的夫人为记者开门时,身穿一套淡粉红色的运动装。她把客人让进客厅,道了一声"Sorry"后就消失在一个白色门后。几分钟后,夫人换了衣服化了妆,并且坦诚地说,刚才穿的那套与孩子一起玩耍的衣服与客人在客厅中交谈有些不妥。此刻,她的装束细腻而不奢华,俨然是一位准备迎候宾客的主人形象,也更正了记者第一眼见到她时留下的随意的印象。

**分析**:以上案例说明了什么?

### 【案例 2-2】

曾有一外商考察团来某企业考察投资事宜,企业领导高度重视此次投资,亲自挑选了几位漂亮的女员工来做接待工作,并特别指示她们穿紧身上衣,黑色短皮裙,但外商考察团刚到达,尚未开始座谈就匆匆离开了,工作人员顿时一头雾水。

**分析**:为什么外商考察团匆匆离开了?

### 【案例 2-3】

郑总经理是一家大型国有企业的总经理。有一次,他获悉有一家著名的德国企业的董事长正在本市进行访问,并有寻求合作伙伴的意向。于是他想尽办法,请有关部门为双方牵线搭桥。

让郑总经理欣喜若狂的是,对方也有兴趣同他的企业进行合作,并且希望尽快与他见面。到了双方会面的那一天,郑总经理对自己的形象刻意地进行了一番修饰。他根据自己对时尚的理解,上穿夹克衫,下穿牛仔裤,头戴棒球帽,足蹬旅游鞋。无疑,他希望自己能给对方留下一个精明强干、时尚新潮的印象。

然而事与愿违,郑总经理自我感觉良好的这一身时髦的"行头",却偏偏坏了他的大事。

**分析**:郑总经理的错误在哪里?他的德国同行对此会有何评价?

# 第三章
# 商务场合的社交礼仪

**学习目标**

通过对本章的学习,了解社交礼仪在人际交往中的重要作用;了解、掌握并能运用常用的社交礼仪;善于交谈,熟知各种见面礼仪礼节,从而愉快地与人交流。本章介绍了商务场合的社交礼仪,主要包括见面礼仪、介绍与称呼礼仪、邀请与拜访礼仪、聚会礼仪,以及馈赠礼仪。

社交礼仪是人们在人际交往过程中所需要具备的基本素质、交际能力。社交在当今社会的人际交往中发挥的作用愈加重要。通过社交,人们可以沟通心灵,建立深厚友谊,获得支持与帮助;通过社交,人们可以互通信息,共享资源,对取得事业成功大有裨益。它在商务活动中极为重要,是增进彼此友谊和相互信赖的催化剂,是解决僵局的润滑剂,是不花本钱而收效甚大的"魔棒"。

## 第一节　见面行礼礼仪

在现代社会,见面行礼是人与人之间交往的第一个步骤,它在商务礼仪中占有重要地位。无论哪个国家、哪个民族、哪种信仰的人,见面时都要施用各种各样的见面礼。常见的见面礼仪包括互致问候、致意、握手、鞠躬、拥抱等。

### 一、互致问候

见面问候是我们向他人表示尊重的一种方式。见面问候虽然只是打招呼、寒暄或是简单的三言两语,但却代表着我们对他人的尊重。在交往中,见面时行一个标准的见面礼,会给对方留下深刻而美好的印象,能直接体现出施礼者良好的修养。互致问候是人们见面时的第一礼仪,在商务往来中,见面时不打招呼或不回答对方的问候,都是非常失礼的行为。

（一）问候的内容

在商务交往中需要问候对方时,最简单的话语是"早上好""下午好""晚安"或"您好"。不同的国家和地区,人们问候他人的具体内容也各有不同。例如:与日本人打招呼,常用"您早""您好""请多关照"等。而在巴基斯坦及中东信奉伊斯兰教的国家,打招呼的第一句话就是"真主保佑",以示祝福。在泰、缅等信奉佛教的东南亚国家,打招呼的第一句话则是"愿菩萨保佑"。与西方人打招呼多说"见到你很高兴"("Nice to meet you" or "Pleased to meet you")。应避免使用中国式的打招呼方式,如"您到哪里去了""您吃饭了吗""您在哪儿发财"等,以免引起不必要的麻烦,被对方误认为你在打听他的私事或准备请他吃饭,如果对方是位女士甚至还可能认为你心怀不轨。

（二）问候的态度

问候是敬意的一种表现,态度上一定要注意。在向对方表达问候时,态度应当主动、热情、大方。所谓"主动"是指,见到他人时,马上打招呼。同样,当别人首先问候自己之后,要立即予以回应,千万不要摆出一副高不可攀的样子。所谓"热情"是指,态度要真诚、友好。毫无表情,或者拉长苦瓜脸、表情冷漠的问候还不如不问候。所谓"大方"是指,向他人问候时态度的表现。不能矫揉造作、神态夸张,或者扭扭捏捏,这会给人留下虚情假意的坏印象。不能边走边说,一定要站稳再问候。问候的时候,要面含笑意,与他人有正面的视觉交流,以做到眼到、口到、意到。不要在问候对方时,目光游离、东张西望,这样会让对方不知所措。

（三）问候的顺序

在正式场合,问候一定要讲究顺序。

**1.一对一的问候**

一对一,两人之间的问候,通常是"位低者先行问候"。即由两个人中身份较低者或年轻者首先问候身份较高者或年长者。具体而言,主人应当首先问候客人,职务低者应当首先问候职务高者,晚辈应当首先问候长辈,男士应当首先问候女士。

**2.一对多的问候**

如果同时遇到多人,特别是在正式会面的时候,这时既可以笼统地问候,如说"大家好",也可以逐个加以问候。当一个人逐一问候多人时,既可以"由尊而卑""由长而幼"地依次而行,也可以"由近而远"地依次而行。若对方首先向自己进行问候时,则应立即予以回应。

## 二、致意

致意,是指将向他人表达问候的心意用礼节举止表示出来。一般是熟人之间相距较远或不宜多谈的场合,用无声的动作语言相互表示友好与尊重的一种问候礼节。

（一）致意的方式

致意作为一种见面礼节,主要的行礼方式有点头致意、招手致意、躬身致意、脱帽致意、注目致意等。

**1.点头致意**

点头致意,适用于不宜交谈的场所,如在会议、会谈进行中时,在公共场合遇到相识的人但相距较远时,与相识者在同一场合见面或与仅有一面之交者在社交场合重逢,都

可以点头为礼,以示问候,而不应视而不见,不理不睬。点头致意的方法是身体要保持正直,两脚跟相靠,双手下垂置于身体两侧或搭放于体前,目视对方,面带微笑,头微微向下一动,幅度不宜过大。

**2. 招手致意**

招手致意,与点头致意的场合大致相似,它最适合向距离较远的熟人打招呼。招手致意往往表示问候、致敬。当你看到熟悉的人,但又无暇分身时,举手致意是一种最好的方法,可以消除对方的被冷落感。招手致意,一般不必出声,只将右臂伸直,掌心朝向对方,轻轻摆手或挥挥手即可,不必反复摇动,也不要在手部摆动时以手背朝向对方。

**3. 躬身致意**

躬身致意,常常用在别人将你介绍给对方,或是主人向你奉茶等时候。行礼时应面带微笑、注视对方,然后身体的上部微微向前一躬。如果是坐着,躬身时只需稍微起立,不必站立起来。

**4. 脱帽致意**

与朋友、熟人见面时,若戴着有檐的帽子,则以脱帽致意最为适宜。即微微欠身,可以用右手完全摘下帽子,将其置于大约与肩平行的位置,或是以右手微微一抬帽檐代之,同时与对方交换目光。

（二）致意的礼规

致意要讲究先后顺序。通常应遵循年轻者先向年长者致意;学生先向老师致意;男士先向女士致意;下级先向上级致意。致意时要注意文雅,一般不要在致意的同时向对方高声叫喊,以免妨碍他人。致意的动作也不可以马虎,或满不在乎,而必须是认认真真的,以充分显示出对对方的尊重。与相识者侧身而过时,从礼节上讲,也应说声"您好";与相识者在同一场合多次会面,只需点头致意即可;在公共场合远距离遇到相识的人时,一般应有礼貌地致意,通常是举右手招呼并点头致意;对一面之交的人或不相识的人在社交场合均可点头或微笑致意。在两人相遇时,还可以摘帽点头致意,离别时再戴上帽子。如遇对方先向自己致意,应以同样的方式回敬,不可视而不见。致意是一种无声的问候,向对方致意时距离不能太远,一般以 2～5 米为宜,也不宜在对方的侧面或背面致意。

## 三、握手

在商务交往中,握手已成为一种习以为常的礼节。握手是大多数国家见面和告别的礼仪,同时也是表达祝贺、感谢、鼓励和同情等情感的常用形式。如图 3-1 所示。

（一）握手的含义

握手,通常指交往双方以握手的形式相互致意和问候,是国际交往活动中使用最为普遍的见面礼,唯有一些较为保守的东方国家,才禁止异性之间行握手礼。据说,握手最早可追溯到"刀耕火种"的年代。那时,人们手里经常拿着棍棒或石块等武器,准备去狩猎或打仗,当在路上碰到不属于自己部落的陌生人时,如

图 3-1 握手

果双方都无恶意,就要放下手中的东西,伸开手掌让对方抚摸掌心,以表示亲近、问候之意。这样,以摸手掌表示友好的习惯便沿袭了下来,久而久之,演变成了我们今天的握手礼节。

握手,也是和平的象征。据说握手礼起源于中世纪,当时打仗的骑兵都戴盔披甲,全身除两只眼睛外,其余部分都被包裹在铁甲中,随时准备冲向敌人。人们如果表示友好,互相接近时就应脱去右手的甲胄,伸出右手表示没有武器,并互相握一下,这样即为和平的象征。发展到后来,某交战双方的领导人,如果有诚意坐到谈判桌上,见面时握手就表示双方(或两国)愿意(或希望)和平共处。一旦签订停战协议,互换文本时,双方代表握手,就表示和好,并含有庆贺、化干戈为玉帛的意思。

握手除了作为见面、告辞时的礼节外,习惯上还是一种祝贺、感谢或相互鼓励的表达方式。如对方取得某些成绩与进步时,在向对方赠送礼品以及向某人颁发奖品、奖状和发表祝词讲话之后,都可以用握手来表示祝贺、感谢或鼓励之意。

(二)握手的先后顺序

握手时在其顺序上讲究"尊者居先"。应由主人、年长者、身份高者、女子先伸手。客人、年轻者、身份低者见面后应先问候,待对方伸手有握手之意时,再行握手礼。男女之间,男方要等女方先伸手后才能握手,如女方不伸手,无握手之意,男子不应视为无礼举动,而只能点头或鞠躬致意;长幼之间,年幼的要等年长的先伸手;上下级之间,下级要等上级先伸手,以示尊重。唯有宾主握手时较为特殊:客人到达时,主人应向客人先伸手,以示欢迎;客人告辞时,应由客人先伸手,以示请主人就此留步;当一人同多人同时握手时,应遵循"由尊而卑"或"由近而远"的原则依次进行;多人同时握手切忌交叉,要等别人握完后再伸手。当会见人数较多时,不应抢着与中心人物握手,而应待中心人物有同自己握手之意后再行此礼。到主人家做客,可以只与主人及熟识的人握手,向其他人点头示意即可。军人戴军帽与人握手时,应先行军礼,再行握手礼。在平辈同性朋友之间,相见时先出手为敬。握手时,应先打招呼,后行握手礼。

(三)握手的时间与力度

握手时间的长短可根据握手双方的亲密程度灵活掌握。初次见面者,握手的时间一般以3~5秒为宜。如果握手时间过短,表明双方完全出于客套、应酬,没有进一步加深交往的愿望;如果长时间握住不放,则会使对方无所适从。切忌握住异性的手久久不松开。即使是握同性的手,握手时间也不宜过长,以免对方欲罢不能。熟人之间为了表示亲切,握手时间可以适当长一些,但如果对方是女士则不适用。当然,特殊情况例外。

握手应有适当力度,过轻或过重都不适宜。过轻表示冷淡或傲慢,过重又会使人感到疼痛,心理上有一种压迫感。抓着对方的手乱摇,甚至拍对方肩膀就更不礼貌了。握手力度一般以不握疼对方的手为限度。一般情况下,握手不必用力,握一下即可。男子与女子握手不能握得太紧,西方人往往只握一下妇女的手指部分,但老朋友可以例外。

(四)握手的表情与姿势

握手时应注意面部表情。握手时双方应对视,态度要自然,流露出发自内心的喜悦和表达真诚的笑容,这样可以起到加深感情、加深印象的作用。握手时切忌表情呆滞冷淡,心不在焉。握手时要精神集中,注视对方的眼睛,但不要过久地或不停地打量对方,

盯着对方的眼睛,特别是对女子,尤其不可以盯着不放。握手时不要一边握手,一边东张西望,或者与其他人谈话,这些都是不礼貌的。

握手时要用右手来与别人握手,不能用左手,伸左手一般是不礼貌的,因为一些国家认为左手是不洁的,脏的。握手用右手,左手可以加握,也就是用双手握对方的右手,以表示恭谨和热情,但男子对女子一般不用此种握法。握手时双方之间的最佳距离为一米左右。距离过大,显得像冷落另一方一样,距离过小,手臂难以伸直,也不太雅观。双方将要握的手从下方伸出,握后形成一个直角。

握手时要站立。除因有特殊原因不能站立者外,不要坐着与他人握手。

握手时身体的弯度要视情况而定。比如,与地位相等的人握手时,身体稍微前倾即可;以握手形式表达谢意时,要稍微弓腰;与长辈握手,则要以深躬表示尊重。切忌握手时挺胸昂首,以免给人造成傲慢无礼的不良印象。

（五）握手的禁忌

握手礼有以下禁忌。

第一,握手时,另外一只手不要拿着报纸、公文包等东西不放,也不要插在衣袋里。

第二,握手时不要争先恐后,应当依照顺序依次而行。

第三,不宜戴着手套与别人握手,无论男士或女士,在握手前必须先脱下手套、摘下帽子。如手套不易脱去或不便脱去,则应申明原因,表示歉意。但女士在社交场合穿晚礼服时,可以戴着薄纱手套与人握手,因为这种手套被视为女士服饰的一部分,可以不脱下而行握手礼。男士无论何时都不能在握手时戴着手套。

第四,不允许戴着墨镜与人握手,除患有眼疾或眼部有缺陷者外。

第五,不要用左手与他人握手,也不要用双手与异性握手,更不要拒绝与他人握手。

第六,在与西方人士交往时,两人握手时不要与另外两人相握的手形成交叉状,这种形状类似十字架,在他们看来是不吉利的。

第七,握手时不要把对方的手拉过来,推过去,或者上下左右抖个不停。

第八,握手时不要长篇大论,点头哈腰,滥用热情,显得过分客套。

第九,不要仅握住对方的手指尖,不要用很脏的手与他人相握,也不能在与人握手之后,立即擦拭自己的手。

不同国家握手习惯不同。大部分欧洲人,握手是标准的见面礼,但那只是轻轻地一碰。东欧一些国家的初次见面行握手礼,朋友之间可以拥抱和亲吻脸颊。通常情况下美国人在相互介绍后,双方只是笑笑,说声"嗨"或"喂",而不是一本正经地行握手礼。只有在正式场合,他们才注重握手礼,并且握手时力度和幅度较大,胳膊上下摆动,甚至带动肩膀。在中东及海湾国家,一般以握手表示问候,但当你到当地人家访问时,主人可能会亲吻你的双颊表示欢迎,此时要还以同样的礼节。

## 四、其他见面礼节

（一）鞠躬礼

鞠躬礼是我国古代传统礼节之一,至今仍是人们见面时表示恭敬、友好或道歉之意的一种肢体语言。鞠躬礼主要通行于我国相邻的国家,如日本、韩国及朝鲜等国,在欧美各国及非洲国家里并不流行。

鞠躬礼，就是将身体、腰及腰以上部分前倾，弯身行礼。行鞠躬礼时要心诚，应脱帽立正，双目注视受礼者，使身体上部向前倾斜，视线也要随鞠躬自然下垂。

行礼者距受礼者 2 米左右，身体立正，面带微笑，目视受礼者。行礼时面对客人，并拢双脚，视线由对方脸上落至自己的脚前 1.5 米处（15 度礼）及脚前 1 米处（30 度礼）。必须伸直腰，脚跟靠拢，双脚尖处微微分开，然后将伸直的腰背，由腰开始的上身向前弯曲。弯腰速度适中，之后抬头直腰，动作可慢慢做，这样会令人感觉很舒服。女士鞠躬时双手则应下垂搭放在腹前，自然放在身前并弯下身子；男士则将双臂自然下垂在身体两侧，以腰为轴，弯腰到一定程度后恢复原态。受礼者如是长者、贤者、女士、宾客，还礼可不鞠躬，用欠身、点头致意的方式以示还礼，其他人均以鞠躬礼相还。

鞠躬弯腰的角度，因场合、对象的不同而有所区别。一般而言，角度越大，表示越谦恭，对被问候者越尊敬。表示致敬、致谢、问候，致礼 15 度左右；遇到尊贵客人或表示恳切致谢或表示歉意致礼时，致礼 30 度左右；表示很诚恳的致敬、致谢和歉意的致礼，45 度左右；在特殊情境，如婚礼、葬礼、谢罪、忏悔等场合行 90 度最大鞠躬礼。除葬礼时鞠躬时间要停顿得长一些，日常社交鞠躬千万不要过长时间停顿。日本人习惯迎客礼 30 度，送客礼 60 度。

和握手相比，鞠躬表达的敬意更深一些，常用于婚丧节庆、演员谢幕、讲演、领奖等场合及下级对上级、晚辈对长辈、学生对老师、服务员对客人、初次见面等场合。特别是在大众场合个体与群体交往时，个人不可能和许多人逐一握手，则可以鞠躬代之，既恭敬，又节约时间，值得大力提倡。

鞠躬的注意事项：不能是只弯头的鞠躬，不看对方的鞠躬，头部左右晃动的鞠躬，双腿没有并齐的鞠躬，驼背式的鞠躬，可以看到后背的鞠躬等。

（二）合十礼

合十礼，是将双掌十指相合于胸部正前方，五指并拢，指尖向上，手掌上端和鼻尖基本持平，手掌在整体上向外倾斜，双腿直立，上身微欠，同时头微微向前俯下。严格来讲，合十礼是佛教专用的礼节，因此在南亚和东南亚信奉佛教的国家十分盛行，但在欧洲、美洲、非洲，合十礼并不多见。

在国际交往中，当对方用这种礼仪向我们敬礼时，我们也应双手合十还礼。在行礼时可以面带微笑，但最佳神态却是神态庄严而凝重。切莫在行此礼时嬉皮笑脸，手舞足蹈，或同时点头，那将会显得不伦不类。

（三）拥抱礼

拥抱礼，一般指交往双方互相以自己的双手揽住对方的上身，借以致意。虽然中国人对此不习惯，但是它在国际社会中却运用得十分广泛。这是欧美各国熟人、朋友之间表示亲密感情的一种礼节。在中东欧、阿拉伯各国、大洋洲各国、非洲与拉丁美洲的许多国家，也非常常见，但在东亚、东南亚国家里，人们对此却不以为然。在欧洲、美洲、澳洲诸国，男女老幼之间均可采用拥抱礼。而在亚洲、非洲的绝大多数国家里，尤其是在阿拉伯国家，拥抱礼仅适用于同性之间，异性之间是绝对不允许的。

拥抱礼的标准方法是"左—右—左"交替拥抱。行礼时两人走近后，正面相对而立，先各自抬起右臂，把右手搭在对方的左肩之后，随后左臂下垂，以左手扶在对方的腰部右后侧。右臂偏上，左臂偏下，按各自的方位，两人头部及上身都向左前方相互拥抱，然后头部及上身再向右前方拥抱，再次向左前方拥抱以后，礼毕。

拥抱礼一般在庆典、仪式、迎送等较为隆重的场合比较多见，在政务活动中尤为如此；在私人性质的社交、休闲场合可用可不用；在某些场合，诸如谈判、检阅、授勋等大多不用。

拥抱礼通常与亲吻礼同时进行，但礼仪性质的拥抱多见于男子之间或女子之间，而非男女之间。

（四）亲吻礼

在一些流行拥抱礼的国家，亲吻礼也普遍流行，并且与拥抱礼同时采用。亲吻礼，是指以亲吻交往对象面部的某些特定部位的方式，向对方致意的礼节，是上级对下级、长辈对晚辈以及朋友、夫妻之间表示亲昵、爱抚的一种礼节。

根据惯例，亲吻礼分吻额、贴面、吻唇等几种。行亲吻礼时关系不同的人，亲吻的部位大有差别。辈分高者对辈分低者，只吻额头或脸部；晚辈亲吻长辈，应亲吻下颌或者面颊；辈分相同的朋友或兄弟姐妹之间，同性应轻贴对方的面颊，异性方可亲吻对方的面颊。吻唇是夫妻或情人的专利，不能滥用，尤其不能在大庭广众之下行礼。

在亲吻别人时，应点到为止，不论与对方的关系如何，也不论双方是否同性，都不宜表现得过于强烈、过于投入，一般以唇部象征性地接触一下即可。

在西方国家，亲吻礼既适用于同性之间，也适用于异性之间；在伊斯兰国家，只限于同性之间使用，异性之间绝对不能使用。

（五）吻手礼

在欧洲与拉丁美洲，异性在社交场合见面时，往往会采取吻手礼。在亚洲国家吻手礼与亲吻礼一样，都不甚流行。所谓吻手礼，实际是亲吻礼的一种特殊形式，它是以一个人亲吻另一个人的手部，以此向对方表示致意的礼节。

吻手礼的特点是单向施礼，并且其施礼对象不必以相同形式向施礼者还礼，不像握手礼、拥抱礼、亲吻礼那样都是双向的。吻手礼大多是男士向女士施礼，接受吻手礼的女士，往往都是已婚者，按照惯例，一般不能对未婚女士施吻手礼。

施吻手礼时应注意它的两个特殊限制：施礼的地点应当在室内，在户外不合时宜；施吻手礼的部位应当是女士的手指或手背，被吻的手大多是右手。吻手时，无论双方关系如何，都不宜表现得过于热烈，点到即止，必须是轻轻的具有象征性的接触。如图3-2、3-3所示

图3-2　吻手礼　　　　　　　　　图3-3　希拉克对默克尔行吻手礼

（六）脱帽礼

脱帽礼在东西方国家都比较盛行，是指利用脱掉帽子的方式来敬礼。分脱帽、拿帽和提帽等几种。应邀做客，一进门就脱下帽子（及大衣）交给主人放好，在室内期间不戴帽子。进入公共场所如教堂、戏院、演讲厅、教室等，应脱下帽子，离开时才能戴上；在旅馆或公寓的电梯上，如果有女子在场，男子应脱下帽子拿在手上。男子如果停下来与女子谈话，也应脱下帽子，在谈话期间将帽子拿在手上是很有礼貌和修养的表现；男子向女子打招呼，或学生向老师致意，以及向路遇者打招呼时，通常都应把帽子向上微微提一下，以示敬意。

行脱帽礼时，戴制服帽者，通常是双手摘下帽子，然后以右手持之，端在胸前；戴便帽者，则既可以右手完全摘下帽子，又可以右手微微一抬帽檐代之，不过在正规场合，要求完全摘下帽子。另外，有时在社交场合允许女士不必摘帽子，而男士则不能享有此项待遇。

脱帽礼用途广泛，除了用于见面之外，还适合于其他场合，比如：正规的演奏国歌、升挂国旗或是步入娱乐场所，进入他人居室或办公室等。

# 第二节　介绍与称呼礼仪

## 一、介绍礼仪

介绍是人与人之间进行相互沟通的出发点，是交际场合结识朋友的主要方式，在商务交往中也是必不可少的。如能正确地利用介绍，不仅可以扩大自己的交际圈，广交朋友，而且还有助于进行必要的自我展示、自我宣传，并且可以替自己在人际交往中消除误会，减少麻烦。

（一）介绍的方式

介绍主要分为自我介绍、介绍他人和介绍集体。

**1. 自我介绍**

自我介绍，绝对不可缺少。自我介绍，就是指在必要的社交场合，由本人担任介绍人，把自己介绍给其他人，以使对方认识自己。恰当的自我介绍，不但能增进他人对自己的了解，而且还能创造出意料之外的商机。

进行自我介绍时，要充满自信，态度要亲切、自然，目光要正视对方，还应注意以下4点。

第一，先递名片。先递上名片，随后再自我介绍，这样可以使自己在介绍时省去不少内容，而且还会给人留下较深刻的印象。

第二，时间不宜过长。介绍自己时，要言简意赅，力求节省时间，一般不超过1分钟。

第三，内容完整。自我介绍的内容要简洁、清晰，言之有据，不宜过谦，也不可夸大其词，甚至欺骗他人。一般而言，正式的自我介绍中，单位、部门、职务、姓名缺一不可，应当一口报出自己的姓名，不可有姓无名，或有名无姓，然后报出供职的单位及部门以及担当

的职务或从事的具体工作。比如："我叫王××，在××公司从事××工作。"

第四，要选好时机，在对方无兴趣、无要求、心情不好，或正在休息、用餐、忙于工作时，切勿打扰，以免尴尬。

**2. 介绍他人**

介绍他人，也称第三者介绍，是为互不相识的双方进行介绍，以便彼此互相认识。介绍他人认识有3个要点应注意。

第一，确定介绍人。介绍人的身份很讲究，在一般性的交往活动中，介绍人应由东道主一方的礼宾人员、公关人员、文秘人员以及专门负责接待的人员担任；重要场合，介绍人应由主方或宾主双方在场人员中职位最高者担任；在普通交际场合，可以由认识双方的人做介绍。

第二，在为他人做介绍前，要先了解一下双方是否有结识的愿望，不宜为没有结识愿望的双方做介绍。当介绍者询问是否有意认识某人时，不要拒绝或扭扭捏捏，而应欣然接受。实在不愿意时，要委婉地说明原因。当介绍者走上前来，开始为你进行介绍时，被介绍的双方都应该起身站立，面含微笑，大大方方地目视介绍者或对方。当介绍者介绍完毕后，被介绍者双方应依照合乎礼仪的顺序进行握手，彼此问候一下对方，也可以互递名片，作为联络方式。

第三，介绍他人时，通常也用"请允许我介绍×××"等礼貌用语开始。介绍的内容要简洁、清晰，以便双方记忆。主要包括：说明被介绍人是谁，并注意加上头衔及一些必要的个人资料，如职位、公司名称等。当介绍一方时，目光应热情地注视对方，并用自己的视线将另一方的注意力吸引过来。同时，应有礼貌地举起手掌示意，手的姿势是四指并拢，拇指张开，掌心向上，胳膊略向外伸，手指指向被介绍人，切记不要用手指点人。被介绍的一方应该有所表示，或微笑，或点头，或握手。如果坐着，应该起立，在宴会桌或谈判桌上可以不必起立，只需点头或稍稍欠身即可。被介绍的一方的目光应正视对方，不可左顾右盼。被介绍后可以和对方简短寒暄或问候，常用"见到你很高兴"等打招呼的方式，但不宜交谈过多，以免影响他人。

**3. 介绍集体**

介绍集体，也称集体介绍，是介绍他人的一种特殊情况，特指被介绍的一方不止一个人，而是一个集体。介绍集体主要有两种基本形式。

（1）单项式

单项式是指被介绍的双方，一方是一个人，另一方是多人组成的集体，这种情况通常只需要把个人介绍给集体，而不需要再把集体介绍给个人。遵循"少数服从多数"的原则。

（2）双向式

双向式是指被介绍双方都是多人组成的集体。介绍时要对双方所有人员一一介绍。做法是，先由主方负责人出面，依照主方在场人员的地位、身份高低，自高而低依次对其进行介绍；然后再由客方负责人出面，依照客方在场人员地位、身份高低，自高而低依次对其进行介绍。

（二）介绍的顺序

介绍的顺序各国有所不同，我国的习惯是年龄大的人在介绍顺序中优先，而西方国家则一般是女士优先,只有对方是年龄很大的人时才例外。

一般按照让"客人尊者先了解情况"的原则,以先卑后尊的顺序来介绍。根据一般常规的原则:在为他人介绍时,先把其他人介绍给最受尊敬的人,如把年轻人介绍给年长的人,把职位、身份低的介绍给职位、身份高的,把男性介绍给女性,把未婚的引见给已婚的。介绍同事、朋友与家人认识时,先介绍家人,后介绍同事、朋友。先把公司同事介绍给客户,先把非官方人士介绍给官方人士,先把本国同事介绍给外国同事,先把客人引见给主人。介绍与会先到者与后来者认识时,先介绍后来者,后介绍先到者。先把个人介绍给团体。

在团体会见介绍双方时,也应按照先卑后尊的顺序,即把地位低的介绍给地位高的。而在介绍其中各自本方人员时,应按照先尊后卑的顺序进行,即先介绍职务高的,再介绍职务低的。在介绍时,要报出被介绍人所在部门、职务和姓名。介绍时,介绍人和被介绍人都应起立,互相握手为礼,并适度寒暄。

介绍时的称呼。如果是外宾通常可称"先生""女士""小姐";如果是国内客人通常称"同志""先生""女士""小姐"。

## 二、称呼礼仪

商务礼仪中的称呼指的是人们在商务交往应酬之中,所采用的相互之间的称谓语。在商务交往中,称呼要求正确和规范。在称呼他人时应使用尊敬的衔称,一般是"就高不就低"。不称呼或者乱称呼对方,都会给对方带来不快。因此不能随便乱用称呼,而要掌握一定的称呼礼仪。

### (一)姓名有别

#### 1. 姓名的排列

不同的国家,人们姓名的排列方式和称呼方式各不一样。比如,中国、韩国、朝鲜、越南、匈牙利等少数国家的人,姓名的排列方式是姓氏居前,名字在后。在英美及其他欧洲国家,中东地区的阿拉伯国家以及受英美影响较大的印度、菲律宾、泰国等亚洲国家,姓名的排列顺序是先名后姓。其中在英美国家,姓一般只有一个,名字可以有一个、两个或者更多,妇女婚后一般是自己的名加上丈夫的姓。在俄罗斯,人们的姓名由三个部分组成,其顺序为:名字在前,父名居中,姓氏位于最后。在西班牙和拉丁美洲国家里,人们的姓名也分为三个部分,名字在前,父姓居中,母姓在后。在阿拉伯国家,姓名一般由三四节组成,也有长达八九节的,其排列顺序是:本人名—父名—祖父名—姓。而在缅甸和印度尼西亚的爪哇岛则只有名没有姓,在称呼时应在名前冠以称呼,表示性别、长幼或社会地位。

#### 2. 姓名的称呼

在国际交往活动中称呼别人时,必须要区分清楚何时应当称其姓氏,何时应当称呼其名字,何时应当采用其全称。采用不同的称呼方式,不仅意味着双方具体关系有别,而且还表现出对对方尊重程度有所不同。

在十分正式、隆重的场合称呼美、英、加、澳、新、法、德、意等国人士时,应称呼其全称,但在一般情况下,可以仅称其姓氏,只有在关系亲密的人士之间,才会直呼其名。

称呼俄罗斯人，除了在正式场合适合称呼其全称外，在一般情况下可称呼其姓，也可以称呼其名，将其本名与父名连用时，表示比较客气，而在向长者表示尊敬时，则只称呼其父名。

称呼阿拉伯人士时，可称呼其全称，往往意味着郑重其事，但在一般情况下，可以省去其祖父名，或将其祖父名和父名一道省去，如果对方有一定社会地位，则简称呼其姓。

称呼日本人、朝鲜人、韩国人时，一般应当称呼其全称；一般情况下对日本人可以只称呼其姓氏；而在韩国和朝鲜，直呼一个人的名字是失礼的。在越南和泰国，在一般场合中称呼一个人时，通常只称呼其名；称呼越南人的名字时，一般情况下均只称呼其中最末的一个字。

（二）称呼的习惯与禁忌

**1. 称呼的习惯**

在商务交往中，最正式的称呼有两种，即应当称呼交往对象的行政职务、技术职务、行业称呼，或者是泛尊称。

（1）称呼其行政职务

在正式场合里，以交往对象的行政职务相称，这是国际交往中最常见、最正规的一种称呼方式。例如，李局长、张经理、马主任、刘科长等。

（2）称呼其技术职务

在国际交往中，若对方人员具有专业技术职称，尤其是具有中高级专业技术职称者，不妨直接以其技术职称相称。如"贝尔教授""斯威夫特博士"可以称为："Prof Bell"和"Dr Swift"。

（3）称呼其行业

在对外交往中，若仅仅了解交往对象所从事的具体行业，而不清楚对方的行政职务、技术职称时，以其具体行业称呼相称，也是一种不失礼的方式。比如，可以称呼教师为"老师"，称医生为"大夫"等。

（4）泛尊称

泛尊称，指的是先生、小姐、夫人一类可广泛使用的尊称。

在称呼时，对男性可以称呼为"先生"（Sir or Mr），对女性结合其婚姻状况可以称呼为女士、小姐、夫人（Madam，Ms，Miss or Mrs）。小姐（Miss）用来称呼未婚女性，夫人（Madam or Mrs）用来称呼已婚女性，女士（Ms）用来称呼婚姻状况不明的女性。需要注意的是，Sir 和 Madam 通常用于不知对方姓名的场合，只能单独使用，后面不可以与姓名相连，如不可以说"Sir Smith"或"Madam Linda Bell"。Miss，Ms，Mrs，Mr 等后面只接姓氏，不跟全名。Miss 虽可单独使用，但通常只作为店员、仆人对年轻女顾客或年轻女顾客对女店员、女服务员的称呼。

**2. 称呼的禁忌**

在商务交往中，一定要注意避免因称呼而冒犯对方。一般来说，下列称呼都是不适当的。

（1）错误称呼

在称呼对方时出现错误，显然是十分失礼的。常见的错误称呼无非就是误读或是误会。误读也就是指念错姓名。为了避免这种情况的发生,对于不认识的字,事先要有所准备,如果是临时遇到,就要谦虚请教。误会主要是对被称呼的年纪、辈分、婚否以及与其他人的关系做出了错误判断。比如,将未婚女士称为"夫人",就属于误会,会使对方不自在。对于相对年轻的女性,都可以称为"小姐",这样对方也乐意听,但也应注意"小姐"不是任何地方都可以用的。比如:在香港称"小姐"是指小秘或第三者的意思。又如:有人习惯把自己的丈夫叫"老公",在中国传统上是太监的意思,不能乱用。也有人称自己的太太叫"夫人"。常说"我夫人",这是不对的,"夫人"是对别人太太的尊称,自己则不能这样称呼。

(2)无称呼

需要称呼对方时,如果根本不用任何称呼,或者代之以"喂""嘿""那边的"等都是极不礼貌的。

(3)绰号性称呼

在对外交往中,对关系一般者切勿擅自为对方起绰号,也不应以道听途说而来的绰号去称呼对方。

(4)不适当的俗称

有些称呼在正式场合不适合使用。例如,"兄弟""哥们儿"等一类的称呼,虽然听起来亲切,但却显得档次不高。

(5)不适当的简称

例如,黄局、李处、倪董等

(6)地方性称呼

例如,伙计、师傅、大妈、大叔、大哥、大姐等

**3. 避免错误称呼**

在商务交际活动中,特别是在一些慰问、会客、迎送等人们接触不多而时间又比较短暂的场合中,容易发生把称呼弄错的现象。这样不仅失礼、令人尴尬,而且还会影响交际效果。那么该如何避免这种事情的发生呢?

(1)要从思想上认识到张冠李戴的消极作用和不良影响

在一次经济技术开发洽谈会上,一方的负责人竟连续出现称呼上张冠李戴的现象,引起了另一方的注意,觉得这样的合作者头脑不清晰,生产经营能力不可信赖,从而取消了合作的打算。可见,对张冠李戴的现象必须要引起注意,因为它是交际活动的障碍。

(2)事先要有充分的准备

交际刚开始时,一般双方都要互相介绍,但比较简略,速度也快,印象难以深刻。因此,事先要对会见对象的单位、姓名、职务、人物特征有一个初步的了解,做到心中有数。这样,经过介绍后,印象就会比较深刻。必要时,在入室落座或会谈、就餐前,再做一次详细介绍。有条件的,交换名片则更理想。

(3)要注意观察对方的特征

要留意观察被介绍者的服饰、体态、语调、动作等,要特别注意突出特征或个性特征。对统一着装的人,要格外注意观察高、矮、胖、瘦、脸型、戴不戴眼镜等。

（4）注意掌握主要人物

商务交际场合，人员一般都较多，有时一下难以全部记住，那么这时就要首先注意了解和熟悉主要对象（带队的负责人）和与自己对等的对象（指所从事的业务、职务、级别与自己相同者）。如有的人把来客中的司机当成了经理，结果弄得经理很难堪，那将会十分尴尬。

# 第三节　名片的使用

名片是个人用作交际或送给友人作纪念的一种介绍性媒介物。在商务往来中，名片犹如一个人的脸面，可以说，一个没有名片的人，是没有实力的人，一个不随身携带名片的人，是不尊重交往对象的人。简言之，每一名商界人士不仅必须备有名片，而且还必须随身携带名片。

名片有两个作用，首先是自我介绍，这是名片的一项最基本的功能。国人交换名片，通常是在自我介绍或经人介绍后进行。在作口头自我介绍时，少不了需要字斟句酌，考虑时间的长短，留意对方的表情，然而即使做得再好，也不一定能够保证对方能记清楚。也有许多人在介绍时对自己的职务总是不好启齿，觉得一介绍，就有自吹自捧之嫌，特别是身兼数职时更是如此。这时只有使用名片方能处理好这个矛盾。其次，名片往往是身份的象征。在西方国家，赠送礼品时常常会附上自己的名片，就有了亲自前往的含义。另外，在拜访陌生人时，可以先递上名片，名片这时就兼有了通报的作用。

## 一、如何设计名片

名片一般为 10 厘米长、6 厘米宽的白色或有色卡片，在社交中以白色名片为佳。在商务场合使用的名片上，一般都印有姓名、地址、邮编、电话、传真以及所在单位、职务、职称、社会兼职等。名片的设计可以体现出一个人的审美情趣、品位和个性。雅秀、俊逸、脱俗、活泼、平和、张扬等个性特征，都能透过方寸之间的字体、布局颜色、材料等内容展现出来，你的名片不仅旨在向未来的客户介绍你本人和你的公司，名片，同时还代表着你的职位及职称，更代表你的形象。因此一定要精心设计。

（一）选择合适的纸张和字体

名片印制中最关键的是印制质量。制作名片所使用纸张的质量一定要好。这样，从名片夹里取出时，不至于被撕破。纸张质地可粗可细，颜色可各异，只要符合你的形象及行业特征即可。形状奇特的名片虽然能引人注目，但在很多钱包或名片夹里都装不下，因而不易保存。名片上的字体可横排也可竖排。

（二）名片应包括的内容

（1）公司标志或公司的徽记。

（2）姓名、职务、公司名称。中式名片，姓名通常印在名片的中央，字体最大；职务用较小的字体印在名字的左上角；公司名称通常印在名片的最上方，字体应比姓名略小。

西式名片,姓名印在中间,职务则用较小字体印于姓名之下。

（3）联系方式、住址、办公地点。联系方式、住址、办公地点一般应写在名片的底部。如果是商务名片可以不写家庭住址,而私人名片一般不写办公地点。联系方式应该详细些,因为建立联系本来就是名片的意义所在。它应该包括电话号码、手机号码、邮政编码、传真号码、电子邮箱等内容。

（4）背面印上公司经营范围项目等。

（5）在涉外交往中要用两种语言印制名片,一面中文,一面外文,外文则一般用英文。

（三）制作名片的禁忌

（1）忌使用不正确或不准确的外文。

（2）忌个人头衔一大堆。名片上往往只提供一个头衔,最多两个。如果你身兼数职,或者办了好多子公司,那么你应该印几种名片,面对不同的交往对象,使用不同的名片。

（3）忌提供本人家庭住址、电话。人们在社交场合会有自我保护意识,私宅电话是不给的,甚至手机号码也不会给。西方人讲公私有别,特别在乎这一点,如果与他初次见面进行商务洽谈时,你把你家的电话号码给他,他会理解为让他到你家的意思,觉得你有受贿索贿之嫌。

（4）忌对正式对外使用的个人名片进行涂涂改改。名片如同脸面,不能随便涂改。

（5）忌在名片上使用缩写,包括公司的名称、个人的职位、头衔等。到某地时名片最好同时印有中文与当地文字;名片应用正楷标准字体印刷,忌用或少用花体字。

## 二、名片的交换

名片的交换可以在初次相识握手之后立即进行,经他人介绍后,交流前或交流结束、临别之际也可以交换名片,这一点可以结合当时的情况自己选择。不要在会议进程中擅自与别人交换名片。在西方文化中,向对方索要名片会被认为有冒失之嫌,一般要等对方主动提供。身为主人应先递上名片以表达急于认识的诚意。

（一）交换名片的顺序

在商务场合交换名片时,往往与不止一人交换名片,而通常要与多人交换名片。在与多人交换名片时,应讲究先后次序:或由近而远,或由尊而卑进行。位卑者应当首先把名片递给位尊者。如果在递交名片时顺序混乱,远近不分,尊卑不分,就可能会对商务活动造成不良影响。

（二）递送名片

递送名片,应走近并正视对方,面带微笑,双手拇指和食指分别捏着名片的上端两角,名片正面朝着对方,送到对方的胸前,以便对方阅读。递交名片时,可以同时报上自己的姓名,说一些礼貌的话,如"这是我的名片,欢迎多多联系"或"请多关照"等。如图3-4所示。

（三）接受名片

接受对方名片时,一般应起身或欠身,面带微笑,恭敬地用双手的食指和拇指捏住名片的下方两角，并向对方致谢，说些类似"认识您十分荣幸"等。在接受名片的过程中，如果是单方接，最好能用双手；如果是双方互送名片，应右手递，左手接；在收下对方的名片之后，应认真地看一遍名片，有不明白的地方应该认真请教，然后当着对方的面郑重其事地将名片放入自己携带的名片夹之中。不应看都不看，随意装入衣袋。把对方的名片拿在手中搓玩或弯折，是十分不礼貌的行为。一般收取对方名片后应迅速将自己的名片递上，如果手边没有，应该向对方解释，并在下一次碰面时补上。多人交换名片时，可按当时各人所坐位置，将名片一一列于桌上，防止混淆，称错对方。如图3-5所示。

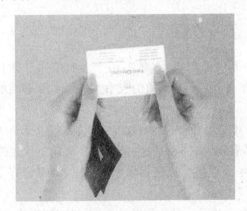
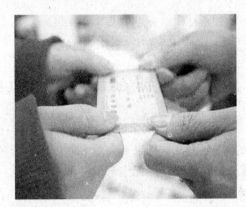

图 3-4　递送名片　　　　　　　　　　图 3-5　接受名片

（四）索取名片

一般而言，索取名片不宜过于直截了当。其可行之法有以下4种。[①]

**1. 交易法**

交易法是指"欲将取之，必先予之"。也就是说想索要别人的名片时，最省事的办法就是把自己的名片先递给对方。所谓"来而不往非礼也"，当你把名片递给对方时，对方若不回赠名片，则是失礼的行为，所以对方一般会回赠名片给你。

**2. 激将法**

有的时候遇到的交往对象其地位身份比我们高，或者身为异性，难免有提防之心。在这种情况下把名片递给对方，对方很有可能不会回赠名片。遇到这一情况，不妨在把名片递给对方的时候，略加诠释，如："王总，我非常高兴能认识您，能与您交换一下名片吗？"在这种情况下，对方就不至于不回赠名片。即使他不想给，也会找到适当借口让你下台。

**3. 谦恭法**

在索取对方名片之前，要稍作铺垫，以便索取名片。比如，见到一位电子计算机技术的专家可以说："认识您我非常高兴，虽然我接触计算机已经四五年了，但是与您这种专业人士相比就相形见绌，希望以后有机会能够继续向您请教，不知道以后如何向您请教比较方便？"前面的一席话都是铺垫，只有最后一句话才是真正的目的：索取对方名片。

---

①　金正昆.商务礼仪.北京：北京大学出版社，2004.

### 4. 联络法

谦恭法一般是对地位高的人,对平辈或者晚辈就不大合适,面对平辈或晚辈时,不妨采用联络法。联络法的标准说法是:"认识您太高兴了,希望以后有机会能和您保持联络,不知道怎么跟您联络比较方便?"

## 三、名片的存放

自己随身携带的名片,应放在专用的名片盒或名片夹中,在外出前再将它放在容易取出的地方,以便需要时迅速拿取。男士一般可以放在西装内袋或公文包里,女士可以放在手提袋里。在接过对方的名片后,也应当面郑重地将其放在名片盒或名片夹中,不要弄脏或弄皱。回家后应及时进行整理,分类存放,可以在名片上记下相关的情况,如认识的时间、场合、是否亲自交接、有否回赠名片等,千万不要弄丢,以免影响将来的联系。另外,还需要注意将自己的名片和他人的名片分开放置,否则,一旦慌乱中将他人的名片当作自己的名片送给对方的话,是件很糟糕的事。

# 第四节　邀请与拜访

在商务交往中,为了建立、保持、改善人际关系,就需要有来有往,来而不往或往而不来,都有可能造成交往的中断。邀请与拜访就是两种保持人际交往的重要方式。

## 一、邀请的礼仪

在商务交往中,出于各种各样的实际需要,商务人员必须对一定的交往对象发出邀请,邀请对方出席某项活动,或者是前来我方做客。从交际这一角度来看,邀请实质上是一种双向的约定行为。

作为邀请者,邀请另一方或多方人士前来自己所在地或其他地方约会,以及出席某些活动时,他不能仅凭自己一厢情愿行事,不能不自量力、无事生非,既麻烦别人又自讨没趣。邀请者要做到既力求合乎礼貌,又能得到被邀请者的良好回应,而且还必须使之符合双方各自的身份,以及双方之间关系的现状。作为被邀请者,需要及早做出合乎自身利益和意愿的反应。无论是邀请者还是被邀请者,都必须要认真对待,将其作为一种正规的商务约会来看待,遵守一定的礼仪规范,切不可掉以轻心。

（一）邀请的方式

邀请有正式与非正式之分。正式的邀请,既要讲究礼仪,又要设法使被邀请者备忘,因此多采用书面的形式。非正式的邀请,通常是以口头形式来表现的,相对而言,它要显得更随便一些。

### 1. 正式邀请

根据商务礼仪的规定,在比较正规的商务往来之中,必须要以正式的邀约作为邀约的主要形式。正式的邀请,包括请柬邀请、书信邀请、传真邀请、电报邀请、便条邀请、电子邮件邀请等具体形式,一般也可统称为书面邀请。

（1）请柬邀请

在正式邀请的诸多形式之中，请柬邀请档次最高，也最为商界人士所常用。一般凡精心安排、精心组织的大型活动与仪式，如宴会、舞会、纪念会、庆祝会、发布会、单位的开业仪式等，都采用请柬来邀请嘉宾，以示重视。请柬是主办方为了郑重邀请其合作伙伴参加其举行的礼仪活动而制发的书面函件。它体现了活动主办方的礼仪愿望、友好盛情，反映了商务活动中的人际社交关系。企业可根据商务礼仪活动的目的自行撰写具有企业文化特色的请柬。

请柬又称请帖，它一般由正文、封套两部分组成。请柬的形状、样式不同，大小也不等，但无论是购买印刷好的成品，还是自行制作，都应注意请柬设计应美观大方，填写应字迹端正工整，在格式与行文上，都应遵守规定。

目前，在商务交往中所采用的请柬，基本上都是横式请柬。它的行文，是自左向右，自上而下地横写的。除此之外，还有一种竖式请柬。它的行文，则是自上而下，自右而左地竖写的。作为中国传统文化的一种形式，竖式请柬多用于民间的传统性交际应酬，因此在这里将它略去不提。

请柬的封套上要写明被邀请人的姓名。书写时要注意，被邀请人的姓名和职务要写清楚，字迹要端正。

请柬正文的用纸，大都比较考究。它多用厚纸对折而成。以横式请柬为例，对折后的左面外侧多为封面，右面内侧则为正文的行文。封面通常讲究采用红色、粉色、紫色，并标有"请柬"二字。请柬内侧，可以用封皮颜色，也可采用其他颜色，但民间忌讳用黄色与黑色，因此通常不可采用。在请柬上亲笔书写正文时，应使用钢笔或毛笔，并选择黑色、蓝色的墨水或墨水汁。红色、紫色、绿色、黄色以及其他色彩鲜艳的墨水，则不宜采用。

请柬的内容包括活动形式、目的，被邀请人的姓名，地点和时间，活动要求，联络方式等。中文请柬行文不用标点符号，所提到的人名、单位、节日名称都应用全称。如若是涉外宴请，还应有中外文对照或索性用客人所在国文字印制。请柬应视主宾之间的地理位置远近和通信联系的方便程度，提前一周收到为好，要在时间上给宾客留有余地，以便他们能安排好自己的工作。

正式宴会的请柬在制作和发送时，还应注意：如果事先已口头（或电话）预约、通知过对方，仍应在宴会前正式发送一份请柬，在请柬右上方或下方写上备忘字样，以示正式和真诚；如能确定对方"一定会来"，可在请柬上注明客人在宴会上的桌号，以便他赴宴时，落座不乱。另外如果所举办活动对服装有要求，应注明是正式服装，还是便服。规范的请柬范文如下：

---

谨订于 2012 年 5 月 18 日下午 18 时整于本市金马大酒店水晶厅举行五环集团公司成立六周年庆祝酒会，敬请届时

光临

联络电话：××××××××          ××公司

2012-05-10

---

为欢迎××总裁率领的美国××公司友好代表团访问,谨订于××××年×月×日(星期×)晚×时在××宾馆××楼举行宴会。敬请届时
　　光临

　　联络电话:×××××××
　　**R. S. V. P.**

　　　　　　　　　　　　　　　　　　　　　　　　　　　××公司
　　　　　　　　　　　　　　　　　　　　　　　　　2012-08-31

在以上范文里,"请柬"二字是没有的,它可以有,也可以没有。被邀请者的"尊姓大名"没有在正文中出现,则是因为被邀请者姓名一般已在封套上写明白了。要是"不厌其烦"地在正文中再写一次,也是可以的。

在请柬的左下方注有"备忘"二字,意在提醒被邀请者届时毋忘。在国际上,这是一种习惯的做法。西方人在注明"备忘"时,通常都是使用同一个意思的法文缩写"P.M.",用在书面邀约中,带有提醒被邀请者务必注意勿忘之意。"R. S. V. P."意即"不论出席与否,均望答复"。

被邀请者与邀请者名称单独分列的请柬范文如下:

**请　　柬**

尊敬的周文先生:
　　谨订于××××年×月×日(星期×)晚×时在××饭店举行盛世集团成立十周年庆祝酒会,敬请
　　光临

　　联系电话:×××××××
　　备忘

　　　　　　　　　　　　　　　　　　　　　　　　　　　盛世集团
　　　　　　　　　　　　　　　　　　　　　　　　　总经理:宋海
　　　　　　　　　　　　　　　　　　　　　　　　2012 年 1 月 20 日

在对外交往中所使用的请柬,应采用英文书写。在行文中,全部字母均应大写,不分段,不用标点符号,并采用第三人称。这是其习惯做法。

在请柬的封套上,被邀请者的姓名要写清楚,写端正。一方面是为了表示对对方的尊敬;另一方面也是为了确保它被准时送达。

(2) 书信邀请

书信邀请是以书信的形式对他人发出的邀请。以书信为形式对他人发出的邀请,叫作书信邀约。比之于请柬邀约,书信邀约显得要随便一些,多用于熟人之间。

邀请信多为手写,如果计算机打印,要由邀请人亲笔签名。格式各不相同,内容要求详细,可以因事因人而异,文字可长可短。由于邀请信给人以亲切感,不像请柬那样显得刻板和公式化,因此多用于熟人之间。

邀请信的内容应以邀请为主,但措辞不必过于拘束,应写得诚恳热情。它的基本要求是言简意赅,既能说明问题,同时又不失友好之意。内容应包括邀请目的、具体细节、邀请时间、地点、联系方式等,另外还可以对应邀者提出有关服饰的建议和请"回复"等方面的要求。

在装帧和款式方面,邀请信不必过于考究。其封套的写作,与书信基本上相同。比较正规一些的邀请信,有时也叫邀请书或邀请函。具体格式如下:

---

**邀请信范文**

尊敬的宏达公司负责人:

　　2012 年中国台湾民用新产品新技术展销会"定于今年 5 月 8 日至 28 日"在天津展览中心举行,欢迎贵公司报名参展。


　　报名时间:2012 年 3 月 1 日至 20 日

　　报名地点:和平区花园路 10 号

　　联系电话:××××

组委会敬邀

2012 年 2 月 16 日

---

（3）传真邀请和电子邮件邀请

传真邀请与电子邮件邀请基本相似,都是利用传真机或电子邮箱对他人发出邀请的一种形式。在具体格式、文字方面,其做法与书信邀请大同小异。由于它利用了现代化的通信设备,因而具有传递迅速、不易丢失的特点。

（4）电报邀请

电报邀请,是以拍发专电的形式,对他人发出的邀请。电报邀请与书信邀请基本相同,在文字上要求热情、友好、恳切、得体,但电报邀请对准确、精练要求更高,多用于邀请异地的客人。在具体内容上,它与书信邀请大致相同。

（5）便条邀请

便条邀请,即将邀请内容写在便条纸上,然后留交或请人转交给被邀请者。在书面邀请的诸多形式中,便条邀请最为随便,但正因如此,反而让人感觉更加亲切、自然。

商界人士在进行个人接触时,可以采用便条邀请。便条邀请的内容,一定要写清楚。它所选用的纸张,应以干净、整洁为好。邀请他人的便条不管是留交还是转交,都应放入信封中。

在一般情况下,不论以何种书面形式邀请他人,都要做到提前通知。通常,应在至少一周之前送达对方手中,以便对方有所准备。便条邀请的范文如下:

杨伟先生：

　兹与利达集团公司李宏经理约定，下周五中午12时在金鑫饭店共进工作餐。敬请光临。

宋丽留上

2012年5月2日

**2. 非正式邀请**

非正式邀请，包括当面邀请、托人邀请以及打电话邀请等几种不同形式，一般也可统称为口头邀请。这种方式比较自然，省时省力，但也显得不够郑重其事，它多适用于商界人士非正式的接触之中。

口头邀请的方式，不但可以让被邀请方详细了解邀请的目的和细节，而且在多数情况下还能够立刻知道被邀请者是否接受邀请。当不能一次得到对方的肯定答复时，可再约时间敲定，以得到对方最后正式答复为准。邀请可以在休息时间或平时的晚上，到被邀请者家中亲自邀请，以示郑重，也可打电话邀请。

非正式邀请也要说明邀请的时间、地点和活动，真诚表示邀请对方参加。口头邀请时，表达必须要认真诚恳，一旦商定，双方要遵守诺言。

电话邀请是非正式邀请中较为常用的一种形式。电话邀请和书面邀请一样，也要注重礼貌礼节。一般书面邀请，在撰写时还可有推敲的时间，而电话邀请，时间短促。所以通话前应写好说话提纲，或胸有腹稿，避免说话无层次，需要表达的主要内容被遗漏，次要的话说得过多等。同时还要注意，通话时语言、语调必须要使对方感受到盛情和诚意。如果不是被邀请者本人接电话，要建议接话人做好记录备忘，以便转告给被邀请者。

（二）回复邀请

任何书面形式的邀请，都是在邀请者经过慎重考虑，认为确有必要之后才发出的。因此，在商务交往中，不管接到来自任何单位、任何个人的书面邀请，都应该及时、正确地进行处理。对方邀请我方，尤其是以书面形式正式地邀请我方，基本上都是对我方尊重与友好的一种表示，自己不论能不能接受对方的邀请，均须按照礼仪的规范，对邀请者待之以礼，给予明确、合理的回答，或应邀，或婉拒。

邀请者发出的邀请往往不止一方，为了使邀请者尽快做到心中有数，被邀请者在接到书面邀请之后，不论邀请者是否要求答复，出于礼貌，都应尽早将自己的决定通知给对方。置之不理，厚此薄彼，草率从事，都是不合乎礼仪规范的。

一般为了尽快了解被邀请者对邀约的态度，许多邀请者在发出书面邀请时，就对被邀请者有所要求，请对方对能否到场做出答复。通常，类似的规定往往会在书面邀请的行文中标出。例如，要求被邀请者"如蒙光临，请予函告"或"能否出席，敬请答复"，以及"盼赐惠复"等。有些善解人意的商界人士为了体谅被邀请者，在发出书面邀请时，往往会同时附上一份专用的"答复卡"，上面有"接受邀请""不能接受"这两项内容，这样，被邀请者在答复时，只需稍费"举手之劳"，在以上两项之中，做一回"选择题"，然后再寄回给邀请者就行了。如果邀请函中没有"答复卡"，也不意味着不必答复，只不过需要自己亲自动手罢了。有时，为了确保被邀请者准确无误地将有关信息反馈给邀请者，在书面邀

请正文的左下方,依照惯例要将邀请者的具体联络方式,详尽地提供给被邀请者。它们通常包括:电话号码、传真号码、电子邮箱号码(网址、邮政编码、电报挂号、手机号码、联络地点以及通信地址等)。以上这些内容不必——全部列出,可以根据具体情况从中选择。不过联络或咨询的电话号码这一项,原则上是不能缺少的。

对书面邀请所进行的答复,通常采用书信的形式。在商务礼仪中,它被称为回函。回函基本上都需要亲笔书写,以示重视。如果打印回函,则至少应当亲笔签名。所有的回函,不管是接受函,还是拒绝函,均须在接到邀请之后 3 日之内回复,而且回得越早越好。在回函的行文中,应当对能否接受邀请这一关键性问题,做出明确的答复,切勿避实就虚,让人觉得"难解其中味"。如果拒绝,只要讲明理由就可以了。回函的具体格式,可参照邀请者发来的书面邀请,在人称、语气、措辞、称呼等方面与之不相上下就算不上失礼。

如果已经接受邀请,但由于出现紧急事件而无法按计划出席时,应及早打电话告知邀请者,没有任何解释的缺席是极端失礼的。接受邀请的回函范文如下:

> 周文非常荣幸地接受盛世集团总经理宋海先生的邀请,将于××××年×月×日(星期×)晚×时,准时出席在××饭店举行的盛世集团成立十周年庆祝酒会,并顺致敬意。

在写接受函时,应将有关的时间与地点重复一下,以便与邀请者"核实"无误。在写拒绝函时,则不必这样做。

回函通知邀请者自己决定接受邀请后,就不能届时失约了。否则这类临时的"变卦",会给邀请者增添许多麻烦。

拒绝邀请的理由应当充分。卧病、出差、有约在先等,均可采用。在回绝邀请时,千万勿忘记向邀请者表示谢意,或预祝其组织的活动圆满成功。拒绝邀请的回函范文如下:

> 尊敬的盛世集团总经理宋海先生:
>
> 我深怀歉疚地通知您,由于本人明晚将乘机飞往四川四方公司谈生意,故而无法接受您的邀请,参加盛世集团成立十周年庆祝酒会。恭请见谅,谨致谢忱。
>
> 此致
>
> 敬礼
>
> 周文敬上
>
> 2012 年 1 月 16 日

对于邀请上书面规定的赴约要求,被邀请者在原则上都应当接受,并且要"照章办事"。

另外,如果被邀请者接受了邀请,还应注意以下几点:

第一,邀请范围(如是否携带夫人、孩子),留意服装要求。

第二,准时赴约。到达现场后应主动与站在门口的东道主或工作人员打招呼、握手,然后和其他宾客点头致意。对后来的客人,不管相识与否,都应该笑脸相迎、点头致意或握手寒暄。

第三,入座前要看清自己的座次,不是主宾不要坐到主宾席上。

第四,如果应邀参加节日、生日等庆贺活动,应准备鲜花等礼品;若应邀参加自费聚会,应带钱前往。

第五,活动结束时,应向主人告别,并酌情与周围人告别。

## 二、拜访的礼仪

拜访是公共关系活动中的一种常见形式,是联络感情、发展关系必不可少的手段。从拜访的对象来说,可以是机关团体、企业、政府机构、个人等;从拜访的内容上讲,可以是礼节性拜访、工作拜访或者私人拜访。通过拜访,人们可以达到互相了解、沟通信息、加深感情等目的。拜访应遵循一定的礼仪规范,从进门、落座、交谈、入席到告辞,都有一些约定俗成的做法。如果在礼仪上不注意,失礼于人,可能会有损自己和单位的形象。

拜访应遵守以下礼仪。

### (一)有约在先

**1. 事先预约**

拜访之前可以通过信函、电话预约,将访问的目的告诉对方。"不速之客"通常是不受欢迎的,切勿未经约定便不邀而至。这样会打乱对方的生活秩序和日程安排,是非常不礼貌的。

预约时除了定出访问的日期与时刻,同时还应将己方前去访问的人数、姓名、职务、将要商谈的事情概要,以及预计所需的时间告诉对方。如此一来,对方才能对会客室等做出安排,并能安排之后的日程。

预约时要注意说话的语气应该是友好、请求、商量式的,而不是强求、命令式的。在发现对方带有推辞或勉强的意味时,切不可咄咄逼人,强求会见。即使遭到拒绝也不要迁怒对方,仍应以友好而委婉的口气。例如,可以说:"那么,我等您方便的时候再约时间来看您,祝您一切顺利。"这样的语言能感动对方,使他对你感到歉意,为下一次的约会打下良好的基础。

**2. 拜访的时间**

拜访要选择恰当的时间,一般应安排在对方比较空闲的时候。约定的具体时间通常应当避开节日、假日、用餐时间、过早或过晚的时间,及其他一切对方不方便的时间。特别注意的是不要定在星期一上午,通常公司在星期一,常会因商洽与会议而忙得不可开交。如果你将会面的时间定在这个时候,会造成对方的不便。

### (二)守时践约

守时践约不只是为了讲究个人信用、提高办事效率,而且也是对交往对象尊重友好的表现。让别人无故等候,无论有何理由,都是严重失礼的事情。一旦与对方约定了会面的具体时间,作为拜访者就应履约守时如期而至。

拜访他人,在一般情况下,既不要随意变动时间,打乱主人的安排,也不要迟到或早到,准时到达才最为得体。为了避免迟到,我们通常都会提前一点出发,有时会格外顺利,提前很多时间到达目的地。如果拜访的是对方单位,我们应该先找一个地方等一会儿,差五六分钟的时候再进去,以免打乱对方的工作安排。

如不能履约,应在事先向对方诚恳而婉转地说明情况,以取得谅解。如果有紧急的

事情,不得不晚到,必须通知你要见的人。如果打不了电话,请别人为你打电话通知一下也是可以的。如果遇到交通阻塞,应通知对方要晚一点到,必要的话,还可将拜访另行改期。在这种情况下,一定要记住向对方郑重其事地道歉。

（三）进行通报

进行拜访时,倘若抵达约定的地点后,未与拜访对象直接见面,或是对方没有派人员在此迎候,则在进入对方的办公室或私人居所的正门之前,有必要先向对方进行一下通报。

如到主人寓所拜访,在进入主人寓所前,应轻轻叩门或按门铃,按门铃时切忌按得太久,敲门不能用力或紧促,否则是不礼貌的。待有回音或有人开门相让时,方可进入。

如果是到对方公司进行商务性拜访,到达对方公司时,应先脱掉外套或取下围巾,首先向前台报出自己的身份和要见之人,并告知已有约定,然后安静等待,服从前台的安排。此外,如果你的公司的名称不易听清楚,或者你的名字较为少见,可向接待员递出自己的名片。接待员看过名片,就会替你跟负责人联系。当接待员不在时,应向最早走出来的人报出你所在的公司名称及自己的姓氏,请他跟对方取得联系。如果没有前台,应主动与离办公室入口处最近的人搭话。然后同样地报出公司名称与自己的姓氏,请他与对方联系。即使你曾经来过这个公司很多次,知道你要见的人的办公室在哪里,也不能不打招呼就直接闯进去。

（四）登门有礼

不论是到公司还是寓所拜访他人,都应遵从主人的安排,切忌不拘小节,失礼失仪。

**1. 寓所拜访**

在拜访他人时,一定要注意仪表整洁,衣着得体,站有站相,坐有坐相,举止文明,并且时刻以礼待人。这既是对主人的尊重,也是自身文明教养的体现。

若是主人亲自开门相迎,见面后应主动热情地向其问好,互行见面礼节;若是主人夫妇同时开门相迎,则应先向女主人问候。若你不认识出来开门的人,则应问:"请问,这是×××先生的家吗?"在得到准确回答后方可进门。

要在主人的引导下,进入指定的房间,切勿擅自闯入。进门后,倘若主人一方不止一人之时,则应向对方问候与行礼,必须在先后顺序上合乎礼仪惯例。标准的做法有两种:其一,先尊后卑;其二,由近而远。待主人安排或指定座位后再坐下。

与主人或其家人进行交谈时,态度要诚恳,坐姿要文雅,谈吐要文明,要慎择话题,切勿信口开河,出言无忌。不要对主人家的陈设评头论足,也不要谈论令主人扫兴之事。主人说话,不要随便打断或插话。与异性交谈时,要讲究分寸。对于主人家里遇到的其他客人要表示尊重,友好相待。不要在有意无意间冷落对方,置之不理。若遇到其他客人较多时,要以礼相待,一视同仁,切勿明显地表现出厚此薄彼,而本末倒置地将主人抛在一旁。

在主人家里,不要随意脱衣、脱鞋、脱袜,也不要动作嚣张而放肆。如果是夏天拜访他人,进屋后再热也不要随便脱去衬衫和长裤;而冬天进入房间后,再冷也应摘下帽子,同时还应脱去大衣和围巾,并切忌说"冷",以免引起主人的误解。进入主人屋内,不要随意翻动主人的书信和其他物品。主人未请,不要擅自进入卧室、书房,也不要在屋内乱翻东西,更不要在主人床上乱躺。如果主人敬茶要起身双手接过,并热情道谢。如果主人敬烟,烟灰和烟蒂要放在烟灰缸里,不要随意往茶碗、碟子里乱放。如果身患疾病,尤其是传染病患者,不应走亲访友,带病拜访是不受主人欢迎的。

**2. 公司拜访**

(1)衣着得体,准备充分

如果是到公司拜访,要特别注意穿着端庄、整洁、规范,男士穿西装,女士穿套装,并应准备好名片。男士的名片可放在西装内袋中,也可放在名片夹中;女士则可将名片放在提包中容易掏出的地方。最重要的是拜访客户前要对他的概况、特点、销售量,以及对方的信用、在商界的信誉都要有所了解,以免交谈时无话可说而陷入尴尬局面。

(2)应对合宜

① 在对方的会客室,应坐在下座。当你前去拜访其他公司时,应坐下座。将你带到会客室的人,会请你坐上座,而你必须要推辞。在会客室里等待时,应当浅坐在沙发上,脊背挺直,腿不要盘起来,而应整齐地并在一起。此外,当沙发较低时,应将腿略微偏向下座的一侧。

② 不要将公事包放在会客室桌上。当你前往别的公司洽谈公事时,记得不要将公事包或皮包放在桌上,这有违礼仪。一般较大的皮包应放在自己的脚边。在取出资料时,也应注意不要将皮包放在桌子上,而应放在膝盖上。此外,当所携带的物品很多时,应只将工作所需的物品放在脚边,而将剩下的物品放在房间角落不显眼的地方。

③ 严禁与同行者闲聊。当有很多人同去其公司访问而在会客室等待的期间,常会不知不觉就聊起来。然而,在会客室内聊天,是绝对禁止的。虽然会客室让人觉得有如密室,但实际上声音却会清楚地传向外边。若是让该公司的职员听见你正在闲聊,会做何感想?无论这种闲聊是与工作有关的事还是私事,都是不礼貌的行为。

④ 寒暄问候,应面带笑容。寒暄问候时应口齿清晰、精神饱满,不是要你拉大嗓门,只要用对方能够听清楚的音量,发音尽可能清晰就可以了。当然,希望你在问候对方的同时,也能露出笑容。否则,无论你的声音多么清晰,如果面无表情,也是白费。

(五)适可而止

在拜访他人时,一定要注意在对方的办公室或私人居所里停留的时间长度。从总体上讲,应当具有良好的时间观念,不要因为自己停留的时间过长,而打乱对方既定的其他日程。

在一般情况下,礼节性的拜访,尤其是初次登门拜访,应控制在一刻钟至半小时之内。最长的拜访,通常也不宜超过两个小时。有些重要的拜访,往往需由宾主双方提前议定拜访的内容和时间。在这种情况下,务必要严守约定,绝不能单方面延长拜访时间。为了能够控制好拜访的时间,应该做到要事先想好此次拜访的目的、准备谈些什么内容,以免浪费双方的时间和精力。当与被拜访者见面后,应尽快将谈话引入正题,直接清楚地表达你所要说的事情,不要讲些无关紧要的事情。说完后,要让对方发表意见,并要认真倾听,不要辩解或不停地打断对方讲话。如果你坐在那里没完没了地闲聊,会耽误对方的时间,使之不能进行下一项活动,你就会成为不受欢迎的客人。

在他人家中无谓地消磨时光是不礼貌的,也是令人讨厌的举动。遇到以下情况时,访客就该及时告辞了:一是宾主双方话不投机,或是主人反应冷淡,甚至爱搭不理的时

候；二是虽然主人貌似认真，但却反复看表的时候；三是主人抬起双肘，双手置于座椅扶手的时候。访客提出告辞时，主人即使表示挽留，仍须执意离去，但要向对方道谢，并请主人留步，不必远送。

# 第五节　聚会礼仪

聚会是一种不带具体任务、较为轻松的活动，主要由企业、机关、团体发起，有内外部公众参加的诸如舞会、联欢会、茶话会、沙龙这样的活动。聚会不仅是维持人际交往的有效途径，也是联络感情、增进友谊的理想场所，更是展示自我、推销自己的舞台。

## 一、舞会礼仪

舞会是一种常见的社交方式，其形式自由活泼，内容健康，而且具有较强的群众性和娱乐性。

舞会大体上可以分为两类：一种是正式舞会，一般由单位或社会团体在公共场所举办；另一种是非正式舞会，通常是个人或家庭为了庆祝节日或者某件喜事（毕业、周年纪念、生日聚会）而举办。正式舞会通常都是从晚上 10 点到翌日清晨两点，参加舞会需要携带请柬，男士的传统着装是白色领结和大燕尾服；女士的舞会装束应该是长款的晚礼服。正式舞会一般都在俱乐部或者大宾馆举行，配有乐队，所以音乐不间断。舞会上会供应点心和各种饮料。非正式舞会规模较小，开始的时间较早，一般为晚上 9 点到午夜左右。

目前，商务人员应邀参加舞会的机会越来越多，经常参加舞会可以陶冶性情，并可以在跳舞的过程中联络感情，逐步加深彼此之间的友谊。在组织或参加舞会的时候，必须注意礼仪，否则会给人以缺乏修养、不懂礼貌的感觉，会损害自己在公众中的形象。舞会礼仪并没有严格的明文规定，往往都是人们约定俗成的。下面简单介绍一下正式舞会应遵循的礼节。

（一）组织舞会的礼仪

组织舞会要精心安排，力求使舞会的气氛活泼、热烈且又不失典雅。

**1. 邀请参加人员**

举办方要定好舞会的时间，比较正式的舞会或家庭舞会首先应考虑的是邀请哪些人员来参加舞会，并提前向客人发出邀请。邀请应说明舞会的起止时间、地点和要参加的人员，以便客人安排何时进退场。最好能够简要说明开舞会的事由或者目的。邀请的男女客人的人数要大致相等。请柬通常以女主人的名义发出。

**2. 布置舞场**

布置舞场首先应注意所选择舞场的大小。舞场的大小，应与客人的多少相适应，根据发请帖的多少估计将有多少客人来参加舞会。舞场过小，客人有拥挤感，不便于翩翩起舞，而舞场过大时，整个舞场空空荡荡，又显得气氛不够热烈。另外舞场的布置要突出"欢快""热烈"的气氛，场地空间可用彩色花环、飘带、彩灯等加以装饰。灯光的亮度及颜色应调整好,既不能太亮,也不能太暗。太亮了会影响气氛,太暗了容易使人感到压抑。同时,还要准备好音响和音乐,如果条件好的话还可以请乐队来演奏,舞场四周应摆放好足够的桌椅,以供来宾在跳舞间隙就座。如果是比较重要的酬宾舞会,应免费供应饮料,还可以放一些糖果之类的小食品。总之,舞场的布置就是要求典雅大方,造就良好的氛围,创造优雅的环境,提高人们的兴致。

**3. 选择合适的舞曲**

跳舞必须有舞曲伴奏,所以舞曲的选择对客人情绪的影响是很大的。好的舞曲能够创造出高雅、欢快、美妙的舞场气氛,必然受到客人的欢迎,从而把舞会推向高潮。选择舞曲,应根据对象而定,以利于创造良好的气氛。舞会主办者既要选择一些民族乐曲或世界名曲作为伴奏曲,也要选择一些受大众欢迎的流行乐曲作为伴奏曲,以提高共鸣。舞曲要丰富多彩,各种舞步的舞曲要穿插播放,音量要适中,不宜过大或过小。

**4. 安排舞伴**

舞会一般是男女相伴起舞,因此,舞会主持者应考虑舞客的性别比例以及年龄层次,安排一定数量的伴舞人员。如举办会议专场舞会时,代表中一般以男性居多,舞会主持者应事先从本单位或兄弟单位邀请一些女士前来伴舞。

**5. 做好安全保卫工作**

舞会从开始到结束,都要十分重视做好安全保卫工作。闲散人员不准入内,衣冠不整者谢绝入场。舞场的气氛要尽量热烈,但舞风必须端正。当发现个别客人举止不轨时,应由保安人员劝阻或劝其退场。另外,还要有专人保管客人的衣服、财物,严防发生舞客财物丢失等不愉快的事件。在舞会进行过程中,应尽量避免打架斗殴、盗窃等事件的发生,确保舞会的正常进行,防止因一点小事而引起舞会不欢而散。

(二)参加舞会的礼仪

参加舞会,应注意自己的身份,遵循一定的礼节,做到文明高雅、彬彬有礼,要在舞会中树立自己的良好形象。

**1. 做好准备**

(1)回应邀请

当接到主人的邀请时,应明确告知主人是否应邀前往,如无特殊情况,应愉快地接受,如遇特殊情况不能前往,也应向主人说明理由。

(2)参加舞会前的准备

首先,应该修饰仪表仪容,总的要求是仪表仪容整洁、大方。女士要化妆,并注意发型。衣着方面,如果应邀参加大型正规的舞会,或者有外宾参加,这时的请柬会注明:请着礼服。接到这样的请柬一定要提早做准备,女士在这种场合要穿晚礼服。穿晚礼服一定要佩戴首饰,以佩戴有光泽的首饰为宜。不可浓妆艳抹地参加舞会,也不要穿牛仔裤参加舞会。男士的头发要梳理整齐,不蓄须的应事先剃须,可以着西装并系领带,也可着其他礼服。男士可以在身上洒点香水。

其次,舞会前应洗澡,换干净衣服,以免汗气熏人,让对方感到不快。

最后,参加舞会前饮食要合理,过饥、过饱都是不适宜的。不要吃带有刺激性气味的食物,如韭菜、大蒜、酒等,要注意清洁口腔,如漱口、嚼口香糖或茶叶。

应该注意，患有外伤、感冒及其他传染性疾病者，不宜出席舞会。跳舞时不宜戴口罩、墨镜，舞会禁止吸烟。刚学跳舞的同志，进入舞场前最好多学几种舞步，否则会影响舞伴跳舞。另外，不要在舞场学舞步，这样会影响对方的情绪。

**2. 步入舞场**

一切准备妥当之后，应主动相约、文雅大方地步入舞场。进入舞场时应彬彬有礼，脚步要不快不慢，既不能急匆匆、迫不及待地入场，也不要懒懒散散、无精打采地进场。进入舞场后，应主动与主持者及周围熟悉的客人打招呼，对陌生人也应以礼相待。讲话声音不要太大，以免影响他人，然后在指定的区域就座。待舞曲响起时，应主动邀请舞伴，相伴而舞。

**3. 邀舞的礼仪**

交际舞的特点是男女共舞，邀舞通常是男士的义务。男女即使彼此互不相识，但只要参加了舞会，都可以主动邀请别人共舞。

第一场舞，通常由主人夫妇、主宾夫妇共舞。第二场，男主人与主宾夫人，女主人与男主宾共舞。舞会中，男主人应陪无舞伴的女宾跳舞，或为她们介绍舞伴，并要照顾其他客人。男主宾应轮流邀请其他女宾，而其他男宾则应争取先邀女主人共舞。舞曲响起时，男士庄重从容、彬彬有礼地走到女士面前，面带微笑，微微鞠躬，伸出右手，手指向舞池并礼貌地说"我可以请你跳支曲子吗?"或"请你跳支舞，可以吗?"弯腰以 15 度左右为宜，不能过分了。否则，反而会有不雅之嫌。如果女士的父母或丈夫在场，应先向他们致意问候，得到同意后再邀请女士跳舞。舞曲结束后，男士要向女士致谢，然后把女士送到座位旁并向其周围亲属点头致意后离去。男士应避免全场只同一位女子共舞，切忌同性共舞。

如果是女士邀请男士，男士一般不得拒绝。音乐结束后，男士应将女士送到其原来的座位。待其落座后，说一声："谢谢，再会!"然后方可离去，切忌在跳完舞后，不予理睬。

不论是男士或女士，如果是一个人单独坐在远离人群的地方，别人就不要去打扰。但如果她是坐在一群人中间，则可以邀请她跳舞。一般来讲，女士也不应该随意拒绝邀请。如已有人邀请在先，则可以婉言解释："对不起，已经有人邀请我跳了，下一支曲子再和您跳吧!"如表示谢绝，可以说："对不起，我累了，想休息一下。"或者说："我不大会跳，真对不起。"以此类的托词加以婉拒，并致歉意。已经婉言谢绝别人的邀请后，在一曲未终时，女士不宜再同别的男士共舞，否则会被认为是对前一位邀请者的蔑视。

如果同时有两位男士去邀请一位女士共舞，通常女士最好都礼貌地拒绝。如果已同意其中一方的邀请，对另一方则应表示歉意，应礼貌地说："对不起，只能请您跳下曲了。"当女士拒绝一位男士的邀请后，如果这位男士再次前来邀请，在无特殊情况下，女士应答应与之共舞。有的男士自带舞伴，两个人多跳几场也无不可。但如果别人来请，一般也不能拒绝，女士不能说"我不认识你，不跟你跳"这类小家子气的话，应该微笑地站起来，接受他的邀请。男士和夫人一同去跳舞，跳过一曲之后，如果有人前来向其夫人邀舞时，应按礼节促请夫人接受，绝不能代夫人回绝对方的邀请，这是失礼的表现。

**4. 风度与舞姿**

跳舞的风度，主要是指舞者的舞姿和表情等方面表现出来的美。跳舞中，男女双方都应面带微笑，说话声音要轻细，不要旁若无人地大声说笑。讲话时只要对方能听到即可。舞姿要端正、大方和活泼,整个身体应始终保持平、正、直、稳,无论是进是退,还是向前、后、左、右方向移动,都要掌握好重心,如果身体摇摇晃晃,肩膀一高一低,甚至踩了对方的脚,都是有失风度的。在跳舞时,男女双方的神态要轻盈自若,给人以欢乐感;表情应谦和悦目,动作要协调舒展,给人以和谐感。男士不要强拉硬拽,女士不可挂、扑在对方身上,这样既让对方有不胜负担之苦,自己也有失雅观。女士跳舞时态度固然应和谐可亲,但不能乱送秋波,有失稳重。即使是热恋中的恋人,也不宜过分亲昵,因为这对周围的人来说是不礼貌的。

舞姿应力求标准正确。一般男子应挺胸收腹,用右手扶着女士腰肢,手掌心向下向外,用右手大拇指的背面轻轻地将女士挽住即可,不应用掌心紧贴女方腰部。男方的左手应让左臂以弧形向上与肩部成水平线举起,掌心向上,拇指平展,只将女伴的右掌轻轻托住,不能随意捏紧或握住。女伴的左手应轻轻放在男方右肩上,而不应勾住男方的脖颈。跳舞时,双方不能握得或搂得过紧,有些舞蹈动作需要握搂时,也应一运而过,停留时间过长则有失风度。一曲终了,双方应立即分开,缓缓退出舞池,切不可继续共舞。男伴应将女伴送至座位。跳回步舞(布鲁斯)时,舞步可稍微大些,表现出庄重、典雅和明快的姿态;跳三步舞(华尔兹)时,双方应保持一臂的距离,让身躯略微昂起向右,使旋转时重心适当,表现出热情、舒展、轻快的情绪与节奏;跳探戈舞时,随着乐曲中切分音所含节拍的弹性跳跃,因男女双方的步法与舞姿变化较多,舞步可稍大些,但男士应注意不可将脚伸入到女士两脚间过远,回旋时也不要把女士拉来拖去;跳伦巴舞时,男女双方可随着音乐节奏轻轻扭动腿部及脚踝,但臀部不应大幅度地摆动。

在舞场中还应做到举止文明,行为端庄。首先,语言要文明,不能满口污言秽语。其次,举止要文雅。女士要特别注意自己的坐姿,因为舞会中的灯光通常比较暗,而且朦胧,男士只能看见你的形态,所以,即使你坐在一个黑暗的角落,也要随时保持优美的仪态。另外,走路脚步要轻,不能单个人进入舞池,如果有事找人,也应等到这支曲子结束时,才能去找。找座位时应向旁边的客人有礼貌地询问:"这里有人吗?"请特别小心,不要把口红沾染在男伴的衣襟或领带上,还要注意舞场卫生,不能乱扔纸屑或瓜果皮壳之类的东西。

**5. 礼貌退场**

当音乐停止,主持人宣布本次舞会结束时,要听从安排,按时结束,不能因为自己没有跳够而迟迟不愿退场,也不能急匆匆地抢在别人前面离去,应该向主人道别后,将衣帽穿戴整齐,然后退出舞场。如果你想提早离开会场,应悄悄地向主人招呼一声,说明原因,千万不可在大众面前言明要早走之意,以免破坏其他人的玩兴,而使主人难以控制会场中的气氛。

(三)舞会主人的礼仪

作为舞会的主持人或主人,除了要布置好舞场,为舞会创造欢快、热烈的气氛外,还要在舞会进行中注意以下几个方面的礼仪。

首先,作为舞会的主人化妆应该适当,如果你是一位少女,不要梳太造作的发型,不能抹太浓的脂粉,只需涂上鲜艳的唇色,比平时多加妆扮即可。

其次,在舞会上,主持人或主人要注意照料客人,把害羞的青年人介绍给同伴。安排

他们坐在一起,但介绍时要考虑他们的个子高矮是否合适、性格是否相近等因素。主人可以在舞会开始前,或音乐的间歇,对单身的男青年说:"我给你介绍一个不错的舞伴吧!"并把他带到一位女青年身边,做简单介绍,然后鼓励他们一起跳舞。

最后,男女主人如果发现有些客人没有被邀请,这时男主人或女主人就应该承担起这个责任并与之共舞。舞会在进行过程中,如果所有的宾客都进入舞池跳舞,为了使舞池不致太拥挤,男女主人应该从舞池中退出来。

总之,舞会的主持人或主人要控制场内的情绪,使整个舞会自始至终都保持热烈、欢快的气氛和文明、健康、优雅的情调。

## 二、联欢会的礼仪

联欢会是一个宽泛的概念,它包括各种组织举办的节日联欢会(如新年联欢会、春节联欢会),各种文艺晚会(如歌舞晚会、电影晚会、戏曲晚会、相声晚会),游艺晚会等。联欢会大体上可以分为两种类型:一是综艺娱乐性联欢会,即没有一定的主题,仅为寻求放松、找寻乐趣而举办的纯文娱晚会。其节目可以提前排定,但也允许观众现场参与,进行即兴表演。二是专题性联欢会,即为了反映某一主题,并以其为中心而举办的晚会。通常所说的联欢会多指综艺娱乐性的联欢会。

举办联欢会已成为各类组织公关工作的一项专门业务。联欢会对于提高组织的凝聚力、向心力,活跃员工的文化生活,加强与外部公众的联系与沟通,提高组织形象等都起着积极的促进作用。岁末年终,许多单位都通过举办各种形式的联欢会来总结过去、展望未来、交流感情、沟通信息。有的家庭也在节日、纪念日举办家庭联欢会,邀请亲朋好友共度节日、纪念日。联欢会重在娱乐,但不可忽视礼仪,否则可能会达不到预期效果。

### (一)联欢会的前期准备工作

**1. 确定形式和主题**

联欢会的形式不拘一格,采用何种形式对联欢会的成功与否意义重大。形式确定的同时还要确定主题,明确指导思想、预期目标等。

**2. 确定时间和场地**

联欢会的时间一般应选择在晚上,有时也可根据情况选择在白天。联欢会的时间一般在两小时左右为宜。联欢会的场地选择非常重要,最好选择宽敞、明亮,有舞台、灯光、音响的场地。场地应加以布置,给人以温馨、和谐、喜庆、热烈之感。

**3. 选定节目和主持人**

选定节目一定要考虑主题,尤其是开场和结尾的节目一定要精彩、有吸引力。节目应多种多样,不可头重尾轻,更不可千篇一律。主持人是联欢会的关键人物,联欢会应选择仪表端庄、表达能力强、有一定的组织能力、应变能力,熟悉业务的人担当主持人。一场联欢会的主持人最好不少于两人(通常为1男1女)。主持人也不可过多,以免给人以凌乱无序之感。

**4. 彩排**

正式的联欢会一定要事先进行彩排。这样有助于组织管理,堵塞漏洞,控制时间,增强演职人员自信心等。非正式的联欢会也要逐一落实具体事宜,切不可赤膊上阵,一旦出现意外,其结果可想而知。

**5. 及时发出通知和邀请**

应提前一周发出通知和邀请,以给被邀请人安排的时间。从交际这一角度来看,邀请实质上是一种双向的约定行为。联欢会层次不同,发出的通知和邀请也不同,邀请分为正式邀请和非正式邀请。(详见本章第四节)

（二）主持人的礼仪

主持人是联欢会的中心,其仪表、着装、举止言行等都对整个联欢会有着直接的影响,其作用举足轻重。主持人的礼仪、素养如何,将直接关系到联欢会的成败。

**1. 主持人应具备的基本条件**

（1）良好的政治素养和职业道德;（2）具备一定的组织能力、语言表达能力和现场应变能力;（3）精通业务知识,具有广泛的知识面;（4）具有一定的幽默感,善于同各种公众打交道,并在短时间内缩小与观众之间的心理距离;（5）重仪表、懂礼仪。

**2. 主持人的气质和人格魅力**

主持人是联欢会中最引人注目的人物。主持人的气质、风度以及人格魅力对联欢会的成败起着决定性作用。主持人的气质、风度来自于主持人端庄的仪表、得体的服饰、良好的心态和自信心。主持人并不一定非要俊男靓女,若没有气质和风度,那种漂亮也只能是昙花一现。作为主持人一定要注意整洁,注意发式发型,化妆要淡雅,着装不可太露,也不可猎奇。主持人不是时装模特,更不是来参加选美比赛的,因而主持人的着装应结合联欢会的主题,给人以庄重、文雅、和谐之感。主持人的人格魅力体现在他对观众的尊重与爱心,体现在他的主持风格、思想观念、人生态度,体现在他的举止言行之中,也体现在他对事业的执着追求和强烈的责任感上。

**3. 主持人的语言表达技巧**

作为主持人,首先要说普通话,口齿清晰、发音准确、语速适当、语音动听,这是主持人的必备条件和努力方向。其次,词汇丰富、用词准确、词句通顺、逻辑性强,这是主持人的基本功。

**4. 感情投入,富有激情**

"激情是最好的老师",主持人必须全身心地投入到联欢会的情境之中,犹如"导演",将观众的情绪和热情激发出来。主持人的激情是观众的兴奋剂。主持人要有一定的煽动性,控制观众的情绪,控制现场的气氛和节奏。主持人若成为节目的报幕员,那样倒不如事先制作一个节目单更清晰些。作为主持人一定要灵活,在运用口头语言的同时,可以适当运用一些动作语言,但动作不可太多,幅度不宜过大。

**5. 主持人的协调与合作能力**

主持人不可自恃清高,应该有全局观念,与各方面竭诚合作,协调矛盾和冲突。俗话说,"众人拾柴火焰高",联欢会是一项集体活动,只有大家共同努力,才能确保联欢会圆满成功。

（三）观看演出的礼仪

**1. 准时到场,对号入座**

观看演出时,应准时或提前到场,对号入座。在寻找座位时,只能按号就座,不要占

较好的位置。如果别人占了自己的座位,可以礼貌地出示入场券进行说明或请工作人员调解,避免发生口角或冲突。如果陪同他人一起观看演出,座位有好有差,应当把好座位让给别人。演出一旦正式开始,观众便不宜再陆续入场。因此,如果迟到,最好在幕间入场;如果没有幕间,则入场时要放轻脚步,旁边的观众协助自己入座时,应该致谢。

**2. 服饰要求**

观看演出时,衣着的总体要求是干净、整洁,绝对不能穿背心、短裤、拖鞋,更不能打赤膊或者赤脚。

**3. 适时鼓掌**

当主要领导、嘉宾入场或退场时,全场应有礼貌地鼓掌。观众在观看演出时,要尊重演员的劳动。每一位演员表演结束,都要热烈鼓掌,但要把握好时机和分寸。看戏是每一幕结束时鼓掌;看芭蕾舞可以在演出中间一段独舞或双人舞表演之后鼓掌;听音乐则只能在一曲终了之后才能鼓掌。只有在演出结束时,掌声才可以经久不息。

**4. 献花**

联欢会上对表演精彩者或主要客人可献花。演出结束时,可向演员献花篮或花束。

**5. 其他礼仪**

观看演出时,坐姿要端正,不要左右晃动,应摘下帽子,以免挡住后面观众的视线。不允许把脚踩在他人椅面上或蹬在他人椅背上,以免弄脏前排观众的衣服。如果碰脏别人的衣服,应主动轻声道歉。不能坐在座位的扶手、椅背上,或垫高座位。演出没有结束时,不得起立。要保持演出场所的安静,演出过程中不得随便走动,不要高声解说或评论。不宜进行交谈,不要随意拍照摄像,应关闭寻呼机和移动电话。不要在演出现场大吃大喝,不要携带食物、饮料入场,尤其是不要携带带壳的食物和易拉罐饮料。

观看演出时,不宜中途退场,如有急事,也必须在幕间或一个节目结束时退场,因为提前退场不仅会影响别人的观赏,而且也是对演员的极不尊重。

演出全部结束后,应当起立鼓掌,不要匆忙退场,可以在演出谢幕时,给演员送花。

## 三、沙龙礼仪

"沙龙"是法文 salon 的音译,法文原意为"会客室""客厅"。17 世纪末期至 18 世纪,法国巴黎的文人和艺术家经常接受贵族妇女的招待,在客厅聚会,谈论文艺等问题。后来,就把有钱阶层的文人雅士清谈的场所叫作"沙龙"。到了现在,沙龙已经逐步形成为室内社交聚会的一种形式。

(一)沙龙的类型

沙龙的类型多种多样,主要有如下几种。

(1)社交性沙龙。由较熟悉的朋友、同事结成的定期或不定期的聚会。如同乡联谊会、校友联谊会等,以促进相互之间的了解和友情,从而形成固定的社会关系网络。

(2)学术性沙龙。由职业、兴趣相同或相近的人组成,以探讨某一领域问题为主要目的。内容以文学、艺术、科技等为主。

(3)应酬性沙龙。以增进了解和加深友谊为目的,如接待客人来访的座谈会、茶话会、舞会等。

（4）文娱性沙龙。以联络感情和相聚娱乐为目的。

（5）外语沙龙。以爱好外语的人进行交流为目的。

（6）综合性沙龙。兼有多种目的，促进人们自由交谈，互相了解，提高文化水平。

沙龙聚会采取的活动形式有讨论会、茶话会、酒会、家庭晚宴等。

## （二）沙龙的礼仪

虽然沙龙聚会形式比较自由、随便，但毕竟是聚会，还是应当讲究必要的礼仪。

### 1. 明确聚会的时间、地点

应当明确聚会的时间、地点等，并及时、准确地让每一位参加者都知道，以确保沙龙尽可能地顺利进行。

### 2. 赴会的人要按时到场

为避免主人因还未做好准备而无暇出面应酬，客人可以比约定时间稍晚一点到。如果临时有事难以准点到达，或者不能前往，应提前通知主人，并向大家表示歉意。

### 3. 衣着得体

穿衣服不一定要讲究面料，但一定要得体，另外一定要熨平整，干净利落，给人留下好印象。如果衣服皱皱巴巴，歪歪扭扭，只能给人以邋遢的印象。男士要注意外衣、衬衣和领带颜色的和谐。女士的衣着当然更要讲究整洁悦目。不同性质的沙龙可能对服装的要求会有所不同，参与者应当事先考虑好。如参加一个学术讨论性质的沙龙，就没必要穿奇装异服，来吸引别人的注意。

### 4. 言谈真诚

沙龙是展示个人修养、结交新朋友的重要社交形式，所以言谈务必要真诚。要言之有物、言之有理，紧紧围绕主题，防止空洞和信口开河。不能为了哗众取宠而故作惊人之语。不要自以为是，滔滔不绝，瞎侃一气，以免弄巧成拙，在众人面前失态。交谈时适度的幽默和风趣是必要的，可以活跃沙龙的气氛，但不要说些庸俗的俏皮话或语带讥讽，也不可违心地对别人进行肉麻的吹捧。

### 5. 要尊重别人

不轻易打断他人的发言，插话时要礼貌地说一声"对不起"。

### 6. 举止文雅大方

文雅大方、彬彬有礼的举止有助于树立良好的形象，赢得大家的信任、友谊和尊敬。有的人常把不拘小节、不修边幅作为洒脱的体现，殊不知小节不拘失大礼。比如，随地吐痰、当众抠鼻子、挖耳朵等举止，看似很小的动作，却是有伤大雅的，往往会显得粗俗不堪。因此，在这样的社交场合，应该私下处理一些不雅的小事情，尽量避开众人的注意。

## （三）举办沙龙的条件

### 1. 有一个宽敞的场所

一般举办沙龙的地点应当选择条件较好的餐厅、庭院或者是宾馆、饭店、写字楼内的某一专用的房间。至少应做到面积大、通风好、温度适中、环境幽雅、不受外界干扰。

### 2. 沙龙的组织者

一般由沙龙的发起者或组织者担任主人。按照惯例，沙龙的主人应当有男有女，以便分别照顾男宾和女宾。

**3．沙龙的参加者**

社交性沙龙的参加者，应当事先大体上确定好。在某些较为正式的社交性沙龙上，参加者彼此之间应以相识者居多，这样才有助于大家多交流、少拘束。当然，也不排斥"新人"加入，只不过"新人"加入要提前征得主人的同意。

# 第六节　馈赠礼仪

在商务活动的相互交往中赠送礼品，可以达到增进双方友谊的目的，同时，也表达了对本次合作成功的祝贺和对再次合作能够顺利进行的愿望。除此之外还可以增进友谊，巩固彼此的生意关系，但是馈赠礼品同样也要讲究礼节，处理不当反而会适得其反。

## 一、赠送礼品的选择

### （一）赠送礼品要有目的性

商务活动中送礼要有恰当的理由，否则对方不会轻易接受，因为受礼人会担心不能满足对方的商务要求或担心别人别有用心，这样的话，如果接受礼物就会让自己处于被动状态。因此，如果找不到合适的送礼理由，对方是不会欣然接受你的礼品的。

一般说来，送礼的理由有以下几种：表达友情；感谢他人的宴请以及正式的招待；感谢他人帮你得到业务；祝贺他人提升；庆祝节日、纪念日等。

### （二）选择礼品的原则

礼品的好坏并不完全取决于其货币价值的高低，所以选择礼品并不是越贵越好。比如，欧美国家的人在送礼方面较注重的是礼物的意义而不是其货币价值，因此，在选择馈赠礼品时不必过分追求礼品的贵重，有时馈赠贵重的礼品效果反而不好，对方会怀疑你此举是否想贿赂他或另有图谋。这样，不但不能加深相互间的友谊，反而会引起对方的戒备心理。但是，在亚、非、拉和中东地区，人们往往较注重礼物的货币价值，因此，在与这些国家进行的商务交往中，赠送礼品不仅要投其所好、投其所需，而且还要分量足够，能产生一定效果。那么什么样的礼品更容易获得对方的接受和喜爱，可以达到馈赠礼品的目的呢？下面介绍几个选择礼品时要遵循的原则。

**1．宣传性**

在商务交往中，首先要注意礼品的宣传性，即在商务交往中所使用的礼品，意在推广宣传企业形象，而并非贿赂、拉拢他人。

**2．纪念性**

在商务交往中赠送礼品，无论获赠对象是集体还是个人，都要注重其纪念性。所使用的礼品并非越贵越好，而是要能起到使对方记住自己，记住自己的单位、产品和服务的作用，使双方友善和睦的交往。总之，让对方记住自己是商务交往中礼品的主要功效之一。

**3．独特性**

商务交往中礼品应具有独特性，要做到人无我有，人有我优。所谓"物以稀为贵"，送礼时注重的是礼品的珍贵性,而不是指价格贵。

**4. 时尚性**

礼品不仅要与众不同,还应特别注意礼品时尚与否。总之,在商务交往中选择礼品时不能太落伍,否则会适得其反。

**5. 便携性**

如果客人来自异地他乡,礼品要选择不易碎、不笨重、便于携带的,否则会为对方平添烦恼。

（三）忌送的礼品

不能送大额现金和有价证券,这样有收买对方之嫌。与此同时还要注意,金银珠宝也不适合送给别人。粗制滥造的物品或过季商品,有愚弄对方、滥竽充数之嫌。药品或营养品,有暗示对方身体欠佳之意。有违社会公德和法律规章的礼品,比如,涉及黄、赌、毒之类的物品。带有明显广告标志和宣传用语的物品,有利用对方为自己充当广告宣传之意。有违交往对象民族习俗、宗教信仰和生活习惯的物品,有不尊重对方之嫌。容易引起异性误会的物品。以珍稀动物或宠物为原材料制作的物品。涉及国家机密、行业机密的物品。

（四）不同国家的喜好与禁忌不同

在美国,可送葡萄酒或烈性酒等高雅的名牌礼物,也可以送一些具有浓厚乡土气息或精巧别致的工艺品,以满足美国人的猎奇心。

给英国人送礼要轻,可送些鲜花、小工艺品、巧克力或名酒,送礼一般在晚上。英国人普遍厌烦标有送礼人单位或公司印记的礼品。

德国人喜欢价格适中、典雅别致的礼物,包装一定要尽善尽美,且不能用白色、空白或棕色的包装物。

法国人对礼物十分看重,但又有其特别的讲究。法国人最讨厌初次见面就送礼,一般在第二次见面时才送。宜选具有艺术品位和纪念意义的物品或是几枝不加捆扎的鲜花,但是不能赠送菊花,因为菊花是和葬礼相联系的。不宜选以刀、剑、剪、餐具或是带有明显的广告标志的物品。男士向一般关系的女士赠送香水、红玫瑰也是不合适的。

日本人一般会在第一次商务会上送礼,日本人之间互赠礼品一般在盂兰盆节或年末。他们比较注重牌子,喜欢名牌礼物和礼品的包装,但不一定要是贵重礼品。互送仪式比礼品本身更重要。送礼通常要送对其本人用途不大的物品为宜。送礼者不要在礼物上刻字作画以留纪念,因为他可能还要将此礼品继续送出去。在日本,礼物的数量不要是4和9,不要送带有狐狸图案的礼品。

到韩国人家里做客最好带些鲜花或小礼品。韩国人喜欢本地出产的东西,故你在送礼时只需备一份本国、本民族、本地区的特产即可,也可以送上印有本公司介绍的精美笔记本或办公用品。因为在朝鲜语中"四"与"死"同音,被认为是不吉祥的,因此,礼物的数量也不可以是4。

阿拉伯人喜欢赠送贵重物品,也喜欢得到贵重物品,喜欢名牌和多姿多彩的礼物,不喜欢纯实用性的东西,但初次见面不能送礼给他们,否则会被认为有贿赂的嫌疑。不能

送酒和绘有动物图案的礼品,不能给当事人的妻子送礼品。

在信奉基督教的国家不可以送数量为 13 的礼物。

朝鲜人喜欢送花,斯里兰卡人喜欢赠茶,澳大利亚、新加坡人喜欢鲜花与美酒。一般外国人喜欢中国的景泰蓝、刺绣品等。

## 二、赠送礼品

### (一)赠送礼品的时机

礼品什么时候送也是有讲究的,一般要兼顾两点。一是具体时机。一般而论赠送礼品的最佳时机是节假日,选对方重要的纪念日、节庆日等。二是具体时间。不外乎进门见面时、告别离开时、宴会结束前、对方送礼后、会谈结束后、签订协议后几种情况。一般而言,当我们作为客人拜访他人时,最好在双方见面之初向对方送上礼品,而当我们作为主人接待来访者的时候,应该在客人离去的前夜或者举行告别宴会时,把礼物赠送给对方。

各国也有不同的习惯。在日本通常是第一次见面时送出;法国人则希望下次重逢时馈赠礼品;英国人多在晚餐或看完戏之后,在尽兴时赠送礼品;我国则以在离别前赠送礼品较为自然。如果为了引起对方惊喜之情,送礼品的时间更为重要,可以在飞机即将起飞或火车即将开动之前赠送礼品。

### (二)赠送礼品的场合和包装

赠送礼品的场合。要注意公私有别。一般而言,公务交往中所赠送的礼品应该在公务场合赠送,比如,办公室、写字楼、会见厅;在谈判之余,商务交往之外应在客人下榻的住所进行,而不宜在公共场合赠送。私人交往中赠送的礼品,应该在私人居所赠送。

在赠送礼仪中,包装很重要。正式场合赠送他人的礼品最好加以包装,向外籍客人赠送的礼品则必须包装,因为包装意味着重视,不加以包装有敷衍了事之嫌。把礼品精美的包装起来,是表示送礼人把送礼作为很隆重的事,以此表达对受礼人的尊敬。一般包装的价值是礼品价值的二分之一为宜。

礼品包装的要求:要使用质地较好的材料;要注意包装后的形状、颜色、图案、缎带的结法,不要违反受礼人的文化背景、风俗习惯和禁忌。

## 三、接受礼品

### (一)接受礼品

接受他人礼品时要注意以下 5 点。

**1. 态度大方**

如果准备接受别人礼品,就没必要再三推辞,心口不一。这样反而会让对方觉得自己不诚恳,会给对方留下不好的印象。

**2. 拆启包装**

接受礼品时如果条件允许,应该当面拆启礼品的包装。接受境外客人赠送的礼品时,尤其要注意这一点。在外国人看来,礼品如果带有包装而自己不打开看,就等于怠慢对方,不重视对方所赠送的礼品。

**3. 欣赏礼品**

接受别人的礼品之后不仅要打开看,而且还要适当地加以欣赏。不管你喜欢与否,收到礼品时都应该露出高兴的神情,这是对对方的尊重。

**4. 表示谢意**

接受礼品时,口中要道谢。接受贵重礼品后,还需要打电话或者写信再次向对方道谢。

**5. 有来有往**

在接受礼品后,切莫忘记"有来有往",可以挑选适当时机,回赠对方适当的礼品。礼品的性质与档次,大体可与对方的礼品相近。除了当场向对方表示道谢之外,事后应再度表达谢意。常规做法是在一周内以致信、发电子邮件或打电话的方式,提及自己很喜欢对方所赠送的礼品。

(二)拒收礼品

在商务交往中,有时万不得已必须拒绝别人的礼品时,可以有礼貌地婉转地拒绝或将礼品退回。原因可能是因为礼品的价格超过了公司规定的限度,或者是由于你不便接受那个礼品。拒收礼品时一定要解释说明拒绝的原因,然后要表达谢意,即便是拒绝了对方的礼品,也要感谢对方的好意。

**本章重要概念**

见面行礼礼仪　称呼礼仪　介绍礼仪　名片的使用礼仪　邀请与拜访礼仪
聚会礼仪　馈赠礼品礼仪

**本章小结**

商务场合的社交礼仪是每个商务人士都应该掌握的基本规范。本章着重介绍了商务活动中见面行礼、称呼、介绍、名片的使用、邀请与拜访、聚会与馈赠礼品等方面的礼仪常规,给商务人士进行商务活动提供了一定依据。但这些常规礼仪同时也受到很多因素的影响,因此,在具体运用时应该坚持具体问题具体分析的原则。

**思考题**

1. 商务场合的见面行礼礼仪包括哪些内容?
2. 商务场合介绍他人时的顺序是什么?
3. 商务场合称呼的习惯与禁忌是什么?
4. 如何设计一张名片,名片都应包含哪些内容?
5. 邀请的方式有哪些?
6. 拜访时要遵守哪些礼仪?
7. 舞会礼仪包括哪些内容? 应注意的问题是什么?
8. 利用教室或相应场地,分组进行正确的介绍、握手、递送名片等模拟训练。
9. 赠送礼品的时机与场合是什么?

## ▶▶▶ 案例分析

**【案例 3-1】**

日本人 Masako Seto 与美国人 Bob Jones 从未见过面,对对方国家的文化背景了解甚少,这次两人都是第一次到新加坡参加商务会议。两人约好开会前在大厅会晤交谈。9 时,他们准时到达。Seto 很快注意到 Jones 比自己年长,而且身穿高质量的西装,他准备以日本最礼貌的方式问候 Joneso,他在离 Jones 两步之遥时,突然停住,双手扶膝,在 Jones 的正前方鞠躬 90 度。与此同时,Jones 伸出的表示问候的手却刺着了他的眼睛。对此,Jones 深感不安,不停地道歉,忙上前扶住了 Seto 的肩膀,这在日本是从未有过的。为了不丢面子,弥补第一次失误,Seto 摆脱了 Jones 的手,又一次站在 Jones 的正前方,再次深深鞠了一躬。见状 Jones 还以为 Seto 疼痛得要跌倒,这次急忙抓住了 Seto 的双肩,并扶他坐在临近的椅子上然后自己也坐下,并又一次伸出了手。这次 Seto 干脆拒绝与 Jones 握手。他觉得自己在公众场合丢了脸,受到了侮辱,因为竟有人抓住他的双肩。Jones 也很沮丧,一是他的手碰到了 Seto 的眼睛;二是这位日本人竟不接受他表示友好的握手。[①]

**分析:**

1. 为什么 Seto 拒绝与 Jones 握手?为什么 Jones 会感到很沮丧?

2. Seto 和 Jones 的这次会晤对今后的业务开展会有什么影响?

3. 假如你是其中一方,应该做好哪些准备?

**【案例 3-2】**

1992 年,中方一个由 12 名不同专业的专家组成的中方商务代表团,去美国采购约 3 000 万美元的化工设备和技术。美方自然要想方设法令中方满意,其中一个环节是在第一轮谈判后送给中方每人一个小纪念品。纪念品的包装很讲究,是一个漂亮的红色盒子,红色代表发达。可当中方谈判人员高兴地按照美国人的习惯当面打开盒子时,每个人却都很不自然地盯着里面的一顶高尔夫帽,这顶帽子的颜色居然是绿色的。第二天,中方人员便找了个借口,离开了这家公司。

从这个事例分析:美国人这次送礼,可以说也是经过精心策划的,一是礼品盒的颜色是红色,红色在中国代表发达;二是礼品本身是时尚的高尔夫帽,意思是签合同后去打高尔夫,在 20 世纪 90 年代,打高尔夫对中国人来说是很奢侈的,也是很有品位的。但美国人的工作毕竟没有做细,而犯了中国男人最大的禁忌——戴绿帽子。

**分析:**案例给我们的启迪是什么?

---

① 韩玉珍. 国际商务谈判实务. 北京:北京大学出版社,2006.

# 第四章
# 商务场合的公务礼仪

**学习目标**

通过本章的学习,了解商务场合的公务礼仪在商务交往中的重要作用;了解、掌握并能运用常用的公务礼仪。主要包括:迎送礼仪、接待礼仪、会见与会谈礼仪、会议礼仪、商务谈判礼仪、签约礼仪、剪彩礼仪、国旗礼仪等。

## 第一节 迎送礼仪

迎来送往是商务交往中经常发生的行为,是常见的社交活动。一般来说,对重要客商和初次打交道的客商要去迎接;一般的客商,多次来往的客商,不接也不失礼。总之,对将要来到和即将离去的客人,都应根据其身份、交往性质、双方关系等因素,综合考虑安排相应的迎送。

### 一、迎送规格

迎送规格,应当依据前来的客人的身份和目的,己方与被迎送者之间的关系及惯例而决定。在礼仪安排上应遵守国际惯例,又要结合我国独特的做法。根据国际惯例,主要迎送人通常都要同来宾的身份相当,一般应遵循"对等原则",如果需要顾及双方关系和业务往来等具体情况,也可以安排破格迎送和接待。

对等原则是指,确定迎送规格时,应主要根据来访者的身份和访问目的,适当考虑双方关系,同时注重通用惯例,综合平衡地进行迎送工作。比如,对方是总经理带团来华,我方也应派总经理级的人员去迎接。在迎送实践中,有时会因为机构设置不同,当事人身体不适或不在迎送地等一些原因而不能完全同等接待,这时,便可灵活变通,由职位和身份相当的人士作为主人的替代者。当事人不能亲自出面迎送时,还应从礼貌出发,亲自或通过别人向迎送对象做出解释,表示歉意。

所谓破格接待,是指在迎送者和陪同迎送者身份、数量以及迎送场面等方面给予客人较高的礼遇。对于破格接待应十分慎重,非特殊需要,一般都应按对等原则来安排迎送和接待。如果我方经常有迎送活动,尤其是有同时进行的迎送活动时,应妥善安排,不

要造成厚此薄彼的现象。如果我方安排了破格迎送和接待,就应该利用介绍、对比和会见等适当方式,让对方明白,我方进行了破格迎送和接待。只有这样,才能在以后的交往中,收到对方破格迎送和接待的效果。

## 二、了解对方

不论迎接还是送别来宾,都要求有关人员首先要对对方的具体情况有尽可能多的了解。一般来看,来宾的来访意图、具体要求、基本概况、行动方案等,都是对做好迎送工作非常有价值的重要资讯。对此一无所知、知之甚少或者一知半解,都有可能直接或间接地有碍迎送工作的顺利开展。

### (一)来访意图

凡是正式的来访,来宾必定是有备而来,抱有一定的主观意图。对自己的来访意图,有的来宾会告知接待方,有的则会半遮半掩,甚至含而不露、声东击西。

对于来宾来访的意图及其来访目的,接待方应多多了解,掌握得越早越好,了解得越全面、越具体越好。唯有如此,接待方才有可能在迎送对方时采取正确的方案,表现得恰到好处,不卑不亢。

### (二)具体要求

来宾与接待方进行有关来访的沟通时,可能会明确来访意图,但来访的具体要求却未必会提及。在准备迎送活动时,若有必要,一般应主动征求对方对此的意见。对于对方率先所提出的具体要求,通常应当尽量考虑并尽量给予满足。

有些时候,在迎送活动结束后,来宾还有可能对其个别环节持有异议或提出这样那样的意见、建议。此刻,接待方应本着有则改之,无则加勉的原则,对对方虚心相向,诚恳相待,并且及时地总结经验,修正错误,改进不足。

### (三)基本概况

不论是接待来宾还是具体负责来宾的迎送活动,均应对对方的基本概况了如指掌。做到了这一点,就会使己方的准备工作适应对方,并且尽可能地满足对方的需要。

了解对方的基本概况,大致上包括以下两个方面。

一是对方的总体状况。它包括被迎送者的具体人数、性别构成、年龄分布、来访性质以及宾主双方之间的关系如何等内容。

二是对方的主要成员简况。在了解来宾总体状况的同时,必须对对方主要成员的主要情况进行尽可能多的了解,包括姓名、性别、年龄、籍贯、民族、家庭、单位、职务、职称,以及性格特点、工作能力、政治信仰、文化程度、业余爱好、社会评价等。

### (四)行动方案

在迎送来宾时,有必要就迎送的行动方案与对方进行沟通。一般情况下,迎送活动应由东道主一方负责组织,来宾可以对具体环节提出建议,但决定权通常由东道主所掌握。除此之外,东道主在组织迎送活动时,对来访者的自身行动也要予以重点考虑。

## 三、准确掌握来员抵离的时间

迎送人员必须要及时准确地掌握来员抵离的时间,这样既可以顺利迎送客人,又可以不过多地耽误迎送人员的时间,提高迎送效率。当原定抵达时间因故发生变动时,应及时通知全体迎送人员和有关部门,同时对原定迎送计划作出相应调整。

掌握来宾抵离的时间应该注意以下五点:第一,须双方商定时间;第二,时间约定要精确;第三,要适当留有余地;第四,要反复确认;第五,严格遵守时间。

接待人员应当准确了解来宾所乘交通工具号码、车次以及抵离时间,并将这些情况和迎送人员名单一并通知机场(或车站、码头),以便做好接站(或送站)准备。接、送站前,应保持与机场(或车站、码头)的联系,随时掌握来宾所乘航班(或车次)的变化情况,如有晚点,应及时做出相应安排。接站时,迎候人员应留足途中时间,提前到达机场(或码头、车站),以免因迟到而失礼。总之,要做到既顺利接送来客,又不过多耽误时间。如果送行时还有欢送仪式,则应在仪式前到达送行地点。

关于迎送过程中的有关手续和购买票证等具体事务,应指定专人办理,如办理车票、飞机票、船票、出入境手续、行李提取、行李托运等。如果客方人数众多,可请他们派人配合办理。有些重要的来访团体,人数和行李都很多,应将主要客人或全部客人的行李提前取出,及时送往住地,以便对方能及时更衣,开始活动。

### 四、做好接待的准备工作

每一次迎送活动,都应指定专人负责迎送具体事宜,或组织迎送工作小组具体办理。迎送人员应及时地将有关迎送信息、迎送计划和计划变更情况通知有关部门和有关人员,也应及时地向迎送人员反馈迎送信息。

准备工作应包括确定迎送人员名单、安排好交通工具、迎送场地布置、照相、摄像、陪车、安排住宿等内容。

确定迎送人员名单。在挑选接待人员时,尤其是那些要直接面对外国来访者的迎送人员、翻译人员、陪同人员、安全保卫人员以及司机时,要优中选优,切勿滥竽充数。除了仪表堂堂、身体健康、政治可靠、业务上乘之外,还应将反应敏捷、善于交际、责任心强列入用人的基本条件中去。外宾抵达后,需派人协助办理出入境手续、乘机(车、船)手续和行李提取或托运等手续。如代表团人数众多,行李也多,应将主要客人的行李先取出(最好请对方派人配合),及时送往住地,以便更衣。应当注意的是,迎接人员一般不要主动要求帮助男宾拿公文包或帮助女宾拿手提包。

安排好交通工具。迎接工作中公务人员必须准确掌握来宾乘坐的飞机(车、船)抵达的时间,在客人抵达之前到达迎接地点等候客人。根据来宾和迎送人员的人数,以及行李数量来安排车辆。乘车座位安排应适当宽松,正常情况下,附加座一般不安排坐人。如果来宾行李数量较多,应该安排专门的行李车。如果是车队行进,出发前应明确行车顺序,并通知有关人员,以免在行进中发生错位。

预订房间。制订迎送计划时应该根据来宾的人数预先订好客房。如有条件,可在客人到达之前将住房和乘车号码通知客人。如果做不到,可印好住房、乘车表,或打印好卡片,在客人刚到达时,及时发到每个人手中,或通过对方的联络秘书来转达。这既可避免混乱,又可以使客人心中有数,主动配合。迎接人员要用专用车辆将外宾直接送抵下榻之处。来宾进店时,应通知行李房,及时将来宾行李分送各人房间或集中送到某一房间,以免长时间等待。抵达住处后,一般不马上安排活动,应稍事休息,给外宾留下更衣时

间。迎接人员大体告知来宾有关活动计划、第一次活动的时间以及有关接待部门的办公电话后即可离去。

因故提前或推迟迎送时间,要预先做好相应准备,及时调整活动安排。

来宾离去时,也要做好送行的礼仪工作。组织并派专人协助来宾办理出境或机票(车、船票)手续,以及帮助客人提拎行李、办理托运手续。分别时,可按来宾国度的行礼习惯与之告别,并用热情的话语为客人送行,如"欢迎客人再次访问、祝客人一路平安"等。最后应目送客人登机(车、船)离去后方可离开。

### 五、迎送礼仪中的相关事务

#### (一)献花

在有些迎送场合,要举行相应的欢迎仪式或给客人献花。献花是对对方表示亲切和敬意的一种好方法。尤其是对方有女宾或携有女眷时,在其尚未到达旅馆之前,预先在其房间内摆一个花篮或一束鲜花,会给她们一个惊喜,有时甚至会达到意想不到的效果。如果安排献花,则必须使用鲜花,不得用塑料花或绢花等代替。献花时要注意保持花束整洁、鲜艳。献花者通常由少年儿童或青年女子充当,也可由女主人向女宾献花。献花活动通常在主人与客人握手以后进行。

送花时要尊重对方的风俗习惯,应尽量投其所好,绝不可犯其禁忌。如日本人忌讳荷花和菊花(特别是白色菊花多用于丧事),同时给日本人送一束鲜花时最好以 3、5、7、8 枝为一束,不要以 4 枝、9 枝为一束,因为 4 和 9 在日语中的发音同"死"和"苦"谐音。意大利人喜爱玫瑰、紫罗兰、百合花等,但同样忌讳菊花。俄罗斯人则认为黄色的蔷薇花意味着绝交和不吉祥。中南美洲国家的人认为,紫色的花是不吉祥的。如果对方是夫妇同来,己方送花尤应以负责人夫妇的名义或公司的名义送给对方夫妇。给对方女性送花,最好以我方某女性人员的名义或己方单位名义或负责人妻子的名义赠送,切忌以男性名义送花给对方交往不深的女性。

#### (二)介绍

客人与迎接人员见面时,要互相介绍。通常先将前来欢迎的人员介绍给来宾,可由礼宾交际工作人员或其他接待人员介绍,也可以由欢迎人员中身份最高者介绍。客人初到,一般较拘谨,主人宜主动与客人寒暄。

#### (三)对一般客人的迎接

迎接一般客人,无官方正式仪式,主要是做好各项安排即可。如果客人是熟人,则可不必介绍,仅向前握手,互致问候;如果客人是首次前来,又不认识,接待人员应主动打听,主动自我介绍;如果迎接大批客人,也可以事先准备特定的标志,如小旗或牌子等,让客人从远处就能看到,以便客人主动前来接洽。

#### (四)陪车与乘车座位

**1. 陪车**

在迎送活动中,为了表示我方的热情和关心,一般情况下,都安排陪车,即主人陪同客人乘车前往住地、活动地点、车站、码头或飞机场等。有些迎送活动,也可不安排陪车。

主人陪车时,应先由主人或陪同人员打开车门。在顺序上,掌握"后上先下"的原则。"后上先下"的礼节体现了主客有序的礼仪,客人为重,客人为尊。"男士应最后一个上车,第一个下车"这条规则适用于不同文化背景下的许多国家。男士应为女士开车门和关车门,如果有必要的话,还可以帮助她们上车和下车。不过如果女士愿意让男士先上车的话,这条规则可以打破。另外,迎送外宾时,主要迎送人不可兼做驾驶员,而是应当雇用一名素质较高的专门司机。司机应注意文明开车,遵守交通法规,不要酒后驾车。

如果客人夫妇同时与主人乘坐一车,则应请客人夫妇坐在后排,主人坐在前排司机旁边。待客人上车坐稳后,主人或陪同人员应帮助客人关闭车门。然后,由车体尾部绕到自己座位一侧,开门上车,切不可让客人在车内变动位置,或与客人从同一车门上车。

在迎送活动中,如果陪同客人行走,应把主人与主宾略让在前方,其他人员随后而行,而不能与主人和主宾并排行走。主人与客人在行走时,应把客人让在右边,以示敬重有礼。迎送身份较高的客人时,应事先在车站、机场或码头安排贵宾休息室,准备必要的饮料,稍事休息后,再进行下面的活动。

**2. 乘车座次的规范**

在比较正式的场合,乘车一定要分请座次的"尊卑",并在自己适得其所之处就座。应注意在乘坐主人驾驶车时,最重要的是不能让副驾驶位置空着。一定要有一个人陪伴。还要注意的是最专业的说法是客人坐在哪里,哪里就是上座,这是尊重为本的原则,即使客人坐错了位置,或可能出于自谦而坐在别处,也不要让客人挪动位置,主随客便。

双牌五座轿车。双牌五座轿车从专业角度来看"上座"有三个。除了司机都是上座。如何判断,场合不同,位置确定不同,人际关系不同,轿车座位不同,主要分以下几种情况。

社交场合:私人往来,车是个人的,主人亲自开车,到机场接客人,副驾驶座是上座(虽然那个位置最危险),表示平起平坐。无论二排或三排轿车,一般前排为上,后排为下。如图 4-1 所示。

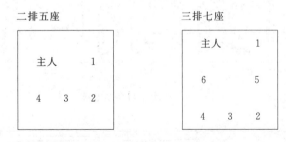

图 4-1　主人驾车座次排列示意图

公务场合:公务活动,车辆属于单位,驾驶司机是专职司机。上座是后排,与司机对角线的位置(第二排右座),后排比较安全。这与交通规则有关,上下方便,抬脚上车抬脚下车,经过训练的专业司机一定会把后门直对大堂门,受过训练的门童肯定也是拉后排门。他不会拉副驾驶座门,副驾驶座也叫作随员座,一般坐的是秘书、翻译、办公室主任、警卫、总经理助理等。无论二排或三排轿车,通常后排为上,前排为下,以右为尊。如图 4-2、图 4-3 所示。

| 二排五座 | | | | 三排七座 | | |
|---|---|---|---|---|---|---|
| 司机 | | 4 | | 司机 | | 6 |
| | | | | 5 | | 4 |
| 3 | 2 | 1 | | 3 | 2 | 1 |

图 4-2  专职司机驾车座次排列示意图

轻型越野轿车

| 驾驶座 | | 车门 |
|---|---|---|
| 3 | 2 | 1 |
| 6 | 5 | 4 |
| 9 | 8 | 7 |
| 12 | 11 | 10 |
| 16 | 15 | 14 | 13 |

图 4-3  轻型越野轿车座次排列示意图

重要客人 VIP 要员座：该位置是司机后面的位置，接待的是高级领导、高级将领、重要的企业家，该位置隐蔽性比较好，是车上安全系数最高的座位，也叫安保座。

如果是多排座轿车，即 4 排以及 4 排以上的大中型轿车。其不论由何人驾驶，均以前排为上，后排为下；以右为"尊"，以左为"卑"；并以距离前门的远近来排定具体的顺序。

**3. 乘车姿势**

轿车是商务工作中常用的交通工具，上下车的姿势同样能体现出一个人的教养。

基本姿势：上车时应侧着身体进入车内，绝对不要头先进去。下车时，也应侧着身体，移着靠近车门，伸出一只脚，再伸出头，立起身，缓步离去。女士乘车，在进入轿车车内时，一定要先侧身坐于座位上，而后将双腿、双脚同时挪入车门，再将身体调整好，安坐待行。下车时，也应当先移出双腿，再侧身出来。千万不要先低头钻进车内，弯腰翘臀，然后双脚轮流跨入，如同爬行，或在下车时先探出脑袋，再弯腰钻出车身。在接待工作中，要主动为客人开门、关门。如图 4-4、图 4-5 所示。

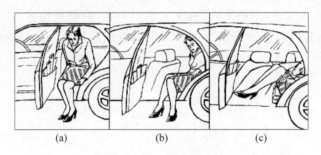

(a)          (b)          (c)

图 4-4  女士上轿车示意图

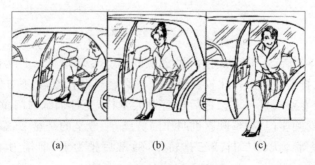

(a)          (b)          (c)

图 4-5  女士下轿车示意图

# 第二节　接待礼仪

接待是商务人员在商务活动中的一项经常性的工作。商务人员在接待中的礼仪表现,不仅关系到其本人的形象,而且还涉及到其所代表的组织形象。因此,接待礼仪历来受到重视。在接待工作中,对于来宾的招待乃是重中之重。要想做好接待工作,重要的是要以礼待客。

## 一、一般办公场所的商务接待

公司前台是一个单位的脸面和名片,所以前台工作人员必须要掌握公司前台接待礼仪,这对于塑造单位形象有着非常重要的作用。公司前台接待礼仪包括仪容规范、电话接待礼仪、来访者接待礼仪和引领礼仪。

（一）前台仪容规范

**1.** 接待人员要品貌端正,举止大方,口齿清楚,具有一定的文化素养,受过专门的礼仪、形体、语言、服饰等方面的训练。面带笑容,保持开朗心态,有利于营造和谐、融洽的工作气氛。保持身体清洁卫生,这不仅是健康的需要,更是文明的表现,有利于与人交往。

**2.** 接待人员服饰要整洁、端庄、得体、高雅。女性应避免佩戴过于夸张或有碍工作的饰物,头发要梳理整齐、面部保持清洁,化妆应尽量淡雅,不化浓妆、涂抹鲜艳指甲油,保持唇部润泽,口气清新,以适合近距离交谈。男员工不留长发,手部干净,指甲修剪整齐。

**3.** 如果来访者是预先约定好的重要客人,则应根据来访者的地位、身份等确定相应的接待规格和程序。在办公室接待一般的来访者时,谈话时应注意少说多听,最好不要隔着办公桌与来人说话。对来访者反映的问题,应做简短的记录。

（二）电话接待礼仪

前台接起电话的声音要不急不慢,并始终保持轻松、愉悦的声调,不得在电话中和来电者耍脾气、使性子甚至说粗话。接电话中,要勤说"请问""对不起""请稍等"之类的谦辞。

在电话铃响的第二、第三声的时候接起电话。接起电话首先要说"您好,×××(公司名称,如果公司名称较长,应用简称)",忌以"喂"开头。如果因故迟接,要向来电者说"对不起,让您久等了"。对需要转接分机号码或者转向具体人姓名的电话时,可以礼貌地说"请稍等",并马上转接过去。

如果要求转接领导电话、而对方又知道领导姓名,不知道分机号的话,就要礼貌地询问对方是谁、哪个部门的。如果是广告、变相广告之类的电话,应该用礼貌的借口挡驾,或者转到相关部门处理。

鉴于前台每天要接很多电话,为防止嗓子出现意外,要随时准备水,以滋润嗓子,随时保持良好的声音效果。

（三）来访者接待礼仪

前台在岗位上一般是坐着的，但遇到有访客来访时，应立即起身，面朝来访者点头、微笑致意："您好，请问您找哪一位""有预约吗"。知道找谁，并确认是预约之后，请来访者稍等，并立即帮其联系。如果要找的人正在忙，可以请其稍等，用规范的仪态引领来访者入座倒水。如果等了很长时间，访客要找的人还在忙，要关照一下来访者并向其说明原因，不要放在那里不管。

如果来访者要找的人没有出来迎接，让其自己过去，前台应该用规范的手势指引如何去，或者带来访者去。来访者要找的人的办公室门即使是开着的，也要先敲门，获得许可后再请来访者进入，为来访者倒好茶后，就可返回岗位。当然，如果前台只有一位的话，直接指引来访者就行了。

如果来访者知道找谁，但没有预约，前台要打电话问问，告诉相关同事或领导助理及秘书，×××单位的×××来访，不知道是不是方便接待。出于对来访者的礼貌，拒绝时处理要得体，即使是要找的同事或者领导亲自接电话，都可以当作是其他人接的电话。这样在来访者听来，不是他要找的人直接拒绝的，可为下一步的处理留下余地。

如果客人要找的负责人不在时，要明确告诉对方负责人到何处去了，以及何时回本单位，请客人留下电话、地址，要明确是由客人再次来单位，还是我方负责人到对方单位去。

如果客人到来时，我方负责人由于种种原因不能马上接见，要向客人说明等待理由与等待时间，若客人愿意等待，应该向客人提供饮料、杂志，如果可能，应该时常为客人换饮料。

（四）正确的引导方法和引导姿势

**1. 在走廊的引导方法**

站在客人的左前方，一般情况下，距离客人1～1.5米（如果接待的客人为老人或特殊人群，要搀扶，或帮助客人拿东西，但一定要得到客人的允许），配合步调。并行时，内侧高于外侧，中央高于两侧。让客人走在内侧。若三人并行时，通常中间的位次最高，内侧的位次居次，外侧的位次最低，宾主之位此时可酌情而定。单行时，前方高于后方。行进时，循例应由引导者行走在前，而使来宾行走于其后，以便由前者为后者带路。在出入房门时，引导者须主动替来宾开门或关门。此刻，引导者可先行一步，推开或拉开房门，待来宾首先通过。随之再轻掩房门，赶上来宾。

**2. 在楼梯的引导方法**

当引导客人上楼时，应该让客人走在前面，接待人员走在后面，若是下楼时，应该由接待人员走在前面，客人走在后面，上下楼梯时，接待人员应该注意客人的安全。让客人走在正方向（右侧），引路人走在左侧。以前方为上，但男女同行上下楼时，女士在后。

上下楼梯的基本姿势：上楼或下楼时，靠右行走，头要正，双眼应平视正前方，勿低头看楼梯。上体均应保持直挺，背要伸直，胸微挺，臀部收紧，脚步要轻快而平稳，重心一般位于前脚的脚前部，以求平衡。公共场合上楼梯时，应让尊者、女士在前，下楼时则相反。注意弯腰驼背的上楼下楼姿势是不雅观的。

**3. 在电梯的引导方法**

（1）出入无人控制的电梯时，引导者须先入后出，以操纵电梯。也就是说，接待人员先进入电梯,等客人进入后关闭电梯门,到达时,接待人员按"开"的钮,让客人先走出电梯。

（2）出入有人控制的电梯时,引导者则应后入先出,这样做主要是为表示对来宾的礼貌。

（3）手扶电梯,让客人先上,引领者再上,站在客人的下边,一方面表示客人在高处,表明客人在我们心目中的地位。另一方面是引导者站在客人的下面,可以起到安全保护的作用。在下电梯的时候,引领者应该站在客人的前面,同样把高贵、安全的位置留给客人。

（4）注意事项。在电梯内,先上电梯的人应靠后面站,以免妨碍他人乘电梯。电梯内不可大声喧哗或嬉笑吵闹。当电梯内已有很多人时,后进的人应面向电梯门站立。

**4. 客厅里的引导方法**

当客人走入客厅时,接待人员应用手指示,请客人坐下,看到客人坐下后,才能行点头礼后方可离开。如客人错坐下座,应请客人改坐上座(一般靠近门的一方为下座)。

（五）准备茶点

在招待尊贵客人时,要准备专用的茶具和点心。

**1. 茶具与茶点的准备**

茶具要特别讲究,倒茶有许多规矩,递茶也有许多讲究。茶具包括茶盘、茶杯、杯垫等,当然也要有茶叶、茶包和咖啡。茶具的准备要考虑客人不同的需要,但必须要事先备全。特别需要注意的是,不要用纸杯招待客人。准备接待用的点心最好是爽口而且容易入口的,也就是小块、好下咽的。尽量避免黏手、味道重的食物。准备茶点时,也同时要准备一些叉子或牙签以及纸巾。

**2. 敬茶的礼仪**

敬茶应在主客未正式交谈前。正确的步骤是:双手端茶从客人的座位后侧奉上。要将茶盘放在临近客人的茶几上,然后右手拿着茶杯的中部,左手托着杯底,杯耳应朝向客人的一面,双手将茶递给客人,同时要说"请您用茶"。要注意上茶的顺序,一般顺序为:先客后主;先女后男;先长后幼。

敬茶的禁忌。尽量不要用一只手上茶,尤其不能用左手。切勿让手指碰到杯口,也不要让茶杯撞到客人手上。为客人倒的第一杯茶,通常不要斟满,以杯深的 2/3 处为宜,继而把握好续水的时机,以不妨碍宾客交谈为好,不能等到茶叶见底后再续水。如图 4-6、图 4-7 所示。

图 4-6　中式茶具

图 4-7　敬茶

（六）其他注意事项

（1）接待人员对来访者，一般应起身握手相迎，当上级、长者、客户来访时，应起身上前迎候。对于同事、员工，除第一次见面外，可不起身。

（2）不能让来访者坐冷板凳。如果自己有事暂不能接待来访者，应安排秘书或其他人员接待客人，不能冷落了来访者。

（3）要认真倾听来访者的叙述。公务往来是"无事不登三宝殿"，来访者都是为了谈某些事情而来，因此应尽量让来访者把话说完，并认真倾听。

（4）对来访者的意见和观点不要轻率表态，应思考后再作答复。对一时不能作答的，要约定一个时间再联系。

（5）对能够马上答复的或立即可办理的事，应当场答复，迅速办理，不要让来访者无谓地等待，或再次来访。

（6）正在接待来访者时，有电话打来或有新的来访者时，应尽量让秘书或他人接待，以免中断正在进行的接待。

（7）对来访者的无理要求或错误意见，应有礼貌地拒绝，不要刺激来访者，使其尴尬。

（8）如果要结束接待，可以婉言提出借口，如"对不起，我要参加一个会，今天先谈到这儿，好吗"等，也可用起身的体态语言告诉对方就此结束谈话。

## 二、商务约会接待礼仪

（一）时间条件

招待来宾的时间条件，主要涉及两个基本问题：一是来宾何时正式抵达；二是来宾将要停留多久。如果在来宾正式登门拜访时，因为接待人员的考虑不周，而让对方吃闭门羹，被抛在一旁，或者遭到驱赶，无疑会伤人至深，并且有损单位形象。得知有人将要登门拜访，或是与他人商议邀其上门做客时，有经验的人一定会预先了解对方正式抵达的时间和将要停留的时间。假如没有特殊原因，主人一方通常不宜以节假日、午间、夜间作为招待来宾的时间。

（二）空间条件

招待来宾的空间条件，指的是选择待客时的具体地点。一般而言，在公务活动中待客的常规地点，有办公室、会客室、接待室等。接待一般的来访者可在自己的办公室进行。接待重要的客人时，可选择专门用来待客的会客室。接待身份极其尊贵的来宾时，有时还可选择档次最高的会客室——贵宾室。至于接待室，则多用于接待就某些专门问题的来访之人。必要时，还须设置指引客人之用的"指向标"。招待来宾的地点确定之后，往往有必要对室内进行一些必要的布置。

（1）注意光线。应以自然光源为主，人造光源为辅，切勿使光线过强或过弱。招待来宾，尤其是接待贵宾的房间最好朝南。如阳光直射，则可设置百叶窗或窗帘予以调节。使用人造光源时，最好使用顶灯、壁灯，尽量不要使用台灯或地灯，特别是不要以之直接照射来宾。使用彩灯、漫光灯或瀑布灯，也是毫无必要的。

（2）注意色彩。招待来宾的现场,通常应当布置得既庄重又大方。特别是主要装潢、陈设的色彩,要有意识地控制在一两种之内,最好不要超过三种,否则会让来宾眼花缭乱,无所适从。在选择招待现场的主色调时,不要选用过于沉闷的白色、灰色、黑色,不要选用过于热烈的红色、黄色、橙色,也不要选用易于给人以轻浮之感的粉色、金色或银色。乳白、淡蓝、草绿诸色,方为上佳之选。

（3）注意温度。室温以 24℃ 左右为最佳。因为它是人体体温的"黄金分割点",令人最为舒适。室温低于 18℃,往往会令人寒冷难耐。而室温高于 30℃,则又可能会令人燥热不堪。

（4）注意湿度。一般认为,相对湿度为 50% 左右,最为舒适宜人。相对湿度过高,往往会令人感到憋闷压抑,呼吸不畅。相对湿度过低,则又会让人觉得干燥,易生静电。

（5）注意安静。地上可铺放地毯,以减除走动之声;窗户上可安放双层玻璃,以便隔音;茶几上可摆放垫子,以防放置茶杯时出声;门轴上可添润滑油,以免关门开门时噪音不绝于耳。

（6）注意卫生。在待客的房间之内,一定要保持空气清新、地面爽洁、墙壁无尘、窗明几净、用具干净。

（7）注意陈设。第一,务求实用。一般来讲,在待客的房间之内放置必要的桌椅和音响设备即可。必要时,还可放置一些盆花或插花。诸如奖状、奖旗、奖杯等奖品,绘画、挂毯、壁挂等装饰之物,是没有必要摆放或悬挂在其中的。第二,以少为佳。第三,完整无缺。一般不应为残、破、次、损、坏、废之物。硬要以次充好,或是令其"轻伤不下火线",往往会得不偿失。

（三）专门恭候

为了防止来宾来访时"吃闭门羹",负责招待对方的有关人员须至少提前 10 分钟抵达双方约定的地点。必要时,还应专门在约定地点的正门之外迎候来宾。

（四）其他注意事项

（1）起身相迎,盛情款待。一要让座;二要代存衣帽;三要斟茶倒水（为来宾上饮料时,还须注意干净卫生、保证供应）;四要殷勤相助。

（2）认真专注。与来宾交谈时,务必要认认真真地洗耳恭听,聚精会神,切不可一心二用,所答非所问。那样做,必定会得罪人。千万不要在招待来宾时忙于处理其他事务。例如,打电话、发传真、批阅文件、寻找材料,或是与其他同事交谈等。万一非得中途暂时离开一下,或是去接一下电话,事先别忘记要向来宾表示歉意。最好不要在同一时间、同一地点接待来自不同地方的人士。要是遇上了这种情况,可按"先来后到"的顺序接待,也可以安排其他人员分别予以接待。

（3）热情挽留。在一般情况下,不论宾主双方会晤的具体时间的长度有无约定,客人的告辞均须由对方首先提出。主人首先提出来送客,或是以自己的动作、表情,暗示厌客之意,都是极其不礼貌的。当来宾提出告辞时,主人通常应对其加以热情挽留,可告之对方自己"不忙",或是请对方"再坐一会儿"。若来宾执意离去,主人可在对方率先起身后起身相送。

### 三、商务场合来宾的现场接待礼仪

商务场合来宾的现场接待礼仪主要体现在礼貌服务、文明待客。礼貌服务、文明待客，主要以主人的言语、举止、态度来体现。一定要把对交往对象的尊重、热情、友善做到恰到好处，并用规范的形式表现出来。规范的形式可以总结为三句话：接待三声；文明五句；热情三到。[①]

#### (一) 文明待客，接待三声

**1. 来有迎声**

要主动、热情而友善地与客人打招呼，主动、热情而友善地向对方问候致意。只要你穿着单位制服，不管是否找你，你认识不认识对方，也不管是在办公室、楼道、电梯间，都要打招呼，问一声"您好"。来而不问是非常失礼的。

**2. 问有答声**

当我们在自己工作岗位上当班执勤时，面对客人要有问必答，不厌其烦。有问必答是一种耐心，是一种教养，也是一种风度。问有答声是文明待客的一种基本表现。

**3. 去有送声**

这是文明待客的最后一个环节，要做到善始善终。当客人离去时，不论对方有没有主动与你道别，也不论双方洽谈是否成功，本着自始至终，有始有终的考虑，当客人离去时，特别是在场的公司员工，都要主动向对方告别、致意。

#### (二) 礼貌待客，文明五句

第一句　问候语

问候语指的是"您好"，有时亦可采用时效性的问候，如"早上好""节日好"等。当面对客人时，或者路遇客人时，主动问候对方是一种基本的礼貌。

第二句　请求语

求助于人时，一定少不了一个"请"字，需要别人帮助、理解、支持配合自己的时候，这个"请"字也是不能少的。应该说，加不加"请"字与态度有关，有没有"请"字就与品位教养画等号了。如告诉对方"请稍等""请用餐"，这样就显得非常有礼貌，否则就会损害企业的形象。

第三句　感谢语

得到他人帮助、理解和支持时，必须使用感谢语"谢谢"，要养成一个主动向对方道谢的习惯。感恩之心常存是做人的一种基本教养。

第四句　道歉语

当自己影响了别人，打扰了别人，妨碍了别人，或者给别人添了一些不必要的麻烦之后，应主动向对方道歉或者说声"对不起"，这也是一种基本的礼貌。

第五句　道别语

当与交往对象告别时，应主动对对方说：再见、保重或者慢走。道别是接待客人的最后一关，如果疏忽了这一关，前面的努力就会大打折扣。与客人告别时，无论谈话是否卓

---

① 　金正昆.商务礼仪.北京：北京大学出版社,2004.

有成效,都要牢记使用道别用语"再见"。

这五种基本的礼貌用语应该是每个商务人员必须熟记的,也是在实际接待过程中必须要经常使用的。在接待过程中,光讲接待三声,文明五句是不够的,还要讲第三个要素——热情三到。

（三）热情待客,热情三到

从接待礼仪的角度来看,热情待客有下列三个可操作环节,即眼到、口到、意到。

**1. 眼到**

眼到指接待来宾时,一定要目视对方,注意与对方交流眼神。当面对客人时,必须养成双眼正视对方的习惯,不看别人是失礼的行为,敷衍了事地看着别人也是失礼的行为,不用规范化的方法看对方更是失礼的行为。要注意自己看对方的时间长短是否合适,部位是否正确,也要注意自己注视对方的角度是否给别人尊重、友善之意。因为斜眼看对方,或者对对方进行全方位扫描都是非常失礼的。例如,问候对方"您好"时,眼睛必须正视对方。

**2. 口到**

所谓口到的含义有两个:第一个含义,语言上无障碍。待客之语,一定要让对方听清楚,听得懂,否则劳而无功。因此,必须讲普通话,讲普通话是接待国内客人时的一个基本素养,讲普通话,不仅是个人素质问题,而且是一个单位的服务意识问题,所以要引起高度认识。接待国外客人时,一定要有精通外语的人士在场,否则会出现沟通上的障碍。第二个含义是要求在与别人沟通时,避免出现沟通脱节的问题,即自己所说的与对方所理解的不一样。例如,如果客户到银行交违章罚款,交完款后,接待小姐仍然使用礼貌用语"欢迎再来",此时客户心里一定会很难受。礼貌用语,需要因人、因事而异。

**3. 意到**

意到就是指表情、神态要热情、友善而专注。待客最好的表情是自然大方,并且要与来宾互动,具体而论,意到有以下几个要求:

第一,表情、神态要自然。通常情况下,表情自然,表示自己见多识广,临阵不慌,沉着应对。

第二,注意与交往对象进行互动。即自己的情绪应与对方的情绪合宜,对方高兴的时候自己也高兴,对方不高兴时自己也不要高兴,绝对不能只以一种表情应万变。

# 第三节　会见与会谈礼仪

会见与会谈是政务和商务活动中的重要内容。不论是正式访问,还是礼节性的拜访甚至观光,宾主双方通常都会安排相应的会见与会谈,用以加强沟通与了解,促进双方的友谊,增进相互间的合作与交流。为表示对对方的尊重与礼貌,在会见与会谈的程序进行中,都有许多礼仪规范。

## 一、会见礼仪

所谓会见,是特指为了一定的目的而进行的约会、见面,参加的宾主双方地位、身份

相仿。会见就其内容而言,有礼节性的、政治性的和事务性的,或兼而有之。礼节性的会见时间较短,话题较为广泛。政治性的会见一般涉及双边关系、国际局势等重大问题。事务性的会见则包括一般外交交涉、业务商谈等。

(一)做好会见的准备工作

会见前要做的准备工作包括对时间、地点的选择;会见的主题、内容、议程的准备;制定会见的计划和目标。

如果一方要求拜访另一方,应提前将自己的姓名、职务以及要求会见什么人、为何会见通知对方。接到要求的一方,应该尽快予以答复,不要无故拖延。如果不能够安排会见,应向对方做出解释。如果接到要求的一方同意会见,可以主动将会见的时间、地点、参加的人员告知对方。

**1. 会见的时间选择**

如果会见的对象是外宾,那么安排会见的时间与外宾抵达的时间之间不宜间隔过短或过长。外宾经过长途旅行一般比较疲劳,如果马上接见,精力不足会影响效果。反之,如果时间间隔过长,外宾会感到不受重视。同时,由于经济活动节奏快,迟迟不安排会见,会使客方认为主方办事效率低,会对主方产生不信任感,继而影响会见的结果。须注意当会见的时间确定后,应提前通知外宾,使外宾有充足的时间做相应的准备。在正式会见时,应提前20～30分钟派人到外宾住所,并陪同外宾前往会见地点。在会见开始前,东道主应先到达会谈地点,对准备工作进行查漏补缺,预备迎接客人的到来。另外还要注意会见的时间不要安排在外宾休息的时间。

**2. 会见地点的选择**

地点应选择在距对方住所较近的地方,最好在本公司内部,但一定要是一个正式场地,不可以用办公室代替,最好选择一个没有外界干扰的地方。

**3. 会见的目的**

会见的目的并不在于达成某项交易,而是作为双方正式接触,相互认识,加强沟通和了解的一个途径。因此,会见的主题和内容主要是回顾过去,展望未来。双方如果在之前有过良好的合作,可以进行回顾,并以此为契机对双方的友好关系进行总结、展望;如果双方在之前有过不愉快的回忆,不妨一笔勾销,绕过不谈或仅简单提及后说:"相信在双方的努力下,本次会谈会取得圆满成功""相信这将是一个新的起点"之类的语言,将话题引向新的议题,切记不可揪住过去不放,影响双方的情绪;如果双方此前互不相识,会见内容则可以从双方对对方的了解和认识开始,逐步引向双方建立关系、加强合作的话题。总之,会见的主题和内容应以营造友好气氛,推进双方合作,建立稳定联系,加强沟通了解为核心和目标。

会见前,还应制订详细的计划并对会见的议程进行准备。一般来讲,会见的议程应包括双方相互介绍、认识、就座,主方负责人发言致辞欢迎,客方发言答谢,双方就本次会见的原则性事项交换意见,对未来表示信心和展望,送来宾回旅馆休息等事项。在整个过程中,一些需要注意的问题必须要事先制订详细的计划,以保证会见的成功。

（二）会见的座位安排

**1. 面门为上**

采用"相对式"就座,指宾主双方会见时面对面而坐,便于进行交流。一般应以会客室的正门为准,面对正门的一方为上,应请来宾就座;以背对房门的座位为下座,宜由主人自己在此就座,若宾主双方不止一个人,则除主人与主宾之外,双方其他人员均应按照具体身份的高低,由尊而卑,自右而左依次排列在主人或主宾两侧。如图4-8、图4-9、图4-10所示。

图4-8 相对式座次示意图1　　图4-9 相对式座次示意图2　　图4-10 相对式座次示意图3

**2. 以右为上**

"并列式"排位是指宾主双方会见时,面对会客室或会见厅的正门并排而坐,可显示出双方的平等与亲密。它的具体排列是以右侧为上,主宾在右;以左侧为下,应归主人自己就座。宾主双方的其他人员按照具体身份的高低,依次在主人、主宾的一侧排开。如图4-11、图4-12所示。

图4-11 并列式座次示意图1　　　　图4-12 并列式座次示意图2

**3. 居中为上**

如果来宾较少,而东道主一方参与会见者较多时,往往可以由东道主一方的人员以一定的方式围坐在来宾的两侧或者四周,而请来宾居于中央,呈现出"众星捧月"之态。如图4-13、图4-14、图4-15所示。

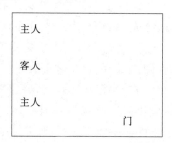

图4-13 居中式座次示意图1　　图4-14 居中式座次示意图2　　图4-15 居中式座次示意图3

**4. 以远为上**

离房门近者易受打扰,离房门较远者则受到的打扰较少。

**5. 佳座为上**

长沙发优于单人沙发,沙发优于椅子,椅子优于凳子,较高的座椅优于较低的座椅,宽大而舒适的座椅优于狭小而不舒适的座椅。

**6. 自由为上**

有时,未及主人让座,来宾便自行选择了座位,并且已经就座,此刻主人亦应顺其自然。在举行多边会见时,此种方法尤为适用。

主方人员应提前到达会见地点以迎候客人。迎候时,可以站在会见的大楼正门,也可以在会客厅门口等候。当客人到达时,应主动上前行礼表示欢迎,并引导客人入座。会见结束时,主人应将客人送到车前或门口握别,然后目送客人离去。在会见过程中,不允许外人进进出出。

(三)会见时应注意的问题

客人到达时,主人应在门口迎候,可以在大楼正门迎候,也可以在会客厅门迎候。如果主人不到大楼门口迎,则应由工作人员在大楼门口迎接,引入会客厅。

会见时,首先应注意掌握时间,注意交谈的质量。商务活动中的礼节性会见,时间的长短由其性质所决定,不可能时间很长,所以会见的双方都应掌握分寸,言简意赅,多谈些轻松愉快、相互问候的话题,避免单方面冗长的叙述,更不可有意挑起争论。

在会见中,如果人员较多,亦可使用扩音器。主谈人在交谈时,其他人员应认真倾听,不得交头接耳或翻看无关的材料。不允许打断他人的发言,或使用人身攻击的语言。

在会见时可以预备茶水来招待客人,夏季还可以准备饮料。

会见结束后,主人应将客人送至门口或车前,握手告别。目送客人乘坐的车子远走之后,主人方可退回室内。

## 二、会谈礼仪

会谈是指双方或多方就某些重大的政治、经济、文化、军事及其他共同关心的问题交换意见、交流看法、展露观点的一种会晤。会谈也可以指商谈公务和业务谈判。一般来说,会谈的内容较为正式,气氛更为严肃,政治性、专业性较强。例如:1972年2月21日,美国总统到达北京的当天,毛泽东主席就邀请他到中南海寓所,双方进行了一个多小时的会谈,研究了中美关系的根本问题,决定了日后需讨论的重大实际问题。其后,周恩来总理又同尼克松总统先后进行了大约5个小时的会谈,双方基本维持了友好、礼貌和互相尊重的气氛。通过这些会谈,双方发表了著名的《上海公报》,揭开了中美关系史上新的一页,标志着两国关系正常化进程的开始,为以后中美关系的进一步改善和发展打下了良好的基础。在会谈活动中,如果违背了会谈礼仪,必定会造成许多不必要的麻烦,甚至还会给达成协议造成威胁。因此,恰当、礼貌的会谈不仅能增进谈判双方之间的了解、友谊和信任,而且还能促使谈判更加顺利、有效地进行。如图4-16所示。

图 4-16　毛泽东会见尼克松（1972.2.21,北京）

（一）仪表要求

仪表是正式场合参与会谈人员的广告,包括服装整洁、挺括、端庄高雅,神情饱满,给人以良好的第一印象。此外,公文包、笔记本、手表、手机等细节也不可忽视,这些物品都会影响对方对你风格的认识。

**1. 女士仪表要求**

在商务会谈活动中,适度的化妆和佩戴首饰是对对方的尊重,可以给人以淡雅、端庄、大方的感觉,使别人的尊重之情油然而生;相反,过分鲜艳、俗气的化妆和首饰则会给人留下轻浮和不自重的印象,甚至会引起对方的反感与轻视。

化妆:西方人对化妆较为注重,认为化妆可称得上是女性的第二时装。女士应选择端庄的发型,不可做过于摩登或超前的发型。化妆不宜过浓,尤其不可使用浓香型化妆品。使用香水有一定的讲究,一般用在四个部位:一是两手腕的脉搏部位;二是下巴以下;三是耳根以下;四是在长裙的裙摆之下挂一个喷过香水的棉球,或挂在短裙的膝盖处。商务活动中女性切忌在众人面前化妆,这是没有教养、不懂礼仪的表现。(详见第二章第二节。)

首饰:在正式场合,高档饰物,特别是珠宝首饰是不能戴的,其他首饰尽量少戴。如果一定要戴首饰,应注意以下几点。

一是数量以少为好。在必要场合时,可以不用佩戴首饰。如果想同时佩戴多种首饰,最好不要超过三种;二是同色。如果同时佩戴两件或两件以上的首饰,则要求色彩一致;三是质地相同。比如,首饰是白金的,手表等饰物也要是同一个颜色,甚至连眼镜框也要力求一致。这样能让它们在总体上显得协调;四是符合身份。选戴首饰时,不仅要照顾个人爱好,还要服从场合的要求和自己的身份、性别、年龄、职业、工作环境等;五是为体型扬长避短。选择首饰时,应充分正视自身的形体特点,努力使首饰的佩戴为自己扬长避短;六是和季节相吻合。季节不同,戴的首饰也要不同。金色、深色首饰适合冷季佩戴,银色、艳色首饰适合暖季佩戴;七是和服饰协调。佩戴首饰,是服装整体中的一个环节。要兼顾服装的质地、色彩、款式,并努力让它在搭配风格上相互般配;八是遵守习俗。不同的地区、不同的民族,佩戴首饰的习惯做法也有所不同,要了解并且尊重。(详见第二章第三节。)

着装:着装是女性在商务活动中遇到的重要问题。女性人员出席较为重要或正式的会谈场合时,则应穿深色西装套裙和白衬衫,配肉色长筒或连裤丝袜和黑色高跟或半高

跟鞋。在一般性的会谈中可穿着一般的毛衣套装,只要能充分体现出女性的自信、自尊即可。女装要注意的是不可露、透,内衣不可外现,衬衫的下摆须掖进裙子或裤腰。袜子的色彩不可太鲜艳,一般以肉色、黑色和浅色透明丝袜为宜。避免选择过于复杂的或网眼状图案的袜子,袜口不能外现,袜子不允许有残破,不能穿半截的袜子,弄出三截腿,用专业术语形容的话就叫"恶意分割"。不光腿,要穿双包鞋,把易磨的前后都包住;不能在裙子下加健美裤。需特别注意不能穿黑皮裙(在国际上是妓女标准装)。(详见第二章第二节女士西装着装礼仪)

举止:举止和谈吐是女性在商务谈判活动须注意的又一个方面。女性的站姿、坐姿、走姿均有各自的规定,不可等同于男子礼仪要求。女性坐下时应双腿并拢,端坐在椅边,坐下后注意整理一下衣着。行走时,头部要端正,不宜抬得过高,目光须平和,直视前方。行走时上身自然挺直,收腹,两手前后摆幅要小,两腿收拢,小步前行,走成一条直线,步态要轻柔、自然、和谐,体现出文静、端庄的女性美。站立时,双腿靠拢,身子自然挺直,不能乱晃乱动。女性在业务会谈中要注意语调、声音的正确使用,应有自尊、自重的态度而又不失女性的温柔,切忌用撒娇的语调或用不庄重的语调进行会谈。(详见第二章第四节)

**2. 男士仪表要求**

正式出席会谈的人员,男士应理发、剃须、吹头发,不准蓬头乱发,不准留胡须或留大鬓角。在服装上应穿着传统、简约、高雅、规范、正式的礼仪服装。必要时男士应穿深色西装和白衬衫,打素色领带或条纹式领带,配深色袜子和黑色系带皮鞋。

穿着西装时,必须掌握衬衫、领带、鞋袜、公文包与服装的搭配常识。在搭配时应该注意三色原则、三一定律、三大禁忌。三色原则是指全身不要超过三个色系,尽量要少。三一定律是指鞋子、腰带、公文包一个颜色。三大禁忌则是指不穿尼龙袜(会臭),不穿白袜子,鞋子袜子浑然一色最好看;不要穿夹克打领带;袖子商标必须拆。(详见第二章第三节)

**3. 正式场合着装的注意事项**

(1)选择适合特定场合的服装

在参加正式活动时,男子一般应穿着上下同色同质的毛料西装、中山装或礼服,女性应选择西装套裙、旗袍或礼服。而那些休闲服、运动服、T恤衫、紧身衣、牛仔裤等,无论多么高档、多么昂贵,甚至是国际名牌都不可以出现在正式场合,各式休闲鞋、时装鞋都不能与正式礼服相配。

(2)按规定着装

重大的宴会、庆典和会见等比较正式和隆重的场合,尤其是涉外活动,组织者所发请柬上如注有着装要求,参加者就应按规定着装。即使组织者没有提出具体的着装规定,参加者也应穿着较正式的服装。

(3)按规范着装

正式场合的着衣配装有一定的礼仪规范。如中山服的着装规范是扣好衣扣、领扣和裤扣,不把衬衣领口翻出,皮带不得垂露在外。穿长袖衬衣应将前后下摆塞入裤内,袖口、裤腿不能卷起。穿西服一定要配颜色相宜的皮鞋,忌戴帽子。西服的衣裤兜内,忌塞得鼓鼓囊囊,腰带上不要挂钥匙、手机。参加宴会联欢的女士穿旗袍时,开衩不可太高,以在膝上 1～2 寸(1 寸≈3.33 厘米)为宜。

（4）注意服饰的细节

任何服装都应洗涤干净,熨烫平整,裤子要熨出裤线,不可有折痕。衣领袖口要干净,鞋面要光亮。女士着裙装、套装应配以皮鞋或不露脚趾的皮凉鞋。不能赤足穿鞋,鞋袜不得有破损。扣子、领钩、衣带等要扣好、系好。穿好服装后,自己最好在镜子前仔细检查或请别人观察一下,以确保万无一失。

（5）裁剪合体,式样流行,颜色传统,质料高级

服装是否合体直接关系着服装穿着的效果,而式样、颜色、质料的选择则显示出穿着者的素质和风格。因此,在参加一些重要活动前,请著名的设计师和服装公司为自己特制一身合体的服装是十分必要的。

（6）进入室内场所,均应摘帽,脱掉大衣、风雨衣等

男士任何时候在室内均不得戴帽子和手套。室内一般忌戴墨镜,在室外遇有隆重仪式或迎送等礼节性场合,也不应戴墨镜。有眼病需戴有色眼镜时,应向客人或主人说明并表示歉意,或在握手、交谈时将眼镜摘下,离别时再戴上。

**4. 部分国家服饰礼仪的特点与禁忌**

在欧洲大陆,西装是人们常穿的服装,即使是在炎热的季节,在办公室、饭店及大街上仍到处都是穿着西服的人,且欧洲人相对比较保守,在室外一般都不解开西装的纽扣。在颜色方面,不同的国家有着不同的禁忌。西方许多国家都把黑色作为葬礼的表示,并认为棕色会带来厄运;比利时人忌讳穿蓝色服装,以蓝色物做装饰物也不吉利;在英国,忌系有纹的领带,因为带纹的领带可能会被认为是军队或学生校服领带的仿制品;大部分欧洲人,认为红色代表的是鲜血,不吉利,挪威人却普遍视红色为流行色;在德国,不要将手放在口袋里,这会被认为是无礼的表现。

在亚洲,也有很多需注意的穿着特点与禁忌。例如,日本人穿衣都是右向掩衣襟,他们喜爱红、白、蓝、橙、黄等色,禁忌黑白相间色、绿色、深灰色;在蒙古,黑色被视为是不幸和灾祸,故蒙古人不穿黑色衣服;泰国人喜爱红色、黄色,禁忌褐色;缅甸人笃信佛教,参拜寺院宝塔必须脱鞋赤脚进入,以表示对佛祖的尊敬;当进入韩国、日本、朝鲜的住宅时,不要将室外穿的鞋穿到屋里去,要换备用的拖鞋。

其他国家,例如,埃塞俄比亚人出门做客时忌穿黄色服装,因为这是哀悼死者时应穿着的;巴西人认为用黄与紫的调配色做装饰色会引起恶兆;在阿根廷最好不要穿灰色的套装套裙;墨西哥人认为紫色为棺材色,不可使用。在阿拉伯国家,服装非常保守,穿着不当会遭到惩罚,在就座时,不要把鞋底冲着东道主,那是侮辱人的举止。

世界上各个国家或地区的习俗都有很大的区别,在此不可能一一介绍,只能在实际应用时多多留意,实在不明白时可以向当地人询问,以免出现常识性错误。(参见第七章第二节)

（二）会谈中座次安排的礼仪

会谈时,多使用长方形的桌子或椭圆形桌子,事先排好座位图,现场放置中外文座位卡,卡片上的字体应工整清晰。会谈场所应安排足够的座位。若双方人数较多,厅室面积大,主谈人说话声音低,则宜安装扩音器。

按照国际惯例座次安排的基本讲究是以右为尊,右高左低。这里的高低指的是会谈参与者身份、地位的高低。座次安排有以下几种方式。

**1. 相对式**

相对式主要适用于双边会谈,具体又分为两种情况:一是会谈桌横放,客方面对正门而坐,主方背对正门而坐。二是会谈桌竖放,以进门时面向为准,右侧为上,请客方就座;左侧为下,请主方就座。在会谈时,双方的主谈者应居中而坐,其他人员应遵循右高左低的惯例,依照各自实际身份的高低,自右而左分别就座于主谈者的两侧。按照惯例,各方的译员应就座于主谈者的右侧,并与之相邻。如图 4-17、图 4-18 所示。

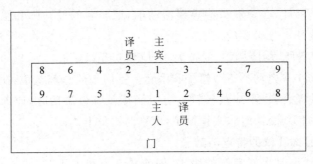

图 4-17　相对式座次示意图 1

**2. 主席式**

主席式主要适用于多边会谈。届时,可在谈判厅内面对正门设置一主席台,其他各方人员均应背对正门,分别就座于主席台的对面。在会谈进行中,各方发言者须依次走上主席台,面对大家,阐述自己的见解。其状况犹如大会发言。如图 4-19 所示。

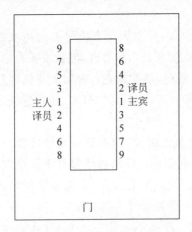

图 4-18　相对式座次示意图 2

图 4-19　主席式座次示意图

**3. 圆桌式**

圆桌式也适用于多边会谈。在会谈现场仅设置一张圆桌,由各方人员不分座次,自由就座。参与会谈的人员总数不宜是 13,可以用增加临时陪坐的方法避免这个数字。小范围的会谈,也有的不用长桌,只设沙发,双方座位应按会见座位安排。

应注意,无论何种会谈,有关各方与会人员都应尽量同时入场就座。不过,主方不应在客方人员之前就座。由于座次排列属于重要的礼节,来不得半点马虎,为了避免因出错而失礼或导致尴尬的场面,在座次安排妥当后,在每个位置前可安放一个名签以便识别,由引座员指引入座,也是得体和恰当的。

（三）会谈中的语言和行为礼仪

在会谈中,诚实和热情是交往的基础,只有开诚布公的谈话才能使人感到亲切自然,气氛才会融洽。谈话时的仪表、语气、话题都十分重要。出席会谈的人,衣着要整洁大方,谈话的表情应自然、诚恳,面带笑容。谈话的态度要诚恳,发表自己的观点时要谦和。他人发言时要认真聆听,不要随意插话。对原则性问题需要坚持或拒绝时,注意态度不要太激烈,可做耐心的解释和婉拒。与人面对面的会谈,是一种对等关系,以礼待人,不仅能显示出自身的人格尊严,还可以满足对方的自尊需要。因此,会谈中要随时随地有意识地使用礼貌语言,这是商务人士应当具备的基本素养。

**1. 礼貌语言的运用**

会谈中语言的选择,要视具体情况而定,要能准确表达意思。用语不要含糊难解,态度不要模棱两可,以避免对方做出错误理解,导致错误反应,从而引起会谈的困难甚至破裂。言语尽量文雅有礼,任何出言不逊、恶语伤人的行为都会引起对方的反感,无助于会谈目标的实现。

（1）问候语

谈判双方见面时问候的语言不能少,如"您好""早安""好久不见,近况如何""能够认识您真是太高兴了"等。有事相托时,不要忘记说"请"字。在接受别人任何服务时,都不要忘记说声"谢谢";万不得已需暂时离去或打断对方,或自觉不周到时,应说"对不起"。尽管这些用语的本身并不表示特定的含义,但它能传递出尊重、亲切、友情的信息,从而形成一种和谐、友善的良好"人际气候"。

（2）语速、语调和音量

会谈过程中,说话者的语速、音质和声调,也是传递信息的符号。同一句话,说的时候和缓或急促,柔声细语或高门大嗓,商量语气或颐指气使,面带笑容或板着面孔,其效果都会大相径庭,要根据对象、场合进行调整。

首先,语速和说话的节奏对意思的表达有较大影响。说话的速度不宜太快,也不宜太慢,陈述意见时要尽量做到平稳中速,说话之间加入几秒钟停顿,目光应与对方交流,以示征询,从而也给对方留下发表意见的机会。说话太快会使对方难以明白你说话的主要意思,难以集中注意力去正确领会、把握你的实际表达。有时还会使对方误认为你是为完成某项工作而敷衍了事,于是他就不再费神倾听,从而导致双方的语言交流不畅,难以沟通。有些人以为自己说话快些,可以节省时间,其实说话的目的,在于使对方领悟你的意思。使用翻译的情况下,要注意照顾翻译的工作,不要长篇大论。此外,不管是讲话的人,或者是听话的人,都必须运用思想。说话太慢,节奏不当,吞吞吐吐,欲言又止,也会使人着急,既浪费时间,也会使听的人不耐烦,甚至失去谈下去的兴趣。因此,在谈话中,只有使自己谈话的速度适中(大约每分钟讲 120 个字左右)才最适宜。在特定的场合,可以通过改变语速来引起对方的注意,加强表达的效果。

其次,要注意语调和音量。说话时的语调、声音大小也对表达有一定的影响。语调不同可使同一句话具有完全不同的含义,会谈者的语调掌握对表达自己的观点、让对方准确理解自己的话具有重要意义。而声音的大小则能反映说话者一定的心理活动、感情色彩或某种暗含的意思。在会谈中,一般问题的阐述应使用正常的语调,要保持能让对方清晰听见而不引起反感的高低适中的音量。人们说话时常常要流露真情,语调就是流露真情的一个窗口。愉快、失望、坚定、犹豫、轻松、压抑、狂喜、悲哀等复杂的感情,都会在语调的抑扬顿挫、轻重缓急中表现出来。语调同时还会流露一个人的社交态度,那种心不在焉、和尚念经式的语调绝不会引起别人感情上的共鸣。在社交场合,为使自己的谈话引人注目,谈吐得体,一定要在声音的大小、轻重、高低、快慢上有所用心,这样才能得到好的效果。适当的时候,为了强调自己的立场、观点,尤其在针对有分歧的问题时,可通过调整语调和音量来增加话语的分量,加强表达的效果。比如:放低声调总比提高嗓门说话显得悦耳得多;委婉柔和的声调总比粗糙僵硬的声调显得动人;发音稍缓总比连珠炮式易于使人接受;抑扬顿挫总比单调平板易于使人产生兴趣……但这一切都要追求自然,如果装腔作势,过分追求所谓的抑扬顿挫,也会给人华而不实,好像在演戏的感觉。因此,自然的语调是最美好动听的。一般地,升调表达的是一种惊讶、不可思议、难以接受或不满的感情和意思,降调则反映某种遗憾、无可奈何或失望灰心的心理活动。声音高低的起伏能表明说话者的某种情绪波动。有时是有意识的表达需要,有时则是潜意识的自然流露,需对会谈对手的话语敏锐把握,同时对自己的话语表达加强控制,不能出现语调、音量失控的情况,否则就可能达不到会谈活动的本来目的,也有损自己的礼仪形象。

最后,要注意说话的音量不要太大,不要使对方听起来震耳,有失亲切、友好,也不宜压得太低,显得信心不足,使对方无振奋之感,最好是能够强弱结合、抑扬顿挫、自然流畅,既让对方聚精会神地倾听,又能感到舒适自然。谈话者不能失去内心的平衡,这样才可根据会谈的气氛、会谈的具体内容来正确运用商务会谈的语言,达到预期的会谈效果,实现预期的会谈目标。

**2. 交谈时的目光**

谈话时目光注视对方是一种起码的礼貌。眼睛是心灵的窗户,会谈人员必须要正确运用自己的目光。目光注视对方表示对谈话有兴趣和对对方的尊重,同时也可以为愉快和谐的谈话气氛创造条件。假如你是个有心人,一定会发现,交谈一方偶尔把目光随意转向一旁,则会引起另一方的十分注意,可能会因此而认为一方对谈话不感兴趣而关闭谈话的大门。当然,注视并不等于凝视,直勾勾地盯着对方,或目光在对方身上下左右乱扫,甚至还跑到对方身边去,这只会使对方感到透不过气来或惶惑不安,有话也说不出来。一般来说,如果两个人在室内面对面交谈,目光距离最好在 $1 \sim 2$ 米,目光注视对方胸部以上、额头以下部位。

目光注视对方的正规做法是散点柔视,这样既显真诚,又不致使对方感到不自在。对视的时机要正确把握,一般要视交谈内容而定,当强调某一问题时,或当对方注视你,发出交流信号时可对视。其他情况下要视对方脸部为一个整体,不要将目光集中于对方的某一部位,目光要柔和。瞪与盯是非常规的目光,须慎用。斜视是无礼的举动,不应使用。有时可能会出现谈话双方目光对视的情况,此时不必躲闪,泰然自若地徐徐移开就可以了。

需要注意的是,由于文化背景的不同,目光的运用在各国也有较大差异。例如,欧美国家的人大多倾向于在谈话时双方对视,认为这样方显坦诚相待和相互信赖。而英国人一向以传统保守著称,他们在交谈时不喜欢打量对方,特别是对两眼盯着对方很反感,认为这会使得别人紧张难堪,是不礼貌的行为。日本人交谈时一般看着对方的脖子。在地中海沿岸,人们的行为习惯不同于欧洲大陆其他地区,他们忌讳瞪眼直视,尤其是直而失态的相视。

总之,了解对方的习惯很重要,如一时仓促上场,应尽量以平静目光注视对方,显露出坦诚与尊重,同时要注意随时观察对方的心理活动,以便及时加以调整。

### 3. 体态和手势

体态和手势是一种身体语言,是较难把握的无声语言。如没有确切的把握,应尽量少用,以免出错。例如,美国前总统老布什有一次访问澳大利亚,一切似乎都堪称圆满。可是,当他走上飞机舷梯,转身向友好的澳大利亚人告别时,一个小小的手势却出了问题。老布什竖起了大拇指!对北美的人来说,这是友好的赞誉表示,然而澳大利亚人和新西兰人则视之为猥亵,结果此事沸沸扬扬的传了好几年。

会谈中,一些不经意的体态动作,可能会透露出有关内心动态的有用信息。有经验、训练有素的会谈人员能自我控制,能最大限度地避免下意识的动作,在任何情况下都能镇定自若,不慌不忙,显示出风雨不动、稳如泰山的风度。自觉的体态运用也能微妙地影响对方的心理。如握拳或紧握双手是信心不足,自我鼓劲的反映;抱着胳膊表示警觉和戒备;摸鼻梁,扶眼镜,同时闭目休整,表示正在集中精力思考某个问题的决策。还有一些下意识的动作能反映焦虑和不知所措。以上这些体态能增加一个人的潜在影响力,表现出一定的人情味,也能表现出一种礼仪和风度,在会谈活动中是不可或缺的增效剂。

在会谈过程中,手势是另一种重要的身体语言,有助于表达自己的情绪,从而增加说话时的说服力和感染力。手势要自然大方,恰到好处。有意做出某种手势,易给人以虚假做作的感觉;手势如果过多过密,就会分散对方的注意力,甚至会引起对方的厌烦;做手势时如果动作太大,或是将手伸到越过双方距离中界线的地方,会让对方感觉侵入了自己的身体空间,有故意挑衅之嫌。双手一般不要超过双肩以内的范围,否则会给人留下手舞足蹈,轻浮乃至轻狂不实在的印象。当然,手势也不可太拘谨,生硬怯懦,缩手缩脚,既显得缺乏应有的自信,也难以引起他人对你的信赖感。手势要注意与说话的语速、音调以及声音大小密切配合,不能出现脱节的滑稽情况。做手势时应把握好手势的力度,给人以轻重合适、表达自然的感觉。另外还要注意不同国家或地区手势理解也不同,不可乱用。例如:我们熟悉的"OK"手势,这个手势并非世界通用,中国台湾和日本将之等同于铜板或钱;法国将之等同于头脑空空或愚蠢;马耳他将之等同于来个同性恋性交吧;突尼斯将之等同于我要杀父;在拉丁美洲它是一个庸俗低级的动作;希腊人和俄罗斯人也认为这是一个不礼貌的手势。再如,在斯里兰卡、尼泊尔、保加利亚、阿尔巴尼亚和希腊,要特别注意摇头是表示赞同的意思,而点头则表示不赞成。招手是友好的手势,在希腊却意味着下地狱,希腊人表示道别,是把手背朝向对方招手。因此,千万不要乱打手势。

总之,体态和手势也应视具体情况而定,以文雅含蓄为准,不可失控失态,一旦由于情绪激动而做出某种失礼的姿态和手势,应勇于承认错误,并主动向对方致歉。

### 4. 距离和面部表情

人与人之间的空间距离与心理距离联系密切,空间距离的大小直接影响着会谈双方

的心理距离。会谈中，较合适的双方距离应在 1～1.5 米，这个距离也是会谈桌的常规宽度。距离太远，双方交谈不方便，难以相互接近，有谈不到一起的感觉；距离太近，声息相通，表现出人为地过分亲近，会使人觉得不自在，难以进行良好的交流。距离的变化可以传递某种信息，反映交谈者的不同心态。相互间移近，可能表示交流良好，有兴趣，有好感，是一种友善认同愿望的自然流露，但也可能是攻击前的一种威胁姿态，这与会谈的气氛和双方的心理活动是密切相关的。相互间的距离变远，则反映谈判的分歧正在加大，或双方都想冷静一下头脑，整理一下思路。

面部表情是内心情感的重要体现。通过面部各个器官的动作，来展示出内心多样的情绪和心理变化。会谈活动中，有人嘴唇紧闭，唇角下垂，眼睛睁大紧盯对方，这表明不是你死就是我活的心态；有人满脸堆笑，目光不定，这反映了他内心游移不定；有人面带微笑，脸露真诚，眉目平和安定，反映了一种内在的力量。

### （四）会谈礼仪中的其他注意事项

**1. 尊重对方，谅解对方**

为了能获得对方的尊重和信任，必须要调查研究对方的心理状态，考虑和选择能令对方接受的方法和态度，考虑到对方讲话的语言习惯、文化程度、生活阅历等因素对谈判可能造成的种种影响。

尊重对方，表现在交谈时要专心致志。在对方发言时，一定要注意洗耳恭听，并适当跟说话者交流目光，或用点头、微笑等方式鼓励对方继续讲下去。不要东张西望，左顾右盼，更不应看书看报，或者面带倦意，哈欠连天。也不要做一些不必要的小动作，如玩指甲、弄衣角、搔脑勺、压指甲等，这些动作会显得你猥琐、不礼貌，也会使别人感到你心不在焉，傲慢无理。

不要随便打断对方的谈话。为表示对交谈一方的尊重，交谈时要尽量让对方把话说完，不要轻易打断对方的谈话，要有耐心，这是一种基本修养。尤其是在对方谈兴正浓时，突然打断对方，可能会使对方思路中断，也可能使对方被突如其来的"拒绝"弄得不知所措，下不了台。当对方对某话题兴趣不减之时，你因感到不耐烦而立即将话题转移到自己感兴趣的方面，也是一种不礼貌的做法。如果有紧急事件发生，或确实有必要打断对方时，要在对方说话的间歇，以婉转的口气，很自然得体地将自己的话简短说出，如"您的看法的确有道理，不过请允许我打断一下"或"请让我提个问题好吗"……这样就不会让人感到你轻视他或不耐烦了。恰当的插话，会引起对方的注意，并停止自己的言谈，让你先说，但插话如果违背对方原意，未听明白就下结论，或插得不着边际，转移话题，或抢过话头，显示自己高明，则有不尊重或揶揄味道，闹不好还会引起争执，不欢而散。

注意要能够让对方感受到你对谈话的态度。任何有经验、有教养的人，在与人交谈时，都不会忽略引起谈话对象的谈话兴趣。称道对方，关怀对方，对对方所说的一切表示出浓厚的兴趣，都可以提高对方的谈话兴趣。在会谈过程中，当双方的观点类似或基本一致时，谈判者应当迅速抓住时机，用溢美的言词，中肯地肯定这些共同点。赞同、肯定的语言在交谈中常常会产生异乎寻常的积极作用。当交谈一方适时中肯地确认另一方的观点之后，会使整个交谈气氛变得活跃、和谐起来，陌生的双方从众多差异中开始产生了一致感，进而将十分微妙地将心理距离拉近。当对方赞同或肯定我方的意见和观点时，我方应以动作、语言进行反馈交流。这种有来有往的双向交流，有利于双方人员融洽感情，从而为达成一致协议奠定良好的基础。在他人讲话时，应尽可能地以柔和的目光注视着对方，以便与对方进行心灵上的交流与沟通。这样做，会使对方感受到无声的鼓励或赞许，可以赢得其好感。当然，善于聆听的人光会用眼神还远远不够，还要学会用声音、动作去呼应，也就是说要随着说话人的情绪的变化而伴以相应的表情。身体稍稍倾向于说话人方向，面带微笑。在说话者谈到要点，或是其观点需要得到理解和支持时，应适时地点点头，或是简洁地表明一下自己的态度。当然，只是在关键地方点点头就可以了，不必频频点头。同时，还可以通过一些简短的插话和提问，暗示对他的话确实感兴趣，或启发对方，以引起感兴趣的话题。由此话题才可能谈得更广、更深，相互间的感染也就会越多，甚至能在心理上达到某种程度的默契。

在交谈中，如果发现对方失言或有语病时，不要立即加以纠正，更不要当场表示惊讶。如果有必要做出某种表示，可以在事后根据双方关系的亲疏程度妥善处理。如果在交谈中遇到不同意对方的某个观点，或某一明显错误的说法时，一般以表示疑问或商讨的语气提出为宜，以免伤害对方的自尊心。比如，若不同意对方的某个观点，可以说："我对这个问题也十分感兴趣，不过我好像不这么认为""你刚才的某个观点好像很新，能否再详细地解释一下"等。假如认为对方的某个观点和说法根本就是错的，可以说："在我的记忆中，好像这个问题不是这样的"，或者说"我在某本书上看到的好像与你讲的不完全一样"……虽然语言非常婉转，但这足以使对方明白其中的意思。遇到别人真的犯了错误，又不肯接受劝告和批评时，也不要急于求成，而是退一步，把时间延长些，隔一两天或一两个星期再谈，否则，大家都固执己见，这样不仅没有进展，反而会伤害彼此的感情。如果对方反驳你的意见，大可不必急躁、恼怒，应从容地说出自己的道理。谈判争执时不要针对某一个人，避免使对手处于尴尬的境地，切忌不要批评对方，更不能当众揭短，冒犯对方的尊严。

交谈时还应当注意，一旦自己出现失言或失态时，应当立即向对方道歉，说声"请原谅""对不起"，一定不要自我辩解。

**2. 及时肯定对方**

在谈判过程中，当双方的观点出现类似或基本一致的情况时，谈判人员应当迅速抓住时机，用赞誉之词，积极地肯定这些共同点。如有可能，还要想办法及时补充、发展双方一致的论点，引导、鼓励对方畅所欲言，将交谈推向高潮。赞同、肯定的语言在交谈中常常会产生异乎寻常的作用。在此基础上，本着求大同存小异、互惠互利的原则达成协议就比较容易了。但是，在肯定对方时，态度一定要诚恳。如果态度虚伪，多用讨好的言辞去讨好对方，会使对方产生怀疑和警惕。所以肯定对方时要恰如其分，不可言过其实。

在对方赞同或肯定己方的意见和观点时，己方应以动作语言如点头、微笑等进行反馈交流。这种有来有往的双方交流，易于使双方谈判人员感情融通，从而为达成一致的协议奠定良好基础。

**3. 态度和蔼，自然得体**

交谈时表情要自然，态度要和气，语言表达要得体。说话时可做适当的手势，但动作不要过大，不要用手指指向别人，更不要手舞足蹈，交谈时距离要适当。交谈时，不要涉及令人不愉快的内容，如疾病、死亡、荒诞、淫秽的事情。最好是交谈一些轻松愉快的问题,把快乐与人分享,把苦恼留给自己,这一做人的常识亦应在选择谈话内容时得到体现。话题不要涉及他人的隐私。如对女士不问年龄、婚否、服饰价格等;不用身体壮实、保养好等模糊用语来形容女士的身材。对男士不问钱财、收入、履历等;不随便谈论他人的宗教信仰和政治信仰,以免犯忌讳,也不要随便散播和听信蜚语。在交谈中,遇有需要赞美对方时,应措辞得当,注意分寸,赞美的目的在于使对方感受到你真的对他(或她)钦佩,用空洞不切实际的溢美之词,反而会使对方感觉你缺乏诚意。若一名公关人员在热情友好地接待了一位来访者之后,得到了"你的接待真令人愉快,你的热情给我留下了深刻印象"的评价,显然比"你是一位全世界最热情的人"的赞誉入耳得多。所以称赞要适度,过分地讨好、谄媚或近于肉麻的恭维只会给人带来反感。还要注意,不要批评长者和身份高的人,不要讥讽他人,不要随便议论宗教,不要议论别国内政。争论问题要有节制,不可进行人身攻击等。

# 第四节　会议礼仪

商务人员在日常交往中所必不可少的一件事情,就是要组织会议或者参加会议,它是人们从事各类有组织的活动的一种重要方式。

会议,通常是指一些特定的人员被召集在一起,对某些规定的问题进行研讨、决定。在商界中,由于会议发挥着不同的作用,因此便有着多种类型的划分。依照会议的具体性质进行分类,会议大致可以分为如下四种类型:其一,行政型会议。它是各个单位所召开的工作性、执行性的会议。例如,行政会、董事会等。其二,业务型会议。它是有关单位所召开的专业性、技术性会议。例如,展览会、供货会。其三,群体型会议。它是各单位内部的群众团体或群众组织所召开的非行政性、非业务性的会议,旨在争取群体权利,反映群体意愿。例如,职代会、团代会等。其四,社交型会议。它是商界各单位以扩大本单位的交际面为目的而举行的会议。例如,茶话会、联欢会等。

一般而言,以上四种类型的会议常见于商界,除群体型会议之外,均与商界各单位的经营、管理直接相关,因此世人称之为商务会议。在商务交往中,商务会议通常发挥着极其重要的作用:第一,它是实现决策民主化、科学化的必要手段;第二,它是实施有效领导、有效管理、有效经营的重要工具;第三,它是贯彻决策、下达任务、沟通信息、协调行动的有效方法;第四,它是保持接触、建立联络、结交朋友的基本途径。

虽然会议的具体内容与形式多有不同,但不论组织会议还是出席会议,都有一套既定的礼仪规范。

## 一、组织会议

凡正式的商务会议,均需进行大量细致而具体的组织工作。在实际操作中,在会议进行前、会议进行中与会议进行后,具体的组织工作又多有不同。负责会务工作的人员,在具体工作之中,一定要遵守常规,讲究礼仪,细致严谨。以下,仅就常用的会务礼仪加以介绍。

（一）会议前的筹备

在会议的种种组织工作中，会议前的筹备工作最为关键。无论举行任何会议，皆须先行确定其主题（包括会议名称）。这是会前有关领导已经确定了的。负责筹备会议的工作人员，则应围绕会议主题，将领导议定的会议的规模、时间、议程等组织落实。通常要组成专门班子，明确分工，责任到人。

**1. 会议时间**

一次正式的商务会议，自然会有时间方面的限制。具体来看，它又分为以下两个问题。

一是举行会议的日期。在确定何时举行会议时，往往需要兼顾会议的实际需要以及气候、环境、客流、节假日等因素。不应在法定节假日或当地有重大活动时举行会议，除非极有必要。

二是会议时间的长短。它又可分为两方面的问题：其一，整个会议持续的时间。一般而言，举行一次商务会议的总体时间不宜过久，绝大多数会议不宜长于 2 天。其二，每场会议所用的时间。根据经验来看，每场会议以举行 2～3 小时为佳。会议一旦开得太久，就会令人疲乏不堪，无精打采。此外，还应当考虑会议中途的休息时间与会议进行中的发言时间。一般而言，每场会议若长于两小时，即应安排中途休息 20 分钟左右，会议的普通个人发言时间则大致不应长于半小时。

**2. 会议场地**

举行会议，首先必须要确定场地。会议场地，包括地点与场所等具体问题。

一是举行会议的地点。举行较为重要的公务会议，一定要慎重选择地点。选择会议举办地点的原则是安全、方便、幽静。在多数情况下，商务会议都会安排在本单位所在地举行。如欲在异地举行会议，条件允许的话，最好以全国性、地方性的经济中心、历史文化名城、旅游观光胜地等作为首选。

二是举行会议的场所。确定会议地点后，接下来便要选择其具体场所了。选择具体的会议场所时，对其位置、面积、设施、档次与口碑等因素应兼顾考虑。在正常情况下，公务会议应优先考虑在正规的会议中心、大礼堂或会议室举行。不应忽略的是，会议场所具体条件的好坏，有时会直接影响到整个会议的气氛。

**3. 及时发出通知**

按照常规，举行正式会议的话均应提前向与会者下发会议通知。它是指由会议的主办单位发给所有与会单位或全体与会者的书面文件，同时还包括向有关单位或嘉宾发的邀请函件。基层会务人员在这方面主要应做好两件事。

第一件事，拟好通知。会议通知一般应由标题、主题、会期、出席对象、报到时间、报到地点以及与会要求七项要点组成。拟写通知时，应保证其完整而规范。

第二件事，及时送达。下发会议通知时，应设法保证其及时送达，一般须在会前的一周送达或邮寄到与会者手中，使参加会议的人员能有足够的准备时间。

**4. 准备会议资料**

要想开好一次商务会议，就必须认真准备好会议文件。会议文件是指提交会议讨论或有助审议事项的各类文书材料。这些资料一般应在会前准备妥当。有的文件应在与会者报到时就要下发。

需要认真准备的会议文件,主要有会议的议程、开幕词、闭幕词、主题报告、大会决议、典型材料、背景介绍等。按照其性质与功能,会议文件分为以下几类:

(1) 主旨文件。在每次会议上,主旨文件都是最重要的文件。它包括主题报告、领导讲话、传达提纲、计划草案、决议草案以及开幕词与闭幕词等。

(2) 议案文件。它通常是指交付会议审议的文件,包括各项议案及其说明等。

(3) 信息文件。它指的是记录、反映会议概况与进程的各项文件。例如,会议记录、会议简报等。

(4) 决议文件。它是对会议决议结果的直接反映。例如,纪要、决议、决定、公告、通知等。

(5) 事务文件。它主要用来为会议服务,包括开会通知、会议细则、参会须知、日程安排、代表名单、生活安排等。

准备上述各类会议文件时,均应由专人负责,会议文件应按格式规范撰写并且应控制其数量。

**5. 会议证件**

会议证件多见于重要的大型会议。它是发给与会人员佩戴、使用的一种身份证明。使用会议证件的目的,主要在于会务管理。具体来说,是为了识别身份、统计人数、维持秩序、保证安全,并维护会议的严肃性。会议证件通常分为下述两类。

(1) 出席证件。它指的是参加会议者所使用的会议证件,具体又可分为以下四种。

其一,代表证。它发给会议正式代表使用,是规格最高的出席证件,一般均应有编号并贴有本人近照。

其二,出席证。它发给会议的正式出席者,持此证可参加本次会议的各种活动。它一般不贴照片,但应标明席次。

其三,列席证。它发给列席会议者。持证虽可以与会,但不享有正式代表所拥有的权利。列席证的格式与出席证相似。

其四,来宾证。它主要发给与会的嘉宾以及其他特邀代表,以保证其受到照顾。来宾证的格式亦与出席证相同。

(2) 工作证件。它是指会议工作人员或其他为会议服务者与会时所使用的会议证件。它具体分为以下三种。

其一,工作证。它发给会议工作人员专用,上面均印有姓名、编号,有时还须贴有本人近照。

其二,记者证。它发给前来采访会议的记者专用。一般均应注明其单位、姓名、编号。

其三,通行证。它专门发给配有汽车的单位或个人,供其车辆出入会场、住地时所使用,它要求注明单位与车号。

制作会议证件,总的要求是美观、规范、实用和易于辨识。一般的小型会议与公司内部日常性会议,均无制作会议证件之必要。

**6. 会议议程**

开会是为了议事,议事自然需要程序。会议议程,指的就是举行会议的程序。它是会议进行的先后顺序与活动纲领,是对会议所做的有秩序的规范与引导。

具体而言,会议议程主要涉及会议的目的、任务、方法,一般应于会前确定。它通常由会议组织、领导机构依据会议宗旨来拟定，并应预先提交与会者。

会议的一般议程有三类：一是"报告—讨论—总结"；二是"传达—部署—落实"；三是"议题—议论—议决"。

一般来说，普通会议的具体议程包括以下六点：一是宣布会议开始；二是介绍会议任务与宗旨；三是大会报告；四是大会讨论或小组讨论；五是大会议决；六是散会。

倘若会议议程较多，会期较长，则不仅要向与会者印发具体的会议议程，而且宜将其具体内容列表。

**7. 会场的排座**

在举行正式会议时，通常应事先排定与会者，尤其是其中重要身份者的具体座次。越是重要的会议，它的座次排定往往就越受到社会各界的关注。对有关会场排座的礼仪规范，基层工作人员不但需要有所了解，而且必须要认真遵守。在正式的商务会议上，通常均应讲究会议排位。会议的排位，具体又分为座位的摆放与座次的高低两个问题。在实际操办会议时，由于会议的具体规模多有不同，因此其具体的座次排定便存在一定的差异。

（1）小型会议

小型会议，一般指参加者较少、规模不大的会议。

小型会议的座位摆放主要有以下几种：一是圆桌式摆放。所有与会者不分主次同在一张圆桌周围入座。它适用于人数较少的各类会议，尤其是内部会议。二是方桌式摆放。它与圆桌式摆放大体相似。二者区别在于，一为圆桌，一为方桌。三是"U"字式摆放。将座席放置成英文字母"U"的形状，主要适用于讲座及培训等小型讲习会。四是"E"字式摆放。将座席摆放成横置的英文字母"E"的形状，主要适用于规模不大的座谈会、讲习会、办公会。

小型会议的座次排位的主要特征，是全体与会者均应排座，不设立专用的主席台。会议主席之位要么设在面门之处，要么设在进门之时的右侧。小型会议的排座，目前主要有以下三种具体形式。一是自由择座。即不排固定的具体座次，而由全体与会者完全自由地选择座位就座。二是面门设座。它一般以面对会议室正门之位为会议主席之座。其他的与会者可在其两侧自左而右地依次就座。三是依景设座。所谓依景设座，是指会议主席的具体位置，不必面对会议室正门，而是应当背依会议室内的主要景致所在，如字画、讲台等。其他与会者的排座，则略同于自由择座。

（2）大型会议

大型会议，一般是指与会者众多、规模较大的会议。它的最大特点，是会场上应分设主席台与群众席。主席台必须要认真排座，群众席的座次则可排可不排。具体而言，确定座次时，应兼顾下列两点：第一，基本规则。公务会议的座次排列，主要应遵循以下四条规则：面门为上；居中为上；以右为上；前排为上。四条规则，往往同时使用。第二，区别对待。参加会议的具体人数不同时，座次的排列应有所区别。

大型会议的座位摆放主要有以下几种：一是礼堂式摆放。它一般指利用正式礼堂的固定座席。其特点是在群众席正前方设有居高临下的主席台。礼堂式摆放场面较大，多用于大型、特大型会议。二是教室式摆放。它实际上是礼堂式摆放的缩微版，大多配合各种会议室来摆放。在群众席前方亦设有主席台，但二者在同一高度之上。多见于中型会议。三是展示式摆放。它的特点是多人在主席台上就座，而台下的群众席不仅较为简易,而且往往还可以自由就座。它多见于公开的展示会、说明会。四是分组式摆放。它的基本特点是不论具体座席多少、如何进行摆放,均应分为几组,每组座席数量应大致相近。它适用于分组所进行的研讨会。

大型会议的座次主要包括以下两种。

① 主席台排座。大型会场的主席台,一般应面对会场主入口。在主席台上的就座之人,通常应当与在群众席上的就座之人呈面对面之势。在其每一名成员面前的桌上,均应放置双向的桌签。主席台排座,具体又可分为主席团排座、主持人座席、发言者席位三个不同方面的概念。

其一,主席团排座。主席团,是指在主席台上正式就座的全体人员。如果是国际会议或是商务会议,主席团座席的排列规则有三:即前排高于后排;中央高于两侧;右侧高于左侧。如果是政务会议则按照中国的传统"以左为尊"即主席坐中间,第一副职坐左侧,第二副职坐右侧,以此类推。如图4-20、图4-21、图4-22所示。

其二,主持人座席。会议主持人,又称大会主席。其具体位置有三种方式可供选择:一是居于前排正中央;二是居于前排的两侧;三是按其具体身份排座,但不宜令其就座于后排。

其三,发言者席位。发言者席位,又叫作发言席。在正式会议上,发言者发言时不宜就座于原处发言。发言席的常规位置有两个:一是主席团的正前方;二是主席台的右前方。

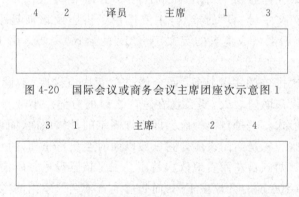

图4-20  国际会议或商务会议主席团座次示意图1

图4-21  国际会议或商务会议主席团座次示意图2

图4-22  中国共产党第十七届中央委员会第五次全体会议主席台座次图

② 群众席排座。在大型会议上,主席台之下的一切座席均称为群众席。群众席的具体排座方式有两种:第一,自由式择座。即不进行统一安排,而由大家各自择位而坐。第二,按单位就座。它指的是与会者在群众席上按单位、部门或者地位、行业就座。它的具体依据,既可以是与会单位、部门的汉字笔画的多少、汉语拼音字母的前后,也可以是其平时约定俗成的序列。按单位就座时,若分为前排后排,一般以前排为高,以后排为低;若分为不同楼层,则楼层越高,排序便越低。在同一楼层排座时,又有两种普遍通行的方式:一是以面对主席台为基准,自前往后进行横排;二是以面对主席台为基准,自左而右进行竖排。

**8. 常规性准备**

在负责会务工作时,往往有必要对一些会议所涉及的具体细节问题,做好充分的准备工作。

第一,做好会场的布置。对于会议举行的场地要有所选择,对于会场的桌椅要根据需要做好安排,对于开会时所需的各种音响、照明、投影、摄像、摄影、录音、空调、通风设备和多媒体设备等,应提前进行调试检查。

第二,根据会议的规定,与外界搞好沟通。比如,向有关新闻部门、公安保卫部门进行通报。

第三,会议用品的采办。有时,一些会议用品,如纸张、本册、笔具、文件夹、姓名卡、座位签以及饮料、声像用具,还需要补充、采购。

**9. 会议主持**

在商务会议上,主持人称为主席。会议主席主持的好坏,将直接影响到会议的质量。作为会议的主持人,应具有思维敏捷与清晰、分析概括能力,有耐心、善观察、善表达、富有幽默感、自制力强,有协调能力和较高的解决问题的技巧。在主持会议时,会议主席主要应当遵守以下 6 条基本的礼仪规则。

一是胸有成竹。在主持会议时,会议主席务必对会议的基本状况一清二楚。不仅要熟悉会议议程、会议文件、会议发言人,而且还要尽可能多地了解其他与会议相关的一切情况。

二是掌握全局。在主持会议时,会议主席须善于把握全局,控制场面。要努力贯彻会议宗旨,采取一切行之有效的措施,保证会议的顺利进行。

三是控制时间。控制会议时间,是保证会议顺利进行的一项有效措施。一方面要保证准时开会,准时休会;另一方面则要保证每一位发言人都能够自觉遵守规定的发言时间。

四是遵守议程。会议主席在主持会议时,必须无条件地遵守既定的会议议程。若要变更会议议程须经大会主席团决定,否则不允许随意对会议议程进行任何增减、调整。

五是平息事端。当会议进行期间出现了争吵或其他会议组织者不希望出现的问题时,会议主席应积极充当调解人,帮助有关各方求同存异,解决争端,使会议继续顺利进行。

六是促进交流。许多会议都会安排大会发言或各种形式的讨论。不管讨论、发言是自由进行还是预先有所准备,会议主席均应积极鼓励、引导与会者在会议上畅所欲言,并且鼓励其进行交流、互动。

（二）会议中的会务工作

负责会议具体工作的基层工作人员,应该一丝不苟地做好下列工作。

**1. 例行服务**

首先,会前接站,即根据来宾的身份、地位、规格及本企业的具体情况制定接待规格;其次,安排食宿,根据客人的民族习俗、身份及要求,确定伙食标准、进餐方式、住宿环境;最后,安排返程,在了解客人的离开时间后,及早预订机票、车船票,并安排送行人员和车辆。

**2. 会议签到**

为掌握到会人数,严肃会议纪律,凡大型会议或重要会议,通常要求与会者在入场时签名报到。会议签到的通行方式有三：一是签名报到;二是交券报到;三是刷卡报到。负责此项工作的人员,应及时向会议的负责人进行通报。

**3. 餐饮安排**

在举行较长时间的会议时,一般会为与会者安排会间的工作餐。与此同时,还应为与会者提供卫生可口的饮料。会上所提供的饮料,最好便于与会者自助饮用,不提倡为其频频斟茶续水。那样做往往既不卫生,又有可能妨碍到对方。

**4. 现场记录**

凡重要的会议,均应进行现场记录,其具体方式有笔记、打印、录入、录音、录像等,可从中选用一种,也可交叉使用。负责手写笔记会议记录时,对会议名称、出席人数、时间、地点、发言内容、讨论事项、表决选举等基本内容,要力求做到完整、准确、清晰。

**5. 编写简报**

有些重要会议,往往在会议期间要编写会议简报。编写会议简报的基本要求是快、准、简。快,是要求其讲究时效;准,是要求其准确无误;简,则是要求其文字精练。

（三）会议之后

会议结束后,应做好必要的后续性工作,以便使之有始有终。后续性工作大致包括以下3项。

**1. 形成文件**

会谈要形成文字结果,哪怕没有文字结果,也要形成阶段性的决议,落实到纸面上,还应该有专人负责相关事物的跟进。这些文件包括会议决议、会议纪要等。一般要求尽快形成,会议一结束就要下发或公布。

**2. 处理材料**

根据工作需要与有关保密制度的规定,在会议结束后应对与其有关的一切图文、声像材料进行细致的收集、整理工作。收集、整理会议的材料时,应遵守规定与惯例,应该汇总的材料,一定要认真汇总;应该存档的材料,要一律归档;应该回收的材料,一定要如数收回;应该销毁的材料,则一定要仔细销毁。

**3. 协助返程**

大型会议结束后,其主办单位一般应为外来的与会者提供一切返程的便利。若有必要,应主动为对方联络、提供交通工具,或是替对方订购、确认返程的机票、船票、车票。当团队与会者或与会的特殊人士离开本地时,还可安排专人为其送行,并帮助其托运行李。

## 二、出席会议

参加会议的代表,有的是以个人身份参加的,有的是代表单位出席的。不管以什么身份赴会,都必须注意个人的一言一行。言谈要稳重,举止要端庄,要时刻注意自我形象,严格遵守会议纪律。

**1. 重视装束**

凡正式的公务会议,均对与会者的穿着打扮有所要求。这方面的基本规范,是要求与会者衣着庄重、正规,仪表干净、整洁,具体又可分为以下两类情况。

(1) 统一着装。不少大型会议,如庆祝会、纪念会、表彰会、联欢会等,往往要求与会者统一着装。此时,本单位的制服是最常见的选择。

(2) 自行择装。一些会议,未必要求全体与会者统一着装,但与会者自己尚需慎重对待。出席较为正式的商务会议时,套装、套裙与制式皮鞋均应优先考虑。一般男士应穿深色西装、打素色或条纹领带、配深色袜子和黑色皮鞋。女士则应穿深色西装套裙、配肉色长筒丝袜、黑色高跟或半高跟皮鞋。过分时髦的时装以及过分随便的休闲装或便鞋,都不适合这种场合。

**2. 遵守时间**

参加会议时,一定要严格、自觉地遵守有关会议时间的具体规定。

其一,准时到会,不得无故迟到、缺席。出席会议时,一定要准时到达会场。必要时,还应早到一些,以留出一定的空余时间。以任何借口而迟到甚至缺席,都是对其他与会者的失敬。

其二,正点开会。规定的开会时间一到,即应准点开会。

其三,限时发言。不仅要限定发言人数,还应规定其所用时间的长短。对于规定的发言时限,绝对不应违反。即使会议无此规定,亦应长话短说,不要浪费别人的时间。

其四,到点散会。规定的会议结束时间一到,如没有特殊原因,即应宣布散会。

**3. 维持秩序**

在会议举行期间,全体与会者均应自觉地维持会议的正常秩序。

一是不得四处走动。在会议进行时,应在指定处就座,不得随意游走,四处乱窜。未获许可时,不要自由择座,中途退场。

二是不得打断发言。在任何人发言进行中,都不应将其中途打断。对其发言持有异议的,可在其发言完毕后请求发言。

三是遵守顺序。若会议已对发言人的先后顺序有所规定,不得漠然视之,必须要认真遵守。

四是保持安静。会场的安静,是会议顺利进行的基本条件。除正常的鼓掌发言外,严禁出现任何噪音。与会人员不论高兴、激动还是愤慨、反感,都不应以吹口哨、摔瓶子、击座椅、喝倒彩等方式制造噪音。即使正常鼓掌,也不应打断他人的发言。

五是不得退出会议。在一般情况下,不允许以任何借口在会议中途公然退出会议。

六是遵守规定。对有关禁止录音、录像、拍照、吸烟以及使用移动电话等会议的具体规定,应认真予以遵守。

**4. 专心聆听**

参加会议时，应认真而专注地听取一切发言。当会议正式召开之后，每一名与会者皆应专心致志地听取各位发言人的发言。当自己在听取他人发言时，除适当地进行笔记外，还应注视对方，并在必要时以点头、微笑或掌声来表达对对方的支持。对别人的发言要洗耳恭听，既是为了全面、准确地理解发言的实质，也是对发言者所应表现出来的一种尊重。

在会议期间要做到洗耳恭听，就要避免犯以下两种错误。

一是交头接耳。当他人发言时，不论是高声喧哗还是窃窃私语，都会扰乱发言人的思路，并且会影响四周与会者对发言的倾听。

二是搞小动作。在别人发言时，不允许心不在焉，更不得公然忙于他事。例如：看书、看报、听音乐、收发短信，或者接听、拨打移动电话等，这样会显得自己用心不专，缺少教养。

**5. 完成使命**

参加会议者，通常都肩负着一定的使命。参加会议的职员，在会上切莫无所事事，虚耗时日，从而影响工作。

作为一般与会者，在会议上大都具有下述五项任务。

一是坦陈己见。在发言时，要敢于直言不讳，以便别人了解自己的真实想法。

二是反映情况。在必要时，要及时向会议反映自己所了解到的各种实际情况。

三是掌握精神。在开会时要认真听讲，并做好记录，以便掌握会议的精神实质。做到了这一点，今后在传达会议精神、执行会议决议时，就不至于走样。

四是积极配合。在力所能及的前提下，要积极配合会议的各项工作，以保证会议的圆满成功。

五是贯彻落实。会议结束后，要努力采取有效措施，积极贯彻落实会议所提出的各项方针与任务。

**6. 出席会议的禁忌事项**

（1）发言时不可长篇大论，滔滔不绝（原则上以 3 分钟为限）；

（2）不可从头到尾沉默到底；

（3）不可取用不正确的资料；

（4）不要尽谈些期待性的预测；

（5）不可做人身攻击；

（6）不可打断他人的发言；

（7）不可不懂装懂，胡言乱语；

（8）不要谈到抽象论或观念论；

（9）不可对发言者吹毛求疵；

（10）不要中途离席。

# 第五节　商务谈判礼仪

商务谈判总是以某种利益需求的满足为预期目标，是处于相互独立或对等的双方平等对话、谋求合作、协调彼此之间的关系的交往活动，是各方沟通信息、交换观点、相互磋商、达成共识的过程。概括起来,可以把谈判理解为这样一个过程:贸易双方根据各自不同的需求,运用所获得的信息,就共同关心的或感兴趣的问题进行磋商、协调各自的经济利益,谋求妥协,从而使双方感到是在有利的条件下而达成的协议,从而促成交易。谈判的目的是说服对方理解、允许或接受本方的观点、意愿或行为方式,从而赢得或维护本方利益。商务谈判的实质,就在于平等、自愿地切割利益或交换价值。由于谈判双方的立场不同,所追求的具体目标也不同,因此谈判过程充满了复杂的利害冲突和斗争,正是这种冲突,才使谈判成为必要,而解决这些冲突和矛盾,正是谈判人员所应承担的义务。一项谈判是否成功,就在于参加谈判的双方能否通过各种不同的讨价还价的方式或手段,往返折中,最后取得妥协,得出一个双方都能接受的方案。

因此,商务谈判既是一门科学,又是一门艺术。优秀的谈判人员不仅要精通专业知识,还要掌握社会学、心理学、语言学、礼仪学等方面的知识,这样才能在谈判中得心应手,应付自如。

正式的商务谈判,要按照一系列约定俗成的、既定的礼仪和程序进行。在商务谈判中既要讲谋略,又要讲礼仪。忽略任何一项,都不会有助于谈判的成功。

## 一、谈判的准备

谈判的准备,是要求谈判人员在安排或准备谈判时,应当注重自己的仪表,预备好谈判的场所、布置好谈判的座次,并且以此来显示我方对于谈判的郑重其事以及对于谈判对象的尊重。

### (一)谈判的技术准备

在商务谈判之前要确定谈判的意向,选择谈判对手做可行性评估,以及设计谈判方言和确定谈判主题、目标、要点和策略等。要派专人收集与谈判有关的资料,做到知己知彼。要分析我方的优势和劣势,制定谈判的最低要求和最高目标,谈判策略。确定我方参加谈判的人员,要与对方谈判代表的身份、职务相当。要了解谈判对方公司的情况,对方参加谈判人员的情况,包括年龄、学历、资历、个人爱好、对方所持立场、谈判风格等。另外参加谈判的人员应该熟知谈判程序,细心研究谈判的常规程序及其灵活的变化,以便在谈判中能胸有成竹,处变不惊。

### (二)谈判人员的仪表准备

谈判代表要有良好的综合素质,谈判前应整理好自己的仪容仪表,穿着要整洁、正式、庄重。男士应当理发、剃须、吹头发,不准蓬头乱发,不准留胡子、留大鬓角,穿西服必须打领带。女士应选择端庄、素雅的发型,穿着不宜太性感,不宜穿细高跟鞋,应化淡妆,不允许做过于摩登或超前的发型,不可化浓妆或使用香气过于浓烈的香水等。在谈判桌前,服装应突现出传统、简约、高雅、规范的特点。如:男士可穿深色西装套装和白衬衣、素色或条纹式领带,配深色袜子和黑色系带皮鞋。女士可穿深色西装套裙和白衬衣,配肉色长筒或连裤式丝袜和黑色高跟或半高跟皮鞋。

### (三)谈判前物质上的准备

如果轮到我方做东,则要安排好对方的食宿,了解对方的风俗、口味,努力为对方创

造一个舒适的生活环境,从而营造对方的良好心境,有利于谈判的顺利进行,而且这也符合起码的待客之道。如果要请客,宜选档次较高的地方,尽可能不要选择对方下榻的饭店请客人。同时,为了联络感情,消除隔阂,往往还要准备礼品,在谈判气氛较好,并取得一定进展时向对方送上一份精致的礼物,会得到意想不到的效果,但注意礼品不要过于高档,最好能具有地方特色或纪念意义,否则会有行贿的嫌疑。

（四）谈判时间的确定

谈判时间是否适当,对谈判效果影响会很大。选择谈判时间时,一般应避开以下几种情况。

（1）身心处于低潮时,如夏天的午饭后,人们需要休息;

（2）休息日后的第一个早上,人们在心理上可能仍未进入工作状态;

（3）在连续紧张工作后,人们的思绪比较凌乱;

（4）身体不适时;

（5）"逢魔之时"也不要谈判。"逢魔之时"是指傍晚 4～6 时的体内时间（BODY TIME）。这段时间人一天的疲劳在心理上和生理上都已达到了顶峰,心情焦躁疲惫。

（五）谈判地点的确定

根据商务谈判举行的地点不同,可以将它分为客座谈判、主座谈判、客主座轮流谈判以及第三地点谈判。客座谈判,即在谈判对手所在地进行的谈判。主座谈判,即在我方所在地进行的谈判。客主座轮流谈判,即在谈判双方所在地轮流进行的谈判。第三地点谈判,即在不属于谈判双方任何一方的地点所进行的谈判。在我方地点谈判时,自己就不用分心去熟悉或适应环境了,但是,在会场的布置上需要多花费时间、精力。在对方的地点谈判时,可以省去布置环境的操心,但却要耗费许多精力去适应环境。相比较而言,应尽量争取在我方地点谈判。若没争取到,也要尽量争取一个"中性环境"。

（六）谈判场所的布置

谈判场所的布置是检验谈判人员素质的标准之一。谈判场地的选择和布置对谈判有很大的影响,好的场地可以提高谈判的效率,特别是谈判场地布置得好坏,可以直接影响谈判者才智的发挥。谈判室的布置往往是给客人的第一印象,有些商人会根据谈判室的布置状况去判断主方对本次谈判的重视程度和诚意。所以,谈判会场的布置,有时还可能会影响谈判的成败。也应警惕一些不太道德的商人利用场地搞一些阴谋诡计。

谈判环境的布置应突现出友好的、和谐的、坦诚的和富有建设性的氛围,谈判场所应该是温暖的、舒适的和方便的。整体环境布置要以不使双方谈判人员产生烦躁心情为原则。一般来说,应该选择满足以下几方面要求：（1）谈判场所应在交通、通信方便,便于有关人员来往,便于同时满足双方通信要求的地方,便于双方与总部联系;（2）谈判场所应宽敞、舒适,具有良好的通风和采光条件;（3）谈判场所应布置得幽雅、舒适,具有较高的文化品位;（4）谈判场所应相对比较安静,避免外界干扰;（5）谈判场所应配备必要的办公设施(如计算机、打字机、投影仪、录像设备等),便于双方人员及时处理文件。

（七）谈判座次的确定

只有在某些小规模谈判或预备性谈判的过程中,座次问题才可以不必拘泥。在进行正式谈判时,则不能对它不予以重视。

商务谈判的座位一般是宾主双方相对而坐,各自的组织成员坐在主谈者两侧,以便交换意见,加强团结的力量。谈判桌的形状多种多样,长方桌、圆形桌、椭圆桌均有。商务谈判通常用长方形的条桌。

在举行双边谈判时,应使用长桌或椭圆形桌子,宾主应分坐于桌子两侧。若谈判桌横放,则面对正门的一方为上,应属于客方;背对正门的一方为下,应属于主方。若谈判桌竖放,则应以进门的方向为准,右侧为上,属于客方;左侧为下,属于主方。双边谈判,应设置姓名签,姓名签应以印刷体打印,要同时采用本国与外方两种文字,通常以本国文字对着自己,而以外方文字面对外方。

在进行谈判时,各方的主谈人员应在自己一方居中而坐。其余人员则应遵循右高左低的原则,依照职位的高低自近而远地分别在主谈人员的两侧就座。我国及多数国家习惯把译员安排在主谈人的右侧即第二个席位上,但也有少数国家让译员坐在后面或左侧,遇到这种情况,应悉听主人安排,一般靠近主谈的位置为上座。(座位图参见本章第三节会谈座位图)

多边谈判,是指由三方或三方以上人士所举行的谈判,多边谈判的座次排列,可分为两种形式:第一,自由式座次排列,即各方人士在谈判时自由就座,而不需事先正式安排座次。如图 4-23 所示。第二,主席式座次排列,是指在谈判室内面向正门设置一个主席之位,由各方代表发言时使用。其各方人士,背对正门,面对主席之位,各方代表发言后,需下主席台就座。如图 4-24 所示。按照惯例,多边谈判则不需要设置姓名签,但在需要设置时,应注意每个在座的人都要有,不能遗漏。在举行多边谈判时,为了避免失礼,按照国际惯例,一般均以圆桌为谈判桌来举行"圆桌会议"。这样一来,尊卑的界限就被淡化了。

| 主席 | | | |
|---|---|---|---|
| A方 | B方 | C方 | D方 |
| | 门 | | |

图 4-23  调停乌克兰危机多边会谈(自由式)
(2004.11.26,基辅)

图 4-24  主席式谈判排位示意图

以上座位安排法,目前在国际上已基本通用,适用于比较正规、比较严肃的谈判。因此,我们在安排座位时也应该尽可能地遵照这一通例。它的好处是双方相对而坐,中间有桌子相隔,有利于己方信息的保密;一方谈判人员相互接近,便于商谈和交流意见,也可形成心理上的安全感和凝聚力。它的不利之处,在于人为地造成双方对立感,容易形成紧张、呆滞的谈判气氛,对融洽双方关系有不利的影响,需要运用语言、表情等手段来缓和这种紧张对立气氛。

## 二、谈判过程中的礼仪

### (一)谈判之初

谈判之初,谈判双方接触的第一印象十分重要,言谈举止要尽可能创造出友好、轻松的谈判气氛。

做自我介绍时要自然大方,不可露出傲慢之意。被介绍到的人应起立一下微笑示意,可以礼貌地道:"幸会""请多关照"之类。询问对方时要客气,如"请教尊姓大名"等。如有名片,要双手接递。介绍完毕,可选择双方共同感兴趣的话题进行交谈。稍作寒暄,以沟通感情,创造温和气氛。

谈判之初的姿态动作也对把握谈判气氛起着重大作用,注视对方时,目光应停留于对方双眼至前额的三角区域正方,这样会使对方感到被关注,觉得你诚恳严肃。手势自然,不宜乱打手势,以免造成轻浮之感。切忌双臂在胸前交叉,那样会显得十分傲慢无礼。

谈判之初的重要任务是摸清对方的底细,因此要认真听对方谈话,细心观察对方的举止表情,并适当给予回应,这样既可了解对方意图,又可表现出尊重与礼貌。

### (二)谈判之中

这是谈判的实质性阶段,主要是报价、查询、磋商、解决矛盾、处理冷场。

报价——要明确无误,恪守信用,不欺蒙对方。在谈判中报价不得变幻不定,对方一旦接受价格,即不可再更改。

查询——事先要准备好有关问题,选择气氛和谐时提出,态度要开诚布公。切忌气氛比较冷淡或紧张时查询,言辞不可过激,应文明礼貌。

解决矛盾——要就事论事,保持耐心、冷静,不可因发生矛盾就怒气冲冲,甚至进行人身攻击或侮辱对方。

处理冷场——此时主方要灵活处理,可以暂时转移话题,稍作松弛。如果确实已无话可说,则应当机立断,暂时中止谈判,稍作休息后再重新进行。主方要主动提出话题,不要让冷场时间持续过长。

## 三、谈判中的语言沟通

说话总要表达某种内容、某种观点,在这一前提下,说话技巧就相当关键了。小则可能会影响谈判者个人之间的人际关系,大则会关系到谈判的气氛及谈判的成功与否。语言表达是非常灵活、非常具有创造性的,因此,几乎没有特定的语言表达技巧适合所有的谈话内容。就商务谈判这一特定内容的交际活动来讲,语言表达应注意以下几点。

### (一)准确运用语言

谈判就是协商合同条款,明确双方各自的责任、义务,因此,不要使用模棱两可或概念模糊的语言。当然,在个别的时候,出于某种策略需要则另当别论。例如,卖方介绍产品质量时,要具体说明质量、性能所达到的标准,不要笼统地讲性能很好、质量过硬。这一问题在产品广告中得到明确证实。人们在对广告语言使用的研究中发现,使用具体、准确并有数字证明的语言,比使用笼统、含糊、夸大的语言更能打动消费者,使人信服。

谈判者在语言上的准确大方是建立良好气氛、增强对方信任感的保证,必须要认真做好。谈判语言的准确,首先要根据谈判的要求来决定使用的语言,做到对症下药,有的放矢。其次是说话的内容要准确。除了策略上的要求外,在谈判的语言运用上也要准确。这样做对自己是有利无害的。语言表达一定要准确,因为对方在谈判中会自然地把你讲话的前提抛开,而把自己的条件与你讲的对他最有利的数据联系在一起作为谈判的基础,从而使你处于不利地位。如果必须用区间表示,必须考虑好使用的区间范围。说话中提到的事件要准,对于那些记不准的事情则只说大致情况,不能用准确的字眼来表示。

在谈判中,运用准确的语言,还可以避免出现误会与不必要的纠纷,掌握谈判主动权。

在谈判中,语言的选择运用十分重要,有些极端性的、针锋相对的语言,即使自己的看法正确,也不要使用这样的词汇,这类语言特别容易引起双方的争论、僵持,从而造成关系紧张。

### (二)文明礼貌

文明礼貌是谈判者做人的基本要求,也是使用语言的基本原则。在整个谈判过程中,谈判者都要注意使用文明礼貌用语。同时,在任何情况下,都不要使用污言秽语或攻击对方人格的语言。例如,对方没有听懂自己的话时不能说对方"愚蠢",对方采用不同的策略时不能说对方"居心不良"等,以免损伤对方的自尊心而危及谈判结果。在谈判中,维护面子与自尊是一个极其敏感而又重要的问题。许多专家指出:在洽商中,如果一方感到失了面子,即使是最好的交易,也会留下不良后果。当一个人的自尊受到威胁时,他就会全力保卫自己,对外界充满敌意。有的人反击,有的人回避,有的人则会变得十分冷淡。这时,要想与他沟通、交往,就会变得十分困难。因此,要避免上述问题,必须坚持区别人与问题的原则,对问题硬,而对人软。对运用的语言尤其要进行认真的推敲。

### (三)说话的方式

说话过程中的一些细节问题,如停顿、重点、强调、说话的速度等,往往容易被人们忽视。而这些方面都会在不同程度上影响说话的效果。使用语言是为了传递信息,让对方明晰讲话的内容是语言的基本要求。谈判语言要清晰是指说话要口齿清楚,要使用标准化的语言,在口音上要能使对方听清、听懂和理解。易懂是指谈判者要使用大家都能懂的言辞,而不能使用自造的词语,当使用能产生不同理解的言辞时,要说明使用这一语言的确切含义,以便使自己的每一句话都能让对方明白无误。当同外国人谈判而使用翻译的时候,还要注意与翻译的沟通,以减少因翻译原因造成的语言传递失真。

一般来讲,如果说话者要强调谈话的某一重点时,停顿是非常有效的。试验表明,说话时应当每隔 30 秒钟停顿一次。一是加深对方印象;二是给对方机会,对提出的问题做出回答或加以评论。当然,适当的重复,也可以加深对方的印象。有时,还可以运用加强语气、提高说话声音以示强调,或显示说话者的信心和决心。这样做要比使用一长串的形容词效果要好。

说话声音的改变,特别是如能恰到好处地抑扬顿挫,在商务洽谈中是非常有效的。注意根据对方是否能理解你的讲话,以及对讲话重要性的理解程度,控制和调整说话的速度。在向对方介绍谈判要点或阐述主要议题时,说话的速度应适当减慢,要让对方听清楚,并能记下来。同时,也要密切注意对方的反应。如果对方感到厌烦,那可能是因为

你过于详尽地阐述了一些简单易懂的问题；如果对方的注意力不集中，可能是你说话的速度太快，对方已跟不上你的思维了。

（四）委婉含蓄，随机应变

谈判中的信息传递有的需要直来直去，但更多的信息却需要委婉而含蓄地表达出来。在谈判中运用委婉、含蓄的语言，可以使本来会引起对方不满的事情变得容易被接受，从而有利于谈判的进展。

由于谈判活动会随着时间、地点、对象的变化而变化，谈判语言的运用也必须做到随机应变。为此，谈判者要能够综合运用各种语言，并把各种谈判语言天衣无缝地应用在一篇讲话中，这样才能使随机应变达到炉火纯青的境地。随机应变的中心是根据谈判对手的情况来决定谈判的语言，对方的语言朴素无华，自己的语言也不要过分修饰；对方的语言直爽流畅，自己的语言也不要迂回曲折。通过自己的语言变化，来适应谈判的要求，以达到增强谈判效果的目的。

（五）言语沟通中的打拉性

谈判是一种竞争，也是一种合作。为了实现自己的利益，必须要取得对方合作。因此，采取"拉"的方式，使用劝诱性语言，将对方牵制住，然后在和风细雨中使对方改变立场。但是，谈判需要合作，更需要竞争。为在竞争中取得较大利益，威胁性语言进入谈判领域也就有了必要。它既能增强我方士气，也能打击对方气焰。如"在价格上我们决不会再做出让步""在这一问题上，贵方如继续绕圈子，我们将退出谈判"等威胁性语言会给对方造成心理压力，从而加快谈判进程。当然，威胁性语言不宜过多使用，如掌握不好"打"的度，会使谈判气氛紧张，从而影响谈判正常进行。

（六）言语沟通中的幽默性

在国际商务谈判中，恰当地使用幽默，可起到调节气氛、消除隔阂的作用。例如，在一次买卖交易谈判中，中外双方就某个问题已讨论了两个星期，但仍不见结果。这时，中方一人员幽默地说："瞧，我们双方至今还没有谈出结果，如果奥运会设立拔河比赛项目的话，我想我们肯定是并列冠军，还有可能载入吉尼斯世界纪录大全。我敢保证，谁也打不破这一纪录。"听到这话，所有谈判者都开怀大笑，气氛顿时松弛了下来。所以说，在言语沟通过程中，幽默不失为一个有效手段。

# 第六节　签约礼仪

签约，即合同的签署。它在商务交往中，被视为一项标志着有关各方的相互关系取得了更大的进展，以及为消除彼此之间的误会或抵触而达成了一致性见解的重大成果。因此，重要的商务谈判达成协议后，一般都要举行签字仪式。一方面表示对合作的重视；另一方面也是对谈判取得成功表示庆贺。签约仪式最主要的是形式，因此更多的是要注重礼仪。根据仪式礼仪的规定，对签署合同这类称得上有关各方的关系发展史上"里程碑"式的重大事件，应当严格地依照规范、讲究礼仪。为郑重起见，在签约的时候，往往会举行一系列的程式化的活动，即所谓的签约仪式。签约仪式虽然时间不长，但由于它涉及各方面关系，同时往往是谈判成功的一个标志，因此一定要筹办得十分认真。

## 一、签约仪式的筹办

安排签字仪式，首先要做好文本的准备工作，及早对文本的定稿、翻译、校对、印刷、装订、盖章等做好准备。同时，准备好签字用的文具。参加签字仪式的基本上都是双方参加谈判的全体人员，人数最好相等。签字时，一般安排客方在右边，主方在左边，政府间的签字还要准备小国旗，重要的签字仪式还要干杯。签字仪式的准备工作一般应包括以下 6 个方面的内容。

（一）确定参加签字仪式的人员

举行签字仪式前，有关各方应事先确定好参加签字仪式的人员，并向有关方面通报，尤其是客方要将出席签字仪式的人数提前通报给主方，以便主方做好安排。主签人员的确定随文件性质的不同而变化，有的由国家领导人主签，有的由政府有关部门领导人主签，还有的是由具体部门负责人（通常是法人代表）主签。不管怎样，双方主签人的身份应大体相当。参加签字的各方事先还要安排一名熟悉仪式程序的助签人员，在签字时负责文本翻页，并指明签字处，以防漏签。其他参加签字仪式的人员一般都是参加谈判的人员，如果一方要让未参加谈判的人员出席签字仪式，应事先征得对方同意。出席签字仪式的双方人数应大体相等。有时为了表示对本次谈判的重视，双方更高一级的领导人也可出面参加签字仪式，级别和人数一般也应是对等的。

（二）准备协议文本

要预备好待签的合同文本。举行签字仪式时，文本一旦签字就具有法律效力。因此，对文本的准备一定要郑重、符合要求。举行签约仪式，是一桩严肃而庄重的大事，因此不能将"了犹未了"的"半成品"交付使用；或是临近签字时，有关各方还在为某些细节而纠缠不休。在决定正式签署合同时，就应当拟定合同的最终文本。它应当是正式的，不再进行任何更改的标准文本。

签约的正式文本，应由举行签字仪式的主方负责准备。负责为签字仪式提供待签的合同文本的主方，应会同有关各方一道指定专人，按谈判达成的协议做好文本的定稿、校对、印刷与装订的工作。在准备文本的过程中，除要核对谈判协议条款与文本的一致性以外，还要核对各种批件、证明等是否齐备，是否与合同相符等。东道主应为文本准备提供方便。按常规，应为在文本上签字的有关各方均提供一份待签文本，必要时，还应为各方提供一份副本。审核中如发现问题要及时通报，再通过谈判，达成谅解和一致，并且应该调整签约时间。

签署涉外商务合同时，比照国际惯例，待签的合同文本，应同时使用有关各方法定的官方语言，或是使用国际上通行的英文、法文。此外，亦可同时并用有关各方法定的官方语言与英文或法文。使用外文撰写合同时，应反复推敲，字斟句酌，不要望文生义或不解其意而乱用词汇。

待签文本应用高档、精美的纸张印刷，按大八开的规格装订成册，并用真皮、仿皮、软木等高档质料作为封面，以示郑重。

（三）签约场所的选择

场所的选择一般应视参加签字仪式的人员规格、人数多少以及协议内容的重要程度等因素来确定。一般可选择在客人所住宾馆或东道主的会客厅、会谈室内，有时为了扩大影响，也可选择在某些新闻发布中心或著名会议、会客场所举行，并邀请新闻媒体进行采访。无论选择在什么地方，都应征得对方的同意。

（四）签约场所的布置

签字厅有常设专用的，也有临时以会议厅、会客室来代替的。布置的总原则，是要庄重、整洁、清静。一间标准的签字厅，应当室内铺满地毯。除了必要的签字用桌椅外，其他一切的陈设都不需要。签字场所的布置一般设长方形签字桌，桌面上覆盖深色台布（要注意各方的颜色禁忌）。签署双边性合同时，桌后置两把座椅，供双方签字人就座，其座位安排是以面对正门的方向为准，主左客右。签署多边性合同时，可以仅放一张桌椅，供各方签字人签字时轮流就座，也可以为每位签字人都提供一张座椅。座前桌上摆放由各方保存的文本，文本前分别放置签字用的签字笔、吸墨器等文具。如果是与外商签署涉外商务合同时，还需在签字桌上插放有关各方的国旗。插放国旗时，在其位置与顺序上，必须按照礼宾序列而行。例如，签署双边性涉外商务合同时，有关各方的国旗须插放在该方签字人座椅的正前方。如果同是国内企业，则分别摆放座签，并写上企业名称。旗架或座签的摆设方向应与座位方向一致。签字场所的布置一般由东道主进行安排。

（五）签约时座次的安排

要安排好签字时的座次。在正式签署合同时，各方代表对于礼遇均非常在意，商务人员在签字仪式上最能体现礼遇高低的就是座次问题，因此应当认真对待。

签字时各方代表的座次，是由主方代为先期排定的。合乎礼仪的做法是：在签署双边性合同时，应请客方签字人在签字桌右侧就座，主方签字人则应同时就座于签字桌左侧。双方各自的助签人，应分别站立于各自一方签字人的外侧，以便随时对签字人提供帮助。双方其他的随员，可以按照一定的顺序在己方签字人的正对面就座，也可以依照取位的高低，依次"自左至右"（客方）或是"自右至左"（主方）地列成一行，站立于己方签字人的身后。当一行站不完时，可以按照以上顺序并遵照"前高后低"的惯例排成两行、三行或四行，原则上，双方随员人数，应大体上相近。

在签署多边性合同时，一般仅设一个签字桌。各方签字人在签字时，须依照有关各方事先同意的先后顺序，依次上前签字。他们的助签人，应随之一同行动。在助签时，按照"右高左低"的规矩，助签人应站立于签字人的左侧。与此同时，有关各方的随员，应按照一定的序列，面对签字桌就座或站立。

（六）签约人员的服饰规范

要规范好签字人员的服饰。按照规定，签字人、助签人以及随行人员，在出席签字仪式时，应当穿着具有礼服性质的深色西装套装、中山装套装或西装套裙，并且配以白色衬衫与深色皮鞋。男士还必须系上单色领带，以示正规。在签字仪式上露面的礼仪人员、接待人员，可以穿自己的工作制服，或是旗袍一类的礼仪性服装。

## 二、签约仪式的程序

签约仪式是签署合同的高潮,时间不长,但过程规范、庄重而热烈。签约应遵循国际惯例或约定俗成的程序,如此方能体现双方的专业素养。正式的签字仪式,一般应按以下程序进行。

（一）就座

双方参加签字仪式的人员共同步入签字厅,互相致意握手。负责签字者入座,助签人站在主签人的外侧,其他人员站于各自的签字人员座位之后。顺序以职位、身份高低为序,客方自左向右,主方自右向左,如果参加签字的人员有多排,则前排为身份、职位较高的人,后排为身份、职位较低的人。

（二）正式签字

按国际惯例,遵守"轮换制",即主签人首先签署己方保持的合同文本,而且签在左边首位处,这样使各方都有机会居于首位一次,以显示各方平等且机会均等。签字时,双方助签人员分别站立在各自签字人的外侧,协助翻开文本,指明签字处,由签字人员在所要保存的文本上签字,然后由助签人员将文本递给对方助签人员,再由双方签字人员分别在对方所保存的文本上签字。

（三）交换文本

签字完毕后,由双方签字人员互换文本,相互握手祝贺合作成功。其他随行人员则应该以热烈的掌声表示喜悦和祝贺。有时还应备有香槟酒,供双方全体人员举杯庆贺,以增添欢庆气氛。

（四）退场

签字仪式完毕后,应先请双方最高领导者退场,然后请客方退场,东道主最后退场。整个仪式以半小时为宜。如图 4-25 所示。

图 4-25　北京市人民政府与中国航天科工集团公司签约仪式

在一般情况下,商务合同在正式签署后,应提交至有关方面进行公证,此后才正式生效。

# 第七节 剪彩礼仪

剪彩的来历有两种说法。一种说法是剪彩起源于西欧。古代西欧造船业比较发达，新船下水往往能吸引成千上万的观众。为了防止人群拥向新船而发生意外事故，主持人在新船下水前，在离船体较远的地方用绳索设置一道"防线"，等新船下水典礼就绪后，主持人就剪断绳索让观众参观。后来绳索改为彩带，人们就给它起了"剪彩"的名称。另一种说法是剪彩最早起源于美国。1912年，美国一家大百货商店将要开业，老板为了讨个吉利，一大早就把店门打开，并在门前横系一条布带以引人注目。可是，在离开店前不久，老板的一个10岁的小女儿牵着一条小哈巴狗从店里窜出来，无意中碰断了这条布带。顿时，在门外久等的顾客，鱼贯而入，争相购买货物。不久，老板又开一家新店，他又让女儿有意把布带碰断。果然又财源广进。因此，人们认为小女儿碰断布带的做法是一个好兆头，群起仿效，用彩带代替布带，用剪刀剪断彩带来代替小孩碰断布带，沿袭下来，就成了今天盛行的"剪彩"仪式。

剪彩仪式是指商界的有关单位为了庆贺公司的成立、企业的开工、宾馆的落成、商店的开张、大型建筑物的启用、道路或航线的开通、展销会或博览会的开幕等，而隆重举行的一项礼仪性程序。因其主要活动内容是邀请专人使用剪刀剪断被称为"彩"的红色缎带，故此被人们称为剪彩。

一般情况下，在各式各样的开业仪式上，剪彩都是一项极其重要的、不可或缺的程序。尽管它往往也可以被单独地分离出来独立成项，但是在更多的时候，它是附属于开业仪式的。这是剪彩仪式的重要特征之一。

剪彩仪式上有众多的惯例、规则必须遵守，其具体的程序亦有一定的要求。剪彩的礼仪，就是对此所进行的基本规范。

目前，虽有不少人对剪彩提出非议，认为它是"劳民伤财""多此一举"，但是在实际的商务活动中，绝大多数商界人士却依旧坚持认为，剪彩是不宜被取消和不能被替代的，而剪彩自身在内容、形式、步骤等方面也在日趋简化，并逐步改革。

具体而言，剪彩之所以一直长盛不衰，并且仍然被业内人士所看好，主要是基于如下3个方面的原因：第一，剪彩活动热热闹闹、轰轰烈烈，既能给主人带来喜悦，又能令人产生吉祥如意之感；第二，剪彩不仅是对主人既往成绩的肯定和庆贺，而且也可以对其进行鞭策与激励，促使其再接再厉，继续进取；第三，可借剪彩这种活动良机，向社会各界通报自己的"问世"，以吸引各界人士对自己的关注。

在上述3条原因之中，最后一条至关重要。正因为如此，商界人士才可以理直气壮地向外界解释说：规模适度的剪彩，其实是一种业务宣传活动，而并非只是铺张浪费，毫无任何收益。在剪彩活动中，量力而行地进行适当地投入，绝对是得大于失的。

当然，在组织剪彩仪式时，没有必要一味地为了求新、求异、求轰动，而脱离了自己的实际能力。勤俭持家，无论何时何地都是商界人士所必须铭记在心的准则。

从操作的角度来进行探讨,目前所通行的剪彩礼仪主要包括以下几个方面。

## 一、剪彩的准备

准备举行剪彩涉及到场地的布置、环境的卫生、灯光与音响的准备、媒体的邀请、人员的培训等。在准备这些方面时,必须认真细致,精益求精。

### (一)剪彩场地的布置

剪彩仪式的会场一般选在展销会、博览会门口,如果是新建设施、新建工程竣工启用,会场一般会安排在新建设施、工程的现场。正门外的广场、正门内的大厅,都是可以优先考虑的场所。活动现场可略做装饰。在剪彩之处悬挂写有剪彩仪式的具体名称的大型横幅,更是必不可少。

### (二)拟发通知

事前(一周或半个月)向有关单位和个人发送请柬或刊发广告和张贴告示,特别是对剪彩者应发出郑重邀请。剪彩者一般是上级领导、主管部门负责人或某一方面的知名人士,而且是有较高威望、深受大家尊敬和信任的人。

### (三)剪彩工具的准备

对于剪彩仪式上所需使用的某些特殊用具,诸如红色缎带、新剪刀、白色薄纱手套、托盘以及红色地毯,应仔细地进行选择与准备。

**1. 红色缎带**

红色缎带即剪彩仪式之中的"彩"。作为主角,它自然是受万众瞩目的。按照传统做法,它应当由一整匹未曾使用过的红色绸缎,在中间结成数朵花团而成。目前,有些单位为了厉行节约,而代之以长度为两米左右的细窄的红色缎带,或者以红布条、红线绳、红纸条作为其变通,这也是可行的。一般来说,红色缎带上所结的花团,不仅要生动、硕大、醒目,而且其具体数目往往还同现场剪彩者的人数直接相关。红色缎带上所结的花团的具体数目有两类模式可依。第一,花团的数目比剪彩者的人数多一个;第二,花团的数目比现场剪彩者的人数少一个。前者可使每位剪彩者总是处于两朵花团之间,尤显正式。后者则不同常规,亦有新意。

**2. 新剪刀**

新剪刀是专供剪彩者在剪彩仪式上正式剪彩时所使用的,必须是每位现场剪彩人人手一把,而且必须要崭新、锋利而顺手。事先一定要逐把检查一下将被用以剪彩的剪刀是否已经开刃,好不好用。务必要确保剪彩者在正式剪彩时,可以"手起刀落",一举成功,而切勿一再补刀。在剪彩仪式结束后,主办方可将每位剪彩者所使用的剪刀经过包装之后,送给对方作为纪念。

**3. 白色薄纱手套**

白色薄纱手套是专为剪彩者所准备的。在正式的剪彩仪式上,剪彩者剪彩时最好每人戴上一副白色薄纱手套,以示郑重其事。在准备白色薄纱手套时,除了要确保其数量充足之外,还须使之大小适度、崭新平整、洁白无瑕。有时,亦可不准备白色薄纱手套。

**4. 托盘**

托盘在剪彩仪式上是被托在礼仪小姐手中,用作盛放红色缎带、剪刀、白色薄纱手套

的。在剪彩仪式上所使用的托盘,最好是崭新的、洁净的。通常首选银色的不锈钢制品。为了显示正规,可在使用时铺上红色绒布或绸布。就其数量而论,在剪彩时,可以一只托盘依次向各位剪彩者提供剪刀与手套,并同时盛放红色缎带,也可以为每一位剪彩者配置一只专为其服务的托盘。后一种方法显得更加正式一些。

**5. 红色地毯**

红色地毯要崭新、干净,还要注意铺设的长度及位置要符合礼仪规范。红色地毯主要铺设在剪彩者正式剪彩时的站立之处。铺设的长度可视剪彩人数的多寡而定,其宽度则不应在一米以下。在剪彩现场铺设红色地毯,主要是为了提升其档次,并营造一种喜庆的气氛。有时,亦可不铺设。

(四)剪彩人员

在剪彩仪式上,最为活跃的当然是人而不是物。因此,对剪彩人员必须要进行认真选择,并于事先进行必要的培训。除主持人之外,剪彩的人员主要是由剪彩者与助剪者等两部分人员构成。

剪彩者,即在剪彩仪式上持剪刀剪彩之人。在剪彩仪式上担任剪彩者,是一种很高的荣誉。剪彩仪式档次的高低,往往也同剪彩者的身份密切相关。因此,剪彩仪式最重要的是要把剪彩者选好。根据惯例,剪彩者可以是一个人,也可以是几个人,但是一般不应多于五人。通常,剪彩者多由上级领导、合作伙伴、社会名流、员工代表或客户代表所担任。

确定剪彩者名单,必须是在剪彩仪式正式举行之前完成的。名单一经确定,即应尽早告知对方,使其有所准备。在一般情况下,确定剪彩者时,必须尊重对方个人意见,切勿勉强对方。需要由数人同时担任剪彩者时,应分别告知每位剪彩者届时他将与何人同担此任,这样做是对剪彩者的一种尊重。千万不要"临阵磨枪",在剪彩开始前才开始强拉硬拽,临时找人凑数。必要之时,可在剪彩仪式举行前,将剪彩者集中在一起,告知对方有关的注意事项,并稍事训练。

助剪者指的是剪彩者剪彩的一系列过程中从旁为其提供帮助的人员。一般而言,助剪者多由东道主一方的女职员担任。现在,人们对她们的常规称呼是礼仪小姐。具体而言,在剪彩仪式上服务的礼仪小姐,又可以分为迎宾者、引导者、服务者、拉彩者、捧花者、托盘者。迎宾者的任务是在活动现场负责迎来送往。引导者的任务是在进行剪彩时负责带领剪彩者登台或退场。服务者的任务是为来宾尤其是剪彩者提供饮料,安排休息之处。拉彩者的任务是在剪彩时展开、拉直红色缎带。捧花者的任务则是在剪彩时手托花团。托盘者的任务则是为剪彩者提供剪刀、手套等剪彩用品。

在一般情况下,迎宾者与服务者应不止一人。引导者既可以是一个人,也可以为每位剪彩者各配一名。拉彩者通常应为两人。捧花者的人数则需要视花团的具体数目而定,一般应为一花一人。托盘者可以为一人,也可以为每位剪彩者各配一人。有时,礼仪小姐亦可身兼数职。

## 二、剪彩人员的礼仪

剪彩者是剪彩仪式上的关键人物。剪彩者的仪表和举止,将直接关系到剪彩仪式的效果和企业的形象。因此,剪彩者应当讲究有关礼仪,要有荣誉感和责任感,衣着要大方、整洁、挺括,容貌要适当修饰,剪彩过程中要保持稳重的姿态、洒脱的风度和优雅的举止。

按照常规,剪彩者应着套装、套裙或制服,将头发梳理整齐,不允许戴帽子,或者戴墨镜,也不允许穿着便装。剪彩者穿着要整洁、庄重,精神要饱满,要给人以稳健、干练的印象。剪彩者走向剪彩的绸带时,应面带微笑,落落大方。当工作人员用托盘呈上剪彩用的剪刀时,剪彩者应向工作人员点头致意,并向左右两边手持彩带的工作人员微笑致意,然后全神贯注,把彩带一刀剪断。剪彩完毕,放下剪刀,应转身向四周的人鼓掌致意。

若剪彩者仅为一人,则其剪彩时居中而立即可。若剪彩者不止一人时,同时上场剪彩时位次的尊卑就必须予以重视。一般的规矩是:中间高于两侧,右侧高于左侧,距离中间站立者愈远,位次便愈低,即主剪者应居于中央的位置。需要说明的是,之所以规定剪彩者的位次"右侧高于左侧",主要是因为这是一项国际惯例,剪彩仪式理当遵守。其实,若剪彩仪式并无外宾参加时,执行我国"左侧高于右侧"的传统做法,亦无不可。如图4-26所示。

为了增加热烈而隆重的喜庆气氛,还可以邀请礼仪小姐参加仪式。礼仪小姐可从本企业中挑选,或到公关、旅游、宾馆、文艺单位聘请。一般要求仪容、仪表、仪态文雅、大方、庄重,相貌较好、身材颀长、年轻健康、气质高雅、音色甜美、反应敏捷、机智灵活、善于交际。礼仪小姐的最佳装束应为:化淡妆、盘起头发,穿款式、面料、色彩统一的单色旗袍,配肉色连裤丝袜、黑色高跟皮鞋。除戒指、耳环或耳钉外,不佩戴其他任何首饰。有时,礼仪小姐身穿深色或单色的套裙亦可。但是,她们的穿着打扮必须尽可能地整齐划一。

图 4-26　开幕剪彩仪式

### 三、剪彩程序

剪彩的程序必须有条不紊。一般来说,剪彩仪式宜紧凑,忌拖沓,在所耗时间上愈短愈好。短则一刻钟即可,长则至多不宜超过一个小时。

　　按照惯例，剪彩既可以是开业仪式中的一项具体程序，也可以独立出来，由其自身的一系列程序所组成。独立而行的剪彩仪式，通常应包含如下6项基本的程序。

　　第一项，请来宾就位。在剪彩仪式上，通常只为剪彩者、来宾和本单位的负责人安排座席。在剪彩仪式开始时，即应请大家在已排好顺序的座位上就座。一般情况下，剪彩者应就座于前排。若其不止一人时，则应使之按照剪彩时的具体顺序就座。

　　第二项，宣布仪式正式开始。在主持人宣布仪式正式开始后，乐队应演奏音乐，现场可燃放鞭炮，全体到场者应热烈鼓掌。此后，主持人应向全体到场者介绍到场的重要来宾。

　　第三项，奏国歌。此刻须全场起立。必要时，亦可随之演奏本单位标志性歌曲。

　　第四项，进行发言。发言者依次应为东道主单位的代表、上级主管部门的代表、地方政府的代表、合作单位的代表等。其内容应言简意赅，每人不超过三分钟，重点应分别为介绍、道谢与致贺。

　　第五项，进行剪彩。此刻，全体应热烈鼓掌，必要时还可奏乐或燃放鞭炮。在剪彩前，须向全体到场者介绍剪彩者。

　　第六项，进行参观。剪彩之后，主人应陪同来宾参观被剪彩之物。仪式至此宣告结束。随后东道主单位可向来宾赠送纪念性礼品，并以自助餐形式款待全体来宾。

　　剪彩过程中的做法必须要标准无误。在进行正式剪彩时，剪彩者与助剪者的具体做法必须合乎规范，否则就会使其效果大受影响。

　　当主持人宣告进行剪彩之后，礼仪小姐应率先登场。在上场时，礼仪小姐应排成一行行，从两侧同时登台，或是从右侧登台均可。登台之后，拉彩者与捧花者应当站成一行，拉彩者处于两端拉直红色缎带，捧花者各自双手手捧一朵花团。托盘者须站立在拉彩者与捧花者身后一米左右，并且自成一行。

　　在剪彩者登台时，引导者应在其左前方进行引导，使之各就各位。剪彩者登台时，宜从右侧出场。当剪彩者均已到达既定位置之后，托盘者应前行一步，到达剪彩者的右后侧，以便为其递上剪刀、手套。

　　若剪彩者不止一人，则其登台时亦应列成一行，并且使主剪者行进在前。当主持人向全体到场者介绍剪彩者时，剪彩者应面含微笑向大家欠身或点头致意。

　　剪彩者行至既定位置之后，应向拉彩者、捧花者含笑致意。当托盘者递上剪刀、手套，亦应微笑着向对方道谢。

　　在正式剪彩前，剪彩者应首先向拉彩者、捧花者示意，待其有所准备后，集中精力，右手手持剪刀，表情庄重地将红色缎带一刀剪断。若多名剪彩者同时剪彩时，其他剪彩者应注意主剪者动作，与其主动协调一致，力争大家同时将红色缎带剪断。

　　按照惯例，剪彩以后，红色花团应准确无误地落入托盘者手中的托盘里，而切勿使之坠地。为此，需要捧花者与托盘者的合作。剪彩者在剪彩成功后，可以右手举起剪刀，面向全体到场者致意。然后将剪刀、手套放于托盘之内，举手鼓掌。接下来，可依次与主人握手道喜，并列队在引导者的引导下退场。退场时，一般宜从右侧下台。

　　待剪彩者退场后，其他礼仪小姐方可列队由右侧退场。

　　不管是剪彩者还是助剪者，在上下场时，都要注意井然有序、步履稳健、神态自然。在剪彩过程中，更是要表现得不卑不亢、落落大方。

## 第八节  国 旗 礼 仪

### 一、国际交往中国旗悬挂的惯例

国旗是国家的一种标志，是国家的象征。人们往往通过悬挂国旗，表示对本国的热爱或对他国的尊重。但是，在一个主权国家领土上，一般不得随意悬挂他国国旗。不少国家对悬挂外国国旗都有专门的规定。在国际交往中，还形成了悬挂国旗的一些惯例，为各国所公认。

按国际关系准则，一国元首、政府首脑在他国领土上访问时，在其住所及交通工具上悬挂国旗（有的是元首旗）是一种外交特权。东道国接待来访的外国元首、政府首脑时，在隆重的场合，在贵宾下榻的宾馆、乘坐的汽车上悬挂对方（或双方）的国旗（或元首旗），这是一种礼遇。此外国际上公认，一个国家的外交代表在接受国境内有权在其办公处和官邸，以及在交通工具上悬挂本国国旗。

在国际会议上，除会场悬挂与会国国旗外，各国政府代表团团长亦按会议组织者有关规定在一些场所或车辆上悬挂本国国旗（也有不挂国旗的）。

有些展览会、体育比赛等国际性活动，也往往悬挂有关国家的国旗。

在建筑物上，或在室外悬挂国旗，一般应日出升旗，日落降旗。遇需悬旗致哀，通常的做法是降半旗，即先将旗升至杆顶，再下降至离杆顶相当于杆长 1/3 的地方。也有的国家不降半旗，而是在国旗上方挂黑纱致哀。升降国旗时，服装要整齐，要立正脱帽行注目礼，不能使用破损和污损的国旗。国旗一定要升至杆顶。

悬挂双方国旗，按国际惯例，以右为上，左为下。两国国旗并挂，以旗本身面向为准，右挂客方国旗，左挂本国国旗。汽车上挂旗，则以汽车行进方向为准，驾驶员左手为主方，右手为客方。所谓主客，不以活动举行所在国为依据，而是以举办活动的主人为依据。

挂旗时，应注意以下问题。

国旗不能倒挂。一些国家的国旗由于文字和图案的原因，也不能竖挂或反挂。有的国家明确规定，竖挂需另制旗，将图案转正。例如，朝鲜民主主义人民共和国国旗竖挂时，五角星的星尖依然朝上。有的国家则无明确规定。因此，正式场合悬挂国旗宜以正面（即旗套在旗的右方）面向观众，不得用反面。如果旗是挂在墙壁上，则应避免交叉挂法和竖挂。如果悬空挂旗，则无须考虑此问题。

各国国旗图案、式样、颜色、比例均由本国宪法规定。不同国家的国旗，如果比例不同，用同样尺寸制作，两面旗帜放在一起，就会显得大小不一。例如，同样六尺宽的旗，2∶2 的旗就显得较 2∶1 的大。因此，并排悬挂不同比例的国旗，应将其中一面略放大或缩小，以使旗的面积大致相同。

### 二、国旗的排序

在国际交往中，国旗排序指的是我国国旗与其他旗帜或外国国旗同时升挂时的具体顺序的排列，具体而言，它应被分为中国国旗与其他旗帜的排序，中国国旗与外国国旗的

排序这两个具体问题。

（一）国内排序

国旗与其他旗帜排序,具体是指国旗与其他组织、单位的专用旗帜或彩旗同时升挂时的顺序排列。在国内活动中,此种情景时有发生。我国《国旗法》专门规定,升挂国旗时应当将国旗置于显著的位置。在一般情况下,我国国旗与其他旗帜的排序具体有下列3种常见的情况。

**1. 前后排列**

当我国国旗与其他旗帜呈前后列队状态进行排列时,一般必须使我国国旗排于前列。

**2. 并排排列**

国旗与其他旗帜并排升挂时,存在以下两种具体情况。

其一,一面国旗与另外一面其他旗帜并列,其标准做法,是按国际惯例,以右为上,左为下。一面国旗与另外一面其他旗帜并挂,以旗本身面向为准,右挂国旗,左挂其他旗帜。

其二,一面国旗与另外多面其他旗帜并列,其标准做法,应使国旗挂在居中位置。

**3. 高低排列**

国旗与其他旗帜呈高低不同状态排列时,按惯例应当使国旗处于较高的位置。

（二）涉外排序

在某些特殊情况下,我国境内有可能升挂外国国旗。因此,客观上便出现了中外国旗的排序问题。具体处理这一问题时,一定要遵守有关的国际惯例与外交部的明文规定。

**1. 升挂外国国旗的规定**

只有在下述情况下,外国国旗才有可能在中华人民共和国境内升挂使用。

其一,外国驻我国的使领馆和其他外交代表机构,及其主要负责人的寓邸与乘用的交通工具;

其二,外国的国家元首、政府首脑、副首脑、议长、副议长、外交部部长、国防部部长、总司令或总参谋长、率领政府代表团的正部长、国家元首或政府首脑派遣的特使,以其公职身份正式来华访问之际所举行的重要活动;

其三,国际条约和重要协定的签字仪式;

其四,国际会议,文化、体育活动,展览会,博览会等的举行场所;

其五,民间团体所举行的双边和多边交往中的重大庆祝活动;

其六,外国政府经援项目以及大型三资企业的重要仪式、重大庆祝活动;

其七,外商投资企业,外国其他的常驻中国机构。

此外,在一般情况下,只有与我国正式建立外交关系的国家的国旗,方能在我国境内的室外或公共场所按规定升挂。若有特殊原因需要升挂未建交国国旗,须事先经过省、市、自治区人民政府外事办公室批准。在任何时候,均不得升挂伪"中华民国"的旗帜。

**2. 升挂外国国旗的限制**

为维护我国的国家主权,外国国旗即使在我国境内合法升挂,也应受到一定的限制。

其一,在我国升挂的外国国旗,必须规格标准、国案正确、色彩鲜艳、完好无损,为正确而合法的外国国旗。

其二，除外国驻华的使领馆和其他外交代表机构之外，在我国境内，凡升挂外国国旗时，一律应同时升挂中国国旗。

其三，在中国境内，凡同时升挂多国国旗时，必须同时升挂中国国旗。

其四，外国公民在中国境内平日不得在室外和公共场所升挂其国籍国国旗。唯有其国籍国国庆日可以例外，但届时必须同时升挂中国国旗。

其五，在中国境内，中国国旗与多国国旗并列升挂时，中国国旗应处于荣誉地位。外国驻华机构、外商投资企业、外国公民在同时升挂中国和外国国旗时，必须将中国国旗置于上首或中心位置。外商投资企业同时升挂中国国旗和企业旗时，必须把中国国旗置于中心、较高或者突出的位置。

其六，中国国旗与外国国旗并挂时，各国国旗均应按本国规定的比例制作，尽量做到其面积大体相等。

其七，多国国旗并列升挂时，旗杆高度应该统一。在同一旗杆上，不能升挂两国的国旗。

### 3. 中外国旗并列时的排序

中国国旗与外国国旗并列时的排序，主要分为双边排列与多边排列两种具体情况。

（1）双边排列

我国规定：在中国境内举行双边活动需要悬挂中外国旗时，凡是中方所主办的活动，外国国旗应置于上首；凡外方所主办的活动，则中方国旗应置于上首。以下以中方主办活动为例，来说明三种常用的排列方式。

一是并列升挂，中外两国国旗不论是在地上升挂，还是在墙上悬挂，皆应以国旗自身面向为准，以右侧为上位。如图 4-27 所示。

二是交叉悬挂。在正式场合，中外两国国旗既可以交叉摆放于桌面上，又可以悬空交叉升挂。此时，仍应以国旗自身面向为准，以右侧为上位。如图 4-28 所示。

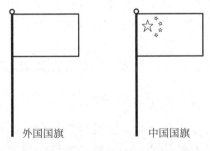

图 4-27　并列升挂的中外两国国旗

图 4-28　交叉悬挂的中外两国国旗

三是竖式悬挂。有时，中外两国国旗还可以进行竖式悬挂。此刻，也应以国旗自身面向为准，以右侧为上位。竖挂中外两国国旗又有两种具体方式，即或二者皆以正面朝外，或以客方国旗反面朝外而以主方国旗正面朝外。如图 4-29 所示。应当指出：某些国家的国旗因图案、文字等原因，既不能竖挂，

图 4-29　竖式悬挂的中外两国国旗

也不能反挂。有的国家则规定,其国旗若竖挂需另外制旗。

(2) 多边排列

当中国国旗在中国境内与其他两个或两个以上国家的国旗并列升挂时,按规定应使我国国旗处于以下荣誉位置:一是一列并排时,以旗面面向观众为准,中国国旗应处于最右方;二是单行排列时,中国国旗应处于最前面;三是弧形或从中间往两旁排列时,中国国旗应处于中心;四是圆形排列时,中国国旗应处于主席台(或主入口)对面的中心位置。

## 三、各国国旗含义

五星红旗的旗面为红色,长方形,其长与高为三与二之比,旗面左上方缀黄色五角星五颗。一星较大,其外接圆直径为旗高十分之三,居左;四星较小,其外接圆直径为旗高十分之一,环拱于大星之右。旗杆套为白色。

五星红旗旗面的红色象征革命;旗上的五颗五角星及相互关系象征中国共产党领导下的革命人民大团结;五角星用黄色是为了在红底上显出光明,黄色较白色明亮美丽;四颗小五角星各有一尖正对着大五角星的中心点,表示围绕着一个中心而团结,在形式上也显得紧凑美观。

(一) 各国国旗颜色和图案的含义

世界上各国国旗的颜色主要有红、白、绿、蓝、黄、黑等,这些颜色各有一定的含义:红色象征国家为独立和解放而斗争的精神,绿色是吉祥的标志,蓝色代表海洋、河流、天空,这三种颜色在各国国旗中出现得最为频繁。

各国国旗上的图案都有一定的含义。美国的星条旗,红白相间的 13 条横条,原意是代表美国当年的 13 个州。后来固定了下来,用国旗上的星代表各个州。现在旗上共有 50 颗星,代表美国的 50 个州。鹰和狮是勇敢和力量的象征,埃及、赞比亚、阿尔巴尼亚、奥地利、玻利维亚、厄瓜多尔等国的国旗都采用了雄鹰图案。斯里兰卡等国则采用雄狮图案。不丹是一个封建王国,国旗上是一条龙,既象征国家的权力,又代表这个国家的名字,因为不丹可译为“神龙之国”。

国旗的颜色也有含义。各国国旗中红色用得最多,中、美、英、法、日等国国旗上都有红色。

红色象征着先驱者的鲜血,象征勇敢、真诚和热忱以及国家的兴旺发达。许多国家的国旗上均有白色,象征纯洁和正直,以及对美好未来的希望。多数伊斯兰国家的国旗喜欢用绿色,认为它是吉祥的标志,表示对伊斯兰教的信仰。一些地处沙漠的国家向往绿洲,国旗上也用绿色。

哥伦比亚国旗上的蓝色象征海洋、河流和天空。

美洲一些国家国旗上有黄色,象征阳光、黄金、资源和财富。

国旗的形状绝大多数是长方形,但是瑞士国旗是正方形,中间一个白十字,象征国家的统一和为公共利益的献身精神。尼泊尔的国旗旗尾是两个三角形尖端向右的角,表示喜马拉雅山的两个山峰。

（二）部分国家国旗的含义

日本：国旗中的红太阳象征着日本是日出之国。"日本"的含义是"太阳升起的地方"。另据日本人自己传说天皇是太阳神的儿子,此旗正是据此意而设计的。如图 4-30 所示。

朝鲜：国旗的红色象征朝鲜人民浴血斗争的爱国主义精神和革命力量,白色象征朝鲜是单一民族,蓝色象征与世界人民的团结。五角星象征共和国继承革命传统,奋勇向前。国名含义：朝鲜语意为"朝日鲜明",即清晨之国。如图 4-31 所示。

图 4-30　日本国旗

图 4-31　朝鲜国旗

韩国：自 1883 年(朝鲜王朝后期)开始,韩国就开始使用太极旗。大韩民国建国后继续沿用。1949 年,韩国文教部正式确定了韩国国旗现在的样式：旗中央是太极图案,四周配以八卦图形。据韩国官方解释,太极图中的红色代表阳,蓝色代表阴,阴阳合一代表宇宙的平衡与和谐。火与水、昼与夜、黑暗与光明、建设与破坏、男与女、主动与被动、热与冷、正与负等,作为宇宙中两种伟大的力量,通过相互对立而达到和谐与平衡。以太极为中心,四角的卦分别象征阴阳互相调和,乾卦代表天空,坤卦代表大地,坎卦是月亮和水,离卦为太阳和火,各个卦还象征着正义、富饶、生命力和智慧。据韩国的解释,国旗底色为白色,象征韩国人民的纯洁和对和平的热爱。也有说法是象征单一民族。而整个国旗则代表韩国人民永远与宇宙协调发展的理想。韩国国旗的太极和八卦思想来自中国的《周易》。和谐、对称、平衡、循环、稳定等原理代表着中华民族对宇宙、对人生的深刻思考。朝鲜半岛长期受中华文化影响,韩国国旗正是受这种影响的反映。从整体上看,韩国国旗外方而内圆,外刚而内柔,阴阳相生,动静相宜,体现了中国古代文化的包容精神和朴素的辩证法思想。外儒而内道,外儒而取其对事业的执着追求,对管理秩序的有条不紊;内道而取其对个体生命的身心双修,体现了利人利己的辩证原则。它的底色为白色,象征着韩国人民永远与宇宙协调发展的理想。世界上有两个国家的国旗图案留有中国文化的痕迹,一个是韩国的太极旗,一个是不丹国的龙旗。如图 4-32 所示。

蒙古：国旗的红色象征欢乐和胜利,蓝色象征忠于祖国。左侧黄色图案是民族自由和独立的象征,火、日、月表示人民世代兴隆,三角形和长方形象征人民的智慧、正直、忠于职责,阴阳图案象征和谐。如图 4-33 所示。

图 4-32　韩国国旗

图 4-33　蒙古国国旗

美国：美利坚合众国的国旗旗面由 13 道红白相间的宽条构成，左上角还有一个包含了 50 颗白色小五角星的蓝色长方形。50 颗小星代表了美国的 50 个州，而 13 条间纹则象征着美国最早建国时的 13 块殖民地。红色象征勇气，白色象征真理，蓝色则象征正义。这面旗帜俗称"星条旗"（Stars and Stripes），正式名称"合众国旗"（The Flag of the United States）。它在正式成为美国国旗后曾经过 28 次修改。国旗是美国宪法以及权利法案所保障的所有自由的象征。大多数时候它还是个人自由的象征。如图 4-34 所示。

英国：英国国旗综合了原英格兰（白地红色正十字旗）、苏格兰（蓝地白色交叉十字旗）和爱尔兰（白地红色交叉十字旗）的旗帜标志。现国旗的白边红色正十字代表英格兰守护神圣乔治，白色交叉十字代表苏格兰守护神圣安德鲁，红色交叉十字代表爱尔兰守护神圣帕特里克。英国国旗，俗称"米字旗"，正式称呼是"the Union Flag"，也常常被称为"the Union Jack"。Jack 是海军用语，指悬挂在舰首的旗帜。Union Flag 是意为"联合旗帜"。如图 4-35 所示。

图 4-34　美国国旗

图 4-35　英国国旗

法国：法国国旗是一面从左至右为蓝、白、红色垂直排列的三色旗。法国人称之为：le drapeau tricolore（"三色旗"）、le drapeau bleu-blanc-rouge（蓝白红旗）、le drapeau de la France（法国国旗），有时也叫 le tricolore，口头称作 les couleurs。如图 4-36 所示。

德国：黑、红、金三种色彩长久以来就象征泛日耳曼民族争取统一、独立、主权的雄心。黑色象征严谨肃穆；红色象征燃烧的火焰，能激发人民憧憬自由的热情；金色象征真理的光辉，决不会被历史的泥沙掩埋。如图 4-37 所示。

意大利：意大利国旗也叫三色旗，旗面由三个平行相等的竖长方形相连构成，从左至右依次为绿、白、红三色，和国歌 Il Canto degli Italiani（也作 Fratelli d'Italia）一起成为意大利的象征。如图 4-38 所示。

加拿大：加拿大国旗称为枫叶旗，法文叫作单叶。国旗本身是由红白二色组成，中间的白色代表的是加拿大广阔无垠的国土，两侧的红色代表的是东西两岸相邻的大西洋及太平洋，中间的红色枫叶则是象征生活在加拿大富饶国土上辛勤努力的人民。如图 4-39 所示。

图 4-36　法国国旗

图 4-37　德国国旗

图 4-38　意大利国旗

图 4-39　加拿大国旗

**本章重要概念**

　　迎送礼仪　接待礼仪　会见与会谈礼仪　会议礼仪　谈判礼仪　签约礼仪
剪彩礼仪

**本章小结**

　　商务场合的公务礼仪是每个商务人士都应该掌握的基本规范。迎送、接待、会见与会谈、
会议、谈判、签约、剪彩等都有一定的规范,这些环节中的礼仪都是谈判者必备的素质之一。

**思考题**

　　1. 迎送礼仪包括哪些内容?

　　2. 一般办公场所接待包括哪些内容? 应注意的问题是什么?

　　3. 会见礼仪包括哪些内容? 应注意的问题是什么?

　　4. 会谈礼仪包括哪些内容? 应注意的问题是什么?

　　5. 会议礼仪包括哪些内容?

　　6. 谈判礼仪包括哪些内容?

　　7. 签约礼仪包括哪些内容?

　　8. 剪彩礼仪包括哪些内容?

**▶▶▶　案例分析**

【案例 4-1】

　　一天,方正物流公司负责前台接待的秘书小李,迎来了一位事先与人事部王经
理约好的客人。客人提前几分钟就到达了。小李立刻通知了人事部经理,经理说正
在接待一位很重要的客人,请对方稍等。小李就如实转告客人说:"经理正在接待
一位重要客人,请您稍等。"正说着电话铃响了,小李只是对客人用手指了指一旁的
沙发,还没顾上说些什么,就赶快去接电话了。客人尴尬地坐下了,待小李接完电话
后,似乎意识到了什么,马上为客人安排了座位。

　　**分析**:小李在接待过程中有哪些不当之处? 应怎样做才对?①

　　①　黄剑明.现代商务礼仪(第一版).北京:中国物资出版社,2006:202

【案例 4-2】

国内有一生产医疗设备的厂家,准备和国外客商签约长期合作,在双方的业务洽谈中,由于厂长通晓生产线行情,考虑问题周密,因此给外商一种精明能干的良好印象。双方决定第二天正式签约。由于时间尚充裕,厂长请外商到车间参观。车间秩序井然,外商也感到满意。不料,就在这时厂长突然感到喉咙不适,本能地咳了一声,到车间的墙角吐了一口痰,然后连忙用鞋擦去,地上留下一片痰迹。第二天一早,翻译便送来了外商写来的一封信,信中写道:"尊敬的厂长先生,我十分佩服您的才智和精明,但是您在车间里吐痰的一幕使我彻夜难眠。恕我直言,一个厂长的卫生习惯可以反映一个工厂的管理素质。况且,我们今后将生产的是用于治病的输液管。贵国的成语说得好:人命关天!请原谅我的不辞而别。否则,上帝会惩罚我的……"①

分析:这次投资失败的原因。

---

① 马飞.商务礼仪规范手册(第一版).北京:金城出版社,2005,p.23.

# 第五章
# 商务场合的办公礼仪

**学习目标**

本章主要是学习有关商务场合的办公礼仪。了解商务场合办公室礼仪、电话礼仪和商务文书礼仪的基本概念、规范及特点,通过本章的学习,掌握商务场合办公礼仪的基本知识。

## 第一节　办公室礼仪

商务办公礼仪是指人们从事商务活动和日常办公时必须遵守的礼仪规范。在社交礼仪日益注重形式与规范的今天,掌握办公室礼仪、电话礼仪、商务文书礼仪,有助于增进相互间的友情、加深交往的内涵与层次、提高自己的办事效率以及维护组织的整体形象。

### 一、上下班规则

#### (一) 遵守《工作守则》

在工作场合,应当遵守《工作守则》和与公司签订的劳动合同,通常《工作守则》会包括公司对员工的一些常规性的规定,比如:上下班时间、假日、休假制度、工资、服务规则以及奖罚制度等。

#### (二) 上班应守时

上班应当准时,上班时间最晚也要提前5分钟到岗,做好上班前的准备工作。不能到了上班时间才匆匆忙忙地跑进办公室。上班时,看到上司和同事应当积极主动打招呼,如果别人先招呼你,应当精神饱满地回应。

迟到是办公室礼仪中最低档次的违规,是一种相当可耻的行为,会被认为是不成熟的举动。当你发现自己要迟到的时候,务必在上班前和上司联络,在道歉的同时报告上班的确切时间。

（三）缺勤及休假的处理原则

如果因为身体不适而无法上班，应当及时告知上司，同时要考虑到当天要做的工作会不会因为你的缺席而无法进行，禁止无故缺席。请假时应当这样说："因为感冒发烧了，我想现在去医院，可以请一天假吗？"通常应该由本人亲自打电话请假，除非是病重才可以让别人代为请假。请假的第二天上班后，应当向上司和因为你请假而受到影响的同事道歉。

如果在别人都要工作时提出休假，最好在一个星期之前向上司提出，得到允许并且有人接手你休假时的工作时才能离开，要尽量做到不给别人增加太多的麻烦。原则上不应当在工作业务最繁忙的时候申请休假。如果休假时间比较长，应当在提交申请前，尽早和上司商量。休假结束后，应当及时上班，上班时向上司和同事表示歉意和谢意。

## 二、工作中的规则

### （一）保持办公桌的整洁

在办公室，要让办公桌上的东西尽量少，桌子要经常整理、清洁。不要在办公桌上摆放随身听、食物、镜子、化妆品等太多私人物品。不要超范围将文具、文件放到邻桌。办公桌下面也不要摆放无用的物品，并且要整理干净，将自己的物品摆到办公桌旁边的过道更是非常无礼的表现。离开办公室时，应当将桌面上的文件、物品收拾归位，不能丢下一桌子乱七八糟的物品就走了。

### （二）不在办公室闲聊

在工作中，不要和同事闲聊与工作无关的事情。就算是办公室设有盥洗室、开水房、吸烟室等非办公区域，也不能三三两两凑在一起闲聊，这种闲聊等同于怠工。尤其忌讳凑在一起议论别人的是非。在办公室中说话的声音应该尽量放小，以不影响别人工作的音量为宜。

### （三）不在办公室吸烟

通常，很多公司都会禁止吸烟，有些还会专门为吸烟者设立一个吸烟室或吸烟区。因此，不要在不允许吸烟的场所吸烟，即使在可以吸烟的场所，也要跟身边的人打招呼问对方是否介意自己吸烟。在可以吸烟的区域，要注意环境，不能随手乱弹烟灰、扔烟头，不小心弄脏的区域应当立刻清洁，免得给别人添麻烦。

### （四）不泄露公司秘密

每个公司都有许多不能透露的企业秘密，如果是保密资料，使用过后应当及时归还或者锁起来。走出公司大门后，不要向外人说公司内部的情报。即使是再亲密的客户，也应该避免谈及公司内部机密。如果从公司辞职或跳槽，也不应该故意外泄原就职单位的机密。

## 三、接受工作指示的规则

### （一）被上司召唤

被上司召唤，应当及时回应，并带好纸、笔，到上司身边听候指示。在上司说明指示或者下达工作指令的时候，要注意听并且认真记录。如果有什么疑问，应该在上司讲完之后集中提问，不要随意打断上司讲话。

**（二）确认指示**

在接受了指示之后，应当向上司表明自己已经明白，有必要的话可以有选择的重复部分指令，比如："把这个文件在明天上午 10 点前传真给伟达公司市场部，是这样么？"如果自己手头上的事情很多，对上司下达的新指令无法完成，应该及时汇报目前的状况，再进一步请求指示。如果上司发出的指示有问题，可以向上司再确认一遍。

### 四、向上司报告的规则

在商务活动中，上司指示或命令过的工作进行中或结束后，应当逐一向其报告，通常应该先报告结果，再陈述过程。在做报告的时候，要明确汇报 5W2H，即 What 何事、When 何时、Where 何地、Who 谁、Why 为何、How 怎样、How Much 多少钱，语言要简练，不能拖拖拉拉、不分巨细的汇报。

**（一）口头报告**

在日常办公中，很多事情是不需要做书面报告的，遇到以下的一些情况用口头报告的方式则可：

（1）一天工作结束时，应当做惯例的工作报告；

（2）按指示或命令做的工作完成了以后；

（3）在按指示或命令做的工作没有成功的时候；

（4）一个长期工作的阶段报告；

（5）在工作突然发生了意外或者遇到问题的时候。

通常，要向上司报告复杂而烦琐的事情时，应当先向上司请示："我想向您报告一下某某事情，现在您方便吗？"

**（二）书面报告**

如果是需要你做出书面报告，应该按照规定的书面报告格式，在规定期限内做出报告，提交给上司。通常书面报告的主要内容为：

（1）工作守则和业务规定的内容；

（2）在办公室已经形成惯例的事项；

（3）口头报告中已经陈述的事项；

（4）记录正确的数字以及统计资料。

书面报告的形式要求标题醒目、主题明确；不掺杂个人主观观点，只记录事实；在报告中，应该先提出结论，然后再按照经过、理由的顺序书写；报告要问题通畅、简洁明了；重要的事情要列出标题或者分项写；如果有必要，可在报告里附上图表。

**（三）商量工作**

独自在外进行某项工作时，事无巨细都要与上司取得联系，不得擅自过滤信息，以免造成失误。对于拿不准的事情，一定要同上司商量，不可妄自下判断。

### 五、外出、外勤、出差的规则

因公外出、外勤、出差,所花费的交通费或其他费用要准确报销,不能弄虚作假、虚报金额,每天都应该记录当天所花销的费用,并且保留票据。如果公司对外出搭乘的交通工具、住宿或餐饮标准有规定,应当严格遵照规定办事,不得已要超出规定的金额时,应当及时向上司提出申请。

### 六、使用办公设备的规则

#### (一)电话

在办公室,不能用公司的电话做私人之用。办公室电话是工作用的,不是给你用来联系家人、朋友的,更不能长时间地霸占公用电话。如果是特殊的事情而接到私人电话,应该快速向对方表明现在正是工作时间,并且要快速挂断电话。

#### (二)办公用品

公司的办公器械和耗损品都是借给员工使用的,是以方便工作为目的的,在使用时应当公私分明。不能将公司的文具随便拿回家或者做私人用途,也不能用公司的复印机、打印机来做私人文件。公用的办公物品使用过后要及时放回原处,这样才能方便其他员工使用。

#### (三)传真

在工作场合发传真时,有几项注意事项:
(1)一定要在传真文件上标明发件人的信息,方便对方回应;
(2)不要一次发送过多纸张,这样会影响对方接受其他传真;
(3)机密性文件不适合用传真发送,可能会泄密;
(4)彩色部分、字体小的部分需要特别注意;
(5)如有重要事项,传真后还应电话确认;
(6)最好有专门的发送传真联络用纸,正规、方便、有效率。

#### (四)节约能源

在使用办公设备时,节约意识应当放在首位,应当在不用的时候随手关掉公司的电灯、空调、水龙头。不能因为是公家的就无所顾忌地浪费。

### 七、公务交往中的称呼规则

#### (一)公务交往中的三种最通用称呼

(1)称行政职务。这一般是在正式的官方交往中使用,如董事长、部长。
(2)称技术职称。对专家学者或者学术方面比较有造诣的人士,称学术头衔,如教授、博士。
(3)泛尊称。先生、小姐、女士等称呼。

（二）正规场合不能使用以下称呼

（1）称兄道弟；

（2）不恰当的替代；

（3）易误会的称呼，如师傅；

（4）不恰当的简称；

（5）无称呼，如"喂"。

# 第二节　电话礼仪

在信息社会里，随着经济条件和通信技术的飞速发展，人们在工作和生活中的社会交往方式，也发生了巨大的改变。电话已成为现代社会交往的重要工具，已成为人们工作、生活离不了的贴身"通信员"。电话被办公室人员公认为便利的通信工具，在日常工作、生活中，我们通过电话能粗略判断对方的人品、性格。因而，掌握正确的、礼貌待人的打电话方法，对职场人员来说是非常有必要的。过去有很多靠面对面才能解决的问题，现在几乎都可以用电话来解决。电话传递迅速、使用方便、失真度小和效率高的优点，使人们的生活节奏明显加快，工作效率大大提高。同时，在网络社会中通过电话呈献给客户的，已不只是一种商务沟通的方式，同时也是一种有质量的客户服务，这意味着通过电话完成交易和服务的需求愈来愈高，电话已不全然只是用来联络感情而已，所以在现代职场中，"电话服务""电话销售"以及"电话营销"已逐渐发展成为受欢迎的新兴职业。通过电话，给来电者留下这样一个印象：我们是一个礼貌、温暖、热情和高效的公司，我们在接听电话时应该热情，因为我们代表着公司的形象。在现代公关的语言交往中，电话中的语言占据了时间和频度的优势，因此，在语言礼仪中，电话礼仪占有很重要的地位，商务人士在进行商务活动时应当格外注意电话礼仪。

## 一、接听电话的技巧

由于电话的应用在商业活动中越来越广泛，因此，公司的相关人员非常有必要掌握一些电话的接听技巧，如注意在接听过程中保持亲切和气的态度、确定来电目的、确定来电者的身份等。

（一）左手持听筒，右手拿笔

大多数人习惯用右手拿起电话听筒，但是，在与客户进行电话沟通的过程中，往往需要做必要的文字记录。在写字的时候一般会将话筒夹在肩膀上面，这样，电话很容易因夹不住而掉下来，发出刺耳的声音，从而给客户带来不适。为了消除这种不良现象，应提倡用左手拿听筒，右手写字或操纵计算机，这样就可以轻松自如地达到与客户沟通的目的。

（二）电话铃声响过两声之后接听电话

在公司内部，很多员工由于担心处理方式不妥当而得罪客户，从而招致老板的责备，

因此,很多人都把电话当作烫手的山芋,抱有能不接电话就尽量不接电话的情绪。实际上,跟客户进行电话沟通的过程也是对员工能力锻炼的过程。只要能养成良好的接听习惯,接电话并不是一件困难的事情。通常,应该在电话铃声响过两声之后接听电话,如果电话铃声响过三声之后仍然无人接听,客户往往会认为这个公司员工的精神状态不佳。

（三）报出公司或部门名称

在电话接通之后,接电话者应该先主动向对方问好,并立刻报出本公司或部门的名称,如:"您好,这里是某某公司……"随着年龄的增长,很多人的面子会越来越放不下来,拿起电话往往张口就问:"喂,找谁,干嘛……"这是很不礼貌的,应该注意改正,应彬彬有礼地向客户问好。

（四）确定来电者身份姓氏

接下来还需要确定来电者的身份。电话是沟通的命脉,很多规模较大的公司,电话都是通过前台转接到内线的,如果接听者没有问清楚来电者的身份,在转接过程中遇到问询时就难以回答清楚,从而浪费了宝贵的工作时间。在确定来电者身份的过程中,尤其要注意给予对方亲切随和的问候,避免对方感到不耐烦。

（五）了解来电目的

了解清楚来电的目的,有利于对该电话采取合适的处理方式。电话的接听者应该弄清楚以下几个问题:本次来电的目的是什么? 是否可以代为转告? 是否一定要被指名者亲自接听? 是一般性的电话行销还是电话来往? 公司的每个员工都应该积极承担责任,不要因为不是自己的电话而心不在焉。

（六）注意声音和表情

沟通过程中表现出来的礼貌最能体现一个人的基本素养,养成礼貌用语随时挂在嘴边的习惯,可以让客户感到轻松和舒适。因此,接听电话时要注意声音和表情。声音好听,并且待人亲切,会让客户产生要亲自来公司拜访的冲动。不要在接听电话的过程中暴露出自己的不良心情,也不要因为自己的声音而把公司的金字招牌践踏在脚底下。

（七）保持正确姿势

在接听电话过程中应该始终保持正确的姿势。一般情况下,当人的身体稍微下沉,丹田受到压迫时容易导致丹田的声音无法发出,大部分人讲话所使用的是胸腔,这样容易口干舌燥,如果运用丹田的声音,不但可以使声音具有磁性,而且还不会伤害喉咙。因此,保持端坐的姿势,尤其不要趴在桌面边缘,这样可以使声音自然、流畅和动听。此外,保持笑脸同样能够使客户感受到你的愉悦。

（八）复诵来电要点

电话接听完毕之前,不要忘记复诵一遍来电的要点,防止因记录错误或者偏差而引起误会,从而使整个工作的效率更高。例如,应该对会面时间、地点、联系电话、区域号码等各方面的信息进行核查校对,尽可能地避免错误。

（九）最后道谢

最后的道谢也是基本的礼仪。来者是客,以客为尊,千万不要因为电话客户由于不直接面对而认为可以不用搭理他们。实际上,客户是公司的衣食父母,公司的成长和盈利的增加都与客户的来往密切相关。因此,公司员工对客户应该心存感激,向他们道谢和祝福。

（十）让客户先收线

不管是制造行业,还是服务行业,在打电话和接电话过程中都应该牢记让客户先收线。因为一旦先挂上电话,对方一定会听到"咔嗒"的声音,这会让客户感到很不舒服。因此,在电话即将结束时,应该礼貌地请客户先收线,这时整个电话才算圆满结束。

## 二、打电话的一般礼节

使用电话,是现代生活中极其普遍的交往方式,与此同时,电话让人又爱又恨:爱的是可以为公司创造很好的生意契机,恨的是稍有不慎就会引起客户的不满。因此,有许多打电话的礼节需要人们熟练掌握。具体而言,打电话的礼节主要有以下几个部分。

（一）了解时间限制

打电话时应该以客为尊,若想让客户产生宾至如归的亲切感觉,那么就应该注意在恰当的时段内打电话。通常,早上 10:00～11:30,下午 2:00～4:00 是所有公司的"黄金"时段,打电话时应该尽量选择这些最有绩效的时段。

**1. 通话时间**

最佳的通话时间主要有两个:一是双方预先约定的时间;二是对方方便的时间。通话应当尽量选择上述的最佳通话时间而避开不适当的时段。例如,某个公司最近发生了重大事情,这时候就不要打电话骚扰对方了,否则可能会让对方心情会变得浮躁。

**2. 通话长度**

对通话长度控制的基本要求是:以短为佳,宁短勿长。有些公司的通话系统只有一条外线,如果占线时间太久,很可能造成对方所有的对外通信被迫中断,甚至可能耽误其他重要事情的联络工作。因此,打电话时要遵守"3分钟原则",牢记长话短说。

（二）斟酌通话内容

为了节省通话时间并获得良好的沟通效果,打电话之前和之中都需要认真斟酌通话的内容,做到"事先准备、简明扼要、适可而止"。

**1. 事先准备**

在通话之前,就应该做好充分的准备。最好把对方的姓名、电话号码、通话要点等通话内容整理好并列出一张清单。这样做可以有效地避免"现说现想、缺少条理、丢三落四"等问题的发生,可以收到良好的通话效果。

**2. 简明扼要**

通话内容一定要简明扼要。通话时,最忌讳吞吞吐吐,含糊不清,东拉西扯。经过简短的寒暄之后,就应当直奔主题,力戒讲空话、说废话、无话找话和短话长说。

**3. 适可而止**

一旦要传达的信息已经说完,就应当果断地终止通话。按照电话礼节,应该由打电

话的人终止通话。因此,不要话已讲完,却依旧反复铺陈,再三絮叨。否则,会让人觉得你做事拖拖拉拉,缺少素养。

（三）控制通话过程

通话过程自始至终都应做到待人以礼和文明大度,尊重自己的通话对象,尤其在通话中要注意语言文明、态度文明和举止文明,绝对不能用粗陋庸俗的语言攻击对方,以免损害公司的形象。

**1. 语言文明**

语言文明体现为牢记电话基本文明用语。在通话之初,要向对方恭恭敬敬地问一声"您好";问候对方后,应自报家门,否则对方连通电话的对象是谁都不清楚,交流就无法达到预期效果;终止通话时,必须先说一声"再见"。

**2. 态度文明**

文明的态度有益无害。当电话需要通过总机接转时,要对总机话务员问好和道谢,从而使他们感到受尊重;如果要找的人不在,需要接听电话的人代找或代为转告、留言时,态度更要礼貌;通话时电话如果忽然中断,应立即再拨,并说明通话中断是由于线路故障所致,不要等对方打来电话;如果拨错电话号码,应对接听者表示歉意。

**3. 举止文明**

通话过程中虽然不直接见面,但也应该注意举止文明。例如,打电话时不要把话筒夹在脖子下,也不要趴着、仰着、坐在桌角上,更不要把双腿高架在桌子上;不要以笔代手去拨号;通话时的嗓门不要过高,免得令对方深感"震耳欲聋";话筒和嘴的最佳距离保持3厘米左右;挂电话时应轻放话筒;不要骂骂咧咧,更不要采用粗暴的举动拿电话机撒气。

（四）注重通话细节

在通话过程中,尤其需要注意以下一些细节。

**1. 确认通话对象**

电话接通之后,确认通话对象是必不可少的步骤,避免由于通话对象不对而闹出笑话或尴尬。很多家庭成员之间的声音非常相似,如果在电话中冒冒失失地将其他人当作通话对象,会让对方觉得打电话者缺少修养。

**2. 征询通话者是否方便接听电话**

电话接通后,不要忘记先征询通话的人现在是否方便接听电话。如果通话对象正在开会、接待外宾或者有急事正要出门,则应该晚一点儿再打过去。否则,对方在繁忙之中会很难心平气和地接电话的。

**3. 勿存调皮性,勿玩猜谜游戏**

在商务电话接听过程中,千万不要心存调皮,尤其不要和对方玩猜谜性的游戏。很多通话对象会一时无法想起打电话者的声音和名字,如果非要让对方猜出你的名字来,对方一般会非常尴尬,甚至会产生强烈的反感。

**4. 不要忘记最后祝福和感谢**

最后的祝福和感谢是电话即将结束时必须要有的步骤,用轻柔的声音给予对方简单的祝福,能够给对方留下美好的印象。中国号称礼仪之邦,历来注重文明礼貌,因此在电话最后不要忘记给对方送上祝福和感谢。

### 三、打电话的注意事项

商务人员在打电话的过程中应该注意以下事项。

**（一）简单明了，语意清楚**

在通话过程中要注意做到简单明了，尽量将语意表达清楚。如果说话时含含糊糊、口齿不清楚，很容易让通话对象感到不耐烦。尤其需要注意的是，不要在通话的同时，嘴里含着食物或其他东西。

**（二）勿因人而改变通话语气**

不要因为对方身份的改变而改变通话语气，应该自始至终都要使用亲切平和的声音平等地对待客人。如果客人听到声音发生明显转变，心里很容易产生反感，从而认为打电话的人非常势利、没有教养。

**（三）说话速度恰当，语调要抑扬顿挫、流畅**

通话过程中要始终注意言谈举止，三思而后言。说话时速度要适当，不可太快，这样不但可以让对方听清楚所说的每一句话，而且还可以帮助说话人自我警醒，避免出现说错话而没及时发现的情况。另外，说话的语调尽量抑扬顿挫和流畅，给人一种舒服的感觉。

**（四）最多让来电者稍候 7 秒钟**

根据欧美行为学家的统计，人的耐性是 7 秒钟，7 秒钟之后就很容易产生浮躁。因此，最多只能让来电者稍候 7 秒钟，否则对方很容易产生收线、以后再打的想法。如果让来电者等待，则需要说："对不起，让您久等了。"

**（五）私下与人交谈需按保留键**

在通话过程中，如果需要私下和其他人交谈时，注意按保留健，不要直接对着话筒跟其他人说话。否则，有些私下的交谈甚至对人的批评语言在不经意间就可能被客户听到，对方很可能因此而不高兴。

**（六）不要大声回答问题**

在通话过程中不要大声回答问题，不然将造成双方的疲劳。如果当时所处的空间声音嘈杂，则应该向客户致歉，并征求客户的意见，重新更换通话地点，或者留下电话号码稍后再拨。

**（七）指明对象会议中，勿将电话转接至会场**

如果指定的通话对象正在参加会议，那就不应该将电话转接到会场中去。一般来说，参加会议的人比较容易出现弹性疲劳，不适合接听电话。在这种情况下，可以将所有的电话全部据实记录下来，等会议完毕之后再转交。

**（八）修正习惯性口头禅**

很多人在说话过程中都习惯性地带有口头禅，在通话过程中应该努力加以修正和克

服。因为口头禅听多了容易让人感到疲劳而导致精神不集中,这对交流的顺利进行是很不利的。

**(九)断线应马上重拨并致歉**

如果在通话过程中突然发生意外情况而导致通话中断,那么就应该按照对方的电话号码迅速重新拨打过去,不要让客户以为是你故意挂断了电话。电话重新接通之后,应该立即向客户致歉,并说明断线的原因,从而获得客户的理解。

**(十)勿对拨错电话者咆哮**

如果对方不小心拨错了电话,那么记住不要对拨错电话的人大呼小叫,而是应该礼貌地告知对方电话拨错了。因为电话接通后往往已经报上了公司名称,如果此时对人不礼貌的话,等于破坏了公司的形象。

**(十一)转接电话应给同事预留弹性空间**

转接电话时,不要因为对方所找的人不是自己就显得不耐烦,不要以所找的人"不在"为理由打发对方,而应该友好地答复:"对不起,他不在,有什么需要我转告吗?"不要询问对方与其所找之人的关系,当对方希望转达某事给某人时,不要把此事向其他人传播。

**(十二)勿同时接听两个电话**

在接听公司电话时,常常会遇到手机铃响的情况,如果同时拿起两个电话讲话,很容易造成声音互相交错,导致两边都无法听清楚。因此,遇到这种情况时应该选择先接听比较重要的电话,尤其要注意在办公室场合做到"以公为主,以私为辅"。

**(十三)帮助留言应记录重点**

帮助同事留言时,要注意记录电话内容的重点,应该包括来电者公司、部门、姓名、职称、电话、区域号码、事由、时间等内容。此外,还应该记录留言者的部门和姓名,以方便对问题的了解。

**(十四)不要将电话当烫手山芋到处转接**

经常会遇到这样的情况:电话接听后发现不是自己的,就把电话转接到同事那边,同事又将电话转接到其他同事那里。这样将电话当作烫手山芋到处转接,很容易让客户产生不愉快的感觉,对公司影响不好。

**(十五)不口出秽语,不论客户是非**

在与客户通话的过程中,不管遇到任何情况,都不允许口出秽语,也不要随意讨论客户的是非,否则很容易得罪客户而使公司的生意受到损害。因此,不要在第三者面前传话,要维护同业之间的良性竞争。

**(十六)请教来电者的姓名**

通话的时候一定不要忘记请教来电者的姓名,这样便于日后的联系和交流,有利于培养固定的客户群。通常来说,请教来电者称呼可以采用类似的语句:"请问您尊姓大名""请问贵公司宝号怎么称呼"。

# 第三节  商务文书礼仪

书信是人们生活中最为普通、最为古老的一种沟通方式。文字是商务交往中人际沟通的基本手段之一。所谓文书,是指借助于文字而形成的各种书面材料,可分为一般性私人文书和工作性公务文书。掌握各种商务文书的规范格式和礼仪要求,明确商务文书写作的礼仪语言表达和礼仪词语运用,能够很好地交流感情、传递信息、沟通联络、联系事物。

总的来说,常用的商业文书可以归总为:对公的公文函件、一般的企业公文、对内的工作报告、单位的会议记录、展示说明的材料以及商务往来邮件,此外还有商务传真文件以及一些相关通知。下面就这八种比较常用的文书规范,略述如下。

## 一、对公的公文函件

对公的公文函件就是指所谓的政府公文,常见于各种报纸杂志上的有:令、决定、通告、通知、通报、议案、报告、请示、批复、意见、函、会议纪要等。其写作格式以《国家行政机关公文处理办法》为依据,由各级单位行文使用。一般企业如果是对公的业务很多,对于这类形态的公文格式还是需要留意学习。

由于经常使用的文种过多,所以在撰写这类文书之前,可能对于某些性质和用途相类似的文件,需要仔细推敲,绝对不能出错,比方说:条例、规定与办法之间的区别;决定与命令的区别;指示与命令的区别;批复与指示的区别;通报与通知的区别;通报与处分决定的区别;通告与公告的区别等。

商业文书实际上来源于许多对公的文件,因此如果想要真正的把文书写作搞好,首要工作其实是要学习公文写作。公文写作里面许多词语的运用都是很考究的,必须仔细推敲。举例来说,公文常用的称谓词有:

第一人称:我(本)办(部、所、院、校、委、站……);

第二人称:你(贵)处(馆、委、处、办……);

第三人称:该单位(部门、系、院、所、局……)、他、他们。

公文常用的语言包括:

常用的开头词:根据、据、近查、最近、自、自从、为、为了、由于、关于、按照、遵照、随着、现将、当前、目前;

常用的引叙词:前接、近接、现接、当经、前经、现经、并经、悉、敬悉、惊悉、近悉、喜悉、欣悉、特(现)通知(通报、批示、批复、报告)如下;

常用的表态词:应、应当、似应、责成、同意、拟同意、拟不同意、准予备案、请即试行、遵照执行、即将下达、现予公布;

常用的询问词:妥否、是否妥当、是否可行、如无不当、如无不妥;

常用的综合词:为此、据此、综上所述、鉴此、总之、总而言之;

常用的表达目的词:批示、批复、示复、函复、函告、告知、周知、批转、下达、遵照办理、

参照执行；

常用的结尾词：特此报告、现予公布、为何、为要、为盼、是何、贯彻执行、将……报告给我们。

这些在企业公文写作里面，也是必须经常使用的，写作者必须要仔细把相关的词汇记录下来，才不会出错，同时也能合乎礼仪规范。

## 二、一般企业公文

企业公文的要项其实并不简单，说起来可以分为下列这些种类：公司决定、公司公告、公司通告、公司通报、公司报告、公司请示、公司批复、公司意见、公司函、公司会议纪要、商务信函、商务计划、总结、讲话稿等。

无论写作何种公文，都请注意写作应该尊重三段式的写法，并且在主题的栏目里要能简单扼要地写出关键词，每段文字应尽量以不超过三至四行写完为原则，不要过于冗长，如果有叙述性质的数据，应该以附件的方式呈现。写公文之前，应该先与各单位口头沟通，取得一致性的协议后，再层层通报。

公文虽然说只有文字，但是在公文背后所隐藏的现实，才是需要捉摸透的东西。因此，在我们下笔写公文的时候应斟字酌句，对公文的内容与形式进行必要的核实，确保其能够通过各单位的审核而不出错。

## 三、对内的工作报告

工作报告是每个上班族都会使用到的商业文书，它包括情况报告、专题报告、综合报告、答复报告、自查报告等多种形式。

报告适用于向上级机关汇报工作、反映情况、提出意见或者建议、答复上级机关的询问。它属上行文，一般产生于事后和事中。综合性报告是将全面工作或一个阶段许多方面的工作综合起来写成的报告。在内容上具有综合性、广泛性，写作难度较大，要求较高；专题性报告则是针对某项工作、某一问题、某一事件或某一活动写成的报告，在内容上具有专一性。

撰写工作报告时，最忌讳的就是把自己的问题推诿给他人。比方说，在写述职报告这种在工作报告中属于总结性报告的时候，与一般报告不一样的是，述职报告特别强调个人性，对隶属工作范畴、亲身经历或者督查的材料必须确认真实可靠。这就要在写作上更多地采用叙述性的表达方式，如果其中夹杂了对其他人的影射或诋毁，那就失去了立场和礼仪。

除了文字报告之外，口头报告也有其特定的格式用语，其最大特征为：准确、明晰、简练。口头报告的语言受发言的本身性质影响，必须能够拉近讲话者和听众的心理距离，因此，演讲稿应更为大众化与口语化，主题句基本的层次也应力求客观，要能准确反映演讲稿中心内容的本质真实和客观特色。

## 四、单位的会议记录

会议记录是根据会议资料、文件以及其他有关材料加工整理而成的，它是反映会议基本情况和精神的纪实性公文,是会议议定事项,并要求有关单位(或部门)执行的一种文体。按照会议性质来分,会议记录大致可分为办公会议记录、专题会议记录、协调会议记录、座谈会议记录等。

（一）会议记录的写法

初次撰写会议记录的人,可以采用录音设备录起来慢慢听。经验丰富之后,就可以用笔记本电脑,进行同步记录。会议记录的长度应保持在 1 000 字以内,最好能让与会者在五分钟内阅读完毕。会议记录必须在会议结束后 72 小时内完成,经主管确认后分发给与会者。会议记录的写法有很多种,如:

(1) 叙述法:就像是叙述一件事情的平铺直叙法;

(2) 辩言式:仿佛是双方交战时各持已见的叙述法;

(3) 结论式:写出会议最后的结论;

(4) 行动式:写出会后大家所要采取的行动方案;

(5) 纲领式:写出会议的摘要。

（二）会议记录的构成

会议记录一般可分为两大部分:其一,会议概况。包括会议进行的时间、地点、届次、组织者、出席和列席人员名单、主持人、会议议程和进行情况以及对会议的总体评价等;其二,中心内容。即反映会议的主要精神、讨论意见和议决事项等。

其写作要点有九项。

第一,要抓重点记录。开会时间很长,讲的话虽然多,但并不是每个字都要写下来,而是把要点记下来。

第二,分出何者是事实,何者为意见。双方各执一词的时候,可能会有言语上的冲突或不同的意见,这时就要能分辨他们真正的意思。

第三,要懂得选择。有些你来我往的言辞,可能含有一些情绪性的说法,这时候写记录的人,就要选择非情绪的说法来记录。

第四,挑出有问题的灰色地带。写作会议记录的时候,总会遇见三方会谈的问题,可能会意见很模糊,这一类不能具体的意见不要列入。

第五,要很专注。担任会议记录的人,必须全神贯注,特别是不能用录音机的时候,更是要专心致志地听出问题来。

第六,根据议程记录。事前可以把会议议程准备一份放在手边,根据议程的先后来记录会比较完整。

第七,记下发话人的姓名。如果对于与会者并不熟悉,秘书要在开会之前,先与与会者交换名片,以确实了解其姓名头衔。

第八,听一段记一段。写会议记录时,专心致志地先听一段,然后再用文字写出这一段的结论,而不必赘述其讨论的过程。

第九,事先复习前期会议记录。对于前次会议的记录必须先研读一次,看看前面都讨论了些什么事情,产生了怎样的问题。

会议记录的撰写,无论采用何种格式都必须能抓住重点,避免出错误,也需要注意礼仪规范,请注意下列规范:(1)用最简短的文字及句子完成会议记录;(2)用最直接的要

点述说；（3）避免出现批评性字眼；（4）避免出现别人看不懂的词语；（5）运用记录性口吻，而非直接引用与会者的话；（6）尽量避免提到人名。

### 五、展示说明的材料

展示说明的材料，有人称为投影片或是 PowerPoint（PPT），制作的过程其实就是商业文书。因为在制作成为投影片以前，每个人都要先制作成为 Word 的形式，然后才能转制成为投影片。所以我们必须遵守制作的原则。

编写展示材料的时候，首先应考虑自己的目的是什么？是介绍组织及发展，还是对多推广的计划、项目或活动进行说明；是推荐新上市的产品，还是争取资金支持等。其次，在起草材料大纲时，需注意两件事：

第一，绝对不能将 Word 文档直接贴在 PowerPoint 里面，而必须遵守七的原则（Rule of Seven），也就是每页不能超过七个要点，每个要点尽量不要超过七个字；

第二，不可随意使用网络上的文字或图片，因为这可能会违反著作权的原则，抄袭与剽窃不但违法，而且更是最不合礼仪的行为。

### 六、商务往来邮件

当今社会，最常用的商业文书就是电子邮件（E-mail）了。由于邮件的往来是通过网络完成的，所以我们更要注重网络世界的礼节，保持尊重他人的态度，尊重他人的隐私权，不窥探他人计算机里的文件，尊重他人的著作权，不擅自复制他人享有著作权的作品。

在国际上，对于 E-mail 的写作有"7C"要求。

其一，完整（completeness）。完整说明信件的主题、相关信息、要求、期限等，将收信人需要的所有信息包括在信文内。不论表达技巧、文章结构如何，完整说明发送邮件的原因最为重要。因此，完整也是这七项原则中，最重要且不可或缺的一项重点要求。

其二，具体（concreteness）。不要使用容易造成误会的字汇，尽量用一些通用的字汇辞藻。如："请速处理回复"应该用"请于 3 月 1 日中午前回复"来表述，让收信人有可依据的行动的方向，才是具体的信件用语。

其三，简明（conciseness）。E-mail 的沟通环境就像面对面对话，因此，文字用语宜采用简短易懂的；不需要的赘语赘词应予以删除；如果要使用缩写字，也应该采用一般网络通用的缩写文字，才不会让收信人不明所以，往往还得回信请你说明。

其四，正确（correctness）。内文的用字和标点符号、引经据典的情境选择、案例的引用说明等，应该正确谨慎，以免贻笑大方。

其五，礼貌（courtesy）。E-mail 的写作风格与应用格式较具弹性，因此，礼貌用语也偏向简单非正式，但是一封信件给收信人的感觉，就是发信者为自己塑造的形象，因此，在用语上也应该注意，不可失礼。

其六，整洁（clearness）。E-mail 信件必须注意断句，换行位置，因为收信人的屏幕有大有小，如果像传统书信一般，一行到底才换行，会让读信者觉得很累；另一个原因则是收信系统环境设定不同，过长的句子会在中间断掉，影响文章分配，使章节段落看起来凌乱不堪。况且 E-mail 内容通常简短数句，一行到底，会让人觉得过于空洞。

其七,体贴(consideration)。在文章结束前,要对收信人表达关心或感谢之意。对长辈或对网络用语不熟悉者,更应该多加协助,多多使用对方较易理解的用语。

至于 E-mail 字段的礼仪使用要点,则需要注意下列几点。

第一,称谓(Salutation)不可以太随性。E-mail 的传递速度与传统书信往返的效能差异极大,使用电子邮件传递信息的双方,可以像日常对话般一来一回进行交谈,因此,电子邮件的称呼也变得草率得多。同辈之间、亲朋好友或同事间可以直呼其名;对长辈或上级,最好使用头衔加上姓氏,如:赵老师、吴总经理、Mr. Smith 等。

第二,信尾客套语简明。E-mail 常用的英文信尾客套语为:"Thanks""BR(或 Regards)""Cheers""Good Luck",而非一般信函中的"Sincerely yours""Your struly"或"Best regards"等。特别要注意的是,即使是中文书写的 E-mail,像"即颂""商祈"这类信尾颂候语,一般都已被简短的英文客套语所取代。

第三,多多使用附件。在 E-mail 的传送过程中,由于邮件发送者用来写作、发送、储存、下载和接收的软硬件可能与接收者完全不同,所以,两者看到的邮件也并不一样。因此,一些过于复杂的内容、图表、数据以及其他备注资料,可以以附件的形式发出,以方便阅读,避免出现内文显示差异的问题。

第四,设计感十足的签名档。E-mail 在应用发达的同时,也代表人与人之间的见面次数锐减,因此交换名片、搜集客户资料的最佳途径就变成 E-mail。如果一封信件没有签名档,那么收信人无法搜集到完整的资料,也无法对发信人有基本认识。因此,在签名档中加上详细的联络数据,同时再附上一张照片。

## 七、商务传真礼仪

目前,在商务交往中,经常需要将某些重要的文件、资料、图表即刻送达身在异地的交往对象手中。在此背景下,以传真作为联络方式,便应运而生。传真,又叫作传真电报。它是利用光电效应,通过安装在普通电话网络上的传真机,对外发送或是接收外来的文件、书信、资料、图表、照片真迹的一种现代化的通信联络的方式。目前,在国内的商界单位中,传真机早已普及成为了不可或缺的办公设备之一。

利用传真通信的优点主要是,操作简便,传送速度非常迅速,而且可以将包括一切复杂图案在内的真迹传送出去。它的缺点主要是,发送的自动性能较差,需要专人在旁边进行操作。而且有些时候,它的清晰度难以确保。

商界人士在利用传真对外通信联络时,必须注意下述的礼仪问题:

第一,合法使用是最基本的要求。国家规定:任何单位或个人在使用自备的传真设备时,均须严格按照电信部门的有关要求,认真履行必要的使用的手续,否则即为非法之举。具体而言,安装、使用传真设备前,须经电信部门许可,并办理相关的一切手续,不准私自安装、使用传真设备。而安装、使用的传真设备,必须要配有电信部门正式颁发的批文和进网许可证。如欲安装、使用自国外直接带入的传真设备,必须首先前往国家指定的部门进行登记和检测,然后方可到电信部门办理使用手续。而且,使用自备的传真设备期间,按照规定,每个月都必须到电信部门缴纳使用费用。

第二,得法使用也是基本的要求。使用传真设备通信,必须在具体的操作上寻求标准和规范。不然,也会令商务沟通效果受到一定程度的影响。商务人员或其所在单位所用的传真机号码,需要被正确无误地告之自己重要的商务交往对象。一般而言,在商用名片上,传真号码是必不可少的一项重要内容。而对于主要交往的商务对象的传真号码,必须要认真地记好,为了保证万无一失,有必要在向对方发送传真前,最好先用电话向对方通报一下。这样做既提醒了对方,又不至于发错传真。在发送传真时,商务人员也必须按规定操作,并以提高清晰度为要旨。与此同时,商务人员也要注意其内容要简明扼要,以节省公司的成本。商务人员单位所使用的传真设备,安排专人负责是必要的。当无人在场而又有必要时,应使之自动处于接收状态。为了不影响工作,公司的传真机尽量不要同办公电话采用同一条线路。

第三,依礼使用对商务人员也是必需的。商务人员在使用传真时,维护个人和所在单位的形象也是很关键的,保持礼仪是需要时刻牢记的。在发送商务传真时,一般都不可缺少必要的问候语与致谢语。发送文件、书信、资料时,更是要谨记。有时,商务人员出差在外,有必要使用公众传真设备,即付费使用电信部门所设立在营业所内的传真机时,除了要办好手续、防止泄密之外,对于工作人员亦须依礼相待。商务人员在使用传真设备时,最为看重的是它的时效性。因此在收到客户的传真后,应当在第一时间即刻采用适当的方式告知对方,以免对方等待。需要办理或转交、转送他人发来的商务传真时,千万不可拖延时间,以免耽误对方的要事。

## 八、与商务礼仪相关的通知

有关商务礼仪事项的通知,例如,商务外交人员的到离任,某些商务外交礼仪程序的安排、某些有关商务外交礼仪的规定等,可以使用照会、函件、备忘录、通告等各种方式通知有关机关或个人。

在使用有关商务外交礼仪的文书电报时,应注意以下事项。

第一,商务外交文电中的外国国名,应使用全称,同一国名如出现数次,至少首次应用全称。文中的单位名称,第一次亦应使用全称。对方的职衔、姓名作为抬头出现时,亦要用全称。文书格式要合乎规范,不要用错。普通照会一般只用第三人称,但不注意时容易出现"贵方""我方"等称呼,造成混乱不清。签署者与受文者要相适应。人对人,单位对单位。非外交机构一般不使用照会的格式,可使用对外函件进行交往。人称要与文书格式相适应并要求前后统一。

第二,要有严密的校对制度。如发现文书、函件等有错别字或格式不对,均应重新打印,不得涂改。对外文书应以中文为正本,必要时,附以外文译文。译文本,应用不带机关衔的白纸,并在右上角注明"译文"字样。译文应考虑外文的惯用格式,不应套用中文格式。我驻外机构,在外文水平有把握、有力量的情况下,凡纯属一般事务性的函件可只用外文(指驻在国文字或通用的外国文字);对申请签证、身份证及一般外交人员的调职、离任等普通照会,亦可只用外文。

第三,对外文书的打印位置要适当。抬头处,受文人的职衔、姓名和称呼应在第一行顶格排列(如排不下,也可将职衔单列一行不加标点,而把姓名称呼另排一行),然后在下一行前面空一格续排行文。如文书较短,不宜把文字都挤在信纸的上半部分,而要留足够的天头,使文件美观大方。盖章的位置要适当,一般以骑年压月,上大下小(如带国徽的印章,国徽应在机关衔之上)为宜。

第四,用纸要合乎规定,文书中对人的称呼要合乎礼仪习惯。

外交照会开头时,常有"向×××致意并荣幸地……"的引文,这在一般对外函件中不使用。文尾的致意语,向外交部或大使馆发照会可用"顺致崇高的敬意";非外交机关使用对外文书,可视不同的发文和受文者选用"最崇高的敬意""最亲切的问候""顺致敬意"等。致意语的用法亦要取决于不同场合与习惯。

第五,收发文应有签收手续,收到涉外文书时应及时处理,不要延误。

在社交场合,除了必须处理和运用好文书电报以外,对名片的使用也应当予以重视。名片之所以在现代社会中能得到广泛的应用,因为它使用起来简便、灵活,雅俗均可,能适应现代社会人际交往十分频繁的需要。

## 本章重要概念

办公室职场礼仪　电话礼仪　商务文书礼仪

## 本章小结

商务场合的办公室礼仪,是指人们在商务场合的办公室场所中应当遵循的一系列礼仪规范。学会这些礼仪规范,将使一个人在商务场合的办公室职业形象大为提高。

电话是现代人进行交流和沟通的便捷工具。目前,通过电话就能立刻与对方进行联系。在商业领域,通过电话行销或进行商务往来能够使公司的整体工作效率大幅度提高。

在商务交往中还涉及各种商业文书的写作,掌握各种文书的写作规范,能在商务活动中更加顺畅有效地维系客户并扩展业务。

## 思考题

1. 商务场合工作中的规则有哪些?
2. 商务场合接听电话的技巧有哪些?
3. 商务文书礼仪中对 E-mail 写作的要求有哪些?

## 案例分析

**【案例 5-1】**

老板:小杜,明天上午我有事,10 点你去机场代我接一下客户张总;此外,你把 a 项目的总结报告给我看一下,签名:张总。

职场菜鸟 1:知道了(张总火冒三丈,你知道啥了? 不行,我得打电话告诉你)。

职场菜鸟 2:好的张总,这两件事我会去办,小杜(张总:嗯,明天我还得打电话催一下小杜)。

职场小杜:尊敬的张总,来信获悉。明天 9:30 我会抵达机场迎接张总,并转达您的问候,同时备好张总最喜欢的碧螺春,接到张总后我短信通知您;a 项目的总结报告我已备好,明天 8:30 我先到公司,放到您的办公桌上,再去机场。近期您出差较多,请注意休息,有事请随时吩咐,小杜(张总:嗯,小杜办事牢靠,我放心)。

**分析：**商务场合办公室礼仪的基本理念。①

【**案例 5-2**】

以下为接听电话礼仪的事例：中国台湾林宇女士打电话给时光公司的高琦先生洽谈事务。

同事：时光公司,您好！请问您找谁？

林宇：请问高琦在吗？

同事：请问您是哪里？

林宇：我是中国台湾林宇。

同事：麻烦您稍等,我帮您转接,看他在不在。

林宇：谢谢您！

同事：林小姐,很抱歉！高琦出去还没回来呢！请问您有什么事需要我转告他吗？

林宇：麻烦您帮我转告高琦,录像带的脚本我已经 E-mail 到他的邮箱中,请他回来看看有没有需要修改的地方。

同事：好的,我会转告高琦您已经把脚本 SEND 过来了。

林宇：谢谢您！

同事：不用客气！

林宇：再见！

请回答下列问题：

1. 假设您正在电话里和一个客户谈生意时,另一部电话突然响起。您将怎样应付这种局面？

2. 如果有个电话是您接听的,所找之人为您的同事,而您的同事恰巧不在。请您简要设计一下电话记录。

资料来源：http://blog.163.com/jh925928@126/blog/static/13007618820103811 5255232/.

---

① 资料来源：http://www.hnrjob.com/article/article.php? newsid=2706.

# 第六章
# 商务场合的餐饮礼仪

**学习目标**

通过本章的学习,了解宴会的种类,掌握中西餐宴会常用的餐饮礼仪。主要包括:宴请与赴宴礼仪、中餐宴会礼仪、西餐宴会礼仪和饮品礼仪等。

## 第一节　宴请与赴宴礼仪

在商务交往中,互相宴请或进行招待,是比较常见的待客方式。举行宴会或招待会,可以制造一种宽松融和的气氛。在这种气氛中,不仅能够加深双方的了解,而且增进彼此的友谊,因此礼仪在宴请中占据十分重要的地位。

### 一、宴请的形式

在商务活动中,宴请的种类较多。宴请的形式根据宴请的目的、出席人员的身份和人数的多少而定。类型不同的宴请,在菜肴、人数、时间、着装等方面,通常会有许多不同的要求。宴请形式包括宴会、招待会、茶会和工作餐。

（一）宴会

宴会是最正式的宴请,是举办者为了表达敬意、谢意而专门举行的招待活动。按举行的时间可分为早宴、午宴和晚宴。一般来说,晚上举行的宴会较之白天的宴会更为隆重。按宴会的规格可以分为国宴、正式宴会、便宴和家宴。一般情况下,国宴和正式宴会最为隆重,对服饰、座次安排、餐具、酒水等的规定都很严格,常用于外交场合。便宴的形式比较简单,可以不排座位,不做正式讲话,比较随意和亲切。家宴则是指在家中设宴招待客人,可以增加亲密感。

**1. 国宴**

国宴是国家元首、政府首脑为欢迎外国元首、政府首脑或举办大型庆典活动等而举办的宴会。国宴规格较高,宴会厅内一定要悬挂国旗,并有乐队演奏国歌和席间乐曲伴

奏。国宴一般会专设主持人,由国家元首或政府首脑主持。宴会的主人致祝酒词或欢迎辞,主要客人致答谢辞等。

国宴的礼仪最为严格,必须按礼宾次序排列座位,相关事宜,例如,餐具的多少,酒水、菜肴的道数,餐厅的陈列摆放,侍者的仪态,都有专门规定。参加国宴需着正装,并有一系列相关规定。

### 2. 正式宴会

正式宴会是指各类社会组织为欢迎来访的宾客,召开各种专题性活动,答谢合作者和支持者,或是来访宾客为答谢主人而举行的宴会。正式宴会的规格仅次于国宴,它与国宴的区别是不需要挂国旗、奏国歌,参加人员规格不同,其余的安排大体相同。礼仪要求比较严格,在各类宴请中,正式宴会是最正式、最隆重的一种,它往往是为宴请专人而精心安排的,多用于规格高,而人数少的官方活动,适合较为正式的场合。它对于菜肴、酒水、座次、环境、音乐乃至参加者及其衣着,均有一定之规,多在重大活动或招待重要人物时举行。

正式宴会的宾主均按身份排位就座。正式宴会十分讲究排场,在请柬上往往会注明对客人服饰的要求,而许多宾客也正是从服饰规定上来判断宴会的隆重程度。

正式宴会通常在比较高档的饭店,或是其他特定的地点举行,讲究排场、气氛,对餐具、酒水、陈设,以及招待员的装束、仪表和服务方式要求很严格。在通常情况下正式宴会,中餐用四道热菜,西餐用二、三道热菜,另外还要有汤、冷盘、点心和水果等。在许多国家的正式宴会上,餐前要上开胃酒。

### 3. 便宴

便宴是招待宾客的一种非正式宴请形式,相对比较亲切、随便,多适合于宾主的日常友好交往。通常是组织招待小批客人、个别来访者、合作者而举行的宴会。它的形式从简,偏重人际交往,而不注重规模、档次。这种宴请,以午宴或晚宴居多,在少数情况下也可用早宴形式来举行。举行此类宴会时,一般规模不大,形式简便,规格要求不高,对菜肴的数量、质量、上菜程序、餐具的使用及服务等,要求都比较宽松。一般来说,它只安排相关人员参加,不邀请配偶,宾主可不排座次,而且也不安排音乐演奏和宾主致辞,一般是相互之间进行随意而亲切的叙谈,气氛比较宽松、和谐。西方国家的午间便宴有时不上汤、不上烈酒。

### 4. 家宴

家宴就是指在自己家里设宴招待客人的一种宴请方式,是便宴的一种形式,一般由主妇亲自下厨烹调。相对于正式宴会而言,家宴最重要的是制造亲切、友好、自然的气氛,使宾主双方轻松、自然、随意,彼此增进交流,加深了解,促进信任。由于家庭条件不同,宴请的客人有多有少,菜肴的数量、质量都没有一定标准,气氛轻松、活泼、悠闲。这是联络感情、促进交往、促进交易的一种沟通形式。如图 6-1 所示。

图 6-1 家宴

（二）招待会

招待会是指各种非正式和较为灵活的宴请形式。它大多是在节庆日或者重要的公务活动中举行，并且拥有一定的主题。相比较而言，招待会所重视的是形式而不是内容。它的举办地点通常都比较讲究，其具体内容不论是桌餐还是自助餐，往往都比较简单，一般均不安排正餐。这种宴请形式通常不排席位，也不会对出席者有太多的着装要求，可以自由走动，备有食品、酒水饮料及冷食（有时也备热菜）。常见的招待会形式有冷餐会和酒会等。

**1. 冷餐会**

冷餐会又称自助餐，是比较流行的招待宴请形式。这种宴请形式的特点是灵活方便，易于操作。根据主客双方的身份，冷餐会的规格可高可低，常见于官方的正式活动。可选在室内、庭院、花园里举行，可设小桌、椅子自由入座，也可以不设座椅，站立进餐，自由活动，边吃边谈，交流信息，气氛融洽和谐。时间一般在中午 12 点至下午 2 点、下午 5 点至 7 点。它不排席位，也不安排统一的菜单，而是把能提供的全部主食、菜肴、酒水陈列在一起，用餐者根据个人爱好，自己选择、加工、享用。菜肴以冷食为主，有的冷餐招待会也准备少许热菜。酒水陈放在桌上，可由客人自取，也可由招待员端送。吃自助餐时应注意一次取食品不要太多，可吃完再取，其他礼仪与招待酒会相同。采取这种方式，不仅可以节省费用，而且礼仪讲究不多，宾主都方便。在举行大型活动，招待为数众多的来宾时，这样安排用餐，也是最明智的选择。如图 6-2、图 6-3 所示。

图 6-2　室内冷餐会

图 6-3　庭院冷餐会

**2. 酒会**

酒会可分为两种不同的类别：正餐之前的酒会（又称鸡尾酒会），正餐之后的酒会（又称招待会）。这是一种较为流行的招待宴请方式，形式比较活泼，便于宾主之间进行广泛的接触和交谈。酒会的招待品以酒水为主，还有专门的调酒员来满足客人点酒、调酒之需。酒会上还会略备小吃，如三明治、面包、热香肠等供客人食用。酒会通常不设座椅，仅设小桌或茶几，以便客人随意走动。

酒会的规模可大可小，十几人、几百人均可。目前，酒会多用于庆贺节日、欢迎来访宾客、各种庆典、大型专题活动等。酒会举行的时间比较灵活，中午、下午、晚上均可，时间一般为 2～3 小时。请柬上往往会注明整个活动延续的时间，客人可在这段时间内的任何时候到达和退席，来去自由，不受拘束。

举办酒会应注意选择一个宽敞明亮的环境,并加以精心布置,给人以亲切、融洽、和谐之感;主人应将客人一一做介绍,以免冷场;备足酒水、食品,并由专门的服务人员负责添酒水;主人应照应好每位客人,以免冷落某些客人;酒会上不可贪杯,以免出现尴尬局面。

(三)茶会

茶会是一种更为简便的招待形式。举行的时间一般在下午4点左右(也有在上午10点举行的)。茶会通常设在较为宽敞的厅堂、会客厅、会议室举行。茶会场所虽然不追求豪华、气派,但是应该讲究清洁,环境幽雅,厅内设茶几和座椅,不排座位,请客人一边品茶一边交谈。如果是为某贵宾举行的茶会,在入座时,可有意地将主宾同主人安排在一起,其他人可随意就座。茶会以品茶为主,对茶叶和茶具的选择颇为讲究,茶叶要选质量上乘的,茶具要美观、卫生。茶会还会备有点心和地方风味小吃,但也有茶会不用茶水而用咖啡,但其组织安排与茶会相同。在茶会中还可以根据情况安排一些轻松愉快的活动,使茶会气氛更加热烈。

(四)工作餐

工作餐通常是人们在工作进行中所用的便餐,它是近年来较为流行的一种非正式简便宴请形式。按用餐时间可分为工作早餐、工作午餐与工作晚餐。工作餐讲究的是简单、方便、随意与适量。它的特点是可以利用进餐时间,边吃边谈问题。被宴请的对象一般是与工作有关的人员,不请配偶和陪客参加。在接待来访的团队或个人时,如果活动日程安排繁多,安排其他类型宴请有困难的时候,往往可以采取这种宴请形式。工作餐因时间和内容等原因,往往不太讲究排场,菜肴也以方便、快捷、营养、卫生为好,一般不喝烈性酒。

## 二、宴请活动的组织工作

一次合乎礼仪的宴请,其本身往往就是一次成功的商务活动。合乎礼仪的宴请,需要做大量、细致的组织工作。在上档次、大规模的正式宴请中,尤需如此。

(一)宴请前准备

**1. 宴请的范围、对象与形式**

在商务交往中,为某人的来访和出访,为庆祝某一节日或纪念日,为展览会的开幕或闭幕,为某项工程的开工或竣工等,都可以安排适当的宴请活动。另外,为增进相互了解,发展友谊等种种需要,也可以举办一些日常的宴请活动。

确定宴请范围,应考虑多方面的因素,不能只顾一面。一般应考虑宴请的性质、主宾的身份、主人的身份、通用惯例、对方对我方以前的做法以及当前的政治、经济气候和将来的发展前景等。如果范围过大,将造成浪费,范围太小,则达不到目的,甚至会得罪某些人。当邀请范围与规模确定以后,即可草拟具体邀请名单。

确定宴请名单和对象的主要依据是主、客双方的身份。邀请的对象必须是与本组织或与本次宴会有直接利益关系的代表人物,既不要遗漏,也不能随便乱请。参加宴会者的身份也应该相当。出面邀请者身份太低,会使对方觉得不受重视,降低了宴请的规格；出面邀请者身份太高，会使对方感到无所适从。邀请对象一旦确定，就必须要马上发请柬，以免误时误事。通常应提前一周左右将请柬发出，以便于客人及早安排和回复。若主人已婚，一般以夫妇名义发出邀请。另外，为了确保宴请的气氛良好，东道主一方在拟定出席者名单时必须三思而行。在一次正式的宴请中，谁来主持、谁来作陪、有多少人到场等诸多问题，均直接关系到此次宴请规格的高低。在考虑此类问题时，应尽量邀请与来宾身份相近、志趣相投、关系较好者到场。最重要的是，千万不要邀请与来宾尤其是与主宾存在矛盾纠葛的人出席。必要时，应事先征求主宾对宴会出席者名单的具体意见。

宴请采取何种形式，往往直接关系到宴请的档次。考虑宴请的具体形式时，通常必须兼顾下列三点：其一，来宾的身份；其二，双方的关系；其三，职场的惯例。

目前，世界各国的礼宾工作都在简化，宴请范围呈缩小趋势，形式也更为简便。冷餐会和酒会等被广泛采用，而且在中午举行酒会时，往往不请配偶。不少国家招待国宾时，也只请身份较高的陪同人员，不请随行人员。大家都提倡多举办冷餐会和酒会等宴请形式来代替宴会。

**2. 确定宴请的时间与地点**

宴请时间和地点应对宾主双方都适合。要注意尊重对方在时间上的禁忌和不便。如对基督教人士的宴请时间不宜选择十三号，更不宜选择十三号星期五。伊斯兰教徒在斋月内白天是禁食的，宴请应安排在日落以后举行。如果是特定的节日、纪念日的宴请，只能在节日、纪念日之前或当日举行，不能拖到节日、纪念日之后。中餐宴会具体时间的安排，根据人们的用餐习惯，依照用餐时间的不同，分为早餐、午餐、晚餐三种。确定正式宴请的具体时间，主要要遵从民俗惯例，而且主人不仅要从自己的客观能力出发，更要讲究主随客便，要优先考虑被邀请者，特别是主宾的实际情况，不要对这一点不闻不问。如果可能，应该先和主宾协商一下，力求两厢方便。至少也要尽可能提供几种时间上的选择，以显示自己的诚意。

关于宴请地点，可按活动性质、规模大小、宴请形式、主人意愿和实际可能等情况具体选定。如果客人较多，可以安排在大宾馆；如果客人较少，则可安排在小酒楼。所选定的场所要能容纳全部人员。举行小型正式宴会时，在可能的条件下，应在宴会厅外另设休息厅（又称等候厅），供宴会前简短交谈使用，待主宾到达后，再一起进入宴会厅入席。在选择地点时，要考虑到宾馆的用餐环境、信誉与服务质量，宴请不仅仅是为了"吃东西"，也要"吃文化"。要是用餐地点档次过低，环境不好，即使菜肴再有特色，也会使宴请大打折扣。太糟糕的服务也会给客人留下不好的印象。同时还要考虑卫生状况，如果用餐地点太脏、太乱，不仅卫生问题会让人担心，而且还会破坏用餐者的食欲。另外还要充分考虑到聚餐者来去交通是否方便，有没有公共交通线路通过，有没有停车场，是不是要为聚餐者预备交通工具等一系列的具体问题，以及该地点设施是否完备。选择用餐地点也要考虑到客人的特点，比如，在清真饭店设宴是尊重信奉伊斯兰教客人的饮食习惯；在川菜馆、粤菜馆等地方特色浓厚的地点宴客，是对对方生活习惯的尊重。

（二）发出邀请

在商务活动中，各种宴请活动，一般都用请柬的形式来发出邀请。请柬具有礼貌邀请和对客人起备忘等功能,也是进入宴会的凭证。设宴方向对方发出邀请时,应当注意邀请人的身份与被邀请人的身份要相当。请柬一般要提前一到两周发出,也有提前一个月发出的,以便对方能及早安排、及早答复。请柬的内容一般要包括活动的形式,举行的时间、地点、主人的姓名等;请柬行文中不加标点,所提到的人名、单位都要用全称;中文请柬行文中不提被邀请人的姓名,而应将其姓名写在抬头位置,主人名放于落款处;请柬可以印刷也可以手写,手写要注意字体清晰、工整;信封上的被邀人姓名、职务应写准确。(请柬范文格式见第三章第四节邀请与拜访)

(三)现场布置

### 1. 拟定菜单

在各种形式的宴请中,菜肴都是当仁不让的主角。因此,在宴请来宾时,均应对菜肴的安排认真加以推敲。菜单要结合宴请的形式和档次、时间和季节来拟定。菜品的安排不能以主人的爱好为准,应主要考虑主宾的喜好与禁忌。当然,还要考虑到开支的标准,力求做到丰俭得当。拟定菜单一般要有主有次,主菜显示宴请的档次高低,还要略备些家常菜,以调剂客人口味。

拟定菜单时还应该注意:正式宴会的菜单规格较高,自助餐、酒会的菜单相对简单一些;晚宴比午宴、早宴都要隆重。事前要了解主宾的口味、年龄、风俗习惯、健康状况、各民族不同的饮食习惯等状况,作为拟定菜单时的参考。菜单一经确定,即可印制。菜单可一桌一份或两份,也可每人一份做纪念。

拟定菜单时要注意以下几点。

(1)讲究适量

宴请客人时,既要讲究热情友善,又要反对大吃大喝、铺张浪费。在安排具体的菜肴时,一定要力求少而精,没有必要过分地追求菜肴的档次与道数,关键是要确保质量与分量。应当指出的是,适量是商务宴请的第一要求,它是职场所推崇的务实为本这一理念的具体体现。

(2)风味可口

常言道,食无定味,适口者珍。在宴请来宾时,要尽量使所选菜肴适应对方的口味,为此要认真了解对方在口味上的偏好与禁忌。这一问题,实际上又具体涉及下列两个方面:其一,要照顾来宾对菜肴的特殊偏好;其二,要回避来宾在菜肴方面的独特禁忌。诸如宗教禁忌、民族禁忌、职业禁忌、健康禁忌、个人禁忌等,均不宜触犯。

① 宗教禁忌。许多宗教都有其特殊的饮食禁忌。比如,伊斯兰教禁食猪肉;印度教禁食牛肉;犹太教禁食无鳞无鳍的鱼;国内的佛教徒不吃荤腥食品,它不仅指的是不吃肉食,而且包括葱、蒜、韭菜、芥末等气味刺鼻的食物。

② 民族禁忌。不少民族都有各自的饮食禁忌。比如,美国人不吃宠物、稀有动物、动物内脏、动物的头部和脚爪;俄罗斯人不吃海参;英国人不吃狗肉;日本人不吃皮蛋等。

③ 职业禁忌。例如,国家公务员在公务宴请时不准大吃大喝,不准超过国家规定的标准用餐,不准喝烈性酒。再如,驾驶员在工作期间不得喝酒。要是忽略了这一点,还有可能使对方犯错误。

④ 健康禁忌。对于某些身体条件欠佳的人,在为其安排用餐时一定要给予照顾。比如,糖尿病人要食用无糖餐;高血压患者不宜饮酒等。

（3）具备特色

在力所能及的前提下,宴请客人时所上的菜肴一定要具备自身特色。大凡宴请,除了讲究吃的环境之外,推崇的就是吃的特色。在涉外宴请中,讲究的是国家特色;在国内宴请中,讲究的是地方特色;在跨民族地区宴请中,讲究的则是民族特色。只要真正使所选菜肴具有特色,宴请往往就有可能获得极大成功。

（4）注重环境

一般来说,商务宴请与自家用餐有所不同。如果说自家用餐是重在内容,那么商务宴请则重在形式。在商务宴请中,现场环境的优劣既决定此次宴请的档次,又直接影响到宴请的现场气氛,这一问题是东道主必须要认真考虑的。宴请现场的环境,在此主要是指宴请的地点及其周边地带的具体条件与状况。宴请宾客时,对现场环境的具体要求主要有三点。

其一,环境安全。本着安全至上的原则,若宴请现场环境不够安全,则宁肯将其取消或易地进行。

其二,环境卫生。若就餐者对宴请现场的环境卫生感到不满时,往往会大倒胃口。

其三,环境幽雅。如果宴请现场的环境幽静、雅致、优美,无疑会为宴请平添一种高雅的气氛。

**2. 席位安排**

正式宴会一般均安排席位,桌次以及每一桌的席位安排都有严格的礼仪规范,而且中式和西式宴会的排法不同。

（1）中餐宴会

中餐宴会习惯使用圆桌,桌次的安排可根据宴会厅的形状来确定。一般按照国际惯例,桌次的高低以离主桌位置的远近而定,离主桌越近的桌次越高,离主桌越远的桌次越低,平行的桌,则是右高左低。同一桌上,席位高低与桌次高低原理相同,即右高左低。按照国际惯例,座席安排应男女穿插,以女主人为准,主宾在女主人右方,主宾夫人在男主人右方。如果有译员参加,译员可安排在主宾的右侧,以便于翻译。有些国家习惯不给译员安排席次,译员坐在主人和主宾背后工作,另行安排用餐。两桌以上的宴会,其他各桌中第一主宾的位置可以与主桌主人位置同向,也可以面向主桌的位置为主位。如果遇到特殊情况可以灵活应对。在安排客人座位时,还要考虑客人之间的关系,如是否认识、有无共同语言等。（详见本章第二节）如图 6-4 所示。

（2）西餐宴会

西餐宴会通常使用长桌,餐桌的大小和台形的设计,应根据参加宴会的人数、宴会厅的大小、形状来布置。一般有长方形、"T"字形、口字形和"U"字形等。总的要求是左右对称,出入方便。西餐宴会席位安排以男女主人为中心。宾客距离男女主人越近,越受尊敬。另外,为尊重女宾,切忌将其排于末座。（详见本章第三节）如图 6-5 所示。

当席位排好后,即可制作席位卡。我方习惯将中文写在上面,外文写在下面。便宴和家宴时,也可不放席位卡,但对席位应有大致的计划和安排。

图 6-4　中餐宴会使用的圆桌

图 6-5　西餐宴会使用的长桌

（四）宴请程序

在宴会的组织和进行过程中，应注意以下礼节和行为规范。

**1．迎接**

公共关系人员应提前到达宴会地点，在一切安排就绪后，到门口准备迎宾。宾客到达时，主人应该在门口热情相迎，问候、握手、寒暄以示欢迎。正式场合可在存衣处与休息厅之间，由主人及其主要陪同人员排成行列迎宾，称"迎宾线"。宾主握完手后，由工作人员引导客人进入休息厅。客人进入休息厅后，要有相应身份的主方人员陪坐小叙，并由招待员送饮料。如果客人相互间有不熟悉的，主人要注意介绍，使彼此有所了解，以增进宴会的友好气氛。主宾到达后，应由主人陪同进入休息厅，与其他客人见面，如果其他客人尚未到齐，主人也应陪主宾到休息厅，由其他迎宾人员代表主人在门口迎接。主人陪同主宾进入宴会厅，全体客人在招待人员引导下入座。如若宴会规模较大，也可先将一般客人引入座位，然后引主宾入座。接待人员应将椅子从桌子下面拉出，扶好后请客人落座。

**2．开宴致辞**

宾客到齐后，由主人陪同客人步入宴会厅就座，宴会即可开始。如果有个别客人迟到，也不要因此而拖延宴会开始的时间，否则会影响整个宴会的进行。如果是主宾或者主要客人迟到，可以暂时不开席，同时要尽快联系，弄清楚原因后，根据情况而定，并向其他客人表示歉意。一般情况下，宴会开席延迟 10～15 分钟是允许的，但最多不要超过 30 分钟，否则将影响宴会气氛。在主宾及大部分客人落座后便可上菜。上菜是从女主宾开始的。如果没有女主宾则从男主宾开始。上菜一般从主宾的左边上，饮料从右边上。新上的菜要先放在主宾面前，并介绍名称。如果上全鸡、全鱼菜时，应将其头部对准主宾或主人。宴会即将开始时，要为所有的来宾斟酒。宴会开始后，由东道主致祝酒词，注意祝酒词的时间不要太长，用词要明快生动。接着是全体干杯，然后由主宾致答谢辞（一般宴会也可省略）。当主宾致辞时，接待人员和服务人员应停止一切活动，找一个适当位置站好，在干杯之后将酒斟满。如果有讲演，应提前准备讲演稿。讲演的时间，一般安排在宾主就座以后，或在热菜之后、甜食以前。冷餐会和酒会的讲话时间是很灵活的，可以相继进行。

**3．席间敬酒**

在宴请场合，主人都有向客人敬酒的习惯，宾客之间往往也会互相敬酒。敬酒时，要上身挺直，双脚站稳，双手持杯，并向对方微微点头表示敬意，对方饮酒时再跟着饮。敬酒的态度要稳重、热情、大方。在规模较大的宴会上，主人应依次到各桌上敬酒，而每一桌派一位代表到主人餐桌回敬即可。

**4．热情交谈**

在致辞、祝酒结束后，宴会就比较自由了，大家可以无拘束地互相交谈，但是仍要注意不要失礼。主办人不要在宴会中只和熟识的一两个人或者只是对邻座的人无休止地交谈，或是一声不吭。主人应注意活跃会场气氛，抓住时机，提出一些大家共同感兴趣的问题，抛出话题，调动大家的积极性，使宴会自始至终都处于热烈、亲切、友好的气氛之中，使每一位来宾都能感受到主人对自己的盛情友好之意。要争取与所有来宾见面握手致意，努力使客人之间有机会相互认识和交谈，使席间的谈话活泼有趣、气氛融洽。一般而言，人们在餐桌上所选择的话题应当是轻、乐、远的话题。"轻"是要求话题轻松；"乐"是要求话题可以令人开心一笑；"远"则是要求话题应当远离业务。在餐桌上选择过于严肃的话题、存在争议的话题或者庸俗低级的话题，都是不明智的。如果有人在餐桌上选择了不适当的话题或者酒醉乱讲，主人应立即巧妙地设法转移话题。

**5．宴毕、告辞**

食完水果，主人与主宾起立，以示宴会结束。此时接待服务人员应将主宾等的椅子向后移动，方便主宾等客人离座。客人应向主人道谢，并称赞主人宴会的饭菜。宴后，宾主可以再次进入休息厅小饮片刻或直接道别。主宾告辞时，主人应送至门口。在主宾离去后，再与其他客人一一致意，相互告别。

## 三、赴宴礼仪

（一）应邀出席

**1．应邀**

接到宴会的邀请后，能否出席，应尽早地答复对方，以便主人安排。对注有"请答复"（R. S. V. P）字样的请柬，无论出席与否，都应迅速答复。注有"Regrets only"（不能出席请回复）字样的，则不能出席时才回复，但也应及时回复。对注有"备忘"（To remind）字样的请柬，因其只起提醒作用，可以不答复。答复对方，可采取打电话或复以便函的方式。在接受邀请之后，不得随意改变。如果遇到特殊情况不能出席时，主宾应及早向主人解释、道歉，必要时要亲自登门表示歉意。应邀出席一项活动之前，要核实宴请的主人、活动举办的时间、地点，是否邀请了配偶以及主人对服装的要求等，以免失礼。

**2．掌握出席时间**

出席宴请活动，抵达时间的迟早、逗留时间的长短，在某种程度上反映了对主人的尊重程度，这要根据活动的性质及有关习惯来掌握。迟到、早退或逗留时间过短，都被视为

失礼或有意冷落主人。

一般客人应略早抵达,身份高者可略晚抵达,等主宾退席后再陆续告辞。有的国家,应正点到达或晚一两分钟抵达。我国的习惯是正点到达或提前数分钟抵达。在席间,确实有事需提前退席时,应向主人说明后悄然离去或事先打招呼,届时离席。

**3. 抵达**

应邀参加宴会时应注意仪表修饰,必须把自己打扮得整齐大方、干净、美观地去赴宴,这是对别人也是对自己的尊重。抵达宴请地点时,应先到衣帽间,脱下大衣和帽子,但不要急于找座位坐下。先要在接待桌上签名,并前往主人迎宾处,主动向主人问好。如果宴请属吉庆活动,应表示祝贺。

出席宴请活动,应客随主便,听从主人的安排。入座前应先了解清楚自己的桌次座次,不宜乱坐。如果左右邻座是长者或女子,应先主动协助他们坐下,然后自己再入座。宜从右侧入座,在和主人打招呼后,便开始进餐,如果是几桌宴席,则不宜在主宾席尚未进餐时率先进餐。

**(二)祝酒**

作为主宾参加宴请,应了解对方的祝酒习惯,即为何人、何事祝酒、何时祝酒等,以便做必要的准备。碰杯时,主人先和主宾碰杯,人多时可同时举杯示意,不一定真的碰上杯。祝酒时应注意不要交叉碰杯。在主人和主宾致辞、祝酒时,全场人员应暂停进餐,停止交谈,注意倾听,不要借机吸烟等。遇到主人或主宾来桌前敬酒时,应起立举杯。碰杯时,要目视对方,微笑致意。有的大型宴会需奏国歌,这时应全场起立、肃静,并对国旗行注目礼,军人等制服穿着者应行举手礼。

宴会上互相敬酒表示友好,活跃气氛,但切忌喝酒过量,否则会失言失态。一般应控制在自己酒量的三分之一为宜。另外,应注意不要强行劝酒,这会被认为是一种不礼貌的行为,在国际交往中尤其如此。

**(三)席间礼仪**

**1. 入席**

当走进主人家或宴会厅时,应首先跟主人打招呼。同时,对其他客人,不管认不认识,都要微笑点头示意或握手问好;对长者要主动起立,让座问安;对女宾举止庄重,彬彬有礼。入席时,自己的座位应听从主人或招待人员的安排,因为有的宴会主人早就将座位安排好了。如果座位没定,应注意正对门口的座位是上座,背对门口的座位是下座。应让身份高者、年长者以及女士先入座,自己再找适当的座位坐下。入座后坐姿要端正,脚踏在本人座位下,不要任意伸直或两腿不停摇晃,手肘不得靠桌沿,或将手放在邻座椅背上。入座后,不要旁若无人,也不要眼睛直盯盘中菜肴,显出迫不及待的样子,可以和同席客人简单交谈。

**2. 进餐**

用餐时应着正装,不要脱外衣,更不要中途脱外衣。入座后,一般是主人示意开始后再进行,不要在主人还没有宣布开始之前就动筷子。就餐的动作要文雅,夹菜动作要轻。取菜时,不要盛得过多,而且要把菜先放到自己的小盘里,然后再用筷子夹起放进嘴。对不合口味的菜,勿显露出难堪的表情。送食物进嘴时,要小口进食,闭嘴咀嚼,两肘向外靠,不要向两边张开,以免碰到邻座。喝汤不要啜,吃东西不要发出声音。如汤、菜太热,可稍待凉后再吃,切勿用嘴吹。嘴内的鱼刺、骨头不要直接外吐,用餐巾掩嘴,用手(吃中餐可用筷子)取出,或轻轻吐在叉上,放在菜盘内。吃剩的菜,用过的餐具牙签,都应放在盘内,勿置桌上。嘴内有食物时,切勿说话。剔牙时,要用左手或手帕遮掩,右手用牙签轻轻剔牙。参加冷餐会、酒会时,招待员上菜时,不要抢着去取,待送至本人面前再拿。周围的人未拿到第一份时,自己不要急于去取第二份。勿围在菜桌旁边,取完即退开,以便让别人去取。用餐时,如果要用摆在同桌其他客人面前的调味品,应先向别人打个招呼再拿;如果太远,要客气地请人代劳。

**3. 交谈**

无论是主人、陪客或宾客,都应与同桌的人交谈,特别是左右邻座。不要只同几个熟人或只同一两个人说话。邻座如不相识,可先做自我介绍,不要把自己封闭起来,不与他人交流。

**4. 宽衣**

在社交场合,无论天气如何炎热,都不能当众解开纽扣脱下衣服。小型便宴,如主人请客人宽衣,男宾可脱下外衣搭在椅背上。

**5. 吃水果**

吃梨、苹果,不要拿着整个咬,应先用水果刀切成四、六瓣,再用刀去皮、核,然后用手拿着吃,削皮时刀口朝内,从外往里削。香蕉先剥皮,用刀切成小块吃。橙子用刀切成块吃,橘子、荔枝、龙眼等则可剥了皮吃。其余如西瓜、菠萝等,通常都要去皮切成块,吃时可用水果刀切成小块用叉取食。

**(四)纪念品**

有时,宴会主人会为客人准备小纪念品或一朵鲜花。宴会结束时,主人会请客人带上。这时,可说一两句赞扬纪念品的话,但注意不必郑重感谢。有的出席者,有将宴会菜单作为纪念品带走的习惯,在带走前,往往还会请出席者在菜单上签名留念。应该注意的是,除主人特别示意作为纪念品的东西外,各种招待用品,包括宴会剩余的糖果、水果和香烟等,都不要拿走。

**(五)意外情况的处理**

在宴会进行中,由于不慎,有可能会发生一些意外。这时应沉着处理,不必着急。如用力过猛,刀叉碰击盘子发出声响,或餐品摔落地上或打翻杯子等。餐具碰出声音,可轻轻向邻座或主人道声“对不起”。摔落的餐具可招呼招待员另送一副。如果酒水打翻到桌上,应及时招呼招待员处理。当酒水溅到邻座身上时,应表示歉意,并协助对方擦净。但当对方是女子时,只要把干净餐巾或手帕递给她,由她自己擦干即可。

# 第二节　中餐宴会礼仪

餐饮是一种常见的社交活动,中国餐饮文化源远流长,中国人热情好客,很讲究饮食礼仪。作为商务人士,主办或参加一些宴会是免不了的,因此有必要掌握餐饮礼仪。

## 一、座位安排的礼仪要求

中餐的席位排列,关系到来宾的身份和主人给予对方的礼遇,所以是一项重要的内容。越是正式的宴请,就越应重视其席位的安排。在不同情况下,座位安排有一定的差异,可以分为桌次排列和位次排列两种,它们的排列都各有一定之规。

（一）桌次排列

桌次,指的是赴宴者需分桌就座时,各桌具体顺序的高低。正式宴会和比较讲究的一般宴会都需安排好桌次。在中餐宴会活动中,往往采用圆桌布置菜肴、酒水。排列桌次的礼仪惯例有以下四点。

**1. 以右为上**

当宴会厅内餐桌有左右之分时,一般应以面对正门时的右侧一桌为上桌。比如,由两桌组成的小型宴请,桌次是以右为尊,以左为卑。这里所说的右和左,是由面对正门的位置来确定的。如图 6-6 所示。

**2. 内侧为上**

当餐桌距离宴会厅正门有远近之分时,通常以距其较远者为上桌,也可以叫作"以远为上"。比如,由两桌组成的小型宴请,当两桌竖排时,桌次讲究以远为上,以近为下。这里所讲的远近,是以距离正门的远近而言。如图 6-7 所示。

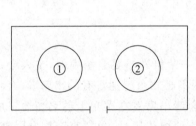

图 6-6　餐桌左右摆放示意图

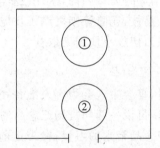

图 6-7　餐桌内侧为上摆放示意图

**3. 中央为上**

当多张餐桌一起排列时,大都应以居于其中央显著地位的一桌为上桌。如图 6-8,图 6-9 所示。

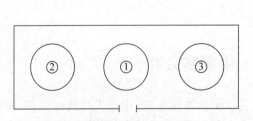

图 6-8　三张餐桌横向摆放的示意图

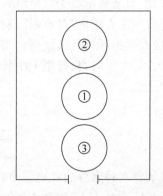

图 6-9　三张餐桌纵向摆放的示意图

#### 4. 近高远低

由三桌或三桌以上的桌数所组成的宴请,当主桌确定后,其他席次均应据此而定。除了要注意"以右为上""内侧为上""中央为上"等规则外,还应兼顾其他各桌距离主桌的远近。一般距主桌近者席次较高,距其远者席次较低。如图 6-10、图 6-11、图 6-12 所示。

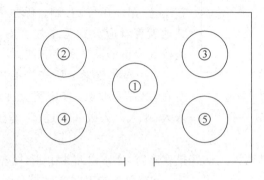

图 6-10 五张餐桌的摆放示意图

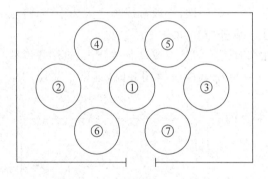

图 6-11 七张餐桌的摆放示意图

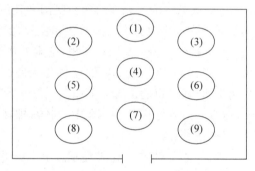

图 6-12 九张餐桌的摆放示意图

在排列席次的具体实践中,上述四条规则往往是交叉在一起运用的。在安排桌次时,所用餐桌的大小、形状要基本一致。除主桌可以略大外,其他餐桌都不要过大或过小。

为了确保在宴请时赴宴者能及时、准确地找到自己所在的桌次,可以在请柬上注明对方所在的桌次,在宴会厅入口悬挂宴会桌次排列示意图,安排引位员引导来宾按桌就座,或者在每张餐桌上摆放桌次牌(用阿拉伯数字书写)。

(二)位次排列

宴请时,每张餐桌上的具体位次也有主次尊卑之分。正式宴会一般都应事先安排好席位座次,并且要在入席前通知每一位出席者。排列位次需要注意以下几点,它们往往能同时发挥作用。

(1)主人大都应面对正门而坐,并在主桌就座。当有多位主人时,双方可交叉排列,离主位越近地位越尊。如图 6-13 所示。

(2) 举行多桌宴请时,每桌都要有一位主桌主人的代表在座。位置一般和主桌主人同向,有时也可以面向主桌主人。

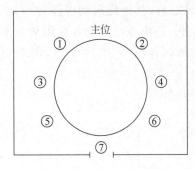

图 6-13 座次排列示意图

(3) 各桌位次的尊卑,应根据距离该桌主人的远近而定,以近为上,以远为下。

(4) 各桌距离该桌主人相同的位次,讲究以右为尊,即以该桌主人面向为准,右为尊,左为卑,即主宾在主位(第一主位)右侧。除主人和主宾之外,双方的其他就餐者应分别为主左客右,分别在主人、主宾一侧依其身份的高低顺序就座。

(5) 每张餐桌上所安排的用餐人数应限在 10 人左右,最好是双数,吉庆宴会尤其如此。比如,六人、八人、十人。人数如果过多,不仅不容易照顾,而且也可能坐不下。

(6) 右高左低。即两人一同并排就座时,通常以右为上座,以左为下座。这是因为中餐上菜时多以顺时针方向为上菜方向,居右而坐的因此要比居左而坐的优先受到照顾。

(7) 中座为尊。三人一同就座用餐,坐在中间的人在位次上高于坐在两侧的人。

(8) 夫妇一般不相邻而坐。我国和其他一些国家一样,一般都以男主人为中心,将主宾夫妇分别安排在男主人的右边和左边,女主人则安排在女主宾的左边。

(9) 特殊原则。高档餐厅里,室内外往往都有优美的景致或高雅的演出,供用餐者欣赏。这时候,观赏角度最好的座位是上座。在某些中低档餐馆用餐时,通常以靠墙的位置为上座,靠过道的位置为下座。

(10) 在涉外交往中,译员一般安排在主宾的右边,以便于翻译。

(11) 主宾双方人员应穿插安排,并注意礼宾次序。如遇特殊情况,如某人本该出席而因故未出席时,但座次已事先排好,此时应灵活调整。如图 6-14 所示。

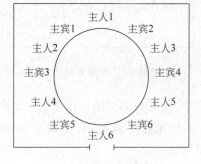

图 6-14 主宾穿插安排示意图

在具体排列座次时,应将以上规则予以综合运用。为了便于来宾准确无误地在自己位次上就座,除招待人员和主人要及时加以引导指示外,还应在每位来宾所属座次正前方的桌面上,事先放置醒目的个人姓名座位卡。举行涉外宴请时,座位卡应以中、英文两种文字书写。我国的惯例是,中文在上,英文在下。必要时,座位卡的两面都要书写用餐者的姓名。

## 二、餐具使用礼仪

中餐餐具,即用中餐时使用的工具,和西餐相比较,中餐的一大特色就是就餐餐具有所不同。中餐餐具可分为主餐具与辅餐具两类。主餐具是指进餐时主要使用的,往往必不可少的餐具,通常包括筷、匙、碗、盘、杯、碟等。一般的摆放位置是:水杯放在菜盘上,酒杯放在菜盘上方,筷子、汤匙放在专用的架座上,公用的筷子和汤匙另外放在专门的架座上。酱油、醋、辣椒油等调料一桌一份,并备有牙签和烟灰缸。中餐的各种餐具在使用时有许多讲究,正确的使用餐具是餐饮礼仪的重要组成部分,因此必须掌握。

（一）筷子

中国的筷子是十分讲究的,"筷子"又称"箸",远在商代就有用象牙制成的筷子。筷子是中餐最主要的餐具。日常生活中对筷子的运用是非常讲究的。一般在使用筷子时,必须成双使用。正确的使用方法是用右手执筷,大拇指和食指捏住筷子的上端,另外三个手指自然弯曲扶住筷子,并且筷子的两端一定要对齐。如图 6-15 所示。

在长期的生活实践中,人们对筷子的使用也形成了一些礼仪上的忌讳。

（1）筷子的职能,是用来夹取食物的。用筷子来剔牙、挠痒或是用来夹取食物之外的东西都是失礼的。不论筷子上是否残留着食物,都不要去舔,更不要将筷子长时间含在嘴里,用嘴来回嘬,发出"咝咝"声响,俗称"品箸留声"。这被视为非常无礼的行为。

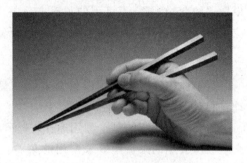

图 6-15　中餐使用的筷子

（2）帮人盛饭时,千万不要把筷子竖插放在食物上面递给对方。这是对对方的大为不敬,因为这种插法,只在祭奠死者的时候才用,被称为"当众上香"。另外,也不要用一只筷子去插盘子里的菜品,把筷子当叉子,去叉取食物,俗称"定海神针",这被认为是对同桌的羞辱。

（3）当暂时不用筷子时,可将它放在筷子座,或放在自己所用的碗、碟边缘上。不要把它直接放在餐桌上,更不要把它横放在碗、盘,特别是放在公用的碗、盘上。要注意不要让筷子掉在地上,这会被认为是惊扰了在地下长眠的祖先,是大为不孝的,俗称"落地惊魂"。掉到地上的筷子不要再使用,可请服务员另行更换一双。

（4）不可以用筷子敲击碗、盘,指点对方,这是乞丐的做法,俗称"击盏敲盅",是非常失礼的。

（5）不能将筷子长短不齐的放在桌子上,不吉利。这种做法代表"死亡",俗称"三长两短"。遇到别人也来夹菜时,要有意避让,谨防"筷子打架"形成十字,俗称"交叉十字",这是西方人所忌讳的。

（6）拿筷子的时候,不要用大拇指和中指、无名指、小指捏住筷子的同时再伸出食指。因为在吃饭时食指伸出,总是不停地指人,这是非常不礼貌的,被认为是"骂大街"的粗鲁行为,俗称"仙人指路"。

（7）在用餐过程中,不要把筷子当道具,随意乱舞。在夹菜时,不能把筷子在菜盘里挥来挥去,来回寻找翻动,俗称"执箸刨坟";已经举起筷子停在半空中,好像迫不及待地要去夹菜,但却不知道该吃哪道菜,这时不可将筷子在各碟菜中来回移动或在空中游弋,俗称"执箸巡城";用筷子夹菜时注意不要将菜汤滴落到其他菜里或桌子上,俗称"泪箸遗珠";用餐时不能将筷子颠倒使用,这会使人感到饥不择食,不顾脸面,俗称"颠倒乾坤",这些行为都是不允许的。

（8）在餐前发放筷子时,要把筷子一双双理顺,然后轻轻地放在每个人的餐桌前,距

离较远时,可以请人递过去,不能随手掷在桌上。

（二）勺子

勺子的主要作用是舀取菜肴、食物。有时,用筷子取食时,也可以用勺子来辅助。尽量不要单用勺子去取菜。用勺子取食物时,不要过满,免得溢出来弄脏餐桌或自己的衣服。在舀取食物后,可以在原处"暂停"片刻,汤汁不会再往下流时,再移回来享用。

暂时不用勺子时,应放在自己的碟子上,不要把它直接放在餐桌上,或是让它在食物中"立正"。用勺子取食物后,要立即食用或放在自己碟子里,不要再把它倒回原处。如果取用的食物太烫,不可用勺子舀来舀去,也不要用嘴对着吹,可以先放到自己的碗里等凉了再吃。不要把勺子塞到嘴里,或者反复吮吸、舔食。

（三）盘子

盘子在中餐中主要用以盛放食物。盘子在餐桌上一般要保持原位,不应被随意挪动,而且不宜多个叠放在一起。

需要着重介绍的是一种用途比较特殊的被称为食碟的盘子。食碟的主要作用,是用来暂放从公用的菜盘里取来享用的菜肴。用食碟时,一次不要取放过多的菜肴,看起来既烦乱不堪,又像是饿鬼投胎。也不要把多种菜肴堆放在一起,弄不好它们会相互"串味",既不好看,也不好吃。不吃的残渣、骨、刺等不要吐在地上、桌上,而应轻轻取放在食碟前端,不能直接从嘴里吐在食碟上,要用筷子夹放到碟子旁边。如果食碟放满了,可以让服务员更换。

（四）水杯

水杯主要用来在盛放清水、汽水、果汁、可乐等软饮料时使用。不要用它来盛酒,也不要倒扣水杯。另外,喝进嘴里的东西不能再吐回水杯,因为这样是十分不雅的。

（五）餐巾

中餐用餐前,比较讲究的话,会为每位用餐者上一块湿毛巾。它只能用来擦手、擦脸。擦后应该放回盘子里,由服务员拿走。有时候,在正式宴会结束前,会再上一块湿毛巾。和前者不同的是,它只能用来擦嘴,却不能擦脸、抹汗。

（六）牙签

牙签也是中餐餐桌上的必备之物。它的作用是剔牙,但是用餐时尽量不要当众剔牙。非剔不行时,用另一只手掩住口部,剔出来的东西,不要当众观赏或再次入口,也不要随手乱弹,随口乱吐。剔牙后,不要长时间叼着牙签,更不要用它来扎取食物。

（七）碗

中餐的碗是用来盛饭、盛汤的。在正式宴会上进餐时,可以手捧饭碗就餐。拿碗时,用左手的四个手指支撑碗的底部,拇指放在碗端。吃饭时,饭碗的高度大致和下巴保持一致。

使用时需要注意:

(1) 不要端起碗来进食,尤其是不要双手端起碗来进食;

(2) 食用碗内盛放的食物时,应以筷、匙加以辅助,切勿直接下手取用,或不用任何餐具直接以嘴吸食;

（3）碗内若有食物剩余时，不可将其直接倒入口中，也不能用舌头伸进去乱舔；

（4）暂且不用的碗内不宜乱扔东西；

（5）不能把碗倒扣过来放在餐桌之上。

（八）汤盅

汤盅是用来盛放汤类食物的。用餐时，使用汤盅有一点需要注意：将汤勺取出放在垫盘上并把盅盖反转平放在汤盅上，就是表示汤已经喝完。

（九）水盂

有时，品尝中餐者需要手持食物进食。此刻，往往会在餐桌上摆上一个水盂，也就是盛放清水的水盆。它里面的水并不能喝，而只能用来洗手。在水盂里洗手时，不要乱甩、乱抖，得体的做法，是两手轮流沾湿指尖，然后轻轻浸入水中刷洗。洗毕，应将手置于餐桌之下，用纸巾擦干。中餐餐具摆位如图6-16所示。

图 6-16　中餐餐具摆位

## 三、用餐时的礼仪

餐桌前的坐姿和仪态很重要，适度的文雅与细心，可以防止餐桌上许多不快之事发生，并能获取众人的赏识与尊敬。

（一）餐姿

理想的坐姿是身体挺而不僵，仪态自然，身体与餐桌之间要保持适当的距离，最好为20厘米左右。双脚要平稳踏地，不要跷二郎腿，也不要抖动，双手不要放在邻座的椅背或者餐桌上面。吃饭的时候，双手的手腕部分可以轻轻地按在餐桌的边缘，不要把两臂放在桌上，身子可以略向前靠，但不要把头低向盘子，更不要低头用嘴去凑碗边吃东西，也不要把碗碟端起来吃，而应用叉子或勺子取食物放到嘴里，细嚼慢咽。用餐时一般不要把桌面弄得很凌乱。

（二）中餐的上菜顺序

中餐的上菜顺序一般是先上冷盘，后上热菜，随后是主菜，然后是点心和汤，最后是水果。宴会上桌数再多，各桌也要同时上菜。上菜的方式大体有以下几种：一是把大盘菜端上，由个人自取；二是由招待员将菜品逐一分到每个人的餐盘中；三是用小碟盛放，

每人一份。

（三）餐桌上应注意的问题

客人入席后，不要立即动手取食，应等主人举杯示意后再开始用餐。夹菜要文明，应等菜快要转到自己面前时，再动筷子，不要抢在邻座前面，一次夹菜也不要过多。要细嚼慢咽，这不仅有利于消化，而且也是餐桌上的礼仪要求。绝不能大块往嘴里塞，狼吞虎咽，这样会给人留下贪婪的印象。用餐的动作要文雅，夹菜时不要碰到邻座，不要把盘里的菜拨到桌子上，不要把汤泼翻。不要挑食，不要只盯住自己喜欢吃的菜，或者急忙把喜欢的菜堆在自己的盘子里。不要在公用的菜盘里挑来拣去。夹菜时要看准，夹住后要立即取走，不要夹起来又放下，或者取过来又放回去。不要发出不必要的声音，在餐桌上吃食物、喝饮料时，一定要入口少、慢慢用，尽量不要发出声响。使用餐具时要小心轻放，不要让餐具彼此碰撞，叮当乱响。大多数菜肴都应有相应的餐具取用，所以不要用手直接取菜。不要一边吃东西，一边和别人聊天。如果要和邻座交谈，务必将口中食物咽下，用餐巾将嘴角擦干净。骨头和鱼刺等不要吐到桌子上，可用餐巾掩口，用筷子取出来放在自己的食碟里，不要把它吐到手上，也不能直接用手从嘴里取出，尤其不能把它随口吐在餐桌上。掉在桌子上的菜不要再吃。进餐过程中不要玩弄碗筷，或者用筷子指人。不要在餐桌上咳嗽、打喷嚏、吐痰，这是极为不自爱的表现，不仅不卫生，而且还有可能传播细菌，破坏人们的食欲。不要在用餐过程中，脱掉外衣、放松腰带、挽起袖子，这样做不仅有损自我形象，还会失敬于人。不要在餐桌上整理头发或者补妆，这些应当在餐前或者餐后在化妆间或洗手间内进行。席间可以热情让菜，劝对方品尝，但不要不考虑对方的喜好就直接为他人夹菜，这样会让对方感到为难。饮酒要适量，不要喝酒失态。祝酒不劝酒。如果对方不喜欢饮酒，不要勉强，这是有教养者的基本表现。在用餐过程中，不宜吸烟，这不仅是对在座不吸烟者表示尊重，也是自身素质的体现。用餐后可以用餐巾等擦擦嘴，但不要擦头颈或胸脯，餐后不要不加控制地打饱嗝，在主人还没示意结束时，客人不能先离席。不要对饭菜品头论足。对自己不喜欢的菜肴，不要露出为难的表情，不取用即可。

# 第三节　西餐宴会礼仪

西餐是人们对西式饭菜的一种约定俗成的统称，是西方国家的一种宴请形式，它大致可以分为欧美式和俄式两种。由于受民族习俗的影响，西餐的餐具、摆台、酒水菜点、用餐方式、礼仪等都与中餐有较大差别。目前，由于我国对外交往活动的不断增多，西餐也已成为我国招待宴请活动的一种方式。因此，了解西餐的一般常识和礼仪是十分必要的。

## 一、西餐宴会的席位排列

西餐的席位排列方式与中餐相比，既有许多相同之处，也存在着巨大的差异。鉴于在国际交往活动中席位排列问题的重要性，在进行西餐席位排列时也应格外关注，务必要多加注意。西餐多采用长台，大型宴会除主台外，可采用圆台。正式宴会一般均安排席位，也可只排主要客人的席位，其他客人只排桌次或自由入座。无论采取哪种方法，都要在入席前通知到每一位出席者,使大家心中有数(可以在请柬上标明台号)。

（一）席位排列的规则

**1. 女士优先**

在西餐礼仪里,往往体现女士优先的原则。排定用餐席位时,一般女主人为第一主人,在主位就位。男主人为第二主人,坐在第二主人的位置上。

**2. 距离定位**

西餐的座席排列,同一桌上席位高低,是根据其距离主位的远近决定的。距主位近的位置要高于距主位远的位置。

**3. 以右为尊**

排定席位时,以右为尊是基本原则。就某一具体位置而言,按礼仪规范其右侧要高于左侧之位。在西餐排位时,男主宾要排在女主人的右侧,女主宾排在男主人的右侧,按此原则,依次排列。

**4. 交叉排列**

西餐在排列席位时,讲究交叉排列的原则,即男女应当交叉排列,熟人和生人也应当交叉排列。以女主人的位置为准,主宾坐在女主人右边,主宾夫人坐在男主人右边。在西方人看来,宴会场合是用来拓展人际关系的,这样交叉排列,用意就是让人们能多和周围客人聊天认识,达到社交目的。

**5. 面门为上**

按礼仪的要求,在餐厅内以餐厅门作为参照物时,面对餐厅正门的位子要高于背对餐厅正门的位子。

另外,举行两桌以上的西式宴会,各桌均应有第一主人,其位置应与主桌主人的位置相同,其宾客也依主桌的座位排列方法就座。

席位安排遇到特殊情况,可灵活处理,如主宾身份高于主人,为表示对主宾的尊重,可以把主宾安排在主人的位置上,而主人可坐在主宾的位置,第二主人坐在主宾左侧。

（二）席位排列的方式

西餐的位置排法与中餐有一定的区别,中餐多使用圆桌,西餐则以长桌为主。长桌的位置排法主要有以下两种方式。

**1. 法式就座方式**

主人位置在中间,男女主人对坐;女主人右边是男主宾,左边是男次宾;男主人右边是女主客,左边是女次客;陪客则尽量往旁边坐。如图 6-17、图 6-18 所示。

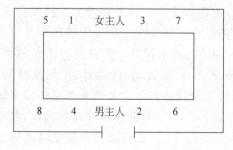

图 6-17　法式就座方式示意图 1

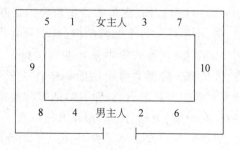

图 6-18　法式就座方式示意图 2

213

**2. 英美式就座方式**

桌子两端为男女主人,若夫妇一起受邀,则男士应坐在女主人的右手边,女士应坐在男主人的右手边,左边则是次客的位置,如果是陪同客,则尽量往中间坐。

在隆重的场合,如果餐桌安排在一个单独的房间里,在女主人请你入席之前,不应当擅自进入设有餐桌的房间。如果都是朋友,大家可以自由入座。在其他场合,客人要按女主人的指点入座。如图 6-19 所示。

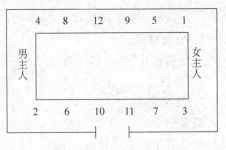

图 6-19　英美式就座方式示意图

## 二、西餐的上菜顺序

吃西餐时要先给主宾上菜,要是主宾当中有女士,应该给女主宾先上。随后是按着逆时针方向沿着台子上菜,最后上给男主人和女主人。西餐上菜的时候,盘子是从你的左边递过来,当你吃完每一道菜时,由服务员或女主人从你的右边将盘子和餐具一起端走,当你将还没吃完的食物放在一边时,服务员会询问你是否不再用了,或是否可以撤下时,你要给予明确回答。当你发现服务员或者女主人在上菜的时候把你那一份漏掉时,你要直接提出来,请给你补上,不要不好意思,同时,要招待大家不要等你,让他们先吃。注意在用餐时应尽量跟着大家的节奏,吃得过快或者过慢都不好。

由于饮食习惯不同,西餐的上菜顺序与中餐也不一样。西餐通常先上汤,而在中餐中汤是最后一道菜。

一般情况下,完整的西餐是由以下菜肴组成的。

(1) 餐前开胃菜。这是西餐的第一道菜,一般是由蔬菜、水果、海鲜、肉食组成的拼盘。

(2) 面包。西餐正餐面包一般是切片面包,也有刚烤好的小面包。

(3) 汤。和中餐不同的是,西餐的第二道菜就是汤。西餐的汤大致可分为清汤、奶油汤、蔬菜汤和冷汤四类。品种有牛尾清汤、各式奶油汤、海鲜汤、美式蛤蜊汤、意式蔬菜汤、俄式罗宋汤、法式洋葱汤。冷汤的品种较少,有德式冷汤、俄式冷汤等。

(4) 副菜。鱼类菜肴一般作为西餐的第三道菜,也称为副菜。品种包括各种淡、海水鱼类,贝类及软体动物类。西餐吃鱼类菜肴时讲究使用专用的调味汁,品种有鞑靼汁、荷兰汁、酒店汁、白奶油汁、大主教汁、美国汁和水手鱼汁等。

(5) 主菜。肉、禽类菜肴是西餐的第四道菜,也称为主菜。肉类菜肴的原料取自牛、羊、猪、小牛仔等各个部位的肉,其中最有代表性的是牛肉或牛排。牛排按其部位又可分为沙朗牛排(也称西泠牛排)、菲利牛排、"T"骨形牛排、薄牛排等。其烹调方法常用烤、煎、铁扒等。肉类菜肴配用的调味汁主要有西班牙汁、浓烧汁精、蘑菇汁、白尼斯汁等。禽类菜肴的原料取自鸡、鸭、鹅,通常将兔肉和鹿肉等野味也归入禽类菜肴。品种最多的是鸡,有山鸡、火鸡、竹鸡,制作方法可煮、可炸、可烤、可焖,主要的调味汁有黄肉汁、咖喱汁、奶油汁等。蔬菜类菜肴(色拉)可以安排在肉类菜肴之后,也可以和肉类菜肴同时上桌,因此可以算为一道菜,或称为一种配菜。蔬菜类菜肴一般用生菜、西红柿、黄瓜、芦笋等制作。还有一些蔬菜是熟食的,如花椰菜、煮菠菜、炸土豆条。熟食的蔬菜通常是与主菜的肉食类菜肴一同摆放在餐盘中上桌,称之为配菜。

（6）点心。主菜过后,可以上一些蛋糕、饼干、吐司和三明治等点心,供没吃饱的客人享用。

（7）甜品。点心之后,接着上甜品,最常见的有布丁、冰淇淋等。

（8）果品。包括核桃、榛子、杏仁以及草莓、苹果、菠萝等干鲜果品。

（9）热饮。在宴会结束前,还要为用餐者提供热饮,正规的热饮是红茶和什么都不加的黑咖啡,以帮助消化。

从实际情况来看,西餐也在简化,比较简便的西餐菜单可以是:开胃菜、汤、主菜、甜品、咖啡。

### 三、西餐餐具的使用礼仪

#### （一）西餐餐具的摆放

西餐餐具的摆放是宴请活动中的一项专门的技艺,也是必不可少的一个礼仪程序。它直接关系到用餐过程、民族习俗和礼仪规范等。西餐的摆台因国家不同也有所不同,常见的有英美式、法国式、国际式西餐摆台。这里我们介绍一下国际式摆台方法。

国际上常见的西餐摆台方法是:座位前正中是垫盘,垫盘上放餐巾(口布)。盘左放叉,盘右放刀、匙,刀尖向上、刀口朝盘,饮具靠右上方,主菜盘上方放着匙。正餐的刀叉数目应与上菜的道数相等,并按上菜顺序由外至里排列,用餐时也从外向里依序取用。如图 6-20 所示。饮具的数目和种类也应根据上酒的品种而定,通常的摆放顺序是从右起依次为葡萄酒杯、香槟酒杯、啤酒杯(水杯)。餐巾放在主菜碟上或插在水杯里,也有放在餐盘的左边的。面包、奶油盘放在左上方。如图 6-21 所示。

图 6-20　西餐餐具的摆放

图 6-21　西餐的摆台

#### （二）西餐餐具的使用

西餐的餐具多种多样,常见的西餐餐具有刀、叉、匙、杯等。一般讲究吃不同的菜要用不同的刀叉,饮不同的酒要用不同的酒杯,所以对大小不一的各类餐具要做到能正确使用,并不是件容易的事情。

**1. 刀叉**

刀叉,是餐刀、餐叉两种餐具的统称。二者既可以配合使用,也可以单独使用,但在更多的情况下，刀叉是同时配合使用的，因此，人们在提到西餐餐具时，喜欢将二者相提并论。如图 6-22 所示。

（1）刀叉的种类

刀、叉又分为肉类用、鱼类用、前菜用、甜点用。正式西式料理的套餐中，常依不同料理的特点而配合使用各种不同形状和规格大小不同的刀叉，也就是说，吃每道菜时，都要使用专门的刀叉，既不可以胡拿乱用，也不可以从头至尾只用一副刀叉。在享用西餐正餐时，在一般情况下，出现在每位用餐者面前的餐桌上的刀叉主要有：吃黄油所用的餐刀，吃鱼所用的刀叉，吃肉所用的刀叉，吃甜品所

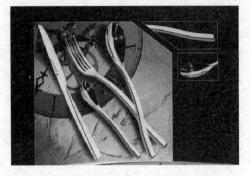

图 6-22　西餐用的刀叉勺

用的刀叉等。它们不但形状各异，更重要的是其摆放的具体位置也各不相同。一般来说，刀叉的数目和菜的道数相当，每一道菜都有其专用的刀叉，并按上菜的顺序由外至内排列，刀口向内，取用刀叉时，应按照上菜的顺序，吃一道菜换一套刀叉，可从已排好的刀叉中由外自内陆续使用，不能颠倒次序。

下面介绍一下各种刀叉的摆放位置。

吃黄油所用的餐刀，没有与之相匹配的餐叉。它的正确位置，是横放在用餐者左手的正前方。它的形状小巧，刀尖是圆头的、顶部有些上翘。它是用来切开小面包的，然后用它来挑些果酱、奶油涂在面包上面。

吃鱼所用的刀叉和吃肉所用的刀叉，应当是餐刀在右、餐叉在左分别纵向摆放在用餐者面前的餐盘两侧。餐叉的具体位置，应放置于吃黄油所用餐刀的正下方。有时，在餐盘左右两侧分别摆放的刀叉会有三副之多。要想正确地取用它们，关键是要记住，应当依次分别从两边由外侧向内侧取用。

吃甜品所用的刀叉，应于最后使用。它们一般被横向放置在用餐者面前的餐盘的正前方。

（2）刀叉的使用

西餐的摆台有其固定的位置和距离，使用时应左手拿叉、右手拿刀，按照由外到内的顺序切割食物，刀用来切割食物，叉用于送食物入口。料理上桌后的基本动作是，以叉子压住料理的左端，固定，顺着叉子的侧边以刀切下约一口大小的料理后，叉子即可直接将料理送入口中。

① 刀。宴席上最正确的拿刀姿势是：右手拿刀，手握住刀柄，拇指按着柄侧，食指则压在柄背上，其余三指弯曲握住刀柄。不要把食指伸到刀背上，除了用大力才能切断的菜肴，或刀太钝之外，食指都不能伸到刀背上。另外，不要伸直小指拿刀，有的女性以为这种姿势才优雅，其实这是错误的。刀可以用来切食物，也可用来把食物拨到叉上或涂抹牛油、酱料之类，但不要用刀叉起食物往嘴里送。

切割食物时的正确姿势是，面向料理端正坐好；肩膀与手腕放松；两臂不要张开，要贴着身体；手肘不要过高或过低；刀叉与餐盘呈 15 度左右的倾斜角；用叉将料理紧紧按住；轻轻地移动刀子，压住时可用力。这样一来，不但能轻易地将食物切开，而且姿势看起来也相当优雅。刀的移动方式也有要领。首先用力于左手的叉子，再轻轻地移动刀

子。注意,将刀子拉回时不可用力,而是要在往前压下时用力,这样才能利落地将食物切开。用刀切肉时,尽可能避免发出声响,或刀叉相碰。为了避免声响,切肉时可从肉的左边用叉子叉入压住,同时把刀子提起,用刀子的前端使力,便可轻松自如地切下。

② 叉子。叉子的拿法有背侧朝上及内侧朝上两种,要视情况而定。背侧朝上的拿法和刀子一样,以左手食指压住柄背,其余四指握柄,食指尖端大致在柄的根部,若太往前,外观不好看,太往后,又不太能使劲,硬的食物就不容易叉进去。叉子内侧朝上时,则如铅笔拿法,以左手拇指、食指按柄上,其余三指支撑柄下方。拇指和食指要按在柄的中央位置,如果太靠前,会显得笨手笨脚。叉不仅用来取食物,也可以用它摁住食物,使之用刀切割时不滑脱。吃体积较大的蔬菜时,可用刀叉来折叠、分切。较软的食物可放在叉子平面上,用刀子整理一下。叉起食物往嘴里送时动作要轻,叉起适量食物一次性放入口中。用叉子叉起食物送入嘴时,牙齿只能碰到食物,不要咬叉,也不要让刀叉在齿上或盘中发出声响。

(3) 使用刀叉的注意事项

① 不要动作过大,影响他人;

② 切割食物时,不要弄出声响;

③ 切下的食物要刚好一口吃下,不要叉起来一口一口咬着吃;

④ 不要挥动刀叉讲话,也不要用刀叉指人;

⑤ 掉落到地上的刀叉不可捡起再用,应请服务员换一副;

⑥ 避免把刀叉并在一起,柄朝自己身体右侧,头向左前方放入盘内,刀刃对着自己和他人,这是西餐桌上的禁忌。

(4) 用餐过程中刀叉的摆法

使用过的刀叉不要放在桌布上,必须要放在盘皿里,主菜不必切肉时,刀子放在盘皿上。任何一道菜吃完后,把刀叉握手的部分放在右侧,与桌子大致平行地放入盘里。叉子的尖向上放,刀叉并排,让叉子靠近自己身边,不要把刀或叉掉在地上。

如果在就餐过程中谈话,可以拿着刀叉,无须放下,但若需做手势时,就应放下刀叉,千万不可手执刀叉在空中挥舞摇晃。

另外,刀叉的摆放方式还可以传达"用餐中"或是"结束用餐"等讯息。如果在就餐中,需暂时离开一下,应暂时放下刀叉。其做法是,将刀叉——刀右、叉左,刀口向内、叉齿向下,呈汉字的"八"字形状摆放在餐盘之上。它的含义是:此菜尚未用毕。但要注意的是,不可将其交叉放成"十"字形。西方人认为,这是令人晦气的图案。如果吃完了,或者不想再吃了,可以刀口向内,叉齿向上,刀右、叉左并排纵向放在餐盘上,或者刀上叉下地并排横放在餐盘上。它表示:不再吃了,可以连刀叉带餐盘一起收走。

**2. 餐匙**

(1) 餐匙的种类及使用方法

在西餐的正餐里,一般会出现至少两把餐匙,它们形状不同、用途不一,摆放的位置也有各自的既定之处。

一把个头较大的餐匙叫作汤匙,通常它被摆放在用餐者右侧的最外端,与餐刀并列纵放。另一把个头较小的餐匙则叫作甜品匙,在一般情况下,它应当被横向摆放在吃甜品所用刀叉的正上方,并与其并列。如果不吃甜品,用不上甜品匙的话,有时,它也会被个头同样较小的茶匙所取代。

喝汤时,要使用汤匙,用右手拇指和食指持汤匙柄,使匙侧起,顺汤碗靠自己的一侧伸入汤里,汤匙不可以盛得太满。汤舀出时,从匙的旁边喝,不要用顶端舀喝;汤非常浓时,可把匙尖放入口中。最后可以一边把汤盘倾斜一边舀汤喝,不能将汤盘或汤碗端起来,喝个底朝天。使用汤匙时不能使它发出声音,不能一勺分几口喝完,应一次喝完。

（2）使用餐匙的注意事项

① 上述两种餐匙各有各的用途,不可相互替代;

② 餐匙除可以饮汤、吃甜品之外,绝对不可直接舀取其他任何主食、菜肴;

③ 已经开始使用的餐匙,切不可再放回原处,也不可将其插入菜肴、主食,或是令其"直立"于甜品、汤盘或红茶杯之中;

④ 使用餐匙时,要尽量保持其周身的干净清洁;

⑤ 用餐匙取食时,动作应干净利索,切勿在甜品、汤或红茶之中搅来搅去;

⑥ 用餐匙取食时,务必不要过量,而且一旦入口,就要一次将其用完。不要一餐匙的东西,反复品尝好几次。餐匙入口时,应以其前端入口,而不是将它全部塞进嘴去;

⑦ 不能直接用餐匙去舀取红茶饮用。

### 3. 餐巾

在西餐中,餐巾也是一个重要的角色。同中餐巾相比,虽有许多用途、用法相似,但却有更严格特殊之处需多加注意。

（1）餐巾的铺放

西餐餐巾通常会叠成一定的图案,放置在就餐者的水杯里,有时直接平放于就餐者的右侧桌面上或就餐者面前的垫盘上。形状有长方形和方形之分。如图 6-23 所示。

大家坐下后,应先取下餐巾,小餐巾应完全打开,大餐巾只需打开一半,可以将餐巾放在胸前下摆处,或者平铺到自己并拢的大腿上,如果是正方形的餐巾,应将它折成等腰三角形,直角朝向膝盖方向;如果是长方形餐巾,应将其对折,然后折口向外平铺在腿上。不要将餐巾扎在衬衣或皮带里。餐巾的打开、折放应在桌下悄然进行,不要影响他人。

图 6-23 西餐餐巾

（2）餐巾的用途

① 餐巾对服装有保洁作用。将餐巾平铺于大腿之上,其主要目的就是防止菜肴、汤汁落下来弄脏衣服。

② 用来揩拭口部。用餐时可以用餐巾的一角轻轻地擦拭嘴边的菜汁、汤汁;在与人交谈之前,也应先用餐巾的内侧轻轻地揩一下嘴,免得自己"满嘴生辉""五光十色"。但也应注意不要乱涂乱抹,以免搞得"满脸开花"。女士在进餐前,怕口红印在餐具上,亦可用餐巾轻印一下口部,以除去唇膏,但不能用其擦脸、擦眼镜、抹汗、擦手。特别要注意的是,不要用餐巾去擦餐具,那样做等于向主人暗示餐具不洁,要求其调换一套。

③ 用来遮掩口部。在进餐时,尽量不要当众剔牙,也不要随口乱吐东西。在非要剔

牙或吐出嘴中的东西不可时,应以左手拿起餐巾挡住口部,然后以右手去剔牙,或是以右手持餐巾接住"出口"之物,再将其移到餐盘前端。倘若这些过程没有遮掩,那是颇为失态的。如果餐巾掉在地上,应另要一块,然后再捡起来。

(3) 餐巾的暗示作用

西餐以女主人为第一主人。当女主人铺开餐巾时,暗示用餐开始,当女主人把餐巾放到桌上时,暗示用餐结束。就餐者如果中途离开,一会还要回来继续用餐,可将餐巾放在本人所坐的椅面上,表示还要回来;如果放在桌子左方,则暗示:我不再吃了,可以撤掉。

## 四、西餐的用餐礼仪

### (一)准备就餐

就座时,身体要端正,手肘不要放在桌面上,不可跷足,与餐桌的距离以方便使用餐具为佳。餐台上已摆好的餐具不要随意摆弄,将餐巾轻轻放在腿上。等全体客人面前都上了菜,主人示意后才开始用餐,切不可自行用餐。

### (二)使用刀叉

用刀叉进餐时,从外侧往内侧取用刀叉,要左手持叉,右手持刀;切东西时左手拿叉按住食物,右手执刀将其锯切成小块,然后用叉子送入口中。使用刀时,刀刃不可向外。每吃完一道菜,将刀叉并拢放在盘中。不要一只手拿刀或叉,而另一只手拿餐巾擦嘴,更不可一只手拿酒杯,另一只手拿叉取菜。任何时候,都不可将刀叉的一端放在盘上,另一端放在桌上。

### (三)进餐过程

一次送入口中的食物不宜过多,在咀嚼时不要说话。喝汤时不要啜,吃东西时要闭嘴咀嚼,不要舔嘴唇或咂嘴发出声音。如汤菜过热,可待稍凉后再吃,不要用嘴吹。喝汤时,用汤勺从里向外舀,待汤盘中的汤快喝完时,用左手将汤盘的外侧稍稍翘起,用汤勺舀净即可。吃完汤菜时,将汤匙留在汤盘(碗)中,匙把指向自己。

吃鱼肉等带刺或骨的菜肴时,不要直接外吐,可用餐巾捂嘴轻轻吐在叉上放入盘内。如盘内剩余少量菜肴时,不要用叉子刮盘底,更不要用手指相助食用,应以小块面包或叉子相助食用。

吃面条时要用叉子先将面条卷起,然后送入口中。面包一般要切成小块送入口中,不要拿着整块面包去咬。抹黄油和果酱时也要先将面包切成小块再抹。吃鸡时,欧美人多以吃鸡胸脯肉为贵。吃鸡腿时应先用力将骨头去掉,不要用手拿着吃。吃鱼时不要将鱼翻身,要吃完上层后用刀叉将鱼骨剔掉后再吃下层。吃肉时,要切一块吃一块,块不能切得过大,或一次将肉都切成块。吃色拉时只能使用叉子。

在用餐过程中,若需用手取食物,要在西餐桌上事先备好的水盂里洗手(沾湿双手拇指、食指和中指),然后用餐巾擦干,切不可将水盂中的水当成饮用水喝掉。

### (四)进餐姿态

当服务员依次为客人上菜时,一定要待服务员走到你左边时,才轮到你取菜,如果在

你的右边,不可急着去取。

不可在餐桌边化妆或用餐巾擦鼻涕。用餐时打嗝是最大的禁忌,万一发生此种情况,应立即向周围的人道歉。取食时不要站立起来,坐着拿不到的食物应请别人传递。

就餐时不可狼吞虎咽。对自己不愿吃的食物也应要一点放在盘中,以示礼貌。有时主人劝客人添菜,如有胃口,添菜不算失礼,相反主人也许会引以为荣。但是不可在进餐时中途退席,如有事确需离开时,应向左右的客人小声打招呼。

饮酒干杯时,即使不喝,也应该将杯口在唇上碰一碰,以示敬意。当别人为你斟酒时,如不要,可简单地说一声"不,谢谢!"或以手稍盖酒杯,表示谢绝。

在进餐尚未全部结束时,不可抽烟,直到上咖啡表示用餐结束时方可。如左右有女客人,应有礼貌地询问一声"您不介意吧?"

喝咖啡时如愿意添加牛奶或糖,添加后要用小勺搅拌均匀,将小勺放在咖啡的垫碟上。喝时应右手拿杯把,左手端垫碟,直接用嘴喝,不要用小勺一勺一勺地舀着喝。

吃水果时,不要拿着水果整个去咬,应先用水果刀切成四或五瓣再用刀去掉皮、核,用叉子叉着吃。若不慎将餐具掉在地上,可由服务员更换。若将油水或汤菜溅到邻座身上时,应表示歉意,并由服务员协助擦干。

在进餐过程中,不要解开纽扣或当众脱衣。如主人请客人宽衣,男客人可将外衣脱下搭在椅背上,不要将外衣或随身携带的物品放在餐台上。如果遇到不好吃的食物或异物入口时,必须注意不要引起一同吃饭的人的不快,但也不必勉强自己把不好的东西吃下去,可以用餐巾盖住嘴,赶紧吐到餐巾上,让服务员换块新的餐巾。如果食物中有石子等异物时,可用拇指和食指取出来,放在盘子的一旁。

## 五、西餐各种食物的吃法

### (一)面包的吃法

一般先用两手撕成小块,再用左手拿着吃。

吃硬面包时,用手撕不但费力而且面包屑还会掉满地,可用刀先切成两半,再用手撕成块来吃。要避免像用锯子似的割面包,应先把刀刺入中央部分,往靠近自己身体的部分切下,再将面包转过来切断另一半。切时可用手将面包固定,避免发出声响。

吃面包和黄油时,先用手把面包掰成几小块,在一小块面包上抹少许黄油,抹一块,吃一块。需要注意的是,不可把黄油直接放入口中,要用黄油来抹面包,而不要用面包去蘸黄油。

吃三明治时,小的三明治和烤面包是用手拿着吃的,大点的吃前应先切开。配卤汁吃的热三明治需要用刀和叉。

### (二)汤的喝法

喝汤不能吸着喝,要先用汤匙由内向外轻舀,不要把勺很重地一掏到底。汤匙的底部放在下唇的位置将汤送入口中,与嘴部呈45度角。当碗中的汤剩下不多时,可用手指将碗略微抬高。

（三）色拉的吃法

将大片的生菜叶用叉子切成小块，如果不好切可以刀叉并用。一次只切一块，吃完再切。如果色拉是一大盘端上来，就使用色拉叉。色拉如果和主菜放在一起，则要使用主菜叉来吃。如果色拉是间隔菜，通常要和奶酪、炸玉米片等一起食用。先取一两片面包放在你的色拉盘上，再取两三片玉米片。奶酪和色拉要用叉子吃，而玉米片则可以用手拿着吃。如果主菜色拉配有色拉酱，可以先把色拉酱浇在一部分色拉上，吃完这部分后再加酱。直到加到碗底的生菜叶部分，这样浇汁就容易了。如图6-24所示。

（四）鱼的吃法

先用刀叉把鱼头和鱼尾割下，放在盘边。然后用刀在鱼鳃附近刺一条直线，把鱼从头到尾劈开，刀尖不要刺透，刺入一半即可。这时有三种选择：（1）将鱼骨滑出；（2）将鱼平着分开，取出鱼骨；（3）揭去上面一片，吃完后再去骨。如果嘴里吃进了小骨头，要用拇指和食指捏出，爱吃鱼的人会连小鱼头都吃掉，而吃到鱼的脸颊是很幸运的事。

图 6-24  西餐沙拉

（五）蚝和文蛤的吃法

吃蚝和文蛤时要用左手捏着壳，右手用蚝叉取出蚝肉，蘸着调味料吃。小虾和螃蟹的混合物也可以用蚝叉单独蘸调味料吃。

（六）肉的吃法

西餐中的肉（羊排、牛排、猪排等）一般都是大块的。吃的时候，用刀、叉把肉切成小块，大小刚好是一口，千万不要用叉子把整块肉送到嘴边，边咬，边咀嚼，边吞咽。

吃牛肉（牛排）的场合，一般可以根据自己爱好决定生熟的程度，预订时，服务员或主人会问你喜爱生熟的程度。

（七）带骨头的肉的吃法

吃有骨头的肉，不要直接"动手"，要用叉子把整片肉固定（可以把叉子朝上，用叉子背部压住肉），再用刀沿骨头插入，把肉切开，边切边吃。

如果骨头很小，可以用叉子把它放进嘴里，在嘴里把肉和骨头分开后，再用餐巾盖住嘴，把它吐到叉子上，然后放到碟子里。

需要直接"动手"的肉，洗手水往往会和肉同时端上来，一定要时常用餐巾擦手和嘴。

鸟类：先把翅膀和腿切下，然后借助刀和叉来吃身体部分。你可以把翅膀和腿用手拿着吃，但不能拿身体部分。

鸡肉：先吃鸡的一半，把鸡腿和鸡翅用刀叉从连接处分开，然后用叉稳住鸡腿（鸡脯或鸡翅），用刀把肉切成适当大小的片，每次只切两三片。

肉排：用叉子或尖刀插入牛肉、猪肉或羊肉排的中心，如果排骨上有纸袖，你可用手抓住,来切骨头上的肉,这样就不会使手油腻。在正式场合或者在饭店就餐时,即使包有纸袖也不能用手拿着骨头啃。这些多余的东西基本上是用来作装饰的,而没有让你暴吃一顿的意思。

（八）意大利面的吃法

吃意大利面时,要用叉子慢慢地卷起面条,每次卷四五根最方便,也可以用调羹和叉子一起吃,调羹可以帮助叉子控制滑溜溜的面条。不能直接用嘴吸,不然容易把汁溅得到处都是。

（九）甜点的吃法

### 1. 冰淇淋

吃冰淇淋时一般使用小勺。当和蛋糕或馅饼一起吃或作为主餐的一部分时,要使用一把甜点叉和一把甜点勺。如图 6-25 所示。

图 6-25　西餐的甜点

### 2. 馅饼

吃水果馅饼通常要使用叉子,但如果主人为你提供一把叉子和一把甜点勺的话,那么就用叉子固定馅饼,用勺挖着吃。吃馅饼是要用叉子的,除非馅饼是带冰淇淋的,在这种情况下,叉、勺都要使用。如果吃的是奶油馅饼,最好用叉而不要用手,以防止馅料从另一头漏出。

### 3. 煮梨

使用勺和叉。用叉竖直把梨固定,用勺把梨挖成方便食用的小块。叉子还可用来旋转煮梨,以使挖食梨肉。如果只有一把勺子,就用手旋转盘子,把梨核留在盘里,用勺把糖汁舀出。

### 4. 果汁冰糕

如果作为肉食的配餐食用可以用叉,但如果是作为甜点食用,可使用勺子。

### 5. 炖制水果

吃炖制水果时要使用勺子,不过你可以用叉子来稳住大块水果,把樱桃、梅干、李脯的核体面地吐到勺里,放在盘边。

（十）水果的吃法

**1. 苹果、梨**

在宴席上，要用手拿取苹果或梨，放在盘里。你可以用螺旋式将其削皮。如果说这样做很难的话，就把水果放在盘上，先切成两半，再去核切块，然后用叉或水果刀食用。如果场合更加随便点的话，你可以直接用手拿着吃。

**2. 鳄梨**

带壳的鳄梨需要用勺来吃，如果是切成片装在盘子里或拌在色拉里，要用叉子吃。

**3. 香蕉**

如果是在餐桌上吃香蕉，要先剥皮，再用刀切成段，然后用叉子叉着吃。

**4. 无花果**

鲜无花果作为开胃品与五香火腿一起吃时，要用刀叉连皮一起吃下。若上面有硬秆，要用刀切下（否则会嚼不动）。作为饭后甜食吃时，要先把无花果切成四半，在橘汁或奶油中浸泡后，用刀叉食用。

**5. 柚子、橙子、橘子**

吃柚子时，要先把它切成两半，然后用茶匙或尖柚子匙挖出食用。剥橙子皮有两种方法，两者都要使用尖刀。方法一：螺旋式剥皮；方法二：先用刀切去两端的皮，再竖直将皮一片片切掉。剥皮后，可以把橙肉掰下来。如果掰下的部分不大，可一口吃掉。如果太大，要使用甜食刀叉先切开，再食用。如果橙子是切好的，也可以像吃柚子那样使用柚子匙或茶匙挖着吃。吃橘子时要先用手剥去皮，再一片一片地吃。

**6. 葡萄**

对于无籽葡萄没什么讲究，一粒粒地吃就行。若葡萄有籽，要把葡萄放入口中吸食肉质，然后把籽吐到手中，要想容易地剥去葡萄皮，则要持其茎部放在嘴边，用中指和食指将肉汁挤入口中，最后把剩在手中的葡萄皮放在盘里。

**7. 芒果、木瓜**

若是整个芒果，要先用锋利的水果刀纵向切成两半，然后再切成四分之一半。用叉子将每一块放入盘中，皮面朝上，并剥掉芒果皮。你也可以像吃鳄梨那样用勺挖着吃，如把芒果切成两半，挖食核肉，保留皮壳。吃木瓜应像吃鳄梨和小西瓜一样，先切成两半，抠出籽，然后用勺挖着吃。

**8. 菠萝（果肉）**

应用餐刀切成小块，用餐叉取食，不要用手拿着吃。

**9. 草莓**

大草莓可以用手拿柄部，蘸着白砂糖（自己盘中的）整个吃，然后将草莓柄放入自己的盘里。如果草莓是拌在奶油里的，要使用勺子来吃。

## 六、西餐的酒水搭配

在正式西餐宴会上，酒水是主角，十分讲究与菜肴的搭配。一般来讲每吃一道菜，便要换一种酒水。西餐宴会所用的酒水可以分为餐前酒、佐餐酒和餐后酒三种，每种又有许多具体的种类。如图 6-26 所示。

图 6-26　西餐酒水

　　餐前酒又叫开胃酒,在用餐之前饮用,或在吃开胃菜时饮用。通常作为开胃酒的有鸡尾酒、威士忌和香槟酒。

　　佐餐酒,是在正式用餐期间饮用的酒水。西餐的佐餐酒均为葡萄酒,而且多为干葡萄酒或半干葡萄酒。选择佐餐酒的一条重要原则是"红配红,白配白",即红葡萄酒配红肉,白葡萄酒配白肉。红肉指的是猪、牛、羊肉,白肉指的是鱼肉、海鲜,即白葡萄酒配海鲜类菜,红葡萄酒配肉类、禽类菜。

　　餐后酒,是餐后用来助消化的酒水。常用的有利口酒、白兰地酒。

　　饮用不同的酒水,要用不同的专用酒杯。在每位就餐者餐桌右边,餐刀的上方,都会横排放着三四个酒水杯,它们分别为香槟酒杯、白葡萄酒杯、红葡萄酒杯及水杯。取用时,也要按照由外侧向内侧的顺序依次取用,也可根据女主人的选择而紧随其后。

## 本章重要概念

　　宴请　　中餐　　西餐

## 本章小结

　　在商务交往中,互相宴请或进行招待,是比较常见的待客方式。通过宴请可以加深双方的了解,增进彼此的友谊。在宴请过程中,礼仪占据十分重要的地位。

## 思考题

　　1. 宴请的形式包括哪些?

　　2. 中餐宴会的席位如何排列?

　　3. 西餐宴会的席位如何排列?

　　4. 中餐餐具应如何使用?

　　5. 西餐餐具应如何使用?

## ▶▶▶ 案例分析

**【案例 6-1】**

众多的宾客都在恭维台湾吴老先生来大陆投资,吴老先生神采飞扬,高兴地应承着这些祝贺的话。宾主频频碰杯,服务员小姐忙进忙出,热情服务。不料,有位服务员小姐却不慎将桌上的一双筷子拂落在地。"对不起!"服务员连忙道歉,随手从邻桌上拿过一双筷子,褪去纸包,搁在吴老先生的台上。吴老先生的脸上顿时多云转阴,煞是难看,默默地注视着服务员小姐的一连贯动作,刚举起的酒杯也一直停留在胸前。众人看到这里,纷纷帮腔,指责服务员小姐。小姐很窘,一时不知所措。吴老先生终于从牙缝里挤出了话:"晦气,"顿了顿,"唉,你怎么这么不小心,你知道吗?这筷子落地意味着什么?"边说边瞪大眼睛:"落地即落第,考试落第,名落孙山,倒霉呀,我第一次在大陆投资,就讨这么个不吉利。"服务员小姐一听,更慌了,"对不起,对不起",手足无措中又将桌上的小碗打碎在地。服务员小姐尴尬万分,虚汗浸背,不知如何是好,一桌人也有的目瞪口呆,有的吵吵嚷嚷地恼火,有的……

就在这时,一位女领班款款地来到客人面前,拿起桌上的筷子,双手递上去,嘴里发出一阵欢快的笑声:"啊,吴老先生。筷子落地哪有倒霉之理,筷子落地,筷落,就是快乐,快快乐乐。""这碗呢,"领班一边思索,同时瞥了一眼服务员小姐,示意打扫碎碗。服务员小姐顿时领悟,连忙收拾碎碗片。"碗碎了,这也是好事成双,我们中国不是有一句老话吗?"碎碎"平安,这是吉祥的兆头,应该恭喜您才是呢。您老这次回大陆投资,一定快乐,一定平安。"刚才还阴郁满面的吴老先生听到这话,顿时转怒为喜,马上向服务员小姐要了一瓶葡萄酒,亲自为女领班和自己各斟了满满一杯。站起来笑着说:"小姐,你说得真好!借你的吉言和口彩,我们大家快乐平安,为我的投资成功,来干一杯!"

**分析**:从此次事件来看,阐述服务人员在宴会中随机应变能力与运用语言的重要作用。

**【案例 6-2】**

焦小姐是一名白领丽人,她机敏漂亮,待人热情,工作出色。有一回,焦小姐所在的公司派她和几名同事一道前往东南亚某国洽谈业务。可是,平时向来处事稳重、举止大方的焦小姐,在访问那个国家期间,竟然由于行为不慎,而招惹了麻烦。事情的经过是这样的:焦小姐和她的同事一抵达目的地,就受到了东道主的热烈欢迎,在随之为他们特意举行的欢迎宴会上,主人亲自为每一位来自中国的嘉宾递上一杯当地特产的饮料,以示敬意。轮到主人向焦小姐递送饮料之时,一直是"左撇子"的焦小姐不假思索,自然而然地抬起自己的左手去接饮料,见此情境,主人却神色骤变,重重地将饮料放回桌上,扬长而去。

**分析**:为什么主人会神色骤变,扬长而去?

资料来源:http://blog.sina.con.cn/s/blog-460845690100phnv.html.

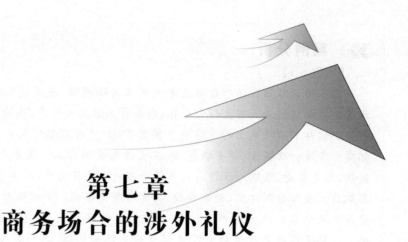

# 第七章
# 商务场合的涉外礼仪

**学习目标**

本章主要学习涉外商务礼仪的一些原则及特点,并了解一下各国的商务礼俗和禁忌。通过学习掌握外交礼遇的三条原则和四条标准,从而熟悉一些主要国家的商务礼俗和禁忌。

## 第一节　涉外商务礼仪概述

涉外礼仪是人们在对外交往中,用以维护自身形象,向交往对象表示尊重与友好的约定俗成的习惯做法,其基本内容是参加国际交往中必须认真了解并遵守的常规做法。中国在加入世界贸易组织之后,各方面都迅速地与国际接轨,因此作为商务人员,有必要掌握好相关的礼仪知识。

### 一、现代国际礼仪的基本准则

联合国宪章在《序言》中阐述了"大小各国平等权利"的信念,并规定了各会员国应当遵循的七项原则。其中第一项为:"本组织系基于各会员国主权平等之原则。"

现代国际关系以公认的"主权平等"为基础。"主权平等"包含两方面的含义:一方面,每个国家都享有平等权利,不受他人侵犯;另一方面,每个国家都有尊重别国主权的义务,不得借口行使自己的主权而侵犯他国的主权。国家不论大小,都应当具有独立自主处理自己内外事物、管理自己国家的权利。国家与国家相互之间是平等的,所有国家都是国际社会的平等成员。

"主权平等"既然是现代国际关系的基本准则,作为国际交往中行为规范的现代国际礼仪,当然也必须遵循这一准则。

"主权平等"常常体现在以下几个方面。

第一,国家的尊严受到尊重;国家元首、国旗、国徽不受侮辱。

第二,国家的外交代表,按照国际公约的规定,享有外交特权和豁免权。

第三,不得以任何方式强制他国接受自己的意志;不得以任何借口干涉别国的内部事务。

第四,在交往中,实行"对等"和大体上的"平衡"。

所谓"对等"实际上就是指"礼尚往来",交往的双方人员,身份要大体相当;代表团互访时,双方的接待规格应相差不多;"投之以桃,报之以李",是"对等"原则的正面运用。在国际交往中,有时也会从负面运用这一原则,如:你赶走我的武官,我就驱逐你的参赞;你怠慢了我,我也请你坐一坐"冷板凳"等。

所谓"平衡",也可以理解为"一视同仁"或"不歧视"。但是,所谓"平等""平衡"都是相对的,而不是绝对的。在国际交往中,在礼仪上给予"破格接待"的,也有诸多先例。可见国际礼仪程序的运用也是一种外交艺术。

第五,"主权平等"的原则,在国际组织中和国际会议上,表现为每一个参加国都有同等的"代表权"和"投票权",每一个国家所投的票在法律上都具有同等效力。

第六,在"礼宾序列"问题上,也应当体现各国"主权平等"的原则。在国际会议上,各国代表的位次,不是按国家大小强弱的原则来排列的,一般是按会议所用文字的国名字母顺序来排列。在签订条约协定时,应遵守"轮换制",既每个缔约国在其保存的一份文本上名列首位,它的代表在这份文本上首先签字。在国际活动中,各国代表的序列,应以代表的职务高低或就职时间的先后作为排列的依据。在文字的使用上,每个国家都有使用本国文字的权利。在签订国际条约协定时,本国文字与别国文字具有同等效力。

## 二、现代国际礼仪的特点

(1)必须以相互尊重、主权平等为基础。现代的国家关系应当是完整的主权国家之间的关系。这与封建割据、闭关自守的封建国家之间的关系、宗主国同殖民地附属国之间的关系不同。国家不论大小强弱,主权应当一律平等。

(2)国家之间,除双边关系发展外,多边往来大量增加的趋势十分明显,从而在礼仪做法上也提出了许多新问题,产生了新的做法。

(3)国际礼仪的内涵更加丰富,包括政治外交、经济贸易、文化教育、军事国防以及民间往来等各方面、多层次的国际往来,也都通过一定的礼仪形式来进行活动。特别是国际经济贸易的发展,许多公司都设有专职礼仪人员或公关部门。

(4)礼仪活动更加讲求实效,活动的形式更加多样,具体安排更加灵活。例如,领导人之间的实质性会谈更加受到重视;日程安排更加紧凑合理,举行宴会虽讲究礼仪但不事铺张;参加宴会的人数有所压缩;宴会上发表正式讲话的次数有所减少;动员群众参加的大规模场面减少;互访代表团人数减少;生活接待更加注意安全、舒适、方便等。

(5)"外交礼仪简化"成为趋势。由于国际交往和活动急剧增多,繁文缛节势必成为人们不堪负荷的重担,往往分去人们的许多时间和精力。因此,外交礼仪简化在国际上成了一种必然趋势。

## 三、外交礼遇的三条原则和四条标准

### (一)外交礼遇三原则

对等的原则:即一方出场与来访者在级别、职务以及待遇、费用等方面,大体上要对

227

等。除非有特殊的安排,否则外交礼遇不宜随便提高或降低。

破格的原则:有的来访者身份虽然不高,但却有较深背景,或一方对另一方有特殊要求,或为了达到某种目的而给来访者以破格的较高接待礼遇。

从简的原则:即重精神、重友谊、重实效、不重形式、不讲排场、不事铺张。但从简不等于冷落,要注意生活照顾,尽量做到热情周到。

我国的外交礼遇规格是在长期的外交实践中逐渐形成的。它是中西结合,以中为主,具有中国特色。我们的做法是:一是国家不论大小一律平等,反对大国沙文主义,尊重各国的风俗习惯,不强加于人,不卑不亢,落落大方,反对低三下四的庸俗作风;二是礼宾安排要与我国的对外政策相一致,要有针对性,重礼仪、重实效,生活上要尽量热情周到;三是提倡勤俭办外事,反对讲排场、摆阔气。

(二)外交礼遇的四条基本标准

举办任何一项对外交际活动,都需要大量的具体工作。因此,要求每一个礼宾工作人员既要有高度的政治责任感,又要熟悉各方面的业务,并且还要有既严谨又灵活的工作作风。一般来讲,衡量接待工作完成得好不好,有四条基本标准:礼遇、宣传、安全、服务。

# 第二节　各国商务礼俗及禁忌

"入境而问禁,入国而问俗,入门而问讳",这是当今商务交往的一条原则。国际商务礼仪是商务交往之中的国际惯例和共性的东西,而各国的商务礼俗则是具有特殊性或个性的东西,了解国际商务礼俗,有助于我们认识世界,扩大视野,更有利于在当今国际间交往频繁的时代把握商机。

## 一、亚洲一些国家的商务礼俗与禁忌

在亚洲,社会风俗及商务礼俗既受到伊斯兰教和佛教的影响,还受到中国传统的道教与儒教以及印度教与犹太教等的复合性影响,差异性极大。

(一)日本、韩国的商务礼俗与禁忌

日本与韩国在世界经济贸易中的地位相当重要,与我国的商务往来也都十分频繁,所以必须了解其商务习俗与禁忌。

**1. 日本人在国际商务交往中的特点**

日本人经商一般比较慎重、有耐心而有韧性,自信心、事业心和进取心都比较突出,带有典型的东方风格。

(1)日本人重视礼节和礼貌

与日本商界打交道时,要注意服饰、言谈、举止的风度。与日本人初次见面,要互相鞠躬,互递名片,一般不握手。没有名片就自我介绍姓名、工作单位和职务,如果是老朋友或者是比较熟悉的,就主动握手或拥抱。他们常用的寒暄语是"您好""您早""再见"

"请休息""晚安""对不起""拜托您了""请多关照""失陪了"等。日本人鞠躬也很有讲究，往往第一次见面时行"问候礼"，是 30 度；分手离开时行"告别礼"，是 45 度。日本人盛行送礼，每年的"岁暮"和"中元"是送礼最多的时候。他们既讲究送礼，也讲究还礼，不过日本人送礼、还礼一般都是通过运输公司的服务员送上门的，送礼与受礼的人互不见面。

（2）在商务谈判中往往不明确表态

在商务谈判中，应切记的是，若日商在你阐述意见时一直点头，这并不表示他同意你的主张和看法，而仅仅表示他已经听见了你的话。他们在签订合同前一般都会很谨慎，且历时也很长，但一般很重视合同的履行，同时对对方履行合同也很苛求。因此，同日商签订合同时应十分仔细，事前最好要有中间人介绍，在合同签订前要仔细审查并应完全理解每一条款的准确含义，以免以后造成纠纷。

（3）商务谈判中常"微笑着讨价还价"

日商一般都具有较高的文化素质和个人涵养，能自如地运用笑脸进行讨价还价，以实现获取更多利益的目标。他们既保持笑脸和友好的态度，又在利益上毫不放松。

（4）商务谈判时"任劳任怨做细致准备"

对商业谈判，他们往往事先就已撰写了详尽的计划方案，做了精心准备。若在谈判中出现新的变化，他们会夜以继日地迅速形成文字，使对方充分理解，为其成功创造机会。同他们进行商务交往，在认真准备的同时，还必须有很高的应变能力，随时有对策。

（5）谈生意时注意长远效果

与日商谈生意应坚持"看货论价"，决不要被高折扣率所迷惑，日商很注意交易和合作的长远效果，而不过分争执眼下的利益，善于"放长线钓大鱼"。例如，日本商人可能会以明显低于市场的价格向你出售某种生产设备，然而当以后你再向其购买特有的零部件、配套设备或生产原料时，他们会把价格提到惊人的高度。因此，在与日商交往时，自己也应有长远和全局观念。既要注意眼前利益，又不致以后受制于人。

（6）在交易中"抓关键人物，促成交易"

日商很重视在交易中建立和谐的人际关系，十分重视做对交易有决定作用的人物的工作，在他们身上往往不惜花大工夫。在同日商商谈开始的时候，去拜访日本企业中同等地位的负责人也十分重要。他会促使日本企业重视与你之间的合作关系。

**2. 日本人的习俗及商务禁忌**

第一，日本人不喜欢偶数（8 例外，9 及其他某些奇数也不受欢迎）。在贸易谈判时，要照顾他们的感情，尽可能不用偶数。日语发音中"4"和"死"相似，"9"与"苦"相近，因此，忌讳用 4、9 等数字。此外，13、14、19、24、42 等数字也在忌讳之列，还忌讳三人合影。

第二，日本不流行家宴，商业宴会也难得会让女士参加。商界人士没有携带夫人出席宴会的习惯。商界的宴会普遍是在大宾馆举行鸡尾酒会。

第三，日本人没有相互敬酒的习惯。与日本人一起喝酒，不宜劝导他们开怀畅饮。日本人接待客人不是在办公室，而是在会议室、接待室。他们不会轻易让人进入其机要部门。

第四，日本人有当天事当天完成的习惯，时间观念强，生活节奏快。

第五，日本人很忌讳别人打听他的收入。年轻的女性忌讳别人询问她的姓名、年龄以及是否结婚等。

第六，送花给日本人时，别送白花（象征死亡），也不能把玫瑰和盆栽植物送给病人。

菊花是日本皇室专用的花卉,民间一般不能赠送。日本人喜欢樱花。

第七,在商品的颜色上,日本人喜淡雅,厌绿色,忌用荷花、狐狸(贪婪)、獾(狡诈)等图案。

第八,在日本,招呼侍者时得把手臂向上伸,手掌朝下,并摆动手指,对方就懂了。

第九,在日本,用手抓自己的头皮是愤怒和不满的表示。

第十,在日本发信时,邮票不能倒贴,倒贴邮票表示绝交。装信也要注意,不要使收信人打开后,看到自己的名字朝下。

**3. 韩国的商务礼俗与禁忌**

韩国的习俗与我国朝鲜族基本相同,也是一个很注重礼仪的国家,尤其在尊老爱幼、礼貌待人方面,更为注重。

对于韩国的商务习俗我们应注意以下几个要点。

(1) 前往韩国进行商务访问的最适宜时间,是从每年的 2 月到 6 月、9 月、11 月和 12 月。尽量避开多节的 10 月,以及 7 月到 8 月中旬、12 月中下旬。

(2) 韩国商务人士与不了解的人来往,要有一位双方都尊敬的第三者来介绍和委托,否则不容易得到对方的信赖。为了介绍方便,要准备好名片,中英文或韩文均可,但要避免在你的名片上使用日文。到公司拜访,必须要事先约好。会谈的时间最好安排在上午 10 点或 11 点左右,下午 2 点或 3 点。

(3) 在商务交谈中,首先建立信任和融洽的关系是至关重要的,否则谈判要持续好长时间,尤其是在韩国进行长期的业务活动的,需要多次访谈才能奏效。

(4) 韩国商人不喜欢直说或听到“不”字,所以常用“是”字来表达他们有时是否定的意思。此外,在商务交往中,韩国人比较敏感,也比较看重感情。只要感到对方稍有点不尊重自己,生意就会告吹。韩国人重视业务中的接待,宴请一般在饭店举行。吃饭时所有的菜一次上齐。饭后的活动,有时会邀客人到歌舞厅娱乐、喝酒,拒绝是不礼貌的。

(二) 东南亚及佛教国家的商务礼俗与禁忌

**1. 佛教及其主要礼俗与禁忌**

佛教总部设立在泰国曼谷的世界佛教徒联谊会,是世界性的佛教组织。

佛教分为大乘、小乘、密宗等教派,还有三者合一的喇嘛教。出家的男女信徒分别生活于寺庵中,称之为“僧”或“尼”,不出家的佛教徒称为居士。

佛教的戒律甚多,最基本的有不杀生、不盗窃、不邪淫、不饮酒、不妄语,统称为“五戒”。有的佛教徒终年食素,不食荤腥,有些吃“花斋”。在斋戒的时间里,不吃鱼肉和葱、蒜、辣椒等辛辣食品。

佛教最重要的节日为佛诞节,也称为浴佛节或泼水节,流行于东亚和东南亚的一些国家。在一些佛教影响区域,如泰国、缅甸、越南、锡金等国,人们非常重视人的头部而轻视脚部,忌用手触摸人的头部,即使小孩子的头也不例外,忌将脚朝上,更不能将脚板对着人。

**2. 东南亚国家的商务礼俗与禁忌**

(1) 泰国

泰国商人喜欢诚实而富有人情味。在泰国,佛祖和国王是至高无上的。人的头是神圣的。脚除了用于走路之外,最好不要轻举乱动,否则很可能会冒犯朋友而自己却不知道。泰国人见面时,通行的是合掌礼,双掌相合上举,抬起在额与胸部之间,双掌举得越高,表示尊敬程度越高,但地位高者、老者还礼时手腕不得高过前胸。泰国人喜欢大象与孔雀,白象被视为国宝。荷花是他们最喜欢的花卉。他们喜欢红、黄色,尤其喜欢蓝色,视其为"安宁"的象征。他们忌用红笔签名和狗的图案。

（2）越南

在越南,如遇到与自己年龄相仿的人,不要以"先生""小姐""师傅"相称,更不能称"大哥""大姐",而应礼貌地尊称对方为"二哥""二姐"。越南人很好客,在南方一些山区做客,可以同他们一起喝"同坛酒"。路口悬有绿色树枝的村寨和门口悬有绿色树枝的人家,外人不得进入。越南的傣族人忌讳与他们的姓氏重音的事物的名称。

（3）缅甸

缅甸素有"佛塔之国"之称。无论什么人进入佛塔或寺庙,甚至进入某些人家,都必须脱鞋后光脚进入;缅甸人认为牛是最忠诚的朋友,吃牛肉是一种忘恩负义的行为;缅甸人认为"右为大,左为小","右为贵,左为贱",随时都要遵守"男右女左"的原则;缅甸人忌讳星期天送东西给人,忌讳星期二做事;睡觉时,缅甸人的头必须朝着代表光明的东方。

（4）印度尼西亚

印度尼西亚有90％的人是穆斯林,前往印尼洽谈商务的最佳时间是每年的9月到次年6月。因为多数印尼商人会在七八月外出避暑度假。印尼商人很强调行业互助精神,待人很有礼貌,不讲别人的坏话,但却较难成为知心朋友。一旦建立了推心置腹的交情,与之合作起来就比较容易,而且可靠。喜欢有人到家里访问,是印尼商人的一个重要特点,家访是与印尼商人谈商务能得以顺利进行的一种有效手段。印度尼西亚是一个多民族的国家,很多民族都有本民族的特殊礼仪与禁忌。若到印度尼西亚访问旅游,最好先了解一下这些礼仪与禁忌。

（5）马来西亚

伊斯兰教为其国教,与马来西亚人进行商务活动的最佳时间是每年的3月至7月。因为多数商人均于11月到次年2月休假,同时也要注意避开斋月和重大传统节日。马来西亚人喜爱绿色,忌讳黄色;忌讳的数字为0、4、13;忌讳的动物有猪、狗,却极爱猫。

（6）菲律宾

菲律宾大多数人信奉天主教,文化带有很明显的西班牙色彩,但菲律宾南部的居民,却多数信仰伊斯兰教,遵循伊斯兰教教规。

（7）新加坡

新加坡商人谦恭、诚实、文明和礼貌,他们在谈判桌上一般会表现三大特点:一是谨慎,不做没有把握的生意;二是守信,只要签订合同,便会认真履约;三是看重"面子",特别是对老一代人,"面子"往往具有决定性的作用。

新加坡人禁忌说"恭喜发财",认为"发财"是指"发不义之财",因而是对别人的侮辱与谩骂。在新加坡,留长发的男子不受欢迎。新加坡注重环保,文明卫生,在新加坡随地吐一口痰,要罚款200新元,随地扔一个烟头罚款1 000新元(相当于一般人的月收入)。

## 二、欧洲一些国家的商务礼俗与禁忌

### (一)英国的礼俗与禁忌

英国人崇尚"绅士风度"和"淑女风范",讲究"女士优先"。在日常生活中,英国人注重仪表,讲究穿着,男士每天都要刮脸,凡外出进行社交活动,都要穿深色的西服,但忌戴条纹的领带;女士则应着两件式套裙或连衣裙。英国人的见面礼是握手礼,戴着帽子的男士在与英国人握手时,最好先摘下帽子再向对方示敬,但切勿与英国人交叉握手,因为那样会构成晦气的十字形,也要避免交叉干杯。与英国人交谈时,应注视着对方的头部,并不时与之交换眼神。在与人交往时,注重用敬语"请""谢谢""对不起"等。英国人奉行"不问他人是非"的信条,也不愿接纳别人进入自己的私人生活领域,把家当成"私人城堡",不经邀请谁也不能进入,甚至邻里之间也绝少往来。非工作时间即为"私人时间",一般不进行公事活动。若在就餐时谈及公事,更是犯大忌从而使人生厌。日常生活绝对按事先安排的日程进行,时间观念极强。

在商务谈判中,英国人说话、办事都喜欢讲传统、重程序,对于谈判对手的身份、风度和修养,他们看得很重。通常英国客商不太重视谈判的准备工作,但他们却随机应变,能攻善守。

在英国从事商务活动,对以下特殊礼俗和禁忌应加以注意。

(1)不要随便闯入别人的家。但若受到对方的邀请,则应欣然而往。这无疑可理解为对方向你发出商务合作可能会顺利实现的信号。但在访问时,最好不要涉及商务,不要忘记给女士带上一束鲜花或巧克力。

(2)给英国女士送鲜花时,宜送单数,不要送双数和13枝,不要送英国人认为象征死亡的菊花和百合花。

(3)不要以英国皇室的隐私作为谈资。英国女王被视为其国家的象征。

(4)忌用人像作为商品的装潢。喜欢蔷薇花,忌白象、猫头鹰、孔雀商标图案。

(5)忌随便将任何英国人都称英国人,一般将英国人称"不列颠人",或具体称为"英格兰人""苏格兰人"等。

(6)英国人最忌讳打喷嚏,他们一向将流感视为一种大病。

### (二)法国的礼俗与禁忌

在与法国人的社交中,称呼对方时宜称其姓,并冠以"先生""小姐""夫人"等尊称。唯有区别同姓之人时,方可姓与名兼称。熟人、同事之间,才直呼其名。

法国人天性浪漫好动,喜欢交际。在商务交往中,常用的见面礼是握手。而在社交场合,亲吻礼和吻手礼则比较流行。法国人使用的亲吻礼,主要是相互之间亲面颊或贴面颊。至于吻手礼,则主要限于男士在室内象征性地吻一下已婚女士的手背,但少女的手不能吻。在商务活动中,法国商人特别注重"面子"。在与之交往时,如有政府官员出面,会使他们认为有"面子"而更加通情达理,有利于促进商务活动的进行。在商务谈判中,法国商人对双方提交的各方面材料都十分重视。他们通常对对方要求较高,而对自己却极少"求全责备"。合同在法国客商眼里极富有"弹性",所以他们经常会在合同签订后,还一再要求修改。

在商务交往中,法国商人有一个十分独特的地方,就是坚持要求使用法语。在商务活动中,法国人若发现跟自己交谈的人会说法语,却使用了英语,他肯定会生气。但也忌讳别人讲蹩脚的法语,认为这是对其祖国语言的亵渎。若对法语不纯熟,最好讲英语或借助翻译。

法国人爱花,生活中离不开花,在他们看来,不同的花可表示不同的语言含义。百合花是法国人的国花。他们忌送给别人菊花、杜鹃花、牡丹花、康乃馨和纸做的花。

法国人喜欢有文化和美学素养的礼品。唱片、磁带、艺术画册等是法国人最欣赏的礼品。他们非常喜欢名人传记、回忆录、历史书籍,对于鲜花和外国工艺品也颇有兴趣。讨厌那些带有公司标志的广告式礼品。

公鸡是法国的国鸟。它以其勇敢、顽强的性格而得到法国人的青睐。野鸭商标图案也很受法国人喜爱。但他们讨厌孔雀、仙鹤,认为孔雀是淫鸟、祸鸟,并把仙鹤当作蠢汉和淫夫的代称。法国人不喜欢无鳞鱼,所以也不大爱吃。

对于色彩,法国人有着自己独特的审美观。他们忌黄色、灰绿色,喜爱蓝色、白色和红色。

### (三)德国的礼俗与禁忌

德国人勤勉矜持,讲究效率,崇尚理性思维,时间观念强。他们不喜欢暮气沉沉、拖拖拉拉、不守纪律和不讲卫生的坏习气。多数德国商人都具有上述性格。在商务活动中,德国商人讲究穿着打扮。一般男士穿深色的三件套西装,打领带,并穿深色的鞋袜。女士穿长过膝盖的套裙或连衣裙,并配以高筒袜,化淡妆,不允许女士在商务场合穿低胸、紧身、透明的性感上装和超短裙,也不允许她们佩戴过多的首饰(最多不超过一件)。在与德国人打交道时,若在这些方面加以注意,则有助于赢得其好感和信任。反之,则会被视为待人无礼和不自重。

在商务谈判中,德国商人不仅讲效率,而且还准备周详,瞧不起"临阵磨枪"缺乏准备的对手;喜欢在商谈前即准确地做好谈判议程安排;在谈判中他们倔强好胜,表现得较为固执,难以妥协,因而交易中很少让步。但他们重合同,讲信誉,对合同条文研究得极为仔细与透彻,合同一旦签订,任何对合同的更改要求都不会得到他们的理会。他们执行合同也十分严格。德国人在交谈中很讲究礼貌。他们比较注重身份,特别是看重法官、律师、医生、博士、教授一类有社会地位的头衔。对于一般的德国人,应多以"先生""小姐""夫人"等称呼相称,但德国人没有被称为"阁下"的习惯。

德国人爱吃油腻食品,且口味偏重。香肠、火腿、土豆是他们最爱吃的东西。他们还爱饮啤酒,但在吃饭、穿衣、待客方面都崇尚节俭。给德国人赠送礼品,务须审慎,应尽量选择有民族特色、带文化味的东西。不要给德国女士送玫瑰、香水和内衣,因为它们都有特殊的意思,玫瑰表示"爱",香水与内衣表示"亲近"。即使女性之间,也不宜互赠这类物品。以刀、剪和餐刀、餐叉等西餐餐具送人,有"断交"之嫌,也是德国人所忌讳的。在服饰和其他商品包装上,禁用万字符或类似符号,忌讳茶色、黑色、红色和深蓝色。

### (四)俄罗斯的特殊礼俗与禁忌

俄罗斯是一个重礼好客的多民族国家。其礼俗兼有东西方礼仪的特点。俄罗斯人整体文化素质很高,许多家庭都有极丰富的藏书。他们的"见面礼"是亲吻与拥抱,即使

在商务活动中也是如此。

俄罗斯人做生意比较谨慎。在谈判桌上,他们从不吝惜时间,擅长讨价还价,在生意场上却显得有些拖沓。和俄罗斯人交往,应特别注意以下一些特殊礼俗与禁忌:

(1)日常交往中主动问好是起码的社交礼仪。

(2)在称呼上,"您"和"你"有不同的界限,"您"是用来称呼长辈、上级和熟识的人,以示尊重;而"你"则用来称呼自家人、熟人、朋友、平辈、下辈和儿童,表示亲切、友好和随便。

(3)送礼和收礼都极有讲究。俄罗斯人忌讳别人送钱,认为送钱是一种对人格的侮辱,但他们很爱外国货,外国的糖果、烟、酒、服饰都是很好的礼物。如果送花,要送单不送双,双数在他们看来是不吉利的。

(4)对颜色的好恶和东方人相似。喜红忌黑;对数字,他们却和西方人一样,忌讳"13",但对"7"这个数字却情有独钟;忌食狗肉。

(5)俄罗斯人豪爽大方,忌讳别人说他们小气。

(6)俄罗斯人特爱整洁,随便乱扔东西,会受到众人的鄙视。喜欢向日葵商标图案。

(五)东欧一些国家的礼俗与禁忌

(1)波兰盛行吻手礼,他们认为吻手象征着高贵。就连街头执勤的女警,也要求人们行吻手礼;喜欢谈论和赞美他们的国家和文化,也乐于谈及个人家庭生活;一切有战略意义的地点和建筑都严禁拍照;洗手间的表示方式极为独特:"△"符号表示男厕;"○"表示女厕,这点应引起注意。

(2)在匈牙利、罗马尼亚、保加利亚等国,每年6~8月是商人的度假月。在此期间商事活动不宜往访,还有圣诞节及复活节前后两周,在此期间也不宜往访。多数东欧人家中都铺有地毯,客人进门时最好脱鞋,以示对主人生活习惯的尊重。

匈牙利人习惯以白色代表喜事,黑色表示庄重或丧事。罗马尼亚人忌穿堂风,认为穿堂风有损健康,他们不允许两个对着的窗子同时打开。保加利亚人和阿尔巴尼亚人习惯"点头不算摇头算"。保加利亚人喜欢玫瑰花,不喜欢鲜艳明丽的色彩。

阿尔巴尼亚大多数人信仰伊斯兰教,在南斯拉夫也有为数众多的穆斯林,他们遵循伊斯兰教教义。在阿尔巴尼亚的某些乡村,男女有别较为严格,有些地方还设有不许女人进入的"男人堂"。

(六)欧洲其他国家的礼俗与禁忌

(1)奥地利人热情好客,和蔼可亲,民族自尊心强。与之进行商务交往时,切忌将其误认为德国人,也不要搞错企业家的头衔,否则,会因此而导致不良后果。奥地利是一个传统的旅游国家,但若前去奥地利从事商务活动,最好安排在每年的2~4月或9~11月。

(2)荷兰人日常生活中必不可少的饮料是牛奶,但为客人倒牛奶时,讲究倒到杯子的2/3处,否则会被认为是一种失礼或缺乏教养的行为;荷兰人爱谈政治和体育等方面的话题,对中国的孔孟之道也乐于谈及,更喜欢别人对其家庭布置进行夸奖,但忌讳谈及个人私生活等话题。荷兰是个花的王国,郁金香是荷兰的象征。荷兰人是理财的好手,收入虽不少,但乱花钱则被看作是一种浪费而为人们所轻视。荷兰人注重工作效率,喜欢安静而平和的生活。在荷兰，人们大多习惯吃生、冷食品，送礼忌送食品，且礼物要用纸制品包好。到荷兰人的家庭做客，切勿对女主人过于殷勤。在男女同上楼梯时，其礼节恰好与大多数国家的习俗相反：男士在前，女士在后。

（3）挪威人友善而好客。若受邀到当地人家做客，切记给女主人带上一束鲜花或是巧克力作为礼物；在挪威严禁酒后开车，否则将受到极重的处罚；每年的7月、8月和9月初为挪威人享受阳光的季节，在此期间最好不要找他们办公事，否则将会被视为不考虑他人的自私行为。

（4）瑞典人享受着"从摇篮到坟墓"的各种社会保障，文化素养也高。人们见面很少有人接吻，即使恋人也不会表现得过分亲昵；同人见面，以握手为礼。瑞典是个半禁酒的国家，即使在家中饮酒，也要持"购酒许可证"到指定的地点购买，还要交一笔可观的税。瑞典人爱吃生、冷食品，喜欢清鲜，不爱油腻，对中国的粤菜很感兴趣。在瑞典忌讳送酒，禁忌蓝、黄、白色的组合。

（5）在丹麦，敬酒有很严格的礼节和顺序。如主人"请"字未出口，任何人均不能动杯。其他人要待主人、年长者、位尊者饮酒之后，才能饮酒。

（6）瑞士人有极强的环保意识，尤其爱鸟。在瑞士不仅没有噪音，就连人们说话也是轻声细语。瑞士人作风保守、严谨，办事讲究实际，时间观念极强。从事商务活动宜穿三件套式西装。拜访公私机构均应预约。公事信函应寄单位收，而不要直接寄给某主管或职员，以免误事。瑞士商人特别愿与"老字号"进行交易。历史悠久的老公司若在名片、信封上印上本公司的创建日期，往往会获得意想不到的效果。在瑞士，猫头鹰是死亡的象征，忌做商标，也忌用黑色，喜欢几何图形。

（7）比利时商人理性、稳健、诚实、工作努力。他们不像有的国家在休息时间不谈公事，相反的，一些上层办事人员，在需要时，即使正逢周末或休假，也会赶回办理公事。比利时商人讲究职业道德，很少做使人上当受骗的事。比利时商人特别注意外表和地位，与之交往时，容易因所住饭店级别不高、穿着不雅或是身份地位不高而受到轻视。与比利时商人进行交易时，要直接与同级负责人会谈，事先请他们指明会见日期，并且要保证会见双方的身份、地位相当，否则很难获得见面的机会。

（8）西班牙人性格直率，易发火，但争吵后不计前嫌，往往一通争吵后又满面笑容。西班牙人喜欢狮子、石榴，忌山水、亭台楼阁商标图案。在西班牙，忌送认为与死亡有关的菊花。

（9）葡萄牙人非常重视和喜爱葡萄酒，且在饮酒时对酒的温度、酒标形状、开瓶及斟酒等方面均有不少的讲究。

## 三、美洲一些国家的商务礼俗与禁忌

### （一）美国与加拿大的礼俗禁忌

**1. 美国**

美国人崇尚进取和个人奋斗，不大注意穿着。通常在相见时，只点头微笑，打声招呼，而不一定握手。一般也不爱用先生、太太、小姐、女士之类的称呼，而认为对关系较深的人，直呼其名是一种亲切友好的表示，从不以行政职务去称呼别人。在美国等西方国家乃至世界上许多国家,都有付小费的习惯,在美国付小费被认为是对服务人员提供服务的尊重和酬劳。付小费的方式可根据当地习惯而灵活运用,例如,不必找零钱,或将小费置于茶盘、酒杯下面,或塞在服务人员手中。有些旅馆、饭店账单上列有 10％～15％ 的服务费,可不付小费。但其他服务,如帮助叫出租车、开车门、取存衣帽、代搬行李以及旅馆看门人员、服务员,还得付不低于 1 美元的小费,但政府公务员、客机上的机组人员等,是不付小费的。美国人在进行商务谈判时,喜欢开门见山,答复明确,不爱转弯抹角;在谈判中谈锋甚健,不断地发表自己的见解和看法;商务谈判前准备充分,且其参与者各司其职,分工明确;一旦认为条件合适即迅速做出是否合作的决定,通常在很短的时间内就可以做成一笔大生意。

在和美国人开展商务谈判时,应特别注意以下几个方面的问题。

第一,和美国人谈生意大可放手讨价还价,但在磋商中要注意策略,立足事实,不辱对方。若不同意美商的某些论点,可用美国人自己的逻辑进行驳斥,往往能收到很好的效果。美国人十分欣赏那些富于进取精神、善于施展策略、精于讨价还价而获取经济利益的人,尤其爱在"棋逢对手"的情况下和对方开展谈判和交易。自卑的人在美国社会会受到普遍的轻视。

第二,美国商人法律意识很强,在商务谈判中他们十分注重合同的推敲,"法庭上见"是美国人的家常便饭。

第三,绝对不要对对方的某一个人进行指名批评。把以前在谈判中出现过的摩擦作为话题,或是把处于竞争关系的公司的缺点抖搂出来进行贬低,都是违反美国人经商原则的。

第四,注意商品的包装与装潢。包装与装潢新奇的商品往往能激起他们的购买欲与销售欲。

第五,忌各种珍贵动物头形的商标图案。

**2. 加拿大**

加拿大是和美国相邻的一个大国,但在礼俗上却与美国人存在区别。与加拿大人进行商务交往时,应注意以下几点。

第一,赴约要求准时,切忌失约。

第二,日常生活中忌白色的百合花,白色的百合花只在开追悼会时才使用。喜欢枫叶,国旗上就印有五个叶瓣的枫叶,有"枫叶之国"之称。

第三,切勿将加拿大与美国相比较,这是加拿大人的一大忌讳。

第四,销往加拿大的商品,必须有英法文对照,否则禁止进口。

第五,当听到加拿大人自己把加拿大分为讲英语和讲法语的两部分人时,切勿发表意见。因为这是加拿大国内民族关系的一个敏感问题。

（二）巴西与阿根廷的礼俗与禁忌

**1. 巴西**

巴西是南美面积最大、人口最多的国家,也是世界上种族融合最广泛的国家之一。95％左右的巴西人信奉天主教或基督教。巴西人感情外露,人们在大街上相见也会热烈拥抱。无论男女,见面和分别都以握手为礼。妇女们相见时脸贴脸,虽然唇不触脸,但双方都用嘴发出接吻时的声音。巴西人忌讳棕色和黄色。他们以棕色为凶色,认为深咖啡色或暗茶色会招致不幸;认为人死好比黄叶落下,紫色配黄色为患病之兆。巴西的男人爱开玩笑,但忌以当地的民族问题作笑料。在巴西,因人种复杂,在与人交往时,切勿轻易探问对方的种族。巴西人忌用"OK"手势,因为他们认为这是一种不文明的表示。

**2. 阿根廷**

阿根廷是南美最富有的国家之一,有"世界粮仓"之誉。阿根廷人惯于保持体面,重视礼节,并常以衣帽取人,因而人们平时都很注重仪表,穿西服、系领带,保持一副绅士派头,但灰色西服却不受欢迎,它给人一种阴郁之感。阿根廷人相见,其礼仪与巴西相类似,但在商界流行的是握手礼。阿根廷人忌讳以贴身用品为礼物送人;忌讳谈有争议的宗教政治问题;严禁男子留胡须,对满脸胡须者甚至还会追究法律责任。

(三)其他南美国家的礼俗禁忌

(1)在哥伦比亚,男人进屋或离开时,须与在场的每一个人握手,以示礼貌;女人也以与在场的每一位女性握手为礼。哥伦比亚人喜爱红、蓝、黄色,禁忌浅色。

(2)委内瑞拉人时间观念强,特别讲究办事效率。讨论问题直截了当,讨厌别人拖泥带水。委内瑞拉人分别以"红、绿、茶、黑、白"五种颜色代表五大政党,故此五色不宜用在包装纸上。委内瑞拉人忌讳孔雀,凡与孔雀有关的东西和图案都被视为不祥之物。

(3)到智利人家中做客时,切忌随便闯入,必须站在门外等待主人邀请方能进门。谈话时,主人的家庭和孩子是较好的话题,切忌议论与当地宗教和政治有关的问题。

(4)在玻利维亚人家中做客吃饭,若饭后饭盘内还留有剩余食物,是对主人的失礼。谈话时要避免谈及宗教和政治。

(5)圭亚那人十分尊重产妇,但在生育方面却有一个十分奇特的习俗:妻子怀孕在身,丈夫必须忌言;接近预产期,丈夫必须忌食;妻子临产,丈夫必须装模作样地大声呻吟;孩子一生下来,丈夫则要立即钻入吊床,抱起孩子当"产翁",并接受亲友的祝贺。

(6)乌拉圭是一个遍地是牛羊的国度,也是世界著名的避暑胜地。在那里,青色多因被认为代表黑暗而受禁忌;在其科烈达镇,戴帽子是未婚女子的一个标志。

## 四、非洲部分国家的特殊礼俗与禁忌

(一)非洲伊斯兰教国家的特殊礼俗与禁忌

在地中海和红海沿岸的埃及、利比亚、摩洛哥等国也信奉伊斯兰教。它们除遵奉伊斯兰教教义外,还有着一些特殊的礼俗及禁忌。

(1)埃及人喜欢绿色和白色,并习惯于用其表示快乐,讨厌黑色和蓝色,以其表示不幸。喜欢金字塔形莲花图案,"针"为其特有的忌讳物与忌讳话,农村妇女通常用该语进行对骂。在埃及人面前,不能把两手的食指碰在一起,他们认为这个手势不雅。

(2)利比亚的图阿雷格是世界上独一无二的男子戴面纱的民族,且规定只有自由民才能戴,奴隶无资格戴。这里禁酒的法律极为严厉。

(3)到摩洛哥人家中做客必须主动脱鞋;摩洛哥人认为3、5、7、40是积极的数字;喜欢绿、红、黑色,忌白色;忌六角星和猫头鹰图案。

(4)在马里,人们相见时,习惯将一只手放在胸前,一边走一边不停地向对方问候,直

至背道走过很远，彼此听不见对话为止。马里的黑人崇尚黑色，以黑为美的象征，其女士们通过染色使自己更黑更美。

（5）尼日利亚东部的伊特人忌讳苗条女子，认为只有胖的女人才能成为贤惠的妻子。

（6）苏丹人特别喜欢牛。除祭祖、祭神外，一般忌讳杀牛。

（二）非洲其他国家的特殊礼俗与禁忌

**1. 埃塞俄比亚**

有35%的埃塞俄比亚居民信奉基督教，其最大的特点是时间的划分不同于世界上任何一个国家。他们把太阳升起的时间作为一天计时的开始，这样格林尼治时间上午6点就成为他们的白天零点，而格林尼治时间下午6点则是他们的"白天12点"的结束和"夜间12点"的开始。他们把一年分为13个月，前12个月都是30天，而第13个月，则只有5至6天。在埃塞俄比亚，一切住宅和公共场所，都没有门牌号码。

**2. 中非共和国**

信奉拜物教和图腾，每个家庭所崇拜的某种动物为神和力量、勇气的象征，不能捕杀，更不能食用。男女不能围成一桌进食。即使儿子和母亲、女儿与父亲也不例外。若不是同姓的异性，还需分在两个不同房间进食，即使女婿和岳母、公公和儿媳妇也是如此。

**3. 加纳**

在加纳，酋长有着至高的地位，外来人每到一处，都应拜会当地的酋长。加纳人把凳子看作是最神圣的财产加以崇拜，凳子既是他们的日用品又是馈赠品。加纳人对色彩极为讲究，不同的颜色对于他们有着不同的含义。

**4. 肯尼亚**

肯尼亚人性情温和，容易交朋友，但部族意识极为强烈，还认为任何以"7"结尾的数字均不吉利。

**5. 赞比亚**

赞比亚是世界"铜都"，除旅游观光地区外，不能随意拍照。否则，不仅相机和胶卷会被没收，而且还可能被抓进拘留所和警察局，甚至可能会招来自动步枪的射击。

## 五、阿拉伯及伊斯兰教国家的商务礼俗与禁忌

（一）伊斯兰教及其主要礼俗与禁忌

伊斯兰教的教规很多，教徒必须履行的宗教职责主要是五善功，即念功、拜功、课功、斋功、朝功。其中对商务活动影响最大的是拜功。

**1. 饮食习俗与禁忌**

第一，《古兰经》中明确规定：凡猪、动物的血与内脏为禁忌食物；虎、豹、蛇、鹰、马、骡、驴、狗等禽兽肉也为禁忌食物，其他可食动物，若非由阿訇"安排"而宰杀的也不可食用。有些阿拉伯地区，还忌食脚上有蹼的禽类或无鳞鱼，伊拉克南部的什叶教派，还忌吃兔肉。

第二，伊斯兰教国家一般都有禁酒的规定。唯独伊拉克是个例外，但在斋月期间必须用白布把酒瓶盖起来。

第三，抓饭为其传统进食方式，但要注意不能用左手进食，因为他们认为左手是不洁的。

**2. 语言及行为的习俗与禁忌**

在阿拉伯国家,一般见不到女主人,谈及或问候女主人,都是失礼的。在一些国家,甚至连主人家中的孩子也不能提及。若见到了阿拉伯人的妻子,虽然可打招呼,但切勿与之握手。和阿拉伯人坐在一起时,忌用脚对着主人,更不要把腿架起来。若露出鞋底,是对主人极大的不敬。同阿拉伯人谈话,应避免谈政治和宗教,也不要谈及猪、狗及其他为他们所禁忌的东西。在阿拉伯国家,男人之间手牵着手走路,是相互友好和尊重的表示,这一点正好和西方国家相反。

**3. 节日及工作时间的习俗与禁忌**

在伊斯兰教国家,通用的是伊斯兰历而非公历。伊斯兰历九月为阿拉伯人的斋月。在斋月,穆斯林白天禁食,午后不办公。每周星期六到下星期四,为办公日,星期五则为休息和祈祷日。伊斯兰教教义规定,穆斯林每天应做五次祈祷,当祷告时,正在进行的一切工作都要暂停,甚至正在驾车行驶者也要停车做祷告。当其祷告时,客人只能耐心等待,切不可打断其祷告,或表示出不耐烦。开斋节和宰牲节为伊斯兰教的两大节日。和阿拉伯人谈公事前,最好请他们喝一杯浓咖啡或薄荷茶。

**4. 穿戴及送礼的习俗与禁忌**

在伊斯兰教国家,穿戴不得体会受到当地人的指责。他们忌穿短裤,无袖衬衫及露膝短裙。即使在游泳池,也绝不准穿"三点式"泳衣。给阿拉伯人送礼也极有讲究。若为初次相见,切勿送礼,否则难脱行贿之嫌。送给阿拉伯人的物品,价值不能低,不能送带有动物形象的物品,更不能送女人的画片、图像等。不能给阿拉伯人的妻子送礼,但给孩子送礼则会特别受欢迎。除非是私人朋友之间,送礼最好在有第三者在场时进行,不要私下送礼。

**(二)阿拉伯人的商务习俗**

在阿拉伯人的社会里,宗教和等级制度根深蒂固。宗教控制和影响着国家的经济政治和日常生活。忽视了宗教就不能从事商务活动,不尊重对方的教义和习俗,他们是不可能和你做生意的。同宗同族的人在做生意时占有天然的优势。

阿拉伯人重感情,讲信誉,争取他们的好感和信任,与之建立起朋友关系,是和他们进行商务往来的基础。在阿拉伯国家,不可能一次见面或是一次电话就可做成一笔生意。如想向他们推销商品,前两次见面时最好不要提及,第三次才可稍微提一下,再访问一两次后,方可进入商谈。讨价还价是阿拉伯人做生意时的一个重要习惯。他们认为在买东西时与对方讨价还价是对对方的尊重。有意思的是,不讨价还价即将东西买走的人,还不如讨价还价后却什么东西也不买的人受到店主的尊重。

在与阿拉伯人进行商务交往中,"IBM"是一种经常出现的语言。这里的"IBM"是阿拉伯商业圈中三个词语的字头。"I"表示"因夏拉"(神的意志);"B"代表"波库拉"(明天再谈);"M"为"马列修"(不要介意)。阿拉伯商人常用"IBM"以保护自己和抵挡对手。比如说,双方已在商谈中订好了合同,而后来情况有了变化,其中若想单方面取消合同,他可名正言顺地说这是"神的意志";若在商谈中刚谈出一点名堂,自己已取得较为有利的地位时,对方却常常耸耸肩,来上一句"明天再谈吧";而当明天再谈时,对你有利的形势已不复存在,一切都要从头开始。或许你对他们的上述行为或商业上的其他不愉快而

感到不满,他却拍拍你的肩膀说:"不要介意,不要介意",从而让你哭笑不得,不知如何是好。与阿拉伯人进行商务合作,一般都必须通过代理商。如果没有合适的阿拉伯中间商,其商务合作则很难进展顺利。

（三）一些伊斯兰教国家的特殊礼俗与禁忌

由于阿拉伯人分布广泛,所以各国之间礼俗上也存在一些差别。

沙特阿拉伯是最为严格的伊斯兰教国家,那里的人也特别讲究礼仪。他们见面时首先要互致问候和祝贺:"撒拉姆,阿拉库姆(你好)""伊夫凯,拉克(身体好)"。沙特人非常大方,你若对他身上的某物表现出好感,他往往会马上送给你,你若不接受,反而会得罪他。他们爱以咖啡和茶待客,迎送客人喜欢用薰香和喷洒香水这种传统的待客礼节。在沙特阿拉伯,抽烟、喝酒、唱歌、跳舞都被认为是一个穆斯林堕落的表现。禁演电影,但可在家看录像。在沙特,黄色象征着神圣和尊贵,只有王室才能使用,对平民是忌用的。有意思的是,沙特的甸蛮人忌讳笑,小辈见了长辈,笑为不敬、不孝的举动。

在科威特、巴林等海湾国家的阿拉伯人家中做客,你最好保持好的食欲,因为吃得越多,主人越高兴。

伊拉克人忌讳蓝色,认为蓝色是魔鬼的象征。他们除不吃猪肉以外,还不吃辣椒和蒜。

伊朗人称好时不伸大拇指,禁忌外人评论婴儿的眼睛。

阿拉伯各国都禁用六角星做图案。

## 本章重要概念

涉外商务礼仪　美国商务礼仪　日本商务礼仪

## 思考题

1. 现代国际礼仪的基本准则是什么?
2. 外交礼遇的三条原则和四条标准?
3. 欧洲国家和地区的习俗礼仪有哪些特点?
4. 美国的商务习俗礼仪有哪些特点?

## ▶▶▶ 案例分析

【案例 7-1】

有位美国工程师被公司派到他们在德国收购的一家分公司,和一位德国工程师在一部机器上并肩作战。当美国工程师提出建议要改善新机器时,德国工程师表示同意并问美国工程师自己这样做是否正确。美国工程师用美国的"OK"手势给以回答。谁想那位德国工程师马上就放下工具走开了,并拒绝和美国工程师进一步交流。后来这个美国人才从他的一位主管那里了解到这个手势对德国人有污辱性含义。

分析:(1)"OK"手势具有什么含义?

(2)怎样避免案例中这种情况的发生?

资料来源:严军.商务礼仪与职业形象.北京:对外经济贸易大学出版社,2009:45

**【案例 7-2】**

美国总统约翰逊在 20 世纪 60 年代曾访问泰国，在受到泰国国王接见时，跷起了二郎腿，脚尖向着泰王，而这种姿势，在泰国是被视为具有侮辱性的。更糟糕的是，在告别时，约翰逊竟然用美国得克萨斯的礼节紧紧拥抱了泰国王后。在泰国，除了国王外，任何人均不得触及王后。就因为不注意泰国的风俗、礼仪，约翰逊的此次出访产生了不少遗憾。

**分析：**阅读本案例后你有何感想？

资料来源：http://www.cnida.com/nows_listbk.asp?id=1460.

# 参 考 文 献

[1]　周国宝,等.现代国际礼仪[M].广州:华南理工大学出版社,2006.

[2]　金正昆.商务礼仪教程[M].北京:中国人民大学出版社,2005.

[3]　蒋枫艳.涉世礼仪[M].上海:东华大学出版社,2007.

[4]　黄剑鸣.现代商务礼仪[M].北京:北京物资出版社,2006.

[5]　马飞.商务礼仪规范手册[M].北京:金城出版社,2005.

[6]　吴新红.商务礼仪[M].北京:化学工业出版社,2006.

[7]　左慧.新编现代礼仪[M].呼和浩特:内蒙古人民出版社,2002.

[8]　刘平.商务礼仪[M].北京:中国财政经济出版社,2005.

[9]　刘逸新.礼仪指南[M].北京:中国纺织出版社,2004.

[10]　林友华.社交礼仪[M].北京:高等教育出版社,2003.

[11]　徐觅.现代商务礼仪教程[M].北京:北京邮电大学出版社,2011.

[12]　罗烈杰.公务礼仪[M].深圳:海天出版社,2003.

[13]　朱立安.国际礼仪[M].广州:南方日报出版社,2000.

[14]　胡锐,等.现代礼仪教程[M].杭州:浙江大学出版社,1995.

[15]　常建昆.现代礼仪教程[M].天津:天津科学技术出版社,1998.

[16]　迟振航.英美习俗与社交礼仪[M].沈阳:辽宁人民出版社,1985.

[17]　林叶云,等.涉外商务礼仪[M].上海:上海科学普及出版社,1999.

[18]　田晓娜.礼仪全书[M].西宁:青海人民出版社,2002.

[19]　舒安娜.现代交际礼仪学[M].郑州:河南科学技术出版社,1995.

[20]　门书春,等.现代社交礼仪[M].北京:经济管理出版社,1996.

[21]　王水华.公关与商务礼仪[M].南京:东南大学出版社,2001.

[22]　何明宝,等.涉外公共关系概论[M].合肥:中国科技大学出版社,2000.

[23]　黄菊良.国际礼仪与习俗[M].上海:百家出版社,1996.

[24]　李莉.实用礼仪教程[M].北京:中国人民大学出版社,2002.

[25]　张燕彬.国际商务礼仪[M].沈阳:辽宁教育出版社,2001.

[26]　金正昆.基层公务员礼仪修养[M].北京:党建读物出版社,2001.

[27]　赵颖梅.现代人完全礼仪手册[M].海口:海南出版社,2002.

[28]　周芙蓉.礼仪教程[M].北京:长安出版社,2003.

[29]　曹明逸.体验西方礼仪[M].上海:上海社会科学出版社,2003.

[30]　陈红.国际交往实用礼仪[M].北京:清华大学出版社,2004.

# 教师服务

感谢您选用清华大学出版社的教材！为了更好地服务教学，我们为授课教师提供本书的教学辅助资源，以及本学科重点教材信息。请您扫码获取。

## ❯❯ 教辅获取

本书教辅资源，授课教师扫码获取

## ❯❯ 样书赠送

**公共基础课类**重点教材，教师扫码获取样书

 清华大学出版社

E-mail: tupfuwu@163.com
电话：010-83470332 / 83470142
地址：北京市海淀区双清路学研大厦 B 座 509

网址：http://www.tup.com.cn/
传真：8610-83470107
邮编：100084